KB051393

사회학의 핵심 개념들

사회학의 핵심 개념들 (제3판)

초판 1쇄 펴낸날 2015년 2월 10일
초판 4쇄 펴낸날 2017년 1월 10일
제2판 1쇄 펴낸날 2018년 8월 30일
제2판 5쇄 펴낸날 2022년 5월 25일
제3판 1쇄 펴낸날 2022년 11월 5일
제3판 3쇄 펴낸날 2024년 3월 5일

지은이 앤서니 기든스·필립 W. 서튼
옮긴이 김봉석
펴낸이 이건복
펴낸곳 도서출판 동녘

책임편집 홍주은
편집 이지원 김혜윤
디자인 김태호
마케팅 임세현
관리 서숙희 이주원

등록 제311-1980-01호 1980년 3월 25일
주소 (10881) 경기도 파주시 회동길 77-26
전화 영업 031-955-3000 편집 031-955-3005 **전송** 031-955-3009
홈페이지 www.dongnyok.com **전자우편** editor@dongnyok.com
페이스북·인스타그램 @dongnyokpub
인쇄·제본 영신사 **종이** 한서지업사

ISBN 978-89-7297-063-7 (93330)

• 잘못 만들어진 책은 바꿔 드립니다.
• 책값은 뒤표지에 쓰여 있습니다.

제3판

사회학의 핵심 개념들

앤서니 기든스·필립 W. 서튼 지음 | 김봉석 옮김

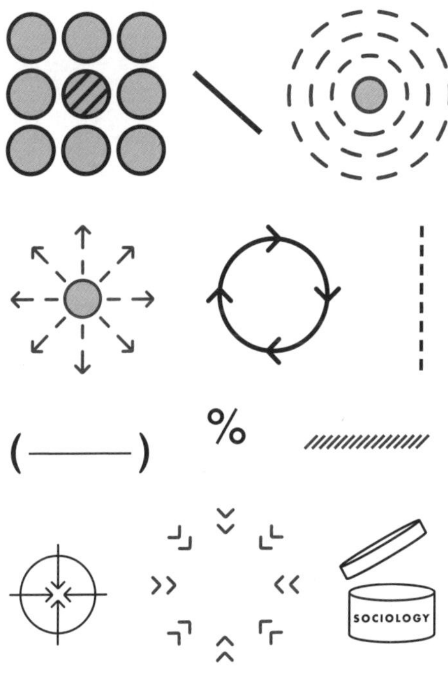

현대사회를 분석하는 68가지 키워드

동녘

일러두기

1. 맞춤법과 띄어쓰기는 국립국어원의 '한글맞춤법'에 따랐다.
2. 본문의 고딕체는 지은이가 강조한 부분이다.
3. 독자의 이해를 돕기 위해 옮긴이가 주를 단 경우 대괄호([ ])를 사용했고, 본문의 각주는 모두 옮긴이의 주다.
4. 본문에 사용한 기호의 쓰임새는 다음과 같다.
   《 》: 단행본명
   〈 〉: 논문명, 신문명, 잡지명, 영화명 등
5. 본문에 등장하는 도서명 가운데 국내에 번역된 도서는 출간된 도서명을 표기했다.
6. 원서에서는 각 주제 내 개념들을 알파벳순으로 배치했으나, 이 책에서는 원서의 편집 의도를 반영해 가나다순으로 배치했다.

들어가는 말

사회학은 그 기원을 19세기에 두고 있지만, 시대의 흐름에 따라 변화하지 않으면 적절성이 떨어져 버릴 위험을 안고 있는 학문 분야다. 이는 사회학의 탐구 대상인 우리의 사회적 삶 자체가 끊임없이 변화하기 때문이다. 갈등과 전쟁, 새로운 이주 패턴, 다문화주의, 젠더 관계의 다양성 증대, 커뮤니케이션에서의 디지털혁명, 금융위기, 전 지구적 팬데믹과 테러리즘은 사회학자들이 탐구하고 이해하고자 하는 현상 중 일부에 지나지 않는다. 이러한 연구 주제의 다양성을 감안하면 사회학이 이론적으로 다양하고, 인간 세계를 이해하는 데 유용한 연구 방법을 광범위하게 사용하는 것은 놀랄 일이 아니다. 이는 지구화되는 세계를 이해하고 설명하려는 시도의 불가피한 결과이며, 아울러 우리에게 친숙한 개념들의 재평가와 새로운 개념들의 창출을 수반하는 것이기도 하다. 생각건대 이 책은 오래전에 확립된 개념들과 최근 개념들의 생산적 혼합물이다.

사회학에서 개념의 발전

몇몇 사회학적 개념은 이 학문 분야를 구성하는 중요한 일부분이며, 사회의 변화하는 영역을 매우 잘 헤쳐 나온 것들이다. 사회계급, 지위, 자본주의, 젠더, 빈곤, 가족, 권력 등은 사회학 '연구하기'에 관심이 있는 모든 이에게 기본적인 개념으로 남아 있다. 그러나 다른 개념들은 보다 최근에 발전됐으며 현재도 논쟁 중이다. 이 책에 포함된 지구화, 탈근대성, 성찰성, 탈식민주의, 환경, 장애의 사회적 모델 등의 개념은 최근 수십 년간의 주요 사회변동을 반영한다. 이 책은 핵심 개념들의 소개를 통해 사회학 내 개념의 발전과 사회학의 현재 상황에 대한 개념 지도를 제공하는데, 이 개념들 중 다수는 19세기 말 이래 사회학의 특유한 이론적 발전의 이정표 역할을 한다. 이 핵심 개념들, 그리고 그 개념들의 기원과 현재의 용법을 통해 사회학 이론의 발전을 이해하는 것은 독자들이 사회학의 탐구 주제가 시간의 흐름에 따라 어떻게 발전해 왔는지를 파악하는 데 도움이 될 것이다.

사회학에서 개념의 발전은 통상적으로 이론 및 경험연구와 관련돼 있다. 이론과 경험연구 모두 그 연구 결과를 이해하기 위한 새로운 개념들을 요하기 때문이다. 지위, 계급, 위험 등과 같은 개념들은 이미 사회에서 널리 통용되고 있지만, 그런 맥락에서 들어내어져 사회학으로 이전되어 논의와 정제 과정을 거치며 보다 정확해지고 유용해진다. 한편 소외, 도덕적 공황, 지구화 같은 개념들은 사회학자들이 사회현상을 연구하는 데 도움을 얻고자 고안한 것이지만, 일상생활에도 '스며들어' 사람들이 자신이 살고 있는 세계를 인식하는 데 영향을 미친다. 이는 자연과학의 상황과는 사뭇 다른 것이다. 자연과학 개념들은 얼마나 많이 만들어졌든 동물이나 식물의 행동을 변화시킬 수 있는 잠재력을 갖고 있지는 않다. 기든스Anthony Giddens가 논의했듯이, 이는 '일방향적' 과정'one-way' process의 사례다. 사회학의 개념, 연구 결과, 이론은 자신의 방식을 사회 전반에 적용하며, 그 결과 사람들은 자신의 생각과 행동을 바꿀 수 있다. 이는 사회학 연구가 사회학자와 그들의 연구 주제인 사회 간 끊임없는 '쌍방향적' 과정'two-way' process의 일부임을 의미한다.

이러한 쌍방향적 과정은 사회학적 개념이 본질적으로 불안정하며 수정 및 변화에 개방적이라는 것, 그리고 전문적인 사회학 담론에만 머물지 않고 사회세계 그 자체에 내재해 있음을 뜻한다. 이는 또한 몇몇, 아니 아마도 대부분의 개념들이 '본질적으로 논쟁적인' 것임을 의미하는 것이기도 하다. 즉, 이 개념들은 다양한 이론적 관점 속에서 다양한 방식으로 사용된다는 말이다. 그러나 이는 불일치의 정도와 다양성을 과장하는 것일 수도 있다. 실제로 사회학에서 경합하는 이론들은 상대적으로 적으며, 이론들 간에 일관성과 통합성도 상당하기 때문이다.

한 이론적 관점에서 발전된 개념들은 다른 이론적 관점에서도 종종 사용된다. 예를 들어 소외 개념은 본디 칼 마르크스Karl Marx가 고안하여 자본주의사회에서 노동의 본질을 보다 잘 이해하도록 도왔다. 그러나 이 개념은 한 세기 이상 지난 후 원래의 마르크스주의 이론 프레임에서 들어내어져, 상이한 분야의 노동자들이 자신의 일과 노동환경에 대해 어떻게 조사하는 산업사회학자들에 의해 새로운 생명력 다. 소외 개념은 이러한 과정 속에서 수정되어 왔고, 버전은 상이한 작업장 및 관리 시스템이 어떻게 노동 삶에 영향을 미치는지에 관한 가치 있는 통찰력을 제공해 왔다(일부 마르크스주의자들은 이 말에 반발할지 모르지만).

핵심 개념

우리는 제3판에서 모든 표제어의 내용을 업데이트했으며, 탈식민주의와 디지털혁명이라는 두 개의 개념을 추가했다. 이 두 개념은 다양한 학문 분야에서 폭넓게 사용돼 왔으며 사회학에서도 확고히 자리 잡을 것으로 보이므로 이 책에 포함될 자격이 있다. 시작하기에 앞서 거듭 강조하건대, 이 책은 사회학적 개념의 포괄적 목록이 아니고 그런 의도로 만든 것도 아니다. 우리는 사회학의 다양한 세부 분야를 만들어 온, 또는 만들고 있는 개념들을 선별했다. 이 개념들은 대략 세 가지 유형으로 대별된다. 첫째, 사회학의 역사 대부분에 걸쳐 사용됐지만 여전히 논쟁을 촉발하며 연구의 지침이 되는 아주 오래된 개념들이다(권력, 이데올로기, 사회, 문화 등). 둘째, 그리 오랜 역사를 가지고 있지는 않지만 사회학에 중요한 영향을 미쳤으며 다양한 연구를 촉진하고 기존의 논쟁을 재구성하는 개념들이다(젠더, 소비주의, 정체성 등). 셋째, 가장 최근의 개념들로서 사회학자들을 새로운 방향으로 이끄는 다수의 혁신적이고 중요한 연구를 산출한 개념들이다(상호교차성, 지구화, 디지털혁명 등).

이 책에서는 전형적인 '주요 개념' 서적과 달리 표제어에 대해 길게 설명한다. 이는 간략한 정의에 머물지 않고 개념을 포괄적으로 다루기 위함이다. 간략한 정의 대신 각 개념에 관한 확장된 논의를 제공하여 해당 개념을 역사적 및 이론적 맥락에 위치시키고, 용법상 주요 의미를 탐색하며, 몇몇의 타당한 비평을 소개하고, 독자들이 스스로 읽을 수 있는 최근의 연구 및 이론화 관련 읽을거리를 알려 주고자 한다. 이러한 구성은 독자들이 개념들을 통해 사회학의 역사와 현재를 연결 지을 수 있도록 한다. 독자들에게는 이 책에 언급은 돼 있으나 차례에는 포함되지 않은 개념들의 위치를 찾기 위한 용도로 '찾아보기'를 활용할 것을 권한다.

어느 학문 분야에서든 불일치는 불가피하고 필연적이기 때문에, 우리가 선별한 개념 중 몇몇에 대해서는 분명 의문이 제기될 것이다. 혹자는 우리가 중요한 개념을 누락했다거나 적절성이 떨어지는 개념들을 포함했다고 생각할 것이다. 독자에 따라서는 '핵심' 개념 같은 근본적 문제를 가지고 옥신각신하는 것이 이상해 보일지 모르지만, 이는 정상적인 일이다. 그러나 사회학의 이론적 다양성이란 특정 개념을 다른 개념보다 우위에 두는 이론적 초점과 관점이 다양하게 존재함을 뜻하는 것이다. 사회학자들은 비록 서로 동의하지 않더라도 실제로는 서로에게 말을 걸고 서로를 이해한다는 점을 기억해 주기 바란다. 이는 사회학자들이 수많은 이론과 설명의 프레임으로부터 파생되며 오랜 세월에 걸쳐 성쇠盛衰해 온 개념이라는 유산을 공유하고 있기 때문이다.

표제어들은 열 개의 주요 주제 안에 들어가 있으며 주제 안에서는 가나다순으로 배열돼 있다. 이는 독자가 원하는 개념을 빠르게 찾는 데 도움이 되는 참조 가이드 역할을 하기 위함이다. 또한 이 책은 사회학의 핵심 개념들을 이해하고자 하는 누구에게나 쓰임새를 갖는 독자적 텍스트다. 우리의 또 다른 저작 《사회학: 입문자를 위한 독본 Sociology: Introductory Readings》(2010)을 사용하는 독자들은 두 책의 구성이 일치하며 각 주제와 관련된 읽을거리들을 통해 개념들이 상호 참조된다는 점을 알 수 있을 것이다. 개별 표제어 내에서 다른 표제어가 처음 나오면 다른 색 글씨로 강조하는 방법으로 상호 참조된다. 또 우리는 약간의 재량을 발휘하여, 예를 들어 인종과 민족집단은 하나의 표제어로 다루었다. 이는 비록 인종과 민족집단의 주요한 차이가 논의 과정에서 분명해진다 해도 두 용어가 일반적으로 같이 논의되기 때문이다. 구조/행위와 양적/질적 방법의 경우도 그와 유사한 방식을 취했다. 또한, 몇몇 표제어들은 개념보다는 이론 또는 일반적 관점으로 간주된다. 예를 들어 지구화는 개념이면서 동시에 사회변동 이론이며, 장애의 사회적 모델은 사회 내에서 장애를 연구하기 위한 특정한 접근법이다. 이들을 포함함으로써 이 책은 현대사회학의 정확한 최신 개념 지도를 제공하겠다는 소기의 목적을 달성할 것이다.

차례

들어가는 말 5

주제1 사회학적으로 생각하기(Thinking Sociologically)

근대성(modernity) 16
디지털혁명(digital revolution) 23
사회(society) 30
지구화(globalization) 37
탈근대성(postmodernity) 44
탈식민주의(postcolonialism) 51
합리화(rationalization) 58

주제2 사회학 연구하기(Doing Sociology)

과학(science) 66
구조/행위(structure/agency) 73
사회적 구성주의(social constructionism) 80
성찰성(省察性, reflexivity) 87
실재론(實在論, realism) 94
양적/질적 방법(quantitative/qualitative methods) 101
이념형(理念型, ideal type) 108

주제3 환경과 도시성(Environment and Urbanism)

도시성(urbanism) 116
산업화(industrialization) 124
소외(疏外, alienation) 130
위험(risk) 136
이주(migration) 143
지속가능한 발전(sustainable development) 150
환경(environment) 156

구조(Structures of Society)

eaucracy) 164

cation) 171

vision of labour) 178

주의(consumerism) 184

본주의(capitalism) 191

조직(organization) 198

종교(religion) 206

주제5 불평등한 생활기회(Unequal Life Chances)

가부장제(patriarchy) 214

계급(class) 222

빈곤(poverty) 229

사회이동(social mobility) 237

상호교차성(intersectionality) 244

인종과 민족집단(race and ethnicity) 250

젠더(gender) 258

지위(status) 264

주제6 관계와 생애과정(Relationships and the Life Course)

가족(family) 272

공동체(community) 278

사회화(socialization) 285

생애과정(life course) 292

섹슈얼리티(sexuality) 298

연결망(network) 305

주제7 상호작용과 의사소통(Interaction and Communication)

공론장(public sphere) 312

담론(談論, discourse) 319

문화(culture) 326

미디어(media) 334
상호작용(interaction) 342
이데올로기(ideology) 349
정체성(identity) 356

주제8 건강, 질병, 신체(Health, Illness and the Body)

사회적 자아(social self) 364
생의학(生醫學, biomedicine) 370
의료화(medicalization) 377
장애의 사회적 모델(social model of disability) 383
환자 역할(sick role) 390

주제9 범죄와 사회통제(Crime and Social Control)

낙인(烙印, labelling) 398
도덕적 공황(moral panic) 404
사회통제(social control) 411
아노미(anomie) 418
오명(汚名, stigma) 425
일탈(deviance) 432

주제10 정치사회학(Political Sociology)

갈등(conflict) 440
국민국가(nation state) 446
권력(power) 453
권위(authority) 460
민주주의(democracy) 467
사회운동(social movement) 475
시민권(citizenship) 482
시민사회(civil society) 489

옮긴이의 말 496
찾아보기 500

주제1

사회학적으로 생각하기
(Thinking Sociologically)

근대성 (modernity)

디지털혁명 (digital revolution)

사회 (society)

지구화 (globalization)

탈근대성 (postmodernity)

탈식민주의 (postcolonialism)

합리화 (rationalization)

근대성
modernity

기본적 정의

18세기 중반 유럽 계몽주의부터 최소한 1980년대 중반까지의 시기로서, 세속화secularization, 합리화, 민주화, 개인화, 과학의 성장으로 특징지어진다.

개념의 기원

'근대modern'라는 용어는 현대contemporary를 지칭하는 말로 쓰일 수 있는데, 이는 고대ancient와 근대의 대비가 16세기 후반 이래 유럽에서 통상적인 것이 되면서부터다(Williams, 1987). 근대화modernization라는 개념(더 현대적으로 만든다는 의미)은 19세기 들어 보다 긍정적인 의미를 갖게 되기 전까지는 순리에 어긋난 것으로 인식됐다. 20세기 들어 75년 이상 지나는 동안 교통, 주거, 사회적 태도, 유행의 근대화는 필연적이자 진보적인 것으로 폭넓게 여겨졌다. 그러나 사회 이론에서 '근대성'은 18세기 중반부터 1980년대까지의 역사적 시기 전체를 지칭하는 훨씬 더 넓은 의미를 갖는다. 계몽주의 철학자들은 인류의 진보는 오직 합리적 사고, 과학적 방법, 자유와 평등의 추구를 통해서만 달성할 수 있다고 주장하면서 전통, 종교적 권위, 전승된 신념received beliefs을 공격했다. 사회학은 그 자체로 근대성의 산물이며, 사회에 개입하고 사회를 개선하기 위해 과학적 방법을 통해 사회세계에 대한 신뢰할 만한 지식을 모으는 것을 목표로 한다.

의미와 해석

근대성의 시기는 유럽 봉건주의 이후부터이며, 탈脫봉건사회의 뚜렷한 특징 전체를 포괄한다. 여기에는 산업화, 자본주의, 도시화, 생활양식으로서의 도시성, 세속화, 민주주의의 정착과 확대, 과학이 생산 방법에 적용되는 것, 삶의 모든 영역에서 평등을 추구하는 광범위한 운동이 포함된다. 또한 근대성은 이전에 존재하던 세계에 대한 감정적 및 종교적 지향과 날카롭게 대비되는 몰沒감정적인 '실제적matter of fact' 태도로 특징지어지는 합리적 사고와 행위를 증대시켰다. 막스 베버Max Weber는 이러한 과정을 지구 전체에 법적-합리적 유형의 자본주의가 팽창해 나가는, 점진적인 '세계의 탈주술화disenchantment of the world'로 묘사했다.

사회구성체로서의 근대성은 물질적 재화 생산의 한계를 깨뜨리고 부유한 국가에서 막대한 부를 산출해 삶의 많은 영역에서 더 많은 평등을 가져다준 점에서 매우 성공적이었다. 20세기에 많은 사회학자들은 근대성이 모든 국가가 궁극적으로 열망하거나 도달하게 될 사회모형이라는 이론화 작업을 해 왔다. 이런 일반적 명제는 근대화 이론modernization theory으로 알려졌으며, 월터 로스토Walter Rostow(1961)에 의해 유명해졌다. 로스토는 근대화를 사회들이 몇몇 단계를 거쳐 이행하는 과정으로서, 먼저 근대화된 사회들과 그들의 경제를 '따라잡아' 발전을 시작하는 것이라고 논의했다. 전통적인 농업 기반 사회들은 그들의 오랜 전통적 가치 및 제도와 결별하고 미래의 전망 있는 인프라와 새로운 산업에 투자함으로써 근대화될 수 있었다. 여기서 출발해 첨단기술에 대한 지속적 투자는 고도의 생산 수준과 대량소비로 이어진다. 비록 홍콩, 대만, 한국, 싱가포르 같은 국가들이 이와 유사한 유형을 따르기는 했지만, 오늘날 로스토의 모델은 이러한 방식으로 근대화되지 못한 많은 국가들, 특히 아프리카 국가들에서는 지나치게 낙관적인 것으로 평가된다.

몇몇 이론가들, 특히 지그문트 바우만Zygmunt Bauman(1987) 같은 이들에게 근대성을 이해하는 핵심은 근대성의 뚜렷한 문화와 심성mentality을 파악하는 것인데, 이는 조경造景, gardening에 비유할 수 있다. 근대적 심성은 무작위성보다 질서에 우선순위를 두는 것이다. 따라서 만약 사회를 거친 정원wild garden에 비유한다면, 황량함과 거친 자연은 길들여지고 순화돼야 하며, 조경을 위한 국민국가의 권력 증대와 더불어 이를 달성하기 위한 수단이 존재한다. 조경이라는 은유는 국민국가에만 한정되지 않는다. 질서에 대한 욕망이 사람들의 근대적 일상의 정상적 측면이 되었기 때문이다.

비판적 쟁점

일부 사회학자들은 근대화 이론이 전 지구적 체계 내 총체적 불평등의 지속을 설명하지 못하며, 많은 개발도상국 경제가 [로스토의] 예측과 달리 도약하는 데 명백히 실패했다고 주장한다. 특히 최근의 탈식민주의 학자들은 근대성 이론이 식민주의의 중요성을 인식하지 못했음을 역설한 바 있다(Bhambra, 2007). 식민지 팽창은 서구의 경제발전을 촉진했지만, 식민지화된 국가들에는 가혹한 결과를 초래했으며 이들의 발전을 확실히 저해했다. 따라서 내생적 경제발전endogenous economic development이라는 관점은 본질적으로 설명적이기보다는 이데올로기적이다.

근대성 개념에 대한 두 번째 비판은 과도하게 일반화됐다는 점이다. 비판론자들은 근대성 개념이 일부 근대사회에 대한(전부는 아니더라도) **사후적** 기술description에 불과하며, 근대화의 원인에 대한 어떠한 설명도 제시하지 못한다고 본다. 근대화 개념이 몇몇의 주요 사회적 과정을 결합해 놓은 것이어서 너무 모호하고, 분석적이기보다는 대체로 기술적이라는 것이 그 이유다. 어떤 구성 요소가 근대화 과정의 주요한 동력인지는 분명치 않다. 자본주의경제 또는 산업화가 주된 요인인가? 민주화가 수행한 역할은 무엇인가? 도시화는 [근대화의] 원인인가, 결과인가?

신마르크스주의neo-Marxist 비평가들 또한 근대화가 저개발사회들을 고도의 경제성장 및 번영의 시기로 반드시 이끌 것이라는 생각에 이의를 제기한다. 전 지구적 수준에서 보면, 상대적으로 빈곤한 국가들은 상대적으로 부유한 국가들에 의해 항구적 종속 상태에 머물게 되며, 이들의 자원은 국민들을 저렴한 노동력으로 이용하는 막강한 초국적기업들에 의해 수탈당한다. 따라서 근대화 명제는 개념상 모호할 뿐만 아니라 심각한 결함을 안고 있기도 하다.

현대적 의의

근대성의 종언에 관한 탈근대 이론화가 나타남에 따라 근대성 개념의 재평가가 이루어졌다. 일부 사회학자들은 우리가 탈근대성postmodernity이 아니라 '후기late' 또는 '성찰적reflexive' 근대성의 시기로 접어들고 있다고 논의한다(Giddens, 1990). 이는 근대성에 대한 조종弔鐘이라기보다 근대성의 부정적 측면의 폭로와 그에 대한 직면을 뜻한다. 이를테면 환경파괴는 진리의 길로서의 과학에 대한 기존의 믿음과 정부 당국에 대한 이전의 존중이 쇠퇴하면서 사회적 삶의 불확실성이 증대되는 것이다(Beck, 2009). 하버마스Jürgen Habermas(1983)는 자신이 근대성의 야심찬 기획으로 여긴 것을 탈근대 이론가들이 너무 일찍 포기해 버렸다고 논의한다. 근대성의 핵심적 특성 중 다수는 단지 부분적으로 완결됐을 뿐이며, 포기되기보다는 심화될 필요가 있다. 의미 있는 민주적 참여, 사회계급 간 생활기회life chance•의 평등화, 진정한 젠더 평등•의 달성, 기타

• 생활기회는 베버의 사회계층론에 등장하는 개념이다. 베버는 사회계층을 형성하는 이념형적 요인으로 재산property, 위세prestige, 권력power을 거론하면서, 재산은 사회계급의 분화로 연결되며 이는 계급별 생활기회의 차이를 낳는다고 말한다. 이를테면, 재산이나 소득 수준의 차이가 고가 또는 고급 재화 및 서비스의 향유 가능성을 높인다는 말이다.

등등을 확고히 하기 위해서는 해야 할 일들이 아직도 많다. 요약하자면, 근대성은 고사되어서는 안 되는, 마땅히 추구할 가치가 있는 미완의 기획인 것이다.

최근 진행 중인 작업은 '다중적 근대성multiple modernities' 개념에 기초한 것인데, 이는 근대화와 서구화를 결합하는 것이 온당치 못하다는 비판이다(Eisenstadt, 2002). 이러한 생각은 근대성의 단일한 선형적linear 경로와 서구 사회의 표준화된 획일적 형태에 반대하는 것이다. 세계 각지의 근대성에 관한 경험연구들은 이것[기존의 근대화 이론]이 틀렸음을 보여 준다. 사실 근대성에는 매우 다양한 경로가 존재해 왔다(Wagner, 2012). 일본의 근대성은 미국의 경우와 확연히 다르고, 마찬가지로 중국의 발전 모델도 그와 다를 것이다. 일부 근대성은, 심지어 미국의 경우도, 예견된 대로 세속적으로 변모하지 않았으며, 특성상 완고하게 종교적으로 남아 있으면서도 그와 동시에 산업주의와 지속적인 기술 발전을 받아들인다. 다른 곳들, 이를테면 사우디아라비아의 경우는 명시적으로 종교적일 뿐 아니라 서구의 유형에서 무엇을 수용하고 자신들의 고유한 측면에 추가하느냐에 있어 선택적이기도 하다. 다중적 근대성 의제는 근대성 개념을 재활성화할 수 있는 보다 많은 유용한 성과를 산출할 것으로 보인다.

● 'gender equality'는 통상적으로 '성평등'으로 번역되는 경향이 있으나, 이 책에서는 '젠더 평등'으로 번역했다. '젠더gender'는 이 책의 표제어 중 하나이며 '성sex'과 구분되는 용어로 사용되므로(본문 259쪽 참조), 이러한 구분을 유지할 필요가 있다고 판단했기 때문이다. 같은 이유로 'gender role' 또한 이 책에서는 '젠더 역할'로 번역했다.

참고문헌 및 더 읽을거리

Bauman, Z. (1987) *Legislators and Interpreters: On Modernity, Postmodernity and Intellectuals* (Cambridge: Polity).

Beck, U. (2009) *World at Risk* (Cambridge: Polity).

Bhambra, G. (2007) *Rethinking Modernity: Postcolonialism and the Sociological Imagination* (Basingstoke: Palgrave Macmillan).

Eisenstadt, S. N. (2002) 'Multiple Modernities', in S. N. Eisenstadt (ed.), *Multiple Modernities* (New Brunswick, NJ: Transaction), pp. 1-30. [국역본, 《다중적 근대성의 탐구: 비교문명적 관점》, 나남, 2009]

Giddens, A. (1990) *The Consequences of Modernity* (Cambridge: Polity). [국역본, 《포스트 모더니티》, 민영사, 1991]

Habermas, J. (1983) 'Modernity-an Incomplete Project', in H. Foster (ed.), *The Anti-Aesthetic* (Port Townsend, WA: Bay Press), pp. 3-15.

Rostow, W. W. (1961) *The Stages of Economic Growth* (Cambridge: Cambridge University Press).

Wagner, P. (2012) *Modernity: Understanding the Present* (Cambridge: Polity).

Williams, R. (1987) *Keywords: A Vocabulary of Culture and Society* (London: Fontana). [국역본, 《키워드》, 민음사, 2010]

디지털혁명

digital revolution

기본적 정의

20세기 중반부터 일어난 아날로그 방식 및 기계식 기술에서 디지털 방식의 전자 기술 및 컴퓨터 시스템으로의 이행. 사회학에서 이 개념은 이러한 폭넓은 사회-기술적 변동의 사회적, 경제적, 문화적 결과 전반을 지칭한다.

개념의 기원

디지털혁명 이론들은 아직 논란의 여지가 있지만, 디지털화의 기원은 확실히 정립돼 있다. 중요한 전환점은 인터넷의 전신인 아르파넷ARPANET의 발명이었다. 아르파넷은 미국 국방부 고등연구계획국 네트워크Advanced Research Projects Agency Network에서 발명한 실험적인 컴퓨터 네트워크로서, 미국 전역의 과학자들이 직접 소통할 수 있도록 고안된 것이다. 이를 기점으로 네트워크는 대학교, 연구센터, 기업으로 확산됐다(Athique, 2013: 13). 1987년에는 2만 8,000대의 컴퓨터가 대학교 내 연구기관들과 연결돼 있었지만, 1994년에는 기업이 주요 사용자가 됐다. 가정에서 인터넷을 사용할 수 있게 됨에 따라, 전지구적 멀티미디어 라이브러리와 월드와이드웹world wide web, www이 주요 특징이 됐다. 세기 전환기에 등장한 고속 브로드밴드는 더 많은 발전의 기회를 제공했다.

이 시기 데이터의 디지털화에서 중대한 기술 발전은 전자통신을 탈바꿈시켰다. 인터넷 속도의 향상에 따라 컴퓨터의 처리능력도 향상됐고, 이로써 비디오 스트리밍, 고속 다운로드, 블로그·브이로그·전 지구적인 소셜미디어가 가능해졌다(Negroponte, 1995). 위키피디아Wikipedia 같은 온라인 사이트들은 웹 2.0으로 알려진 쌍방향적인 제2세대 인터넷 사용의 전형적인 경우다. 계속적인 디지털화를 뒷받침하는 네 가지 기술적 추세는 컴퓨터 장비의 지속적 개선, 데이터의 디지털화, 위성통신 인프라, 단일 케이블로 여러 메시지의 전송을 가능케 하는 광섬유다. 또한 디지털혁명은 이제는 일상생활의 일부가 된 수많은 디지털 장비, 이를테면 컴퓨터, 태블릿, 스마트폰, 인터넷 TV, 사물인터넷의 확산을 포함하며, 이 모두는 무선기술(와이파이Wi-Fi)을 통해 가능하다. 오늘날에는 인공지능, 로봇공학, '빅데이터'가 다음 발전 단계의 특징이 되면서 공장 자동화, 자율주행차, 드론 배송 시스템, 가정용 로봇, 인공지능 기반 저널리즘 및 교육에 한 발 더 가까워지고 있다.

의미와 해석

상기한 사례들이 보여 주듯이, 디지털화는 전 지구적 연결성을 촉진해 대부분의 국가에서 삶의 거의 모든 측면을 변화시켰으며, 직장이 변화하고 노동자의 직무와 역할도 디지털 방식으로 재형성됨에 따라 심각한 문제가 제기되고 있다. 인터넷 접근성은 새로운 기회를 찾는 사람들에게 이미 필수적인 것이 됐다. 2000년 이래로 아프리카, 중동, 라틴 아메리카, 카리브해, 아시아 지역에서 인터넷 접근성 증가율이 빠르게 상승하면서, 2019년에는 대략 55억 명의 인구가 인터넷에 접근할 수 있게 됐다. 디지털화가 사회적 삶에 배태됐다는 점에서, 젊은 세대는 인터넷, 로봇공학, 인공지능 시대에서 사회화되고 편안함을 느끼는 '디지털 원주민digital native'이다.

카스텔Manuel Castells(2006, 2015)은 우리가 네트워크화된 전 지구적 세계를 창출했으며, 이 세계는 새로운 유형의 표현, 사회성, 사이버범죄, 노동, 사회운동 등을 산출한다고 주장한다. 2019년 홍콩에서 일어난 입법 반대 운동과 2019~2020년 지구온난화와 관련된 멸종 저항운동Extinction Rebellion의 직접 행동에서는 소셜미디어가 폭넓게 사용됐으며, 활동가들 스스로 관련 소식을 실시간으로 스트리밍하는 경우가 많았다. 이는 카스텔이 말한 '네트워크화된 사회운동'의 사례를 보여 주는 것이다. 예전에는 개별적이었던 미디어 유형들 또한 상호 연관되는 쪽으로 변화했는데, 미디어 컨버전스media convergence로 알려진 이러한 병합 과정에서도 인터넷이 그 중심에 있다. 예를 들어, 신문 판매 부수가 감소하고 뉴스가 온라인으로 이동하며, 넷플릭스Netflix 같은 글로벌 비디오 공급업체는 텔레비전 시청을 스마트폰 및 기타 장치를 통한 실시간 시청과 다시보기catch-up로 변화시켰다.

일각에서는 디지털화가 자본주의의 성격까지도 변화시켰으며, 그에 따라 노동의 세계도 변화했다고 말한다. '긱 경제

gig economy'는 노동자들을 자영自營, self-employed 계약자로 취급하는 방향으로 이행했으며, 기업은 온라인 플랫폼을 통해 '일거리'를 연결해 주는 방식을 취함으로써 고용주의 통상적인 책임에서 면제된다. 스르니첵Nick Srnicek(2016)은 데이터가 자본주의 팽창의 핵심 원천인 '플랫폼 자본주의'의 시기로 우리가 진입하는 것으로 보인다고 이론화한다. 플랫폼 자본주의에서 수집된 데이터는 서비스 및 상품 개선을 위해 사용되며 돈을 받고 재판매된다. 위험한 점은 이것이 사생활을 침해하며, 더 나아가 공사公私의 경계까지 침식하는 결과를 낳는다는 것이다. 주보프Shoshana Zuboff(2019)는 이러한 상황을 '감시 자본주의surveillance capitalism'로 이론화하면서, 디지털혁명의 수많은 약속이 기업의 이해관계 앞에서 무너져 버린다고 논의한다. 감시 자본주의는 아마존 알렉사Amazon Alexa[아마존에서 개발한 인공지능 플랫폼], 스마트 온도조절기, 스피커, 라우터[데이터전송 시 통신망 간 중계 장치], 심지어 가정 보안장치 등을 사용해 데이터를 수집하여 소비자의 행동을 분석 및 예측하고, 이로써 매출을 늘린다. 실제로 집중 감시는 디지털 시대에 관한 많은 연구에서 핵심적인 주제다.

비판적 쟁점

커뮤니케이션의 디지털화는 명백한 현상이지만, 이것이 진정한 '혁명'인지는 의문스러운 점이 있다. 주보프가 지적하듯이, 지금까지의 모든 신기술에도 불구하고 사회경제적 변동을 계속 주도하는 것은 자본주의의 이윤 추구이며, 산업화된 사회들은 여전히 그 모습 그대로 남아 있다. 결국 마이크로칩, 태블릿, 스마트폰, 로봇, 컴퓨터 제조는 여전히 산업적 생산방식을 요한다는 점에서, 현 단계를 산업화(인간 및 동물 노동을 기계가 대체하는)의 연속선상에 있는 것으로 간주하는 보다 현실주의적인 자세를 취할 수도 있다.

오늘날 인터넷 접근성과 디지털 장비 소유의 불평등은 디지털격차digital divide로 묘사되지만, 이는 기존의 장애, 계급, 젠더, 인종, 민족집단 불평등에 의해 더욱 뚜렷해진다(Andreasson, 2015). 디지털 장비가 먼저 도입된 곳은 대체로 북반구 전역이었으며, 이는 기존의 전 지구적 불평등을 강화했다(비록 북반구와 남반구의 격차가 점차 좁혀지고 있다고는 하지만). 디지털화는 몇몇 측면에서 '혁명적'일 수 있지만, 장기간에 걸쳐 확립된 사회불평등의 패턴을 변화시키는 것 같지는 않다. 다른 한편에서는 디지털화가 혁명적 결과를 낳을 수도 있지만 전체적으로는 사회적 고립을 초래하고 인간의 경험을 상실하게 하는 부정적인 것이라고 본다. 온라인 경험이 '실제적인 것이 아니라는' 생각은 디지털화 비판론자들이 가장 흔히 하는 말이다.

현대적 의의

디지털혁명 개념의 현대적 의의는 이미 명확하다. 그러나 오늘날의 논쟁은 디지털화에 대한 긍정적/부정적 평가를 넘어서는 데까지 나아갔다는 점을 언급할 필요가 있다. 보다 최근의 연구들은 사이버공간이 물질적 사회세계와 본질적으로 다르거나 분리된 것이라는 생각을 거부한다. 경험연구들을 보면 온라인상의 생활이 물질 세계의 상실이 아니라 연장에 가깝다고 한다. 이는 소셜미디어 연구에서 뚜렷하게 드러나는데, 대부분의 사람들은 소셜미디어에서 낯선 사람이나 가공架空의 익명 '프로필'이 아니라 기존의 친구들, 그리고 대면적 접촉을 통해 알던 사람들과 주로 상호작용한다. 베임Nancy K. Baym(2015)은 이와 유사하면서도 보다 현실주의적인 설명을 제시하면서, 오늘날의 인간관계는 온라인에서 오프라인으로 이어지고 그 반대로도 이어지며 이는 디지털 기술이 일상생활에 더 많이 배태됨에 따라 예측됐던 바라고 논의한다.

디지털혁명은 사회학자들에게 기존의 연구 수행 방법이 온라인 환경에서의 상호작용을 탐구하는 데 적절한지에 관해 질문을 제기한다. 오늘날 새로운 연구 방법과 도구가 정말로 필요한가? 셀윈Neil Selwyn(2019: 2)은 이 문제를 직접적으로 거론하면서, 사실상 "사회학 연구 작업의 모든 측면에 대해 적극적인 '디지털' 접근법"이 필요하다고 주장한다. 이는 **모든** 사회적 환경이 "상당히 디지털화됐기" 때문이다. 예를 들어 의사소통은 일상적으로 문자메시지, 이메일, 소셜미디어를 통해 이루어지며, 게임, 영화 및 TV 시청, 음악 감상 같은 여가와 오락 활동도 온라인에서 이루어진다. 사회정책 및 정부정책을 연구하는 학자들은 교육, 보건, 복지가 시행되는 광범위한 디지털 관료제를 간과할 수 없다. 장래에는 사물인터넷을 통해 수집된 방대한 데이터가 사회적 삶은 어떻게 영위되는지에 관해 더 많은 것을 알려 줄 것이다. 요약하자면, 셀윈의 전반적 논의는 디지털 사회학의 발전이 기술에 관심 있는 소수의 괴짜들만 추구하는 프로젝트가 아니라 사회학이 디지털 시대에 적절한 것이 되기 위해 절대적으로 필요한 것임을 역설한다.

참고문헌 및 더 읽을거리

Andreasson, K. (ed.) (2015) *Digital Divides: The New Challenges and Opportunities of e-Inclusion* (Boca Raton, FL: CR Press).

Athique, A. (2013) *Digital Media and Society: An Introduction* (Cambridge: Polity).

Baym, N. K. (2015) *Personal Connections in the Digital Age* (2nd edn, Cambridge: Polity)

Castells, M. (2006) *The Network Society: From Knowledge to Policy* (Baltimore: Johns Hopkins University Press).

__________ (2015) *Networks of Outrage and Hope: Social Movements in the Internet Age* (2nd edn, Cambridge: Polity). [국역본, 《분노와 희망의 네트워크》, 한울아카데미, 2015]

Negroponte, N. (1995) *Being Digital* (London: Hodder & Stoughton). [국역본, 《디지털이다》, 커뮤니케이션북스, 1999]

Selwyn, N. (2019) *What is Digital Sociology?* (Cambridge: Polity).

Srnicek, N. (2016) *Platform Capitalism* (Cambridge. Polity). [국역본, 《플랫폼 자본주의》, 킹콩북, 2020]

Zuboff, S. (2019) *The Age of Surveillance Capitalism* (London: Profile Book Ltd). [국역본, 《감시 자본주의 시대: 권력의 새로운 개척지에서 벌어지는 인류의 미래를 위한 투쟁》, 문학사상, 2021]

사회

society

기본적 정의

개인들의 단순한 모임 또는 집적으로 환원될 수 없는 대규모의 인간 공동체에서 구조화된 사회적 관계들 및 제도들을 지칭하는 개념.

개념의 기원

사회의 개념은 14세기로 거슬러 올라갈 수 있는데, 그 1차적 의미는 우애나 결속이었으며, 이런 제한된 의미는 18세기에 상층계급 집단 또는 '상류사회'를 지칭하는 용법에서도 나타난다. 이 용어는 또한 한마음인 사람들의 집단, 이를테면 '친우회親友會, Society of Friends'(퀘이커교) 또는 다양한 학술 '단체' 등을 지칭하는 데도 쓰인다. 그러나 그와 동시에 사회에 대한 보다 일반적이고 추상적인 정의도 있는데, 이는 18세기 후반 무렵 보다 확고히 정립됐다(Williams, 1987). 이러한 일반적 개념으로부터 사회학적으로 특화된 의미로 사회라는 용어가 발전한 것은 19세기의 일이다.

사회가 사회학의 중심적 개념이 된 것은 에밀 뒤르켐Émile Durkheim이 개인에 대한 연구와 상반되는 인간 삶의 집합적 실재를 다루는 새로운 학문 분야를 정립하기 위해 사회 개념을 사용하면서부터라는 논의가 유력하다. 뒤르켐([1893]1984)은 사회가 그 자체로sui generis 존재하는 독자적 실재이며 한정된 영토 내에서 개인에게 상당한 영향을 미치는 것으로 보았다. 뒤르켐의 사회 개념은 20세기 전반에 걸쳐 사회학 내에서 중심적 위치를 차지했으며, 1970년대 중반 무렵에 와서야 도전을 받기 시작했다. 전 지구적 수준의 사회적 실재의 출현에 관한 이론과 지구화 이론에서는 국민국가에 기초한 뒤르켐의 사회 개념에 문제를 제기한다. 또한 전 지구적 수준의 사회적 과정에 관한 연구는 인구, 재화, 문화가 국경을 초월해 이동하는 현상에 주의를 기울이며, 2000년대 이후에는 사회학이 총체적으로 사회 개념을 넘어서 '유동성mobilities'● 에 대한 보다 생산적인 분석으로 나아가야 한다는 주장이 제기돼 왔다.

의미와 해석

사회학에서 사회 개념은 사회학자의 자아 정체성에 근본적인 것이다. 많은 사전 및 백과사전에서 의심할 나위 없는 점으로 언급하는 것은 사회학이 '사회에 대한 연구'이며, 국민국가로 지칭되는 한정된 영토 내에 존재하는 대규모 공동체로 정의된다는 것이다. 탈코트 파슨스Talcott Parsons는 여기

● 이 용어는 존 어리John Urry의 논의에서 유래한 것으로서(본문 34쪽 참조), 국내에서는 '모빌리티'로 통용되기도 한다.

에 또 다른 중요한 특성으로 이른바 사회의 '자기영속화self-perpetuating' 역량을 추가하는데, 이는 사회를 구성하는 제도들이 외부 지원 없이도 사회를 재생산할 수 있어야 한다는 것이다. 사회학의 역사 대부분에서 사회학자들은 명백히 특정 사회들과 그 사회들의 중심적 특성들을 연구하고 비교하고 대조해 왔으며, 이를 명확히 보여 주는 유형학typology들이 구축돼 왔다. 제1세계, 제2세계, 제3세계를 구분하는 오랜 분류법은 지구 전반에 걸친 부와 경제적 생산의 총체적 격차를 파악하기 위한 것이고, 현재는 선진국과 개발도상국 간의 상이한 생활 조건과 전망에 관한 논의들이 그와 유사한 기능을 수행하고 있다. 이러한 유형학들은 우리에게 전 지구적 불평등은 물론 권력이라는 이슈를 경고하는 데 유용했다. 그렇지만 이런 단도직입적인 특징화는 국가 **내의** 불평등과 권력관계에 대해서는 별로 알려 주는 바가 없다.

아울러, 하나의 특정한 추동력을 골라냄으로써 사회변동을 이해하려는 시도 또한 많이 이루어져 왔는데, 이는 산업사회론, 탈산업사회론, 자본주의사회론, 탈근대사회론, 지식사회론, 위험사회론 등으로 귀결됐으며, 아마 이외에도 더 많은 이론이 있을 것이다. 이 모든 변동 이론들은 근본적으로 뒤르켐의 국가 중심의 사회 개념에 뿌리를 두고 있지만, 전체 사회에 결정적인 사회변동의 단 한 가지 측면을 추론해 내려는 유혹은 명백히 이러한 사회 개념의 한계를 보여 준다.

비판적 쟁점

사회 개념의 이론적 문제는 이 개념이 가진 상대적으로 정적靜的이고 사물과 같은thing-like 속성이다. 이는 종종 사회와 개인이 분리된 '사물'이라는 인상을 주기도 했다. 많은 사회학자들은 이러한 이원론을 유용하지 않으며 오도된 것으로 여겨 왔는데, 노르베르트 엘리아스Norbert Elias([1939]2000)만큼 그러했던 인물도 없을 것이다. 그는 개인 간 상호작용부터 국가 간 갈등에 이르기까지 다양한 수준에서 변이하는 관계들에 주목하는 '과정사회학process sociology'의 유형을 기술하는 작업을 해 왔다. 엘리아스는 자신이 서구 철학의 유산이자 사회학적 사고와 분석을 저해하는 것으로 여긴 사회/개인 이원론을 해소한 아마도 첫 번째 인물이었다.

20세기 후반 이래, 사회 개념은 초국가적인 사회적 힘이 개별 국민국가의 자율성에 영향을 미친다는 것이 인식되면서 보다 첨예한 비판의 대상이 되어 왔다. 지구화는 사회 개념에 대한 더 많은 불만을 낳았는데, 사회 개념이 전 지구적 사회변동의 동학을 파악하지 못하는 것으로 보이기 때문이다. 현재 대규모 다국적기업들은 많은 개발도상국의 국내총생산GDP을 능가하는 수입을 올리며, 저렴한 노동력과 사업에 도움이 되는 경제적 환경을 찾아 세계 각지로 움직인다. 각국 정부는 저임금 일자리만 늘어나는 상황을 피하기 위해 서로 협력해야 한다. 알카에다al-Queda 같은 테러리스트 집단들은 세계 도처에서 조직화하고 인력을 충원하며 공격을 감행하는데, 이에 효과적으로 맞서려면 국제 협력이 필수적이다.

이와 같은 많은 사례들은 국민국가를 초월하는 수준이 사회적 삶을 형태 짓는 데 보다 효과적임을 보여 주는 것이며, 사회학자들은 이에 대한 이론화 방식을 찾아내야만 한다. 사회 개념은 명백히 우리가 전 지구적 과정을 이해하는 데 도움이 되기보다는 방해가 된다.

사회 개념을 넘어서 나아가려는 시도의 최근 사례는 존 어리John Urry(2007)와 관련된 '유동성' 프로젝트다. 이는 사회의 힘을 통째로 부정하는 것이 아니라, 그 밖의 다른 유력한 실체들(다국적 행위자, 지역 블록, 기타 등등)도 있다고 주장하는 것이다. 그리고 여기서 더 나아가, 사회학이 사람들의 일상적 삶에 더욱 유력한 것이 되어 가고 있는 유동성, 즉 국경을 초월한 이동 과정을 연구하는 학문이 되어야 한다고 주장한다.

현대적 의의

지구화의 급속한 발흥과 그 양상 및 향후 전망을 탐구하는 많은 연구가 이루어지면서, 일각에서는 (일련의 개별 국민국가들을 함의하는) 사회 개념의 미래는 더 이상 없다고까지 논의한다. 어리(2000, 2007)의 '유동성' 연구는 이 점에서 좋은 사례다. 주류 사회학은 국민국가와 다소 유사한 한정된 실체를 의미하는 것으로서의 사회 개념을 바탕에 깔고 연구했다. 여기서의 전제는 국가가 자신의 발전을 충분히 조절 및 통제할 만한 힘이 있고, 따라서 국민국가들은 상이한 경로를 밟게 된다는 것이었다. 그러나 전 지구적 연결망과 흐름은 더욱 효과적이고 강력해지면서 국경을 가로지르는 경향이 있고, 현재는 처음 출현했을 때보다 훨씬 더 침투력이 있다. 어리는 오늘날 사회학자들의 임무는 이러한 흐름과 현존하는 '유동성'의 범위, 그리고 그것이 어떠한 종류의 사회적 삶을 산출하는지 이해하는 방식을 고안하는 것이라고 논의한다.

다른 한편으로, 월비Sylvia Walby(2020)는 거시적인 사회 개념이 폐기돼서는 안 되지만 지구화, 식민화, 유럽화가 제기한 도전에 대응할 수 있도록 발전될 필요는 있다고 주장한다. 그는 사회학의 두 가지 핵심적 전통이 가능하면 결합돼야 한다고 보는데, 하나는 사회를 제도의 집합으로 보는 것(뒤르켐적 전통)이고, 다른 하나는 사회를 불평등한 관계의 집합으로 보는 것(마르크스적 전통)이다. 이는 경제, 정치, 폭력, 시민사회 등의 제도적 영역을 사회계급, 젠더, 민족집단 같은 불평등 체제와 결합하는 것이다.

월비(Walby, 2020: 2-3)는 복잡성 과학complexity science의 최근 논의에서 차용한 '사회체계' 개념을 사용해 상기한 두 전통을 결합하고자 한다. 특히 그는 '사회체계화societalization'• 개념을 도입해 사회체계들이 온전한 통합에 이르지 않고서도 긴밀하게 관련되는 방향으로 나아가는 과정을 제시한다. 이를 통해 비록 단일한 '사회'로의 온전한 일치가 종착점이 아닐지라도, "국민국가 형성, 유럽화, 지구화, 이 모든 것이 사회체계

• 'social'과 'societal'은 모두 '사회적'이라는 의미로 통용되지만, 'societal'은 보다 학술적인 용어로서 '전체로서의 사회society as a whole' 또는 '사회체계social system'라는 함의를 내포하고 있다는 점에서 'societalization'을 '사회체계화'로 번역했다.

화의 사례"라는 점에서 사회 개념은 사회학적 분석에서 여전히 유용해질 수 있다. 지구화가 사회학의 창시적創始的 개념을 반드시 소멸시키리라는 법은 없을 것 같다.

참고문헌 및 더 읽을거리

Durkheim, É. ([1893]1984) *The Division of Labour in Society* (London: Macmillan). [국역본, 《사회분업론》, 아카넷, 2012

Elias, N. ([1939]2000) *The Civilizing Process: Sociogenetic and Psychogenetic Investigations* (Oxford: Blackwell). [국역본, 《문명화과정》(전2권), 한길사, 2019·2012]

Jenkins, R. (2002) *Foundations of Sociology: Towards a Better Understanding of the Human World* (Basingstoke: Palgrave Macmillan), esp. chapter 3.

Urry, J. (2000) *Sociology Beyond Societies: Mobilities for the Twenty-First Century* (London: Routledge). [국역본, 《사회를 넘어선 사회학: 이동과 하이브리드로 사유하는 사회학》, 휴머니스트, 2012]

______ (2007) *Mobilities* (Cambridge: Polity). [국역본, 《모빌리티》, 앨피, 2022]

Walby, S. (2020) 'Developing the Concept of Society: Institutional Domains, Regimes of Inequalities and Complex Systems in a Global Era', *Current Sociology*, July: 1-18.

Williams, R. (1987) *Keywords: A Vocabulary of Culture and Society* (London: Fontana). [국역본, 《키워드》, 민음사, 2010]

지구화●

globalization

기본적 정의

지리적으로 분산돼 있는 인구집단들이 보다 가깝고 즉시적인 접촉을 하게 되면서 단일한 운명 공동체 또는 전 지구적 사회를 창출하는 것.

개념의 기원

전 세계적 인간 사회라는 아이디어는 18세기 계몽주의 시기에 있었던 전체 '인류'의 전망에 관한 논의로 거슬러 올라갈 수 있다. 또한 지구화는 19세기 자본주의의 확장 추세에 관한 칼 마르크스Karl Marx의 논의와 분업의 지리적 확산에 관한 에밀 뒤르켐Émile Durkheim의 논의에서 나온 것이기도 하다. 그러나 현대적 의미에서 '지구화'라는 표제어가 처음 사전에 등장한 것은 1961년이며, 1980년대 초반에 와서야 경제학에서 일반적으로 통용되었을 뿐이다(Kilminster, 1998: 93).

사회학에서 지구화 명제의 중요한 선구적 업적은 이매뉴

● globalization은 '세계화' 또는 '지구화'로 번역되는데, 정치적, 경제적, 사회적, 문화적 요소들의 지구 전역에 걸친 전파 또는 상호작용의 확산을 의미한다는 점에서 '지구화'를 번역어로 택했다.

얼 월러스틴Immanuel Wallerstein의 '세계체제론World Systems Theory'(1974, 1980, 1989)이다. 월러스틴은 자본주의 경제체제가 초국적 수준에서 작동하며, 상대적으로 부유한 중심부core, 가장 빈곤한 사회들인 주변부periphery, 그리고 양자 사이에 끼어 있는 반주변부semi-periphery로 이루어진 세계체제를 구성한다고 논의했다. 그러나 최근의 논쟁들은 다국적기업의 성장과 권력, 국민국가의 쇠퇴에 대한 우려, 초국가적 무역 블록과 지역 경제 및 정치체(이를테면 유럽연합EU 같은)의 발흥, 저렴한 여행비로 인한 해외여행 및 이주의 확산, 신속한 전 지구적 커뮤니케이션을 가능케 하는 인터넷의 등장에 의해 지구화가 눈에 띄게 가속화되면서 1970년대부터 일어났다. 1990년대 들어 지구화 개념은 사회학의 주류로 진입하여 사회학의 모든 세부 분야에 큰 영향을 미쳤다.

의미와 해석

비록 사회학자 대다수가 우리가 앞서 제시한 실제적 정의를 받아들일 수 있다 하더라도, 지구화의 기저에 깔린 원인과 지구화가 긍정적 발전인지 부정적 발전인지에 대해서는 많은 의견 차이가 있다. 지구화는 우리에게 변동의 과정 또는 전 세계적 상호의존성이라는 사회적 추세에 대해 경고한다. 그러나 이는 지구화가 필연적으로 단일한 전 지구적 사회로 귀결될 것임을 의미하는 것은 아니다. 지구화는 경제적, 정치적, 문화적 차원을 갖는다(Waters, 2001).

어떤 이들에게는 지구화란 1차적으로 금융거래, 무역, 전 지구적 생산 및 소비, 전 지구적 분업, 전 지구적 금융체제와 관련된 경제적인 것이다(Matrell, 2017). **경제적 지구화**는 이주의 증가를 촉진하고, 이동과 정착의 패턴을 바꿔 놓으며, 보다 유동적인 인간존재의 유형을 창출한다. 어떤 이들에게는 **문화적 지구화**가 더 중요하다. 예를 들어, 로버트슨Roland Robertson(1995)은 지역공동체가 전 지구적 과정을 토착 문화에 능동적으로 부합시키는 방식을 파악하고자 글로컬라이제이션glocalization이라는 개념(지구적global 및 지역적local 요소들을 혼합한)을 고안해 냈다. 이는 문화적 산물이 전 세계에 걸쳐 다양한 방식으로 전파되는 현상을 지칭한다. **정치적 지구화**에 보다 강한 인상을 받은 이들은 증가하는 지역적 및 국제적 거버넌스 메커니즘, 이를테면 국제연합UN과 유럽연합 등에 초점을 맞춘다. 이 기구들은 국민국가들과 국제적 비정부기구non-governmental organization, NGO들을 전 지구적 사회체계를 조정하기 위한 공통의 의사결정 포럼으로 규합한다.

지구화는 몇 가지 상호 연관된 과정을 내포한 것으로 이론화됐다. 무역과 시장거래는 일상적으로 세계적 범위에서 일어난다. 능동적 '국제 커뮤니티' 개념 또는 다국적 평화유지군의 가동에서 나타나듯이, 점증하는 국제정치적 협력은 국경을 초월한 정치적, 군사적 협력을 보여 준다. 최근 정보 기술의 발전과 보다 체계적인 (그리고 보다 저렴한) 교통수단 또한 사회적, 문화적 활동이 전 지구적 수준에서 일어나고 있음을 뜻한다. 덧붙여, 인간 활동의 지구화는 점차 **심화된다**. 즉 **더 많은** 전 지구적 무역, **더 많은** 국제정치, **더 빈번한** 전 지구적 교통, 그리고 **더 일상적인** 문화적 상호 교류가 일어난다는 말이다. 전 지구적 수준에서 일어나는 행위의 순량純量, sheer volume은 증가하고 있다. 그리고 많은 사회학자들은 1970년대 이후 디지털화의 등장과 정보기술, 그리고 재화·서비스·인력 수송의 개선에 따라 지구화가 **가속화**되고 있음을 인지하고 있다. 이런 급속한 지구화는 광범위한 결과를 낳는데, 2019년 코로나19의 빠른 전 지구적 확산은 그 극적인 사례라 할 수 있다. 한 지역에서의 경제적 및 정치적 결정이 멀리 떨어진 다른 사회에 상당한 영향을 미칠 수 있고, 지금까지 주요 행위자였던 국민국가는 그 힘과 통제력의 일부를 상실한 것으로 보인다.

비판적 쟁점

지구화 이론가들은 이러한 과정을 사람들의 삶의 방식을 근본적으로 바꾸는 것으로 인식하지만, 다른 이들은 이러한 주장이 과장된 것이라고 주장한다. 비판론자들('회의론자들'이라고도 하는)은 오늘날 국민국가들 간의 접촉과 무역이 과거에 비해 증가하고 있음에도 그것이 통합된 글로벌 경제체제를 창출하지는 못했다고 주장한다(Hirst et al., 2009). 그 대신 유럽연합, 아시아-태평양 지역, 북미 지역에서 **지역 내** 무역 추세가 심화돼 왔다는 것이다. 회의론자들은 이 세 지역경제권이 상대적으로 독립적으로 작동한다는 점에서 전 세계적인 글로벌 경제체제라는 생각은 상상에 불과하다고 말한다.

지구화가 국민국가의 역할을 침식해 왔다는 생각 또한 도전받을 수 있다. 각국 정부는 무역협정과 경제자유화 정책에서 경제행위를 조정 및 조합하는 주요한 역할을 여전히 수행한다. 국가주권을 한데 모으는 것이 주권의 필연적 상실을 뜻하는 것은 아니다. 국가는 전 지구적 상호의존성이 강화되고 있음에도 충분한 권력을 유지하고 있지만, 급속한 지구화라는 조건하에서 보다 적극적이고 외향적인 자세를 채택한다. 지구화는 긴밀한 통합이라는 일방적 과정이 아니라 이미지, 정보, 영향력 등 다양한 산물의 흐름이라는 쌍방적 흐름이다.

현대적 의의

지구화가 사회학의 핵심적인 개념적 배경을 형성하기 때문에, 최근의 연구들은 다양한 주제로 나타난다. 여기에는 초국적 테러리즘, 사회운동, 갈등과 전쟁, 이주 연구, 환경사회학, 다문화주의 등이 포함된다. 연구가 진척됨에 따라 대규모의 지구화가 초래한 의도하지 않은 결과들이 발견됐다. 예를 들어 '공정무역' 생산물의 출현과 성장에 관한 르나르Marie-Christine Renard(1999)의 연구를 보면, 비록 지구화 과정이 대규모 초국적기업들에 의해 지배되고 있지만 경제적 지구화는 작은 틈새 또한 창출하며 소규모 생산자들은 공정과 연대라는 공유된 가치에 기초해 그 틈새로 진입하여 성장할 수 있다.

오늘날 지구화 개념은 주류 사회학에서 폭넓게 수용되고 있으며, 거의 모든 세부 분야의 연구 배경을 형성하고 있다. 루도메토프Victor Roudometof(2020)는 지구화 개념이 오늘날 사회과학 및 공공 담론 용어에서 핵심적 요소이며, 세계주의cosmopolitanism, 혼종성hybridity, 글로컬라이제이션, 초국가주의, 상호문화주의interculturalism를 내포하고 있다고 논의한다. 이러한 복합적 개념은 사회학자들이 단일 국민국가 수준을 넘어 발생하는 주요 경제적 및 사회적 변동을 더욱 확실히 파악할 수 있도록 한다. 루도메토프는 바로 이것이 지구화 개념의 가장 중요한 기능이라고 본다(지구화에 관한 합의된 이론에 도달하려는 여러 시도와 지구화의 긍정적 또는 부정적 결과보다도 훨씬 더).

지구화를 둘러싼 평가는 상당히 엇갈리지만, 마텔Luke Martell(2017)의 평가는 불평등이라는 친숙한 주제로 돌아간다. 그는 사회학자들이 자본주의경제와 물질적 이해관계가 주요한 역할을 하고 있음을 인지할 필요가 있다고 논의한다(비록 많은 사회학자들이 지구화를 부분적으로, 혹은 주로 문화적 현상으로 여기지만 말이다). 마텔은 초국적 정치 영역 출현에 관한 세계주의적 이론이 너무 낙관적인 것이라고 지적한다. 지구화는 그것이 실제적인 정도만큼 불평등하며, 현존하는 불평등과 불균등한 권력 기회를 재생산한다. 예를 들어 전 지구적 자유이동global free movement의 경우, "이동이 가장 덜 필요한 사람들(부유한 엘리트들)이 가장 자유로운 반면, 이동이 가장 필요한 사람들(가장 가난하며 부의 핵심과 떨어져 있는 이들)이 가장 제약받고 있다"는 것이다(Martell, 2017: 251). 문화적 변동이 중요하긴 하지만, 마텔은 자본주의경제가 여전히 근대 세계를 형성하는 핵심적인 추동력으로 남아 있다고 본다.

사회학적으로 생각하기 | 지구화

참고문헌 및 더 읽을거리

Held, D., McGrew, A., Goldblatt, D., and Perraton, J. (1999) *Global Transformations: Politics, Economics and Culture* (Cambridge: Polity). [국역본, 《전지구적 변환》, 창작과비평사, 2002]

Hirst, P., Thompson, G., and Bromley, S. (2009) *Globalization in Question* (3rd edn, Cambridge: Polity).

Kilminster, R. (1998) *The Sociological Revolution: From the Enlightenment to the Global Age* (London: Routledge).

Martell, L. (2017) The Sociology of Globalization (2nd edn, Cambridge: Polity).

Renard, M.-C. (1999) 'The Interstices of Globalization: The Example of Fair Coffee', *Sociologia Ruralis*, 39(4): 484-500.

Robertson, R. (1995) 'Glocalization: Time-Space and Homogeneity-Heterogeneity', in M. Featherstone, S. Lash and R. Robertson (eds), *Global Modernities* (London: Sage), pp.25-44.

Roudometof, V. (2020) 'The New Conceptual Vocabulary of the Social Sciences: The "Globalization Debates" in Context', *Globalizations*, DOI: 10.1080/14747731.2020.1842107

Wallerstein, I. (1974, 1980, 1989) *The Modern World-System*, 3 vols (New York: Academic Press). [국역본, 《근대세계체제》(전3권), 까치, 2013]

Waters, M. (2001) *Globalization* (2nd edn, London: Routledge).

탈근대성

postmodernity

기본적 정의

근대성 이후의 역사적 시기로서, 이전의 근대성에 비해 명확히 정의되지 않고, 다원주의적이며, 사회적으로 다양하다. 탈근대성은 1970년대 초반 이래 발전해 온 것으로 알려져 있다.

개념의 기원

탈근대 개념이 문화 및 예술 분야에서는 10년쯤 일찍 나타나기는 했지만, 사회 이론의 '탈근대적 전환postmodern turn'은 1980년대 중반에 시작됐다. 예를 들어, 건축 분야에서 기존 장르의 요소들을 이용해 '그럴듯한' 기묘한 외관의 건물(런던의 로이드 빌딩 같은)을 짓는 새로운 스타일이 나타났다. 이렇게 장르와 스타일을 흥미롭게 뒤섞고 조합하는 방법을 탈근대적이라 지칭했다. 영화 분야에서는 데이비드 린치David Lynch 감독이 역사적 시기를 뒤섞고 극단적 폭력 및 성적 '일탈'을 구식 로맨스 및 도덕과 결합하여 기묘한 세계를 창출해 냈다(예를 들어, 1986년 작 〈블루 벨벳Blue Velvet〉을 보라). 그 밖에 다른 많은 예술 및 문화 영역에서 탈근대적 경향이 이어졌으며,

1980년대 후반에는 마침내 사회과학도 그에 사로잡혔다.

사회학에서 탈근대적 아이디어의 막을 연 주요 저작은 장 프랑수아 리오타르Jean-François Lyotard의 《포스트모던적 조건The Postmodern Condition》(1984)인데, 이 책에서 그는 근대사회의 주요 기반들이 중심적 위치를 상실하고 있다는 자신의 명제의 개요를 밝혔다. 특히 리오타르는 근대 시기 동안 지배적인 지식 유형이었던 과학은 사람들이 국지적local 지식 유형, 이를테면 오래 된 민습적民習的 지식, 종교적 및 상식적 신념을 추구하기 시작함에 따라 정당성을 상실하고 있다고 보았다. 리오타르는 과학적 사고의 탈중심화가 탈근대사회 도래의 징후라고 논의했다. 탈근대성 이론에 큰 영향을 미친 다른 이론가로는 지그문트 바우만Zygmunt Bauman(1992, 1997)과 장 보드리야르Jean Baudrillard(1983, 1995)가 있다.

의미와 해석

탈근대적 사고는 다양하며, 탈근대 이론가 각각은 탈근대사회로의 이행과 관련된 상이한 요소들에 주목한다. 탈근대론자 대부분이 공격 대상으로 삼는 것은 오귀스트 콩트Auguste Comte와 칼 마르크스Karl Marx로부터 앤서니 기든스Anthony Giddens에 이르는 사회 이론가들이 역사의 방향과 형태를 식별하려 했던 시도다. 이러한 이론가들에게 역사적 변동의 과정은 구조화돼 있고 어느 방향인가로 향하는(진보를 이룩하는) 것이다. 예를 들면, 마르크스주의 이론에서 진보적 운동은 자본주의로부터 사회주의 및 공산주의라는 보다 평등주의적인 사회로 이행하는 것이다. 그러나 탈근대 사상가들은 그런 거대 이론화grand theorizing를 거부한다.

역사적으로 예전에 사람들이 과학, 정치인, 인류 진보에 보냈던 신뢰는 핵전쟁 또는 환경 재앙의 공포, 지속적 갈등과 대량 학살 사건들이 근대사회의 문명화된 터전을 결딴냄에 따라 침식돼 왔다. 리오타르는 이러한 과정을 '거대서사metanarratives'의 붕괴, 즉 과학자, 전문가, 전문직 종사자에 대한 존경을 정당화했던 지속적 진보에 관한 거대한 이야기의 붕괴로 묘사한다. 그 대신, 탈근대성의 특징은 돌이킬 수 없으리만치 다원적이고 파편화돼 있다. 거의 모든 문화의 사진과 동영상 및 기타 자료들로 가득 찬 인터넷망이 이를 증명한다. 웹서핑 경험은 우리가 우리 자신의 가치 및 관념과 상당히 다른 다양한 가치와 관념을 접함에 따라 무작위적으로 일어날 수 있다. 이러한 다분히 혼란스러운 경험은 매스미디어 콘텐츠로 포화 상태인 탈근대 문화에서 전형적인 것이다.

보드리야르는 전자 미디어가 우리와 과거와의 관계를 파괴하고, 사회가 다른 무엇보다도 기호sign와 이미지에 영향을 받는 혼란스럽고 공허한 세계를 창출해 왔다고 논의한다. 보드리야르가 보기에, 매스미디어의 현저한 영향력 증대는 실재reality와 실재의 재현representation 간의 경계를 침식하고 우리 모두가 사는 단 하나의 '초실재hyperreality'만을 남겨 놓는다. 초실재적 세계에서는 사건에 대한 인식과 사회세계에 대한 이해가 텔레비전 같은 매스미디어를 통한 보기viewing에 상당히 의존하게 된다. 보드리야르(Baudrillard, 1995)의 "걸프전은 일어나지 않을 것이다"와 "걸프전은 일어나지 않았다"라는 도발적 언급은 명백히 1차적인 '현실 세계'의 사건(이를테면 쿠웨이트에서의 군대 간 교전)과 명백히 2차적인 그 사건에 대한 미디어의 보도들이 어떻게 동일한 초실재의 실제적인 부분이 되는지를 보여 준다.

사회학에서는 탈근대적 사회변동에 대한 주요 학설과 탈근대적 사회변동을 설명하고 이해하는 사회학 이론의 역량을 구분하는 것이 탈근대적 사상을 이해하는 좋은 방식으로 받아들여진다. 탈근대론자들은 매스미디어의 급속한 성장과 확산, 새로운 정보기술, 사람들의 국경을 초월하는 유동적인 이동, 사회계급 정체성의 쇠퇴, 다문화사회의 등장 같은 모든 변동이 우리로 하여금 우리가 더 이상 국민국가에 의해 질서 지어진 근대 세계에 살고 있지 않다고 결론 내리도록 이끈다고 말한다. 그러면 이런 질문들이 제기된다. '근대' 사회학이 '탈근대' 세계를 적절히 분석할 수 있는가? **탈근대성의 사회학 sociology of postmodernity**은 있는가? 탈근대적 변동의 결과가 너무 급진적이어서 근대적 이론과 개념을 쓸모없는 것으로 만드는가? 탈근대 세계를 위한 **탈근대적 사회학 postmodern sociology**이 필요한 것인가?

비판적 쟁점

탈근대 이론에 대해서는 많은 비판이 있다. 일부 사회학자들이 보기에 탈근대 이론가들은 근본적으로 근대성의 어두운 측면에 너무도 섬뜩해 하면서 근대성의 긍정적 측면까지 포기해 버리는 염세주의자이자 패배주의자다. 그러나 평등성, 개인의 자유, 사회문제에 대한 합리적 접근에 가치를 부여한다는 점에서 근대성은 명백히 보탬이 되는 부분도 있다. 탈근대 이론이 일부 사회변동을 기술할 때 경험적 증거가 부족하다는 문제 또한 있다. 예를 들어, 사회계급과 기타 집합적 유형들이 더 이상 사회적 삶을 구성하지 못하며 개인은 미디어가 형상화한 것의 처분에 내맡겨진다는 생각은 과장된 것이다. 사회계급은 비록 더 이상 정체성의 원천은 아닐지라도 사람들의 사회적 위치와 생활기회의 주요 결정요인이다(Callinicos, 1990).

그와 유사하게, 미디어가 이전 시기들보다 더 중요한 역할을 한다는 증거가 많기는 하지만 그렇다고 그것이 사람들이 그저 미디어 콘텐츠에 푹 빠져 산다는 뜻은 아니다. 예를 들어, 청중 연구audience research 중 상당수는 텔레비전 시청자들이 미디어 콘텐츠를 능동적으로 독해 및 해석하고 자신의 상황에 비추어 이해한다는 점을 보여 준다. 또한 인터넷의 출현에 따라 대안적 정보 및 엔터테인먼트 자원도 많아졌으며, 그중 다수가 공급자와 사용자 간의 상호작용에 기초하여 주류 미디어 산물에 대한 더 많으면 많았지 결코 적지 않은 비판적 논평과 평가를 산출하고 있다. 마지막으로, 탈근대론자들이 제시한 몇몇 변동이 실제적이고 영향력이 있다 할지라도, 근대성을 초월하는 급진적 이행에 그들이 갖다 붙인 증거는 여전히 이론적 논쟁거리로 남아 있다.

현대적 의의

탈근대성 개념은 사회학이 그 자체로 근대주의적modernist 접근법에 기초해 있다는 점에서 논쟁적일 수밖에 없다. 우리가 사회적 실재를 이해하고 설명하려는 시도를 포기한다면, 그리고 그러한 지식을 사회적 실재의 개선을 위해 적용하기를 포기한다면 무엇이 사회학의 요점이 될 것인가? 그럼에도 탈근대성은 사회학에 장기간에 걸쳐 영향을 미쳐 왔다. 동일한 사회적 실재에 대한 다원적 관점과 다양한 해석의 문이 열린다는 것은 사회학자들이 사회 내에서 논쟁의 여지가 없는 공통의 문화 또는 공유된 가치를 더 이상 가정할 수 없으며 문화적 다양성에 민감해져야 한다는 것을 의미한다.

1980년대와 1990년대에 탈근대성과 탈근대 문화에 관한 저작이 쏟아져 나왔지만, 세기말에 들어 사회과학 전반에서 지구화 개념이 부상해 중요한 위치를 차지함에 따라 '탈근대적 전환'은 끝난 것처럼 보인다. 일각에서는 탈근대적 사상은 본질적으로 학계의 유행이었으며 이제는 지나가 버렸다고 주장한다(McGuigan, 2006; Nealon, 2012). 그러나 이것이 과연 맞는 말일까?

가나르Andrew Wells Garnar(2020)는 탈근대성 개념이 여전히 적절성이 있다고 말한다. 그는 일련의 문화현상으로서의 포스트모더니즘과 근대성의 시대에서 이행한 것으로서의 탈근대성을 구분하면서, 전자가 중요한 전환을 겪은 반면 후자는 계속해서 우리가 살고 있는 전 지구적 시대를 특징짓고 있다고 논의한다. 특히 그는 디지털 기술의 역할에 초점을 맞춰

"탈근대적 조건은 기술로 가득 차 있으며" 이는 생산 및 소비의 변화, 전 지구적 관계 및 권력구조의 변화와 함께 탈근대적 조건의 한 요소라고 논의한다(Garnar, 2020: 5-6). 인터넷, 컴퓨터 대중화, 태블릿, 스마트폰, 위성, 케이블 TV는 모두 '탈근대적 기술'로서 탈근대와 관련된 유희성playfulness, 이질성, 반反위계적anti-hierarchical 실천을 촉진한다. 그리고 디지털 기술이 일상생활로 깊숙이 파급된 만큼, 이는 명백히 탈근대적 시대라 할 만한 것이다.

참고문헌 및 더 읽을거리

Baudrillard, J. (1983) *Simulations* (New York: SemioText(e)). [국역본, 《시뮬라시옹》, 민음사, 2012]

__________ (1995) *The Gulf War Did Not Take Place* (Bloomington: Indiana University Press).

Bauman, Z. (1992) *Intimations of Postmodernity* (London: Routledge).

__________ (1997) *Postmodernity and its Discontents* (Cambridge: Polity).

Callinicos, A. (1990) *Against Postmodernism: A Marxist Critique* (Cambridge: Polity). [국역본, 《포스트모더니즘: 마르크스주의의 비판》, 책갈피, 2014]

Garnar A. W. (2020) *Pragmatism, Technology and the Persistence of the Postmodern* (Cambridge: Polity).

Kumar, K. (2005) *From Post-Industrial to Post-Modern Society* (2nd edn, Oxford: Blackwell). [국역본, 《탈산업사회에서 포스트모던 사회로: 현대사회의 새로운 이론들》, 라움, 2012]

Lyotard, J.-F. (1984) *The Postmodern Condition* (Minneapolis: University of Minnesota Press). [국역본, 《포스트모던적 조건: 정보사회에서의 지식의 위상》, 서광사, 1992]

McGuigan, J. (2006) *Modernity and Postmodern* Culture (2nd edn, Buckingham: Open University Press).

Nealon, J. T. (2012) *Post-Postmodernism: Or, the Cultural Logic of Just-in-Time Capitalism* (Stanford, CA: Stanford University Press).

탈식민주의

postcolonialism

기본적 정의

식민지배 체제가 세계사회와 전 지구적 지식생산에 미치는 역사적, 지속적 영향을 더 명확히 이해하려는 정치적, 지적 운동. 사회학에서 탈식민주의 이론가들은 서구 학자들과 기관들이 여전히 지배하고 있는 사회학을 '탈식민화'하고자 한다.

개념의 기원

사회학은 서유럽 및 북미에서 처음 등장하고 발전하면서부터 대체로 근대성의 시기에 초점을 맞춰 왔으며, 후에 그 영향력은 세계의 다른 지역들로 파급됐다. 서구의 근대화 이론은 모든 국가가 정도와 시기는 다를지언정 경제적으로 발전할 것이라 주장했다. 마르크스주의 진영에서는 식민지배 체제가 '저발전' 정책을 통해 식민지화된 지역 및 국가들의 자원을 체계적으로 약탈하면서 이들을 현재까지도 '저발전된' 상태로 몰아넣었다고 주장했다.

1980년대 이래로, 식민지배 시기와 그 유산에 관한 논쟁은 경제적 저발전으로부터 탈식민주의라는 광범위한 주제로 옮겨 갔다. 이는 사회학의 유럽중심주의, 식민주의 옹호, 남반구 학자들의 목소리 배제에 매우 비판적인 지적 운동의 성장이다(Bhambra, 2014a). 탈식민주의적인 관념의 연원은 20세기 초까지 거슬러 올라갈 수 있지만, 탈식민주의적인 지적 운동의 기원은 1980년대와 1990년대에 있다.

범브라Gurminder Bhambra(2014b)의 논의에 따르면, 현대 탈식민주의는 서구의 근대성 서사에 반하는 대안적인 문화적 전통에 관한 바바Homi Bhabha(1994)의 논의와 지배적 담론의 역사적 발전에 관한 스피박Gayatri Spivak(1988)의 논의, 그리고 권력관계와 지식생산에 관한 사이드Edward Said(1978)의 논의에 크게 빚지고 있다. 사이드(Said, 1978)의 '오리엔탈리즘orientalism' 담론에 관한 논의는 탈식민주의 이론의 기초를 닦은 것으로 자주 인용된다.

19세기와 20세기 초의 서구 학자들 다수는 중동, 아프리카, 아시아 연구에서 '동양the Orient or the East'을 서양Western Occident과 대비했는데, 사이드는 이러한 대비가 중립적으로 이루어진 경우는 거의 없다고 주장한다. 동양은 정상적이고 우월한 서양에 반하는 이국적인 '타자他者, other'로 표현됐다. 이러한 담론의 지속은 비서구 학자들의 학술적 논의를 배제함으로써 강화됐다. 이로써 동양과 서양의 명백한 문화적 차이는 서구의 전 지구적인 경제적, 산업적, 군사적 지배를 설명하는 주된 요소로 간주됐다. 요약하자면, 오리엔탈리즘은 잔혹한 식민지배 체제를 정당화하는 중요한 이데올로기적 역할을 수행했다.

의미와 해석

17세기부터 20세기 중반까지 서구 국가들이 채택했던 식민주의 국가정책은 식민지였던 국가들이 독립한 후에도 오랫동안 전 지구적 발전에 중대한 결과를 초래했다. 아이티, 그리고 스페인의 식민지였던 남아메리카는 19세기 초에 독립국가가 됐으며, 인도, 말레이시아, 싱가포르, 케냐, 나이지리아, 알제리 등은 그보다 한참 뒤인 20세기 중반에 가서야 독립했다. 그러나 식민주의의 여파는 신생 독립국가들에 심각한 경제적 불이익과 정치적 문제를 남겼다.

탈식민주의 이론가들은 식민주의의 파괴적이고 광범위하며 장기적인 영향력이 통상적인 사회학 이론에 일상적으로 배태되지 못했거나 심지어 인식조차 되지 않았다고 주장한다. 식민주의는 현대의 삶에 대한 사회학 이론이 간과하고 넘어갈 수 있는 일시적 에피소드가 아니라, 오늘날 세계의 권력관계를 형성하며 과거의 식민지들을 계속해서 망치는 주된 요인이다. 사회학자들이 이 점을 인식하지 못하면, 전 지구적 불평등과 지구화 과정에 대한 그들의 설명은 타당성을 갖지 못할 것이다.

코넬Raewyn Connell(2018)에 따르면, 유럽 사회학의 발전에서 남반구 학자들의 몫은 극히 적으며, 이에 따라 북반구의 경험에 기초한 유럽중심적이고 편향적인 관점이 산출됐다고 한다. 이는 사회학의 창시자들, 그리고 사회학의 주요 이론적 관점과 경험연구가 오랫동안 힘 있는 국민국가들의 상황을 반영한 이유 중 하나다. 탈식민주의적 학자들은 사회학뿐만 아니라 모든 학문 분야에서 철저한 '탈식민화'가 필요하다고 주장한다.

또한 탈식민주의적 학자들은 남반구 학자들의 과거와 현재의 연구를 사회학에 소개함으로써 사회학의 세계관을 확장하고자 한다. 예를 들어, 고Julian Go(2016)는 사회학의 '남반구적 관점' 전략을 지지하는데, 이는 전 지구적 위계구조의 밑바닥에 있는 사람들의 경험, 관심, 범주에 초점을 맞춘 '아래로부터의 사회과학'을 수행하는 것이다. 이 과정에서 기존의 유럽중심주의적 이론과 개념은 검증과 평가를 받을 것이다. 유럽중심주의적 사회학은 우월한 위치에 있고 상대적으로 부유한 국가들에 관해서는 많은 것을 알려 주지만, 그것을 예전 식민지들을 현재까지도 저발전 상태에 있게 하는 체계적 방식, 그리고 이들의 독립 이후 경험과 연결 짓는 데에는 명백히 부족함이 많다. 탈식민주의적 학자들은 이러한 문제를 탐구하는 방법을 찾고자 노력한다.

비판적 쟁점

사회학이 통상적으로 식민주의의 파괴적 결과를 간과하거나 충분히 이해하지 못한다는 지적은 설득력이 있으며, 젊은 세대의 사회학자들이 이를 수용하는 경우가 늘어나고 있는 것 같다. 그러나 이러한 문제를 바로잡기 위해 무엇을 해야 하며 무엇이 가능할 것인지에 대한 합의는 별로 없다. 일각에서는 사회학을 근본부터 재고해야 한다고 주장하는 반면, 다른 한편에서는 기존의 관점과 이론을 유지하는 선에서 진정한 글로벌 사회학을 추구하며, 또 다른 쪽에서는 남반구 학자들을 더욱 체계적으로 끌어들이고자 한다.

사회학을 옹호하는 입장에서 말하자면, 사회학자들은 언제나 전 지구적 불평등, 비교 발전comparative development, 민족주의, 글로벌 정치, 국가 간 갈등에 관심을 기울여 왔으며, 이는 사회학이 일각에서 말하는 것처럼 배타적이지만은 않음을 보여 주는 것이다. 마찬가지로, 사회학은 기존의 경계 바깥에 있는, '과학적' 주제가 아니라며 사회학이 수용하지 않는 것처럼 보이는 관념과 이론에도 상당히 개방적인 학문 분야로 인식되는 경우가 많다. 끝으로, 매클레넌Gregor McLennan(2010)은 어느 학문 분야든 그 현실적, 제도적 위치에서 벗어날 수 있다고 생각하는 것은 비현실적이며, 이는 사회학도 예외가 아니라고 주장한다. 그에 따르면, "모든 사고 체계는 불가피하게 그 초점, 스타일, 가용한 전문가의 측면에서 자민족중심주의적이며, 게다가 사회학의 '탈식민화'가 의미하는 것도 명백함과는 거리가 멀다"(McLennan, 2010: 119).

현대적 의의

이 책에 수록된 다른 많은 개념들과 달리, '탈식민적 전환postcolonial turn'(Olukoshi and Nyamnjoh, 2011)은 사회학에서 비교적 최근의 것이며 아직도 진행 중이다. 따라서 사회학과 탈식민주의 간의 연관성이 어떻게 발전할 것인지를 정확히 이야기하기에는 아직 너무 이르다. 분명한 것은 탈식민주의적 개입이 '통상적인 것'에 도전했으며, 이러한 관점을 바탕으로 통찰력 있는, 특히 '사회학의 탈식민화'가 실제로 요구하는 것이 무엇인지에 관한 연구들이 많이 나오고 있다는 점이다.

코넬(Connell, 2018)은 몇 가지 주요 문제와 가능한 해법의 윤곽을 제시한다. 그는 북반구에서 활동하는 사회학자들이 북반구 학자들 및 이론가들의 저작만을 읽고 인용하는 경향이 있다고 지적한다. 또한 사회학은 제도적으로 유럽과 북미의 엘리트 대학들에 기반을 두고 있으며 이곳에 저명 학술지와 연구비 지원 기관이 집중된다. 사회 이론도 그와 유사한 상황에 있으며, 많은 이론이 인간성에 대한 적용 측면에서 논의를 전개하는데, 이는 사회학의 형성에서 서구 사회학자들이 권력을 가지고 있음을 보여 주는 것이다. 그렇다면 남반구 사회학자들의 합리적인 선택은 더 권력을 가진 집단의 이론과 방법을 채택하면서 연구의 목표를 주요 학술지 게재에 맞추는, 코넬이 '외부 지향적' 전략이라 지칭한 것이 된다. 그러나 이런 외부 지향적 사회학은 기존의 전 지구적인 학계의 분화分化에 도전하는 것이 아니라 이를 그저 재생산하는 것이다.

코넬은 앞서 언급한 매클레넌의 비판을 평가하면서, 실제로 사회학의 탈식민화는 "제국과 전 지구적 불평등에 의해 산출된 왜곡과 배제의 교정, 그리고 **전 세계에 걸친** 사회학의 민주적 방향으로의 재형성"(Connell, 2018: 402)을 포함한다고 말한다. 탈식민화 프로젝트는 교과과정 재편, 교과서 재집필, 식민지 이후 독립국들의 경험을 포함한 균형 잡힌 수업 내용을 수반할 것이다. 또한 이는 기존의 제도적 권력 기반에 대한 도전과 전 지구적인 사회학 연구 인력 구성의 변화 및 더 평등한 연구비 재분배를 요한다.

참고문헌 및 더 읽을거리

Bhabha, H. K. (1994) *The Location of Culture* (London: Routledge). [국역본, 《문화의 위치: 탈식민주의 문화이론》, 소명출판, 2012]

Bhambra, G. K. (2014a) *Connected Sociologies* (London: Bloomsbury).

____________ (2014b) 'Postcolonial and Decolonial Dialogues', *Postcolonial Studies*, 17(2): 115-21.

Connell, R. (2018) 'Decolonizing Sociology', *Contemporary Sociology: A Journal of Reviews*, 47(4): 399-401.

Go, J. (2016) 'Globalizing Sociology, Turning South: Perspectival Realism and the Southern Standpoint', *Sociologica*, 2: 1-42.

McLennan, G. (2010) 'Eurocentrism, Sociology, Secularity', in E. G. Rodríguez, M. Boatcă and S. Costa (eds) *Decolonizing European Sociology: Transdisciplinary Approaches* (Farnham: Ashgate), pp. 119–34.

Olukoshi, A and Nyamnjoh, F. (2011) 'The Postcolonial Turn: An Introduction', in R.Devisch and F. Nyamnjoh (eds) *The Postcolonial Turn: Re-Imagining Anthropology and Africa* (Bamenda, Cameroon: Langaa Research and Publishing Common Initiative Group), pp. 1-28.

Said, E. (1978) *Orientalism: Western Conceptions of the Orient* (London: Routledge & Kegan Paul). [국역본, 《오리엔탈리즘》, 교보문고, 2015]

Spivak, G. K. (1988) 'Can the Subaltern Speak?', in C. Nelson and L. Grossberg (eds) *Marxism and the Interpretation of Culture* (Chicago: University of Illinois Press), pp. 271-316.

합리화

rationalization

기본적 정의

전통적 관념들과 신념들이 잘 짜인 규칙들과 공식적, 도구적 means-to-ends 사고로 대체되는 장기간에 걸친 사회적 과정.

개념의 기원

합리적 방식으로 행위한다는 것은 이성적으로 행위하며 행위 수행 이전에 행위와 그 결과에 대해 심사숙고한다는 뜻이다. 합리주의rationalism로 알려진 철학적 교의는 17세기에 기원한 것으로서 이성에 기초한 지식, 그리고 종교적 원천 및 전승된 지혜에 기초한 지식에 대한 이성적 추론을 특징으로 한다. 합리성은 명백히 그 기원을 사고, 행위, 지식 생산의 연결에 두고 있다. 사회학에서 사회의 합리화 이론은 대체로 고정된 상태보다는 과정을 지칭하는 것이며, 이는 막스 베버Max Weber 저작의 핵심이다. 베버가 보기에 합리화와 주술magic의 제거는 근대성 시기의 특징에 대한 실제적 이해를 뒷받침하는 장기간에 걸친 세계사적인 사회적 과정이다. 최근 연구들을 보면, 합리화 과정이 종교적 및 영적 신념이 다시금 뚜렷이 부각됨에 따라 멈춰 버렸는지, 아니면 비록 다른 형태이긴 하지만 계속되고 있는지에 관한 논쟁에 초점이 맞춰져 왔다.

의미와 해석

사회학에서 베버의 합리화 명제의 영향력이 너무도 컸기 때문에, 우리는 이성과 합리주의에 관한 여타 철학적 논의들보다는 여기에 중점을 두고자 한다. 합리화는 서구에서 시작된 변동 과정으로서, 사회적 삶의 더 많은 측면들이 도구적 계산과 효율성의 문제로 특징지어지는 것이다. 이는 이전 시기에 사람들의 사고와 행위를 지배했던 전통적 관행, 관습적 행위, 감정적emotional 헌신과는 현저히 대조적이다. 베버는 합리화가 자본주의경제의 발전과 그로 인한 합리적 설명 및 측정에 대한 요구는 물론, 합리적 사고를 촉진하는 과학적 제도, 그리고 가장 효율적이라는 점에서 지배적 위치를 차지하게 된 조직유형인 관료제에 의해서도 강화된다고 보았다.

베버는 합리성을 실용적practical, 이론적theoretical, 실질적substantive, 형식적formal이라는 네 가지 기본 유형의 측면에서 논의한다(Kalberg, 1985). 실용적 합리성은 사람들이 일반적으로 상황을 받아들이고, 그 상황의 대부분을 어떻게 구성할 수 있는지 실용적으로 고려하여 행위하는 경우 뚜렷이 나타난다. 이론적 합리성은 사람들이 자신들의 경험에 대해 생각하고 삶의 의미를 찾아냄으로써 '주된 실재master reality'를 구성하고자 하는 경우에 존재한다. 철학자, 종교 지도자, 정치 이론가, 법률가 등이 이론적 합리성 유형을 채택하는 것으로

볼 수 있다. 실질적 합리성은 사회적 삶의 특정 영역에 관련된 가치들의 묶음cluster에 따라 행위의 방향을 이끈다. 예를 들어, 친구 관계는 상호 존중, 충성, 조력이라는 가치와 관련되는 경향이 있으며, 이 가치의 묶음은 이러한 삶의 영역[친구 관계]에 있는 사람들의 행위를 직접적으로 틀 짓는다.

베버의 네 번째 유형인 형식적 합리성은 일반적 또는 보편적인 법칙, 혹은 규칙의 맥락에서 특정 목표를 달성하기 위한 가장 효율적인 수단의 계산에 기초한다. 서구 사회의 합리화는 관료제라는 조직유형이 가장 널리 채택된 것과 관련돼 있다. 이에 따라 형식적 합리성과 계산이 더 많은 삶의 영역으로 증대되고 퍼져 나갔기 때문이다. 경제적 의사결정은 가장 전형적인 유형이다(비록 수단-목표 계산이 삶의 다른 많은 영역에서도 일반적인 것이 되어 왔다 하더라도). 예를 들어, 합리화된 서구 음악은 보편적 기보법記譜法과 리듬 및 음조의 차이를 측정하는 체계를 사용하며, 저명한 작곡가의 곡이라도 악보를 읽을 수 있고 악기를 다룰 수 있는 이라면 누구나 연주할 수 있도록 부호화되고 기록된다. 음악은 규칙의 지배를 받게 되고 계산 가능해지며 예측 가능해지지만, 그만큼 자연스러움과 유연성은 떨어지게 된다.

자본주의가 국가관료제와 더불어 확장됨에 따라, 형식적 합리성이 점차 사회의 주요 제도들에 배태되면서 여타 유형들을 몰아냈다. 베버는 확실히 이러한 과정은 영구적인 것이며, 사무 환경, 작업장, 국가 행정 부서를 통틀어 채택된 비인격적impersonal이고 관료제적인 관리 유형은 전례 없이 가장 효율적인 조직화 방법이라고 보았다. 관료제는 모든 개인적 취향과 감정적 연계를 몰아냄으로써, 각각의 위치에 가장 적합한 자질을 가진 이들이 임명되고 검증된 경쟁력과 역할수행에 근거해 승진이 이루어진다는 것을 보장한다. 기억해야 할 것은 이것이 이념형이라는 점이다. 그와 유사하게, 자본주의적 이윤 창출과 관련된 기초적 복식부기double-entry book-keeping는 도구적인 합리적 행위를 촉진하는 계산적 심성을 창출했고, 자본주의 기업들이 더욱 규모가 커지고 지리적으로 분산됨에 따라 효율적 관리 기법은 더욱 중요해졌다.

비록 베버가 이러한 합리화 유형의 성장을 불가피한 것으로 보기는 했지만, 그는 또한 명백한 위험에 대해서도 인식했다. 효율성의 추구와 기술적 진보는 사회를 점점 더 비인격적인 것으로 만드는데, 이러한 사회에선 외적인 힘이 우리의 운명을 통제하는 것처럼 보인다. 베버의 명제에 따르면, 사회는 탈출 가능성이 없는 '단단한 철창steel-hard cage'이 되어 버린다. 더 나아가서는 수단이 목표를 지배하는 경향도 그 결과로 나타난다. 즉 관료제는 특정 목표(이를테면 효율적 공공서비스, 잘 정립된 보건 서비스, 또는 효율적 복지 시스템 같은)를 달성하기 위한 수단인데, 시간이 지나면서 관료제의 권력이 커질수록 관료제가 그 자신의 생존을 목표로 하면서 자신이 주인이 되어 버리는 것이다. 베버는 이러한 과정을 사회의 많은 영역에서 관찰되는 합리화의 비합리적 결과로 보았다.

비판적 쟁점

베버 자신이 보았듯이, 합리화 과정이 반드시 진보적 발전으로 귀결되는 것은 아니며 오히려 상반되는 결과와 새로운 사회문제를 야기할 수도 있다. 한편으로는 합리화 명제 자체에 대한 비판도 있다. 자본주의가 계속 세계경제를 지배한다고 해도 전통적 형태의 관료제가 여전히 지배적일 것이냐에 대해서는 의문이 제기될 수 있다. 최근 들어서는 베버가 개관한 위계적 모형보다 연결망 구조에 기초한 보다 느슨한 조직 유형이 성장해 왔다(Van Dijk, 2012). 여기서 제기되는 질문은 이러한 네트워크화된 조직이 형식적 합리성을 여전히 촉진하느냐이다. 합리화는 또한 종교의 운명과도 관련되는데, 일부 사회학자들은 종교가 쇠퇴하기는커녕 20세기 후반 들어 종교 근본주의, 텔레비전 전도televangelism, 다양한 신흥종교의 출현과 더불어 부흥하고 있다고 논의해 왔다. 이것이 베버의 합리화 명제와 배치되는 '세계의 재주술화re-enchantment of the world'를 의미하는가?

현대적 의의

1980년대 중반 일어난 비판적 탈근대 사상을 감안하더라도, 과학에 대한 신뢰가 침식당하고 세계의 명확한 '재주술화' 경향이 증대함에 따라 베버의 합리화 명제는 한물간 것처럼 보일 수 있다(Gane, 2002). 그러나 베버의 원래 아이디어를 확장하고 현대화하는 데 영향력을 발휘한 몇몇 중요한 연구가 있다. 지그문트 바우만Zygmunt Bauman의 《현대성과 홀로코스트

Modernity and the Holocaust》(1989)는 나치의 정책과 유럽 내 유대인 대량 학살이 근대성의 진보적인 방향에서 벗어난 근본적으로 '반문명적인' 일탈행위라는 논의를 거부한다. 대신 바우만은 수송과 기록을 조직화하는 합리적, 관료제적 관리 또는 가해자와 피해자의 합리적 행위가 없었다면 홀로코스트는 일어나지 못했을 것이라는 점을 보여 준다. 이러한 점에서 볼 때, 합리화 과정이 꼭 야만성에 맞서는 방어벽을 만들어 내는 것도 아니고, 오히려 맥락이 맞아떨어지면 야만성을 촉진할 수도 있는 것이다.

조지 리처George Ritzer([1993]2021)는 합리화 명제를 오늘날의 패스트푸드 음식점에 적용했다. 베버가 활동할 당시에는 근대적 관료제 사무실이 합리화의 이념형적 도구였으나, 20세기 말에 들어서는 도처에 있는 패스트푸드 음식점이 그러한 위치를 차지하게 됐다. 맥도날드 매장의 표준화된 상품, 고도의 효율적 서비스, 측정 가능한 직원 목표치, 획일적인 소비자 경험은 그 전형적인 예다. 최근 리처는 맥도날드화McDonaldization가 매장과 부지라는 '오프라인 세계'에 한정되지 않고 온라인으로 확장되고 있다고 논의한 바 있다. 예를 들어, 아마존Amazon.com은 계산가능성과 수량화에 대한 강조, 상품과 판매자에 대한 평가 및 순위 매기기, 알고리즘과 빅데이터에 대한 의존이라는 점에서 맥도날드화 과정의 핵심적 특징들을 여실히 보여 준다는 것이다. 리처는 베버와 마찬가지로 이러한 합리화된 모델이 그 자체로 비합리성을 낳는다는 점을 간파한다. 직원은 탈숙련화되고, 직무는 단순한 반복이 됨과 아울러 집중적인 감시하에 놓이게 되며, 고객은 질이 떨어지는 응대를 받고, 쓰레기는 고질적인 문제가 된다. '맥도날드화' 과정은 혼란과 불확실성의 감소를 추구하는 과정에서 새로운 유형의 '단단한 철창'을 만들어 내는 셈이다.

참고문헌 및 더 읽을거리

Bauman, Z. (1989) *Modernity and the Holocaust* (Cambridge: Polity). [국역본, 《현대성과 홀로코스트》, 새물결, 2013]

Gane, N. (2002) *Max Weber and Postmodern Theory: Rationalization versus Re-enchantment* (Basingstoke: Palgrave Macmillan).

Kalberg, S. (1985) 'Max Weber's Types of Rationality: Cornerstones for the Analysis of Rationalization Processes in History', *American Journal of Sociology*, 85(5): 1145-79.

Ritzer, R. ([1993]2021) *The McDonaldization of Society: Into the Digital Age* (9th edn, New York: Sage). [국역본, 《맥도날드 그리고 맥도날드화》, 풀빛, 2017]

Van Dijk, J. (2012) *The Network* Society (3rd edn, London: Sage). [국역본, 《네트워크 사회》, 커뮤니케이션북스, 2002]

주제2

사회학 연구하기
(Doing Sociology)

과학 (science)

구조/행위 (structure/agency)

사회적 구성주의 (social constructionism)

성찰성 (省察性, reflexivity)

실재론 (實在論, realism)

양적/질적 방법 (quantitative/qualitative methods)

이념형 (理念型, ideal type)

과학
science

기본적 정의

증거 수집을 통한 이론 검증에 기초하여 세계에 대한 타당하고 신뢰할 만한 지식을 획득하는 방법.

개념의 기원

과학 개념은 지식 그 자체를 가리키는 말에 기원을 두고 있지만, 14세기 유럽에서 과학 또는 '자연철학'은 필사된 또는 기록된 지식을 지칭하는 보다 한정된 의미로 사용되었다. 17세기 '과학혁명'의 시기(뉴턴의 중력 발견 같은 많은 획기적 진전이 있었던)에는 과학이 탐구의 방법으로 인식되었다. 19세기 들어서 이 용어는 물리적 세계와 그에 대한 연구 분야, 즉 천문학, 물리학, 화학 등에만 한정돼 사용되었다. 19세기 말에는 과학철학 논쟁이 어떤 방법이 '과학적'인가, 과학적 지식은 어떻게 참인 것으로 검증되는가, 그리고 궁극적으로 사회적 주제들이 자연과학에서 산출된 것과 같은 종류의 증거들과 맞아떨어지는가에 초점을 맞추었다.

20세기에는 다양한 실증주의 학파들이 연역 또는 귀납의 상대적 장점, 자연과학 분야뿐만 아니라 모든 과학이 지켜야 할 원칙으로서의 검증과 반증에 대해 논의했다. 그러나 사회학자들은 점차 자신의 분야를 과학으로 인식하면서도 인간의 의도적 행위, 그리고 사회와 사회학적 지식 사이에 존재하는 성찰성의 설명에 관해서는 자연과학과 다른 방식을 취했다. 오늘날 사회학은 스스로를 사회에 대한 과학자로 생각하는 이들과, 자신이 사회 연구에 참여하고 있다는 생각에 더 행복해하며 과학적 방법과 지위에 관한 문제를 쓸모없는 것으로 여기는 이들로 나뉘어 있다.

의미와 해석

오귀스트 콩트Auguste Comte의 실증주의 이래 명백히 사회학의 핵심 이슈는 사회학이 과학이냐 아니냐는 것이었다. 어떻게 사회학이 다른 공인된 과학 분야들, 이를테면 천문학, 물리학, 화학, 생물학과 연관되는가? 그리고 이 분야들을 문제없이 '과학적'으로 만드는 것은 무엇인가? 많은 사람들은 과학적 연구란 경험적 증거 수집을 위한 체계적 방법의 사용, 자료의 분석, 그리고 자료에 관한 이론적 설명의 개발이라고 믿는다. 그렇다면 과학은 시간이 지남에 따라 신뢰할 만한 지식을 상당히 구축할 수 있다는 것이다. 이러한 생각을 받아들인다면, 사회학은 경험연구를 위한 체계적 방법의 사용, 자료의 분석, 증거와 논증에 기초한 이론 평가를 포함하는 과학이다. 그러나 과학으로서의 사회학을 논하는 것을 불편해하면서 사회학이 자연과학보다 인문학에 더 가깝다고 보는 것을 편하게 여기는 사회학자들이 늘어나고 있는 것 같기도 하다.

인간을 연구한다는 것은 자연 세계의 사건을 관찰하는 방식과는 확연히 다르며, 따라서 아마도 사회학과 자연과학은 완전히 똑같을 수는 없다. 인간은 본능 또는 생물학적 명령에 따라서만 행위하는 것이 아니라, 서로 간에 유의미한 방식으로 상호작용한다. 이는 사회학자들이 사회적 삶을 기술하고 설명하려면 사람들이 **왜** 그러한 방식으로 행위하는지를 이해하는 방법을 찾아야 할 필요가 있음을 의미한다. 사람들은 일반적으로 의도에 따라 행동하며, 사회학자들은 개인이 자신의 행위에 부여한 의미를 재구성한다. 개구리의 행동을 파악할 때는 그러한 복합적인 정신적 추론에 대한 재구성을 포함하지는 않는다. 인간행위의 유의미한 본질은 장점이자 난점이다. 사회학자들은 생물학이나 화학 같은 자연과학의 방법을 단순히 차용하기만 할 수는 없으며, 인간과 사회적 삶이라는 특정 주제에 적합한 스스로의 방법을 갖춰야만 한다. 사회학자들이 갖는 중요한 장점은 연구 참여자들에게 직접 말을 걸고 그들이 취하는 반응을 이해한다는 것이다. 연구 참여자들과 대화를 나누고 연구자의 해석을 확증하는 이러한 기회는 사회학적 연구 결과가 최소한 잠재적으로라도 자연과학적 연구 결과보다 신뢰할 만하며(상이한 연구자들이 동일한 결과에 도달한다는 점에서) 타당함을(연구가 실제로 목표한 바를 측정한다는 점에서) 의미한다. 막스 베버Max Weber는 이러한 이득이 사회학의 과학으로서의 지위에 핵심적인 것이라고 보았다. 사회학의 연구 방법이 필연적으로 다르다 할지라도, 다른 과학 분야의 방법에 비해 체계적이지 않다거나,

엄밀하지 않다거나, 이론에 바탕을 두고 있지 않다거나 하는 것은 결코 아니다.

그러나 사회학자들은 자연과학자들이 맞닥뜨리지 않는 난점에 봉착한다. 자기인식적인 개인들은 자신의 행위가 연구되고 있음을 알아채면 평상시에 하던 행동을 슬며시 바꿔 버림으로써 연구 결과의 신빙성을 떨어뜨릴 수 있다. 예를 들어, 사람들은 일상생활에서 끊임없이 타인에게 스스로의 자아를 표현하려 시도하며, 이러한 '인상관리' 과정은 사회학적 연구 중에도 일어날 수 있다. 사회학자들은 인터뷰 및 설문조사 진행 중에 응답자가 연구자가 원한다고 생각하는 응답을 내놓을 가능성에 주의를 기울여야 한다. 이런 다양한 쟁점들은 인간을 연구함에 있어 핵심적인 특징인 성찰성의 문제를 보여 준다.

사회학적 지식은 사회로 걸러져 들어가 연구 대상인 사회적 맥락의 일부가 되면서 잠재적으로 사회적 맥락을 바꿔 놓기도 한다. 자연과학에 사회적 성찰성의 대응물counterpart이 없다는 말은, 사회학이 과학이라면 자연과학과 똑같은 방법을 단순히 채택하기만 하는 것이 아니라 사회학 자체의 '대상에 적절한object-adequate' 방법을 개발해야 한다는 뜻이다.

비판적 쟁점

사회학이 과학적이어야 한다는 생각의 근본적 문제점은 무엇이 과학을 구성하느냐에 대한 합의를 가정하고 있다는 것이다. 비록 이 용어[과학]가 단지 자연과학이 하는 바에 관한 것이라 하더라도, 이제는 더 이상 그렇지 않다. 과학사가科學史家들의 몇몇 중요한 연구는 과학에 존재했던 확실성을 침식해 왔다. 쿤Thomas Kuhn(1970)은 과학에서 장기간에 걸친 지식 축적의 결과로 일어날 것으로 기대되는 획기적 전환점(과학혁명scientific revolution)을 연구했다. 사실 쿤은 자연과학이 '패러다임', 즉 특정 이론에 기초해 과학 연구를 하는 방식을 통해 작동한다고 보았다. '정상'과학'normal' science은 근본적으로 패러다임의 끊임없는 검증과 재검증인데, 이는 주요한 발전으로 귀결되지 않았다. 획기적 전환점의 순간은 누군가가 기존의 패러다임을 뛰어넘는 파격적인 결과를 제시하고 그것이 새로운 패러다임으로 자리 잡을 때 일어났다.

과학의 이념형에 대한 보다 심화된 논박은 파이어아벤트Paul Feyerabend(1975)의 과학적 방법에 관한 역사적 연구였다. 그는 과학에서 이루어진 많은 혁명적 발견은 과학적 방법과는 상관이 없다고 논의한다. 그 대신 단순한 시행착오 또는 심지어 어디서도 가르쳐 주지 않는 실수나 우연에 의해 도래했다는 것이다. 파이어아벤트의 결론은 과학적 방법의 단 한 가지 중요한 원리는 '무엇이든 허용된다'는 것이다. 과학적 방법으로부터의 일탈을 장려해야만 혁신이 보장될 수 있다. 한 가지 방법만을 엄격하게 고수하는 것은 진보의 결여와 정체로 가는 길일 뿐이다. 따라서 사회학이 자연과학적 방법을 따라하려 노력했던 수십 년이 지나고, 1980년대부터는 이것이 더 이상 가치 있는 것으로 보이지 않는다는 것이다.

현대적 의의

2019년에서 2021년에 걸친 코로나19 팬데믹에 대한 각국 정부의 즉각적 대응은 전염병학자들과 의학자들의 조언과 지도에 의존한 것이었다. 이는 과학이 여전히 신학적 지식이나 상식적 관념보다 우월한 지식으로 간주되고 있다는 증거였다. 이러한 우월성은 과학적 방법에 대한 광범위한 이해보다 과학이 실제로 이룬 성공에 근거한 것으로 보인다. 사회학에서는 사회학이 '과학적'이 되는 것, 그리고 '과학적' 학문으로 인식되는 것이 바람직한 일이냐에 대한 의견 불일치가 오랫동안 존재해 왔으며, 이는 적절한 연구 방법이 무엇인지에 대한 확고한 의견 차이로 정립된 듯하다.

슈베머Carsten Schwemmer와 비초레크Oliver Wieczorek(2020)는 이러한 의견 차이가 대개 양적 또는 질적 연구 방법 중 어느 것을 채택하느냐에서 드러날 수 있다고 논의한다. 이들은 이러한 분리가 사회학을 "인식론적으로 자연과학과 인문학 중 어느 한쪽에 자신을 위치시키며 경쟁하는 진영들로 갈라진 저합의low-concensus 학문"으로 만든다고 말한다(Schwemmer and Wieczorek, 2020: 4). 각각의 진영은 서로 다른 과학철학적 입장을 취한다. 인문학을 지향하는 진영은 구성주의와 귀납적 논리를 지지하는 반면, 자연과학을 지향하는 진영은 실증주의와 연역적 방법을 지지한다. 학술지들은 양적 연구와 질적 연구 중 어느 한쪽을 지향하는 주제에 초점을 맞추는 경향을 띠며, 이는 이미 확립된 입장을 의도치 않게 강화시킨다. 그러나 슈베머와 비초레크의 연구는 1995년에서 2017년에 걸쳐 이러한 분리 경향이 종합적인 사회학 학술지들에서도 나타났다는 점 또한 밝혀냈다. 최근 들어 이러한 분리를 넘어서는 혼합적 연구 방법의 경향이 나타나고 있기는 하지만, 이들의 논의는 사회학의 과학적 지위와 관련된 오랜 이슈가 여전히 사회학적 담론구조 내에 배태되어 있음을 보여 준다.

참고문헌 및 더 읽을거리

Benton, T. and Craib, I. (2010) *Philosophy of Social Science: The Philosophical Foundations of Social Thought* (2nd edn, Basingstoke: Palgrave Macmillan). [국역본, 《사회과학의 철학: 사회사상의 철학적 기초》, 한울, 2014]

Chalmers, A. F. (1999) *What is This Thing Called Science?* (3rd edn, Maidenhead: Open University Press). [국역본, 《과학이란 무엇인가》, 서광사, 2003]

Feyerabend, P. (1975) *Against Method* (London: New Left Books). [국역본, 《방법에 반대한다》, 그린비, 2019]

Fuller, S. (1998) *Science* (Buckingham: Open University Press).

Kuhn, T. (1970) *The Structure of Scientific Revolutions* (Chicago: University of Chicago Press). [국역본, 《과학혁명의 구조》, 까치, 2013]

Schwemmer, C. and Wieczorek, O. (2020) 'The Methodological Divide of Sociology: Evidence from Two Decades of Journal Publications', *Sociology*, 54(1): 3-21.

구조/행위

structure/agency

기본적 정의

사회가 개인에게 미치는 영향(구조)과 개인의 행위act 및 사회 형성의 자유(행위) 간의 상대적 균형을 이해하려는 사회학의 시도가 기초하고 있는 개념적 이분법.

개념의 기원

비록 인간의 자유의지에 관한 질문은 몇 세기 동안 철학적 논쟁의 일부였지만, 사회학에서는 이 이슈가 행위와 구조의 '문제'로 변환됐다. 문제 그 자체는 개인의 선택과 자유를 제한하는 사회라는 사물과 사회적 힘이 확실히 존재한다는 초기 사회학자들의 주장의 직접적 결과다. 허버트 스펜서Herbert Spencer와 오귀스트 콩트Auguste Comte는 사회구조를 집단, 집합체, 개인의 집적으로 보았지만, 이 새로운 학문 분야의 주제를 형성한 것은 에밀 뒤르켐Émile Durkheim의 사회적 사실social fact과 그 자체로 실체로서의 사회라는 아이디어다. 이렇게 대두된 사회학의 유형은 어떻게 개인들이 개인들에게 외재外在하며 개인들의 통제력을 초월하는 사회구조에 의해, 사회구조의 모든 의도와 목적을 위해 틀 지어지고 형성되는지에 초점을 맞추었다. 탈코트 파슨스Talcott Parsons는 20세기 기능주의functionalism 안에서 사회구조를 '사물 같은' 속성을 가졌다기보다는 수용 가능한 행동을 지배하는 규범적 기대와 지침에 가까운 것으로 여기는 행위 이론을 구성했다.

1960년대 들면서는 구조 지향적 이론들에 대항하는 방향으로 추가 기울었다. 데니스 롱Dennis Wrong(1961)을 비롯한 몇몇 인물들은 구조주의적 아이디어가 개인의 창조적 행위를 설명할 여지를 거의 남겨 놓지 않았으며, 많은 사회학자들이 상징적 상호작용론symbolic interactionism, 현상학phenomenology, 일상생활방법론ethnomethodology 같은 보다 행위 지향적인 관점으로 선회했다고 논의했다. 행위자 관점으로의 전환은 현재 사회학도들이 정상적인 상태로 경험하고 있는 이론적 다원주의의 대두의 일부였다. 그러나 1980년대 이래로 마가렛 아처Margaret Archer(2003), 노르베르트 엘리아스Norbert Elias([1939] 2000), 앤서니 기든스Anthony Giddens(1984), 피에르 부르디외Pierre Bourdieu(1986)의 작업처럼 구조와 행위를 이론적으로 통합하려는 시도들이 전개됐다.

의미와 해석

구조/행위는 거시/미시, 사회/개인 같은 사회학의 개념적 이분법 중 하나인데, 이 이분법들은 상호 연관되어 있다. 구조/행위의 구분은 아마도 가장 오래된 것이며, 이는 앨런 도우Alan Dawe(1971)가 대조적인 주제, 연구 방법, 증거의 표준을 갖는 '두 개의 사회학two sociologies'이 실제로 존재한다고 논의하는 계기가 됐다. 심지어 이 문제에 그리 큰 관심이 없는 이들도 구조/행위의 문제를 고심하는 것이 사회학 연구를 수행할 때 근본적인 것이라고 여긴다.

사회구조를 연구하는 이들은 거시적 수준의 대규모 현상에 주목하면서 개인 행위를 간과하는 반면, 행위를 연구하는 이들은 미시적 수준의 개인 행위에만 초점을 맞추는 것으로 보일 수 있다. 하지만 꼭 그런 것만은 아니다. 개인 행위 연구를 포함하는 미시적 수준의 구조화된 상호작용 및 관계가 있고, 역으로 개인뿐 아니라 노동조합, 사회운동, 기업 같은 집합적 실체들도 '행위하며', 따라서 사회적 삶을 형성할 때 창조적 행위자의 역할을 한다고 논의하는 것도 가능하다. 따라서 구조/행위 이분법은 거시/미시 구분과 정확히 맞아떨어지는 것은 아니다.

계급 체계, 가족, 또는 경제 같은 사회구조들은 사회적 상호작용으로부터 구축되며, 시간의 흐름에 따라 지속 및 변동한다. 예를 들어, 계급 체계는 전반적 임금수준의 상승, 경합하는 정체성 유형(젠더나 민족집단 같은), 신종 직업 및 고용 창출의 결과로 상당히 변동해 왔다. 그러나 계급 체계는 여전히 존재하고, 사람들은 그 안에서 태어나며, 사람들의 생활기회life chances는 계급 체계의 영향을 상당히 받는다. 마찬가지로 오늘날 가족생활은 다문화적 사회가 되고 더 많은 기혼 여성이 직업을 가지며 이혼율이 가파르게 상승함에 따라 불과 50년 전에 비해서도 매우 다양해졌다. 하지만 모든 가족은 사회화, 즉 사회생활에 필요한 훈련을 제공하는 중요한 기능을 여전히 수행한다. 따라서 일반적 수준에서 사회구조는 사회 내에서 질서를 창출하고 다양한 삶의 영역들을 조직화한다.

어떤 이들에게는 사회구조라는 개념이 받아들이기 어려운 것일 수 있다. 사회구조란 좋게 봐줘야 사회학자들이 자신의 연구를 뒷받침하기 위해 만들어 낸 발견적heuristic 개념•이자 구성적 허구이고, 나쁘게 말하면 실제로는 사회적 관계들의 유동적 집합인 것을 물화物化, reification시키는 것이자 부당하게 '사물'로 응고시키는 것이다. 상호작용의 핵심 요소는 타자에 의해 영향받는 상황 해석이며 특정한 성찰성을 포함한다. 따라서 구조주의적 이론가들이 제시하는 고정된, 조직화하는 구조들은 그들이 말하는 것에 비해 더 가변적이고 영속적이지 않으며 변화에 개방적이다. 상대적으로 평화로웠던 1989년 체코슬로바키아의 조용한 혹은 '벨벳' 혁명은 어떻게 명백히 견고한 사회구조와 제도들이 개인 및 집합적 행위자의 창조적 행위에 그렇게 빨리 무너지는지를 보여 준다.

행위자를 결여한 구조 연구와 구조를 결여한 행위자 연구는 사회학적 상상력을 사회적 실재에 대한 부분적 설명으로 제한해 버린다. '두 개의 사회학'의 분리는 이 점에서 문제였다. 해법은 이분법을 넘어 양자에 대한 최고의 통찰을 유지하는 구조/행위 연결의 생산적 방식을 찾아내는 것이다.

• 대상에 대한 이해(특히 직관적 이해)를 위해 고안된 개념.

비판적 쟁점

칼 마르크스Karl Marx는 역사를 만드는 것은 인간(행위자)이지만 인간 자신이 자유로이 선택한 상황하에서 그렇게 하는 것은 아니라고 논의함으로써 이 문제를 재구성하는 한 가지 방식을 제시했다. 기든스(Giddens, 1984)의 구조화 이론structuration theory은 이러한 아이디어에 일부 빚을 지고 있다. 기든스가 보기에 구조와 행위는 서로를 함의한다. 구조는 제약적이기만 한 것이 아니라 촉진적이기도 하며, 창조적 행위를 가능케 한다. 반면 많은 개인의 반복적 행위들은 사회구조를 재생산하고 변화시키는 방향으로 작동한다. 기든스 이론의 초점은 '시간 및 공간에 걸쳐 질서 지어진' 사회적 실천들social practices이며, 사회구조가 재생산되는 것은 바로 이러한 실천들을 통해서다. 그러나 기든스는 '구조'를 추상적이고 지배적이며 외적인 힘이 아닌, 시간의 흐름에 따른 사회적 실천들의 재생산을 가능케 하는 규칙과 자원으로 본다. 이러한 '구조의 이중성'은 기존의 이분법을 재고하는 방식이다.

부르디외의 이론화 또한 명시적으로 구조/행위의 간극에 다리를 놓는 것을 목표로 한다. 부르디외는 이를 위해 실천practice 개념을 사용한다. 사람들은 배태되고 내면화된 정신적 구조('아비투스habitus')를 가지고 있으며, 이는 사람들이 사회세계를 다루고 이해할 수 있도록 한다. 아비투스는 장기간에 걸친 특정 위치(이를테면 계급위치)로부터 사회세계를 습관화inhabiting시킨 산물이며, 따라서 개인의 아비투스는 상당히 가변적이다. 기든스와 마찬가지로 부르디외도 많은 실천들이 이로부터 발전한다고 하지만, 그가 보기에 실천은 항상 '장場, field' 내에서 일어난다(장은 예술, 경제, 정치, 교육 등의 삶의 영역 또는 사회 영역을 말한다). 장은 다양한 자원(자본의 유형)이 사용되는 경쟁적 투쟁이 일어나는 무대다. 따라서 이러한 모델에서 구조와 행위는 상충하는 것이 아니라 긴밀하게 연관돼 있다.

현대적 의의

사회구조와 개인 행위의 문제는 사회학 내에서 앞으로도 계속 논쟁거리가 될 것으로 보인다. 구조와 행위의 분리를 극복하려는 최근의 이론화에서 뚜렷한 것은 기든스가 행위자 관점을 강조하는 반면 부르디외의 이론은 여전히 구조의 관점에 가깝다는 점이다. 둘 중 누가 진정한 이론적 통합을 달성했는지는 논쟁거리로 남아 있다. 미래에는 특정 역사적 시기, 특정 사회 및 사회적 삶의 영역에서 구조와 행위의 상대적 균형을 설명할 수 있는 보다 경험적이고 역사적인 연구를 보게 될 수도 있다.

외부인 출입제한 주거지역gated community과 도시계획가의 적극적 역할에 관한 랴오Kaihuai Liao 등의 연구(2019)는 이러한 맥락화된 경험연구의 사례다. 이들은 중국 전역에 걸쳐 도시계획가들을 대상으로 시행한 대규모 설문조사를 통해 다양한 구조적 요인이 도시계획가들의 태도에 영향을 미침을 발견했다. 그러나 그들은 또한 도시계획 과정에서 적극적인 행위자이기도 했다. 도시계획가들 대부분은 지방정부의 정책에 발맞춰 외부인 출입제한 주거지역에 찬성한다는 입장을 보였지만, 설문조사 대상 중 상당수는 실제로 중간계급 구성원들이 거주하는 외부인 출입제한 주거지역에 살고 있었다. 계급위치와 직업지위라는 구조적 요인이 도시계획가들의 태도에 영향을 미친 것이다. 그러나 이들은 외부인 출입제한의 부정적 측면에 대해서도 인식하고 있었으며, 이를 염두에 두고 계획 중 일부를 수정할 수 있었다. 이 연구는 구조와 행위의 상대적 영향력을 세심한 경험연구를 통해 평가할 수 있음을 보여 주는 사례다.

참고문헌 및 더 읽을거리

Archer, M. (2003) *Structure, Agency and the Internal Conversation* (Cambridge: Cambridge University Press).

Bourdieu, P. (1986) *Distinction: A Social Critique of the Judgement of Taste* (London: Routledge & Kegan Paul). [국역본, 《구별짓기》(전2권), 새물결, 2005]

Dawe, A. (1971) 'The Two Sociologies', *British Journal of Sociology*, 21(2): 207-18.

Elias, N. (〔1939〕2000) *The Civilizing Process: Sociogenetic and Psychogenetic Investigations* (Oxford: Blackwell). [국역본, 《문명화과정》(전2권), 한길사, 2019·2012]

Giddens, A. (1984) *The Constitution of Society* (Cambridge: Polity). [국역본, 《사회구성론》, 간디서원, 2012]

Liao, K. Wehrhahn, W. and Breitung W. (2019) 'Urban Planners and the Production of Gated Communities in China: A Structure-Agency Approach', *Urban Studies,* 56(13): 2635-53.

Parker, J. (2005) *Structuration* (Buckingham: Open University Press).

Swingewood, A. (2000) *A Short History of Sociological Thought* (3rd edn, Basingstoke: Palgrave Macmillan), esp. chapter 9.

Van Krieken, R. (1998) *Norbert Elias* (London: Routledge), esp. chapter 3.

Wrong, D. (1961) 'The Over-Socialized Conception of Man in Modern Sociology', *American Sociological Review*, 26: 183-93.

사회적 구성주의

social constructionism

기본적 정의

사회현상의 실재에 대해 불가지론적이며, 사회현상의 실재가 사회적 관계 속에서 산출되는 방식의 탐구를 선호하는 사회학의 접근법.

개념의 기원

사회적 구성주의의 기원은 1970년대 초반의 '사회문제'라는 관점으로 거슬러 올라갈 수 있다. 이는 사회문제를 사람들의 관심과 국가의 자원에 관한 주장으로 보는 것이다. 이 관점은 가용한 자원을 놓고 다수의 주장이 늘 경쟁하는 환경 속에서 특정 주장이 어떻게 뚜렷이 부각되는 반면 다른 주장은 간과되는지를 분석하는 것이었다. 그러나 오늘날의 구성주의는 과학지식사회학sociology of scientific knowledge(SSK로 알려진), 즉 지식생산의 기저에 깔린 사회적 과정을 연구하는 분야에서도 아이디어를 끌어온다. SSK는 과학을 그 자체로 사회적 행위이며 따라서 사회학적 탐구의 대상이 될 수 있는 것으로 간주한다. 과학 이론은 그것이 처한 사회의 산물이며, SSK는 과학 이론의 '보편적' 타당성에 의문을 던져 왔다.

이 두 개의 가닥이 한데 묶여 사회학에서 일반적이고 광범위한 사회적 구성주의로 귀결됐다. 이러한 일반적 관점은 유럽의 사회적 구성부터 연쇄살인, 치매, 섹슈얼리티, 심지어 해양에 이르는 다양한 현상을 분석하는 데 사용돼 왔다. 이러한 모든 연구의 공통된 주제는 연구 대상의 '자연적' 또는 '객관적' 지위에 관한 질문을 제기하려는 시도다. 사회적 구성주의의 논의는 사회운동 연구에도 유용했는데, 이를테면 페미니즘운동과 장애인운동은 '자연스러운' 것처럼 보이지만 실제로는 여성과 장애인에게 불이익을 주는 현 상태에 대한 도전이라는 것이다.

의미와 해석

사회적 구성주의는 사회학에서 널리 받아들여졌으며 젠더 또는 범죄 같은 특정 사회현상을 야기하는 모든 요소를 한데 엮어 낸다. 구성주의는 인습적 지혜와 상식적 관념이 젠더와 범죄의 존재를 자연스러운 또는 정상적인 것으로 받아들이는 한 그것에 도전한다. 사회적 구성주의자들이 보기에 젠더와 범죄는 역사적, 사회적 과정과 사회적 상호작용을 통해 만들어지는 것이다. 이는 물론 젠더와 범죄가 의미와 유형 모두의 차원에서 시간과 사회에 걸쳐 고정돼 있지 않고 변화돼 왔음을 보여 줄 수 있다는 말이다. 이러한 방식으로 사회적 구성주의는 사회와 사회제도가 항상 과정 중에 있으며 사회학의 임무는 이런 항구적인 과정을 탐구하는 것이라는 생각에 뿌리박고 있다.

모든 구성주의적 접근법이 동일한 것은 아니며 '강한strong' 유형과 '약한weak' 유형 간의 기본적 구분이 존재하는데, 이는 과학지식사회학에서 유래한 것이다. 그러나 최근 들어서는 이러한 구분이 '엄격한strict' 구성주의와 '맥락적contextual' 구성주의 간의 대비로 재편돼 왔으며, 이는 보다 중립적 색채를 띤다. 엄격한 구성주의 쪽에서는 자연과 사회 모두 매개되지 않은unmediated 형식으로 자신을 표현하지 않는다고 주장한다. 모든 현상은 인간의 개념과 이론을 통해서만 접근 가능하고, 변동의 가능성이 열려 있으며, 경우에 따라서는 급격한 변동을 겪는다는 것이다. 엄격한 구성주의는 구성주의 진영 내에서 소수에 불과하다. 구성주의 연구의 상당수는 사회학자들의 담론 외부에 존재하는 실재가 있다는 생각을 기꺼이 받아들인다. 하지만 무엇이 이슈가 되느냐는 그에 어떻게 접근하느냐의 문제라고 본다. 맥락적 구성주의 쪽에서는 사회문제 및 환경문제, 그리고 그에 관해 주장하는 사회집단들에 대해 더 많이 발언하면서, 사회문제의 기존 위계구조는 액면 그대로 받아들여질 수 없음을 지적한다. 어떤 문제는 매우 긴급하고 주의를 요하는 것처럼 보이지만, 다른 문제들은 상대적으로 사소한 것처럼 보여 쉽사리 잊힌다. 맥락적 구성주의는 현재의 사회문제가 서열화되어 있다는 점에서 출발한다. 이러한 서열화가 그 사회의 문제의 심각성을 실제로 반영하는가? 사회학은 '주창자들claims-makers'과 '반대자들claims-deniers'의 주장을 탐구할 때 유용한 역할을 할 수 있으며, 그럼으로써 사회학자들은 합리적 평가를 위해 필요한 모든 정보를 공공 영역에 확실히 제공할 수 있다.

구성주의적 연구 작업의 좋은 예는 1980년대 들어서 급부상한 생물다양성 감소 문제에 관한 해니건John Hannigan(2014)의 연구다. 생물다양성 감소는 늦어도 1911년 이후부터 알려졌으며, 멸종위기 조류 및 동물 보호를 위한 여러 번의 입법 시도를 통해 입증됐다. 그러나 이를 정치적 문제로 연결시키는 국제기구는 없었다. 1980년대 들어 다국적기업이 유전학적 자원(이를테면 열대우림 서식종 같은)의 특허 보유를 추진하면서 보존생물학conservation biology 같은 신종 '위기대응' 학문 분야가 생겨났고, 이 문제에 정치적 초점을 맞춘 국제연합UN 산하 기구가 창설됐으며, 종 보호를 위한 광범위한 입법이 이루어지는 등의 변화가 일어났다. 간단히 말해서, 보다 많은 '주창자들'이 이러한 요구를 만들어 내는 데 관심이 있었고, 이들의 연합이 이 주제를 환경문제의 가장 중요한 의제로 끌어올렸다는 것이다. 물론 반대자들 또한 있었지만, 이 경우는 주창자들이 매우 강력했으며 잘 조직화돼 있었다. 이러한 주장이 어떻게, 그리고 왜 성공했는지를 명확히 보여 주려면 그 주장이 구성된 역사에 주목하는 구성주의적 설명을 통해서만 가능하다.

비판적 쟁점

구성주의적 설명 다수가 흥미롭기는 하지만, 비판론자들은 이들의 '불가지론'에 반대한다. 예를 들어, 해니건의 생물다양성 관련 연구가 뭔가 중요한 점을 놓치고 있다는 것이다. 생물다양성 감소가 심각성이 증대하고 있는 사회문제 및 환경 문제인가? 이는 사회적 구성주의가 접근하지도 않고 접근할 수도 없는 질문이다. 이 질문에 접근하려면 생물학, 자연사, 환경과학 분야의 전문 지식이 필요하다. 극히 소수의 사회학자들만이 생물다양성 또는 기타 많은 문제들에 관한 상세한 논쟁에 끼어드는 데 필요한 지식을 갖고 있을 뿐이다. 일각에서는, 이를테면 비판적 실재론자 같은 이들은 사회학이 이런 전문 지식을 분석에 포함시키지 않기 때문에 눈앞의 이슈의 핵심에 닿지 못하고 진술, 기록, 텍스트만 쳐다보는 담론 분석의 연속으로 환원돼 버린다고 본다.

한발 더 나아간 비판은 사회적 구성주의가 주창의 정치학politics of claims-making에 우선순위를 두다 보니 과학적 사회학보다는 정치운동 및 사회운동에 더 유용한 것처럼 보일 때가 있다는 것이다. 상대적으로 더 많은 권력을 가진 사회집단들이 어떻게 정치적 논쟁을 형성하고 지배하는지를 보여 주는 것은 유용한 기능이지만, 구성주의는 너무 자주 약자 편을 드는 것처럼 보이기도 한다. 그런 점에서 구성주의가 정치적으로 편향돼 있다는 주장이 나온 것이다. 예를 들어 여성운동은, 사적 영역 및 가정 영역에 여성을 위한 '자연스러운 공간natural place'이란 없었으며 자녀 양육과 교육은 젠더 평등에 대한 '자연적' 장애물이 아니었음을 보여 주는 데 구성주의적 논의를 사용했다. 이에 대한 비판은 그런 주장이 부당하다는 것이 아니라 구성주의가 과학적 연구 방법이라기보다 정치적 전략에 더 가깝다는 것이다.

모든 사회현상이 사회적 구성주의의 분석을 잠재적으로 받아들일 수 있다는 점에서 본다면, 사회적 구성주의 그 자체가 사회적으로 구성된 것처럼 보이는 것은 아마도 불가피한 일일 것이다. 이런 이유로 모틸Alexander J. Motyl(2010)은 사회적 구성주의의 강한 유형을 신랄하게 논박하며 일축한다. 그의 논문은 민족주의와 정체성 형성에 관한 것이지만, 그 주제를 사회적 구성주의의 주류와 분리하려는 것으로 독해되어야 한다. 왜냐하면 모틸은 사회적 구성주의를 '지극히 평범한 것'으로, 강한 유형의 구성주의를 '흔치 않고, 흥미진진하며, 잘못된 것'으로 보기 때문이다.

현대적 의의

사회적 구성주의는 사회학에서 상당한 성공을 거두었으며, 아마도 오늘날 많은 조사연구에서 일익을 담당하고 있는 것 같다. 사회적 구성주의가 사회적 삶에 대한 많은 새로운 통찰을 산출했음은 의심의 여지가 없다. 사회적 구성주의는 익히 알려진 현상의 사회적 본질을 거침없이 짚어 내며, 인간사회를 분석의 중심에 놓고 그에 따라 사회학자를 중심적 위치에 놓는다. 사회적 구성주의가 특히 가치 있는 점은, 사회학자들에게 사회적 구성의 과정을 폭로하고 그럼으로써 주요 이슈에 관한 더 나은 정보를 제공하며 공적 논쟁을 촉진한다는 점이다(해당 이슈를 '전문가들'에게만 맡기는 것이 아니라).

역사적으로나 현대사회에서나 특히 논쟁적인 이슈는 이주 문제와 이민 및 난민에 대한 태도 문제다. 지구화 시대에 이주는 많은 국가에서 중요한 정치적, 경제적, 문화적 논쟁거리가 됐다. 플로레스René D. Flores와 샥터Ariela Schachter(2018)는 미국 내 불법 이민 이슈를 탐구하면서 '누가 불법 이민자인가'라는 질문을 던진다. 합법성과 불법성이 법적 문제이고 그에 따라 '불법 이민'에 관한 규정이 확립돼 있다는 점에서 이러한 질문은 적절치 않아 보일 수도 있다. 그러나 이들의 설문조사는 1,515명의 비非히스패닉 백인 미국 성인을 대상으로 불법성에 관한 인식을 조사한 것이다. 이들은 사회계급, 국적, 범죄 이력이 고용주, 교사, 임대인, 일반 국민의 규정에 영향을 미치는 '사회적 불법성', 그리고 공유된 고정관념을 산출하는 핵심 요인임을 밝혀냈다. 요컨대, 사회에서 '불법성'은 법에서 규정될 뿐만 아니라 사회적으로 강력하게 구성되기도 하며, 이는 민족집단에 기초한 불평등이라는 심각한 결과를 초래한다는 것이다.

참고문헌 및 더 읽을거리

Flores, R. D., and Schachter, A. (2018) 'Who Are the "Illegals"? The Social Construction of Illegally in the United States', *American Sociological Review*, 83(5): 839-68.

Goode, E., and Ben-Yehuda, N. (2009) *Moral Panics: The Social Construction of Deviance* (2nd edn, Chichester: Wiley-Blackwell).

Hannigan, J. (2014) *Environmental Sociology* (3rd edn, London: Routledge), esp. chapter 5.

Motyl, A. J. (2010) 'The Social Construction of Social Construction: Implications for Theories of Nationalism and Identity Formation', *Nationalities Papers*, 38(1): 59-71.

성찰성

省察性, reflexivity

기본적 정의

지식과 사회의 관계, 그리고/또는 연구자와 연구 주제의 관계에 대한 특징화로서, 사회적 행위자 그 자신 및 그가 처한 사회적 맥락에 대한 지속적 성찰reflection에 초점을 맞춘다.

개념의 기원

성찰성은 성찰 또는 자아성찰self-reflection이라는 관념과 연계돼 있으며, 따라서 상당히 긴 역사를 갖고 있다. 그러나 이 용어가 사회과학에서 사용되기 시작한 것은 사회적 자아social self에 관한 조지 허버트 미드George Herbert Mead(1934)와 찰스 호튼 쿨리Charles Horton Cooley(1902)의 사상, 윌리엄 아이작 토머스William Isaac Thomas의 사회적 구성주의 접근법, 그리고 자기실현적 예언self-fulfilling prophecy 및 자기파괴적 예언self-defeating prophecy에 관한 몇몇 초기 연구들로 거슬러 올라갈 수 있다. 쿨리와 미드는 개인의 자아가 타고난 것이라는 생각을 거부했다. 그 대신, 쿨리는 사람들이 타인들과의 사회적 상호작용을 통해 타인이 자기를 보는 방식으로 자기 자신을 보게 됨에 따라 자아가 창조된다고 논의했다. 미드의 이론에서는 생물학적 인간 유기체와 타인들로 이루어진 사회적 환경 간의 이러한 지속적 상호작용이 개인 내부에서 끊임없는 내적 대화를 하는 'I'와 'me'로 구성된 두 부분을 가진 자아를 만들어 낸다고 한다. 이러한 개인적 성찰성은 유의미한 사회적 상호작용의 배경을 형성한다.

그러나 개인적 및 사회적 성찰성이 사회 이론에서 보다 중심적인 개념이 된 것은 20세기 후반부터다. 특히 울리히 벡Ulrich Beck(1994)과 앤서니 기든스Anthony Giddens(1984)의 이론적 아이디어는 성찰성 개념을 개인적 수준에서 사회적 수준으로 확장시켰다. 또한 질적 연구 방법에 대한 강조의 부활은 사회적 삶 그 자체가 지닌 근본적으로 성찰적인 본질에 대한 관심을 이끌어 냈다. 개인적 및 사회적 성찰성 양자 모두의 존재는 사회학에서 실증주의의 자취를 치명적으로 침식해 온 것으로 보인다.

의미와 해석

쿨리, 미드, 그리고 보다 일반적으로 상징적 상호작용론의 전통에서는 '자아'의 구성 과정이 인간을 '성찰적'으로, 즉 사회적 삶에 능동적으로 참여하는 동시에 그것을 성찰할 수 있도록 만든다고 한다. 이러한 개인적 성찰성은 능동적 인간행위가 인간이 어떻게 행동할 것이냐 또는 어떻게 행동해야 한다는 자연과학자들의 예측에 혼란을 초래할 수 있음을 의미하며, 아울러 이른바 '사회'라 불리는 것이 개인과 분리된 고정되고 객관적인 실체라기보다 지속적인 사회적 구성물임을 보여 주는 것이다. 자기실현적 예언 또한 성찰성의 과정의 일단을 보여 줄 수 있다. 지급 능력이 확실한 은행의 위기에 관한 루머는 투자자들이 자금을 회수하도록 만들 수 있고, 그 결과 은행을 위기에 빠뜨림으로써 잘못된 예언을 실현시킨다(Merton[1949]1957). 모든 종류의 지식과 정보는 사람들의 의사결정 과정을 바꾸고 예측 불가능한 행위로 이끄는 잠재력을 갖고 있다.

기든스, 벡 등의 작업에서 성찰성은 현대사회를 이해하는 핵심 개념이다. 기든스와 벡은 '후기' 근대성'late' modernity은 개인들이 사회구조로부터 단절돼 표류하며, 따라서 자신의 삶 및 정체성과의 관계에서 끊임없이 성찰적으로 변할 수밖에 없는 '탈전통화된de-traditionalized' 사회적 맥락이라고 논의한다. 벡은 이러한 유형의 사회의 대두를 산업사회의 유형을 넘어서는 '성찰적 근대화reflexive modernization', '2차 근대화secondary modernization', 또는 '위험사회risk society'로 지칭한다. 연구를 수행할 때 이러한 고도 성찰성heightened reflexivity의 결과는 심대하다. 사회학의 연구 결과는 사회의 지식창고stock of knowledge의 일부가 되고, 개인들은 이를 보유하며 자신의 의사결정을 뒷받침한다. 이러한 순환적 효과는 자기실현적 및 자기파괴적 예언이 사회적 삶의 일부가 되는 데서 명백히 드러난다. 이런 방식으로 '저 밖에 있는' 외부세계에 대한 객관적 연구에 기초한 단순한 실증주의적 접근법은 오도된 것처럼 보이게 되며, 연구자와 연구 주제 사이의 간극은 침식된다. 마찬가지로, 사회학자들에 의해 채택된 방법들은 왜 연구 과정에서 전기傳記 연구, 구술사口述史, oral history, 연구자 자신의 전기를 포함하는 것 같은 질적 방법의 인기가 상승하고 있는지를 성찰해야 한다. 성찰성 개념은 사회 이론화 및 사회학 연구 방법 간의 필연적 연계를 지적한다는 점에서 양자 모두에서 중심적인 것이 되어 왔다.

비판적 쟁점

성찰적 근대화와 고도 개인화 이론은 경험적 근거와 관련해 비판의 가능성이 있는 것으로 가정된다. 이 이론에 의해 묘사되는 일부 사회변동(예를 들어 가족생활의 다양화, 혼인율과 이혼율의 변화)들은 논쟁의 여지가 없지만, 산업사회가 성찰적 근대성이라는 새로운 유형에 자리를 내줬다는 생각은 논란거리다. 위험을 통제하는 것이 진정으로 현대사회의 새로운 조직화 원리가 되어 왔는가? 현재 산업 생산과정의 범위는 전 지구적이고, 대부분의 생산은 개발도상국에서 이루어지고 있으며, 산업자본주의는 여전히 오늘날의 사회를 가장 잘 특징짓는다. 개인화와 확대된 성찰성이라는 명제 또한 과장될 수 있다. 예를 들어, 사람들은 자신을 사회계급과 의식적으로 동일시하지 못할 수 있지만 20세기 초반에는 바로 그런 방식으로 동일시해 왔으며, 이는 사람들의 삶과 생활기회가 더 이상 계급위치에 의해 형성되지 않는다는 생각과는 다른 것이다. 그리고 사회학자들이 계급의 특징을 지속적으로 보여 준 데서도 나타나듯이, 개인화 명제에 대한 반박도 존재해 왔다.

사회학 연구에서 성찰성을 채택하는 것에 대해서는 엇갈린 반응이 나타났다. 어떤 이들에게는 연구 과정에 연구자 자신의 전기를 포함시키려 몰두하는 것이 자기도취 및 개인적 특성의 부적절한 목록화로 쉽사리 빠져들 수 있는 것으로 비친다. 아울러, 성찰성에 초점을 맞추는 것은 성찰에 대한 성찰과 해석에 중첩되는 해석이라는 끝없는 과정으로 빠져들 수 있는데, 이는 사회학의 진정한 임무로 여겨져야 할 것, 즉 사회적 삶을 더 잘 이해하고 설명하기 위한 타당하고 신뢰할 만한 지식의 산출을 희생시켜 가면서, 자신의 연구 수행에 사로잡힌 연구자를 마비시켜 버릴 위험성이 있다. 또한 사회의 기초를 형성하는 유형과 규칙성을 밝혀내기 위해 여전히 필수적인 대규모 사회조사 및 태도조사에 성찰적 연구 수행이 적용 가능한지도 분명치 않다.

현대적 의의

성찰성은 많은 사회학적 연구의 한 측면이 왔지만, 다른 학문 분야 및 탐구 영역에서 채택되기도 했다. 예를 들어, 휘팅Rebecca Whiting 등(2018)은 일/삶 경계 이동work-life boundary transition에 관한 참여형 영상 연구에 성찰성 이론을 적용했다. 이 연구는 참여자에게 비디오카메라를 준 다음, 연구 팀이 참여자에게 초점을 맞춰 달라고 주문한 바를 어떻게 수행하는 것이 최선인지를 스스로 결정하도록 했다. 이를 통해 참여자는 통상적 연구 방법의 반복이나 연구자-참여자 간의 불평등한 권력관계를 벗어나 자신의 삶에 관한 자신만의 데이터를 생산할 수 있었다. 연구자들은 연구 과정 중 연구자-비디오카메라-참여자의 삼각관계 속에서 어떻게 긴장이 발생하고 관리되는지에 관심을 두었다.

연구 참여자들은 비디오카메라를 한 주간의 자기 삶에 관한 영상 기록을 만듦으로써 자기 자신의 지식을 만들어 내는 '성찰적 도구'로 사용했다. 참여자들이 능동적인 연구자도 되게끔 하면서, 연구자들은 기록 과정에서 자신들의 행위성이 상대적으로 결여됨을 인식하게 됐다. 휘팅 등(Whiting et al., 2018: 334)은 "우리가 디지털 시대의 일/삶 경계 이동을 연구하기 위해 참여자들에게 성찰성을 독려한 반면, 참여자들은 우리가 연구 수행을 더욱 성찰적으로 이해할 것을 독려하고 있었다"고 말했다. 이러한 '상대적으로 성찰적인 접근법'의 채택은 연구팀으로 하여금 연구 과정에 내재한 권력관계와 그에 수반되는 기본 가정에 관해 심사숙고하도록 했다.

보다 성찰적인 연구 방법을 채택하는 이들이 전부 다 벡의 성찰적 근대화 또는 기든스의 탈전통화 명제를 따르는 것은 아니다. 많은 이들에게 성찰성은 단지 사회를 연구하는 일에 접근하는 방식의 일부로서 자신의 편견bias과 이론적 가정에 보다 주의를 기울이도록 하는 것이다. 확실히 성찰성이라는 약은 이를 처방받지 않았더라면 자신의 오랜 습관과 실천에 대한 성찰을 습관화할 수 없었을 연구자들을 적절하고 효과적인 연구자가 되도록 하는 데 기여한다는 점에서 유익할 수 있다.

참고문헌 및 더 읽을거리

Beck, U. (1994) 'The Reinvention of Politics: Towards a Theory of Reflexive Modernization', in U. Beck, A. Giddens and S. Lash, *Reflexive Modernization: Politics, Tradition and Aesthetics in the Modern Social Order* (Cambridge: Polity), pp. 1-55. [국역본, 〈정치의 재창조: 성찰적 근대화 이론을 향하여〉, 《성찰적 근대화》, 한울, 2010]

Buttel, F. H. (2002) 'Classical Theory and Contemporary Environmental Sociology: Some Reflections on the Antecedents and Prospects for Reflexive Modernization Theories in the Study of Environment and Society', in G. Spaargaren, A. P. J. Mol and F. H. Buttel (eds), *Environment and Global Modernity* (London: Sage), pp. 17-40.

Cooley, C. H. (1902) *Human Nature and the Social Order* (New York: Scribner's).

Finlay, L., and Gough, B. (eds) (2003) *Reflexivity: A Practical Guide for Researchers in Health and Social Sciences* (Chichester: Wiley-Blackwell).

Giddens, A. (1984) *The Constitution of Society* (Cambridge: Polity). [국역본, 《사회구성론》, 간디서원, 2012]

Mead, G. H. (1934) *Mind, Self and Society*, ed. C. W. Morris (Chicago: University of Chicago Press). [국역본, 《정신, 자아, 사회: 사회적 행동주의자가 분석하는 개인과 사회》, 한길사, 2010]

Merton, R. K. ([1949] 1957) *Social Theory and Social Structure* (rev. edn, Glencoe, IL: Free Press).

Whiting, R. Symon, G., Roby, H. and Chamakiotis, P. (2018) 'Who's Behind the Lens? A Reflexive Analysis of Roles in Participatory Video Research', *Organizational Research Methods*, 21(2): 316-40.

실재론

實在論, realism

기본적 정의

과학적 탐구를 따르며 객관적인 외적 실재와 기저에 있는 원인underlying causes의 존재를 주장하는 사회 연구의 접근법.

개념의 기원

비록 '실재론'이라는 용어는 고대부터 사용돼 왔지만, 이 용어가 사회학에 도입된 것은 16세기와 17세기 지식 연구에서 실재론 지지자들과 관념론idealism 지지자들 간에 벌어진 철학적 논쟁을 통해서였다. 철학적 실재론자들은 감각적 경험과 관찰을 통해서만 알 수 있는 실재세계가 저 밖에 존재한다고 주장했다. 과학의 임무는 실재세계를 기술과 설명을 통해 표현하는 것이며, 그것이 발전됨에 따라 진리에 더욱더 가까이 다가갈 수 있다는 것이다. 철학적 관념론자들은 지식이 외부세계가 아닌 인간의 마음에서 출발하는 것이며, 우리의 사고구조가 세계에 관해 알 수 있는 것을 효과적으로 결정한다고 보았다. 즉 '저 밖에 있는' 외부세계에 대한 '직접적'이고 매개되지 않은unmediated 접근법은 없다는 것이다.

1970년대 들어서 바스카Roy Bhaskar([1975]2008), 세이어Andrew

Sayer(1999) 등에 의해 재활성화된 '비판적' 유형의 실재론이 등장했다. 비판적 실재론은 사회학에서 사회적 구성주의 접근법의 대안으로 여겨져 왔으며, 따라서 관념론과 실재론 간의 오랜 철학적 논쟁을 반영한 것이다. 비판적 실재론은 실증주의와 관련된 약점을 비켜 가면서 사회학의 과학으로서의 자격을 지키고자 하며, 특히 영국 사회학에서 영향력 있는 탐구의 전통으로 발전해 왔다. 비판적 실재론은 비록 환경사회학 등 일부 영역에서만 폭넓게 받아들여지긴 했지만, 모든 종류의 사회현상 연구에 사용될 수 있는 방법을 제공한다.

의미와 해석

비판적 실재론은 과학철학이기만 한 것이 아니라, 그 지지자들이 논의하는 대로 관찰 가능한 사건의 표면 아래로 들어가 실재세계의 현상의 기저에 있는 요인 또는 '생성 메커니즘'에 접근하도록 하는 연구 방법이기도 하다. 이는 '과학'으로서의 사회과학을 지속시키기 위한 진지한 시도이며, 이를 지지하는 이들은 우리가 경험하고 관찰하는 세계를 창출하는 기저에 있는 사회적 과정들을 밝혀내는 것이 과학자의 임무라고 주장한다. 실재론자들의 출발점은 인간 사회는 자연의 일부이며 인간 사회와 자연 모두 동일한 방법을 사용하여 함께 연구돼야 한다는 것이다. 그러나 이것이 사회학에 자연과학적 방법을 들여오자는 것은 아니다. 대신, 그들은 실재론적 방법이 자연과학과 사회과학 모두에 적절한 방법이라고 말한다.

비판적 실재론의 근본적 교의는 지식이 층화돼 있다는 것이며, 실재론적 작업은 지식의 추상적 및 구체적 수준 모두에 걸쳐 있다. 추상적 지식은 자연과학의 '법칙' 또는 사회에 대한 일반이론 같은 높은 수준의 이론들로 구성돼 있는 반면, 구체적 지식은 역사적으로 특수한 상황에서 우연한contingent 것에 대한 지식을 일컫는 것이다. 특정 역사적 상황 또는 거기서 요구되는 '결합conjunction'은 구체화된 경험연구를 수반하며, 이는 우연적 요인들이 어떻게 필연적 관계로 상호작용하여 특정하게 결합된 관찰 가능한 결과를 낳는지를 밝히기 위함이다. 디킨스Peter Dickens(2004)를 통해 간단한 예를 들어 보자. 화약은 폭발로 이어지는 인과적 힘을 부여하는 불안정한 화학적 구조를 가지고 있다. 그러니 이러한 힘이 발동하는 것은 여타 우연적 요인들(화약이 어떻게 보관돼 있었는지, 화약이 인화물질과 연결됐는지, 화약의 양이 얼마나 되는지)에 달려 있다. 마찬가지로, 인간은 특정한 힘과 역량(인간 본성)을 가지고 있지만 그것이 발동할 수 있느냐 하는 것 또한 역사적으로 우연적인 요인들(기존의 사회적 관계가 그것을 가능케 하는지 제약하는지, 사회가 그러한 역량이 사용될 만한 충분한 기회를 부여하는지)에 달려 있다.

확실히 비판적 실재론은 지식생산에 대해 사회적 구성주의와는 다른 방식으로 접근한다. 구성주의적 연구는 종종 지구온난화 같은 사회문제의 실재에 대해 '불가지론적' 입장을 취하면서 이러한 평가를 환경과학자나 여타 다른 사람들에게 맡겨 버린다. 그러나 실재론자들은 자연과학적 지식과 사회과학적 지식을 한데 묶어 지구온난화에 대한 포괄적 이해를 산출하고자 한다. 일부 비판적 실재론자들은 칼 마르크스Karl Marx의 소외 이론을 실재론적 사회 이론의 초기 형태로 여기면서, 이 이론이 인간 본성에 관한 이론을 자본주의적 사회관계(인간 본성이 그 '유적 존재類的 存在, species being'를 온전히 실현하지 못하도록 하는)의 등장 같은 우연적 요인과 연결시킨다고 본다.

비판적 쟁점

비판적 실재론의 문제점은 자연과학적 지식 사용에 대한 의지다. 사회학자들이 통상 자연과학적으로 훈련받지 않으며 기후변화 과정의 물리학 및 화학 관련 논쟁에 참여하는 위치에 있지 않다고 한다면, 어떤 기초 위에서 이러한 증거를 평가할 수 있는가? 자연과학적 지식을 그저 받아들이기만 하는 것은 사회적 구성주의자들이 보기에는 순진한 일일 뿐이다. 특히 과학적 합의에 도달하는 과정을 연구하는 과학지식사회학 내에서의 오랜 전통이 그런 경우라고 할 수 있다. 과학사회학자들에게는 실험 절차 및 기타 과학적 방법에 주력할 때 요구되는 상대적 거리를 유지하기 위해 불가지론적 입장을 취하는 것이 절대적으로 필요하다.

자연과학과 사회과학을 어느 정도까지 동일한 방법을 사용하여 연구할 것인지에 관한 비판적 실재론 내부의 논쟁도 있다. 예를 들어 바스카 자신은 사회과학과 자연과학 사이에 근본적 차이가 있다고 논의해 왔다. 그는 사회구조가 자연구조와는 다르다고 본다. 사회구조는 오랜 시간 유지되지 않으며 사람들이 자신의 행위를 인식하는 것과 독립적이지도 않다. 따라서 사회현상과 자연현상을 연구할 때는 필히 상이한 방법이 사용돼야 한다는 것이다. 그러나 이 말이 맞다면, 비판적 실재론은 스스로를 탈근대주의 및 기타 '장식적 사회학 decorative sociology'의 매력적 대안으로 만드는 통합된 접근법을 더 이상 제시하지 못할 수도 있다.

현대적 의의

여러 비판에도 불구하고, 실제로 모든 사회학 연구는 어떤 이론적 및 방법론적 관점이든 '단순명료한simple' 실재론의 일부 유형을 채택한다. 저 밖에 존재하며 연구할 가치가 있는 실제 사회세계가 있다고 생각하지 않는다면 무엇이 연구를 수행할 만한 가치가 있는 요점이란 말인가? 엄격한 구성주의를 전문적 책임성의 폐기로 여기는 사회학자 다수에게는 비판적 실재론이 아마도 현재로서는 가장 매력적이며 비실증주의적인 가용한 대안을 제공하고 있는 것으로 보인다.

비판적 실재론은 범죄 연구에 적용돼 왔으며, 범죄학의 정책에서의 적절성을 재활성화하는 것으로 평가된다. 매튜스 Roger Matthews(2009)는 현대 범죄학이 범죄 및 상습범 감소를 위한 개입intervention 정책에 대해 아무 효과도 없어 보인다는 이유로 상당히 비관적인 입장을 취하고 있다는 점을 지적한다. 그러나 그는 실재론에서는 개입이 단순한 전략이나 실천 이상의 무엇이라고 논의한다. 개입은 특정 맥락에서 무엇이 효과적일지에 관한 이론들을 구체화하며, 개입뿐만 아니라 개입이 실패하는 지점을 파악하기 위한 평가 또한 중요한 측면이다. 모든 개입은 능동적 인간행위를 타깃으로 하기 때문에, 개입의 목표는 잠재적 범죄자의 추론 과정을 변화 또는 형성하는 것에 있다. 매튜스(Mattews, 2009: 357)에 따르면, 이러한 개입이 설령 급격한 변화를 끌어내지 못할지라도, "적은 수확도 (향후 더 많은 개혁으로 이어질 수 있는) 수확"이라는 것이다.

군나르손Lena Gunnarsson 등(2016)은 페미니스트 이론화에서 비판적 실재론이 일부 '주제에 대한 지지'를 얻고 있음에도 불구하고 주변적 위치에 머물러 있다고 주장한다. 이는 아마도 비판적 실재론이 여전히 남성들에 의해 주도되고 있으며, 그것이 다루는 핵심 이슈들 또한 본질적으로 '남성적인' 것이기 때문이다. 또한 이들은 비판이론가들이 성性, sex과 젠더의 명백한 구분과 기본적으로 생물학적인 사상을 바탕으로 연구해 온 반면, 퀴어 이론가들은 젠더 정체성이 생물학적 기초 위에 있다거나 이를 요한다는 생각을 거부한다고 논의한다. 하지만 페미니스트 이론가들이 점차 존재론 또는 '존재'에 관한 이론에 관심을 갖게 되면서, 이들은 비판적 실재론의 주요 관심사에 더욱 근접하게 됐다. 한편 일부 비판적 실재론자들의 연구는 사랑과 같은 통상적으로 '여성적인' 연구 주제를 탐구해 오기도 했다(Gunnarson et al., 2016: 433-5). 분명한 것은, 최근 들어 비판적 실재론과 페미니스트 이론가들 사이에 건설적 교류가 이루어지고 있기는 하지만 그럼에도 양자 간에는 꽤 근본적인 차이가 여전히 존재한다는 점이다.

참고문헌 및 더 읽을거리

Bhaskar, R. A. ([1975]2008) *A Realist Theory of Science* (London: Verso).

Carter, B. (2000) *Realism and Racism: Concepts of Race in Sociological Research* (London: Routledge).

Dickens, P. (2004) *Society and Nature: Changing our Environment, Changing Ourselves* (Cambridge: Polity), esp. pp. 1-24.

Gunnarson, L. Martinez Dy, A. and van Ingen M. (2016) 'Critical Realism, Gender and Feminism: Exchanges, Challenges, Synergies', *Journal of Critical Realism*, 15(5): 433-9.

Matthews, R. (2009) 'Beyond "So What?" Criminology', *Theoretical Criminology*, 13(3): 341-62.

Sayer, A. (1999) *Realism and Social Science* (London: Sage).

양적/질적 방법

quantitative/qualitative methods

기본적 정의

두 접근법을 구분하는 기본적 기준은 사회현상을 양화量化하는 측정 도구를 포괄적으로 사용하는 연구냐(양적), 연구 대상인 행위주체의 추론 및 의사결정 과정을 탐구함으로써 심층적 지식을 추구하는 연구냐(질적) 하는 것이다.

개념의 기원

양적 연구는 사회학이 시작될 때부터 중심적인 것이었다. 뒤르켐이 자살률을 양화하고 이를 사회별로 비교하기 위해 공식 통계를 사용한 것은 사회학자들이 채택한 전형적인 방법이다. 사회학을 '사회에 대한 과학'으로 정립하려는 19세기의 욕구 때문만이 아니더라도, 사회학자들이 정확하고 신뢰할 만한 측정의 약속을 제시하는 양적 방법으로 선회한 것은 놀랄 일이 아니다. 또한 이러한 방법은 지리적 사회변동은 물론 시간적 사회변동의 정도를 통찰할 수 있게 해 주는 비교 연구 및 역사적 연구의 가능성도 제공했다.

질적 연구는 대량 및 대규모의 양적 연구의 보조적 역할을 담당하는 것으로서 시작됐다. 질적 연구는 종종 의미를 명확히 파악하기 위한 소규모 사전 연구pilot study의 형태를 띠는 중요한 필수 요건으로 여겨졌다. 그러나 1970년대부터 상황이 바뀌기 시작했고, 질적 연구는 점차 그 자체로 연구 방법으로서 자리 잡게 됐다. 오늘날 점점 더 많은 사회학자들에게 질적 연구는 실질적으로 양적 연구보다 우위에 있으며, 인간과 사회적 삶의 연구에서 보다 적절하고 연구 대상에 적합한 유형으로 간주되고 있다.

의미와 해석

양적 연구는 전형적으로 숫자 또는 백분율 형태의 수치 정보를 산출하는데, 이는 사회문제의 크기나, 모집단population에서 유사한 태도를 공유하는 사람의 비율을 측정하기 위함이다. 기술통계descriptive statistics 정보는 사회의 정확한 양상을 파악하는 데 상당히 유용하다. 모집단 중 노동계급의 비율은 어느 정도인가? 유급 고용 기혼 여성의 비율은 어느 정도인가? 얼마나 많은 사람들이 지구온난화가 실제로 일어나고 있다고 믿는가? 이 모든 질문은 양적 연구를 요하며, 이는 전형적으로 일반적 결론이 도출되는 대표성 있는 모집단의 표본sample을 선정함으로써 수행된다. 양적 표본은 통계적 검증을 가능케 하기 위해 질적 연구에 사용되는 표본보다 훨씬 큰 경향이 있다.

양적 방법은 심화된 추리통계 분석inferential statistics analysis을 사용하는 단계를 밟아 자료에 관한 일반적 결론에 도달하고자 한다(예를 들어, 표본 내 집단들의 확인된 차이가 신뢰할 만하며 단지 우연에 의해 일어난 것이 아닐 확률). 추리통계는 변수 분석에서, 즉 사회학자들이 인과관계 설정을 위해 상관관계가 발견된 몇몇 변수들을 통한 방식을 채택하고자 할 때 광범위하게 사용된다. 이는 최근 들어 컴퓨터 소프트웨어 프로그램들(많이 쓰이고 있는 SPSS 같은)이 나오면서 어느 정도 용이해졌는데, 이는 원자료raw data의 변환을 간단하게 만들고 자동화된 계산을 가능케 한다. 그런데 얄궂게도 사회학에서 질적 방법으로의 전환은 이러한 발전과 동시에 일어났다.

질적 연구는 포커스 그룹 인터뷰, 민속지ethnography, 반半구조화된 또는 비非구조화된 설문지, 대면 인터뷰, 참여관찰, 전기傳記 연구, 구술사, 서사 연구narrative studies, 근거 이론grounded theory, 생애사 방법을 모두 포함한다. 사회학자들은 이 모든 방법을 통해 사람들이 어떻게 사회적 삶을 살아가며 어떻게 자신의 사회적 위치를 해석하고 인식하는지를 이해하고자 한다. 간단히 말해서, 전체 사회의 형태와 크기의 측정이 아니라 사람들의 사회적 삶의 내용을 파악하는 것이 목적이다. 질적 연구는 잘 드러나지 않거나 불리한 위치에 있는 사회집단들의 목소리를 내게 하는 데에서 성공적이었다. 노숙인 연구, 자해自害 연구, 가정폭력 연구, 아동들의 경험에 관한 연구, 그리고 그 밖의 많은 연구들이 주변화된 집단들이 자유롭게 말할 수 있도록 고안된 질적 연구 방법의 덕을 상당히 봤다.

질적 방법의 또 다른 장점은 연구 결론의 타당성을 높일 수 있다는 것이다. 인터뷰 또는 민속지의 경우, 연구자들은 참여자들에게 자신들이 참여자들의 반응을 어떻게 해석하는지를 말해 줄 수 있고, 자신의 이해가 정확한지 물어볼 수 있다. 인터뷰 종료 후에는 각종 가능한 오해들을 바로잡기 위한 보고회를 열 수 있다. 근거 이론으로 알려진 접근법에서는 경험적 검증을 위한 가설 구성을 포함한 전통적인 연역법이 근본적으로 뒤집힌다. 연구자들은 자료를 분류, 코딩, 범주화하는 체계적 방식으로 탐구하기 전에, 그리고 자료에서 '발현되는' 개념 및 이론의 창출로 나아가기 전에 인터뷰 녹취록 형태로 자료를 수집한다. 이 모든 상호작용들은 연구 과정에서 연구자와 연구 대상의 엄격한 구분을 유지하기보다는 연구 참여자들이 관여한다는 것을 의미한다.

비판적 쟁점

질적 연구 방법 사용의 증가는 유용하고 통찰력 있는 연구들을 많이 산출했지만, 일부 사회학자들은 양적 방법에 대한 선호가 하락하지 않을까 우려한다. 윌리엄스Malcom Williams 등(2008)은 양적 방법에 대한 영국 사회학도들의 태도에 관한 전국 규모의 조사에서 많은 학생들이 숫자와 씨름하고 통계학을 배우는 것에 대해 불안해하고 있음을 발견했다. 더 우려되는 것은 그들 중 상당수가 자신들이 인식하는 사회학이 과학보다 인문학에 더 가깝다는 점 때문에 양적 방법에 별로 또는 아예 관심이 없다는 점이었다. 이런 명백한 세대적 태도 변화는 과학적 학문으로서의 사회학의 지위에 위협을 가할 수 있으며, 결과적으로 사회학의 연구비 지원 흐름과,

그리고 궁극적으로 학생 충원에 위협이 될 수 있다.

양적 방법과 질적 방법의 명백히 뚜렷한 구분에도 불구하고, 일부 사회학자들은 그러한 구분이 생각한 것만큼 그렇게 확고하지는 않다고 논의한다. 몇몇 질적 방법은 수치적 측정 또한 포함하고 있으며, 역으로 외견상 양적인 몇몇 방법에서는 유의미한 진술들을 분석하기도 한다(Bryman, 2015). 질적 연구자들은 대량의 텍스트와 인터뷰를 코딩, 범주화, 양화를 통해 분석하기 위한 소프트웨어 패키지들을 사용하는 반면, 일부 양적 연구는 참가자들이 연구자가 만든 설문지의 고정된 틀을 넘어서는 것을 허용하는 반半구조화된 인터뷰를 통해 수행된다. 설문조사survey research 또한 사람들의 태도와 의견(의미와 해석의 문제를 제기하는)에 관심을 가지고 있으며, 사회적 상호작용에 관한 많은 관찰연구에서 도출된 결론들은 암묵적으로 일반화 작업을 염두에 두기도 한다.

현대적 의의

일부 질적 연구자들은 의미를 창출하는 인간에 대한 연구에는 측정과 통계적 검증이 적절치 않다는 견해를 표명한다. 반면, 일부 양적 연구자들은 질적 사회학자들이 채택하는 많은 방법을 지나치게 주관적이어서 신뢰할 수 없으며 대책 없이 개인주의적인 것이라고 여긴다. 그러나 현재는 점점 많은 연구가 양적 방법과 질적 방법을 모두 사용하는 '혼합적 방법mixed-method'이라는 접근법을 채택한다. 양적 방법과 질적 방법을 교차하여 나온 연구 결과들은 한 가지 방법만을 사용해서 도달한 연구 결과에 비해 더 타당하고 신뢰할 만하다. 혼합적 방법을 사용한 연구에서 연구 방법의 선택은 연구 질문과 현실적 고려에 따라 이루어지는 경향이 있다. 혼합적 방법의 생산적 사용을 보여 주는 좋은 예는 실바Elizabeth Silva 등(2009)이 3년(2003~2006년)에 걸쳐 수행한 문화자본과 사회적 배제에 관한 연구다. 이 연구는 설문조사, 가구 인터뷰, 포커스 그룹 인터뷰 방법을 사용했으며, 따라서 양적 방법과 질적 방법을 혼합한 것이다. 이들은 자신들의 접근법을 '방법론적 절충주의methodological eclecticism'로 지칭하면서, 이는 사실을 확증하는 길을 열어 줌은 물론 해석의 설득력을 확인하는 것 또한 가능케 한다고 주장한다.

소셜미디어가 일상생활에 깊숙히 자리 잡음에 따라, 이러한 뉴미디어(페이스북, 인스타그램, 유튜브, 트위터 같은)가 어떻게 연구될 수 있으며 또한 연구돼야 하는지에 관한 새로운 논쟁이 일어났다. 사회학자들이 이러한 연구를 실제로 어떤 식으로 했는지를 알아보는 방법은 기존 문헌 분석인데, 스넬슨Chareen L. Snelson(2016)은 질적 및 혼합적 방법의 측면에서 이러한 분석을 수행했다. 이 연구에 따르면, 2007년부터 2013년까지 출간된 질적 방법을 사용한 논문 229편 중 55편이 소셜미디어 연구의 새로운 추세와 발맞춰 혼합적 방법 또한 채택했다고 한다. 스넬슨은 이 기간 동안 질적 방법과 혼합적 방법 사용이 전반적으로 증가했으며, 페이스북에 관한 연구가 대다수를 차지했다는 점을 밝혀냈다. 분석 대상이 된 연구들의 핵심적 초점은 사람들이 소셜미디어를 어떻게 사용하고 경험하는지를 이해하려는 것이었으며, 이를 위해 인터뷰, 포커스 그룹, 내용 분석, 설문조사 같은 통상적 방법이 사용됐다. 혼합적 방법을 사용한 연구들은 통상적 방법을 사용해 소셜미디어 사용자들로부터 직접 수집한 자료를 유튜브 영상, 페이스북 프로필, 소셜미디어 포스팅 및 댓글에서 수집한 다른 자료들과 혼합하는 경향을 나타냈다. 스넬슨의 연구 결론은 2007년 이후로 소셜미디어 연구가 급속히 발전했으며 현재는 그 자체로 하나의 연구 분야가 됐다는 것이다. 소셜미디어 연구가 발전함에 따라, 사회학자들은 온라인에서 가용한 엄청난 양의 자료를 다루는 최선의 방법은 무엇인지, 그리고 그러한 자료가 오늘날 일상생활과 관련해 무엇을 말해 주는지를 이해하기 시작하는 중이다.

참고문헌 및 더 읽을거리

Bryman, A. (2015) *Social Research Methods* (5th edn, Oxford: Oxford University Press), esp. parts 2, 3 and 4.

Silva, E., Warde, A., and Wright, D. (2009) 'Using Mixed Methods for Analysing Culture: The Cultural Capital and Social Exclusion Project', *Cultural Sociology*, 3(2): 299-316.

Snelson, C. L. (2016) 'Qualitative and Mixed Methods Social Media Research: A Review of the Literature', *International Journal of Qualitative Research*, March: 1-15. DOI: 10.1177/1609406915624574

Williams, M., Payne, G., Hodgkinson, L., and Poade, D. (2008) 'Does British Sociology Count?', *Sociology*, 42(5): 1003-21.

이념형

理念型, ideal type

기본적 정의

사회현상에 관한 연구자의 '순수한pure' 구성물로서 현상의 몇몇 주요한 측면만을 강조하는 것이며, 구체적인 실재세계의 사례에서 유사점과 차이점을 파악하는 데 사용된다.

개념의 기원

이념형 개념은 막스 베버Max Weber가 사회학의 한 유형으로서의 사회적 행위에 관한 연구 방법의 일부로 고안한 것이다. 베버는 자연과학과 같은 방법을 사용해서는 사회적 삶을 이해하고 설명할 수 없다고 보았다. 인간은 자연 세계의 다른 존재들과 달리 유의미한 환경을 창조하므로, 우리가 개별 인간의 행위를 이해하기 위해서는 그것을 사회적 환경의 맥락 내에 놓고 봐야만 한다. 물론 사람들은 조직체와 사회제도를 창출하고, 일부 사회학자들은 이를 주요 연구 대상으로 여긴다. 하지만 베버([1904]1949)는 사회현상에 대한 온전한 설명은 개인 행위 수준에서 이해 가능한 것이어야 한다고 보았다. 사회학의 이러한 접근법은 **이해Verstehen**로 알려져 있으며, 베버는 이를 자본주의의 기원과 주요 측면들, 그리고 그것과 종교적 신념, 사회별 경제생활의 상이한 유형, 권위와 리더십, 상이한 역사적 시기의 조직유형과의 관계를 탐구하는 데 사용했다. 이념형의 구성은 베버 방법론의 중요한 요소로서 사회학적 분석의 거시적 및 미시적 수준을 한데 묶는 것을 가능케 했다.

의미와 해석

이념형은 '구성물'이다. 즉 연구자가 특정 사회현상에 관한 그의 관심사로부터 파생된 기준에 근거해 만들어 내는 것이다. 예를 들어, 우리는 사회주의, 민주주의, 사이버범죄, 소비사회, 또는 도덕적 공황의 이념형을 구성할 수 있다. 그러나 그러한 구성을 할 때, 우리는 현상의 정확한 묘사를 위해 가능한 많은 측면을 조합하는 것을 목표로 하지는 않는다. 베버가 논의했듯이 사회학이 자연과학의 실험 방법을 그대로 따라할 수는 없기 때문에, 우리는 사회에 대한 타당한 지식을 얻기 위한 다른 방법을 찾아낼 필요가 있고, 이념형은 그에 도움이 되는 유용한 도구 중 하나다.

예를 들어, 만약 알카에다 네트워크나 자칭 이슬람 국가(Islamic State, 줄여서 IS라고도 한다)의 '신新테러리즘'을 이해하고자 한다면, 우리는 관찰을 통해 몇몇 전형적 측면들, 아마도 전 지구적 연계성, 느슨한 조직유형, 민간인을 겨냥한 극단적 폭력 사용이라는 목표와 그것을 위한 준비 태세(Lister, 2015) 등을 파악할 수 있다. 그러고 나서 우리는 이러한 주요 특성들을 아우르는 자신만의 이념형을 만들어 낼 수 있다. 물론 신테러리즘의 실제 사례들은 위에 언급한 것들보다 더 많은 요소를 포함할 것이며, 몇몇 사례의 경우는 하나 또는 그 이상의 요소들을 결여한 반면 또 다른 요소들은 훨씬 더 두드러지게 나타날 수 있다. 이를테면, 시리아와 이라크에서 이슬람 국가의 활동은 느슨한 연결망이 아닌 효율적 군대의 구성을 특징으로 하며, 그로 인해 일시적으로나마 영토를 획득하고 유지할 수 있었던 것이다. 그러나 이념형을 구성할 때 우리는 의도적으로 일방적one-sided 모델, 순수형pure form을 만들어 내며, 이는 아마도 실제로 존재하지 않거나 존재할 수 없는 것이다. 신테러리즘과 관련된 사람 및 조직은 아마 실제로는 우리의 이념형과는 다른 방식으로 행동할 수도 있다. 하지만 이념형 구성의 요점은 이전 유형의 테러리즘과의 비교를 가능케 하고 실재세계에 존재하는 사례들 사이의 중요한 유사점과 차이점을 보다 쉽게 파악할 수 있는, 논리적으로 추론된 신테러리즘 유형을 강조하는 것이다. 이념형은 발견적 장치heuristic device, 즉 사회학자들이 가설을 고안하고 비교를 하는 데 사용하는 연구의 도구다.

이념형은 우리가 사회세계를 관찰할 수 있는 관점과 유사하며, 연구자가 연구 대상인 현상에 대한 실제적 질문을 던질 수 있도록 하는 준거점이다. 따라서 이념형은 그것이 참이냐 거짓이냐를 말할 수 없다. 베버의 의도는 이념형이 과학적 가설의 경우와 동일하게 경험적 사례로 검증되어야 하며 부정 사례negative case가 발견되면 반증되어야 한다는 것이 아니었다. 이념형의 가치는 그로부터 비롯되는 연구, 그리고 그것이 우리의 이해에 기여한다는 점에 있다. 만약 이념형이 실재를 파악하는 데 실패하거나 심화된 연구 질문을 만들어 내지 못한다면, 말 그대로 무용한 것으로 여겨져 폐기될 것이다.

비판적 쟁점

베버를 비판하는 이들은 이념형이 사회학에서 제한적으로만 사용된다고 본다. 예를 들어 노르베르트 엘리아스Norbert Elias는 우리가 '실제적 유형' 또는 경험적 사례를 연구할 수 있는 상황에서 이념형을 구성해야 한다고 생각하는 것은 이상한 일이라며 신랄하게 비판한다. 비록 이념형이 연구의 예비적 단계 중 하나로서 본격적인 경험연구로 나아가기 위한 '감응적 개념感應的 概念, sensitizing concept'●으로 고안된 것이라는 점을 기억해야 한다 할지라도, 이러한 비평은 유용해 보인다.

이념형의 더 큰 문제는 개념 그 자체보다 그것이 사용되는 방식에 더 많이 내재해 있다. 이념형은 이해를 돕기 위한 발견적 장치인데, [이념형으로 제시된 내용 또는 요소들을] 실제적 특성이라고 주장하는 식으로 곧바로 전환될 수 있다는 점에서 특히 그렇다. 간단히 말해서, 허구적 이념형이 실제 사회 현상을 나타내는 것처럼 취급되고, 이해를 돕기는커녕 오히

● '감응적 개념'은 미국 사회학자 허버트 블루머Herbert Blumer가 처음 제시한 것으로서, 연구 대상의 속성과 특징에 대해 명확히 정의한 개념이 아니라 말 그대로 '감을 잡을 수 있는 정도로 구성된' 개념을 뜻하는 용어다. 본문의 '이념형이 감응적 개념으로 고안된 것'이라는 구절은 이념형이 연구자 자신의 관심사에 따라 연구 대상의 주요한 속성이라 생각하는 측면들을 논리적으로 구성해 제시한 것이고 이로써 연구 대상의 특징을 '어느 정도' 파악할 수 있게 함은 물론 본격적인 경험연구와 사례 간 비교를 위한 준거점을 제공하는 방법론적 도구라는 점을 강조하기 위해 쓰인 것이다.

려 걸림돌이 된다는 것이다. 탈코트 파슨스Talcott Parsons는 이런 문제가 심지어 '자본주의'에 대한 베버 자신의 작업에서도 나타나는 바, 베버가 구성물과 단일한 역사적 유형 사이를 왔다 갔다 한다고 보았다. 파슨스가 보기에 이념형은 비교연구를 위해 사회현상의 일반적 측면을 파악하는 데는 유용하지만, 구체화된 경험연구를 요하는 단일한 역사적 시기 및 문화에 대한 탐구에는 그리 유용하지 못하다.

현대적 의의

이념형은 사회학에서 계속 사용되고 있으며, 사회학자들이 온전히 이해하지 못하는 새로운 사회현상이 나타날 때 특히 그러하다. 그러나 일부 사회학자들은 이념형의 확장을 위해 베버의 원래 작업으로 돌아가 그 결점을 보완하거나 새로운 방향을 제시하고자 한다. 예를 들어, 자웽스키Paweł Załęski(2010)는 베버의 저작에 관한 탐구에서 세계에 대한 종교적 태도와 관련된 그의 유형학이 간과 또는 경시되고 있음을 지적한 후, 그것이 갖는 현대적 유용성을 탐구하면서 논리적 확장을 시도한다.

베버의 유형학은 현세적 금욕주의, 염세적 금욕주의, 초超세계적 신비주의를 포함한다. 현세적 금욕주의inner-wordly asceticism(청교도주의, 칼뱅주의 같은)는 "세계가 종교적 요구를 실현하도록 만들기 위해" 분투하는 것이고(Załęski, 2010: 320), 염세적 금욕주의world-rejecting asceticism(기독교 고행자苦行者 및 은자隱者)는 세계는 종교적으로 쓸모없는 것이라는 입장을 취하면서 현실 세계가 제공하는 바를 거부하는 것이며, 초세계적 신비주의world flying mysticism(불교와 브라만교에서의)는 추종자들이 고도의 의식 상태에 이르기 위해 명상을 사용하는 것이다. 자웽스키는 이에 더해 네 번째 이념형으로 적극 참여적 신비주의world-active mysticism를 제시하는데, 애니미즘적 신비주의, 부두교 의식 또는 영혼 조종manipulation of spirit 등이 그것이다. 베버는 이 유형을 그리 중요한 것으로 여기지 않았지만, 자웽스키에 따르면 실제로는 오늘날 '뉴에이지' 신앙과 실천, 천사와 악마의 존재에 대한 믿음, 심지어 외계인의 존재에 대한 믿음과 같은 형태로 상당히 널리 퍼져 있으며, 이 모든 것은 현실 세계에서 실제 사건을 형성하거나 그에 영향을 미치는 것으로 여겨진다고 한다. 이러한 종류의 신비주의에 발을 들여놓는 사람들은 자신이 적극적으로 '현실 형성에 동참한다co-shape reality'고 생각하게 된다.

참고문헌 및 더 읽을거리

Lister, C.R. (2015) *The Islamic State: A Brief Introduction* (Washington, DC: Brookings Institution Press).

Parkin, F. (2009) *Max Weber* (rev. edn, London: Routledge), esp. chapter 1.

Weber, M. ([1904]1949) 'Objectivity in Social Science and Social Policy', in E. A. Shils and H. A. Finch (eds), *The Methodology of the Social Sciences* (New York: Free Press), pp. 50-112. [국역본, 〈사회과학적 그리고 사회정책적 인식의 '객관성'〉, 《탈주술화 과정과 근대: 학문, 종교, 정치》, 나남, 2002]

Załęski, P. (2010) 'Ideal Type in Max Weber's Sociology of Religion: Some Theoretical Inspirations for a Study of the Religious Field', *Polish Sociological Review*, 171(3): 319-26.

주제3

환경과 도시성
(Environment and Urbanism)

도시성 (urbanism)

산업화 (industrialization)

소외 (疏外, alienation)

위험 (risk)

이주 (migration)

지속가능한 발전 (sustainable development)

환경 (environment)

도시성

urbanism

기본적 정의

근대도시 및 도시 지역의 삶의 뚜렷한 특징, 그리고 그것이 도시 주변의 교외郊外, suburbs 및 촌락 지역에 미치는 영향.

개념의 기원

도시는 인간 정주settlement의 대규모 유형이며, 외곽 지역 및 소규모 정주 지역에 비해 권력의 중심인 경우가 많다. 잘 알려진 도시의 존재는 고대까지 그 기원을 거슬러 올라갈 수 있지만, 삶의 뚜렷한 특징 또는 형태를 갖는 도시 및 도시 지역이라는 관념은 19세기 말에 기원을 둔 사회학적 명제다. 당시의 도시화 과정은 매우 급속한 인구성장과 인구 밀도의 증가로 이어졌으며, 이는 많은 점에서 문명화의 새로운 단계라 할 만했다. 페르디난트 퇴니에스Ferdinand Tönnies([1887]2001)와 게오르그 짐멜Georg Simmel([1903]2005)은 이전의 정주 형태와의 대비를 통해 어떻게 개인이 새로운 환경에서 생존하기 위한 새로운 심리적 및 사회적 전략을 발전시켰는지를 보여 주었다. 그러나 도시 연구는 1920년대와 1930년대 시카고학파의 연구를 통해 성숙한 단계로 접어들었다. 로버트 파크Robert

Park, 어니스트 버지스Ernest Burgess, 루이스 워스Louis Wirth 등은 '도시생태학urban ecology'으로 알려진 시카고학파 특유의 접근법을 사용하여 도시 연구라는 하위 분야를 성공적으로 정착시켰다. 이 분야의 최근 연구는 도시 생활을 형성하고 또한 도시 생활에 의해 형성되는 사회운동의 역할과 지구화 과정에 주목하고 있다.

의미와 해석

퇴니에스는 도시 연구의 중요한 선구자였다. 1880년대에 그는 게마인샤프트Gemeinschaft, 공동체의 전통적 사회유대social bond, 즉 긴밀하고 장기적인 유대가 보다 느슨하고 일시적인 게젤샤프트Gesellschaft 혹은 단순한 결사체mere association에 자리를 내주고 있음을 간파했다.• 퇴니에스는 이를 불가피한 것으로 보면서도, 그러한 변동 과정 속에서 무언가 중요한 것이 상실되고 있다고 보았다. 이러한 과정의 결과인 개별성이 너무 쉽게 이기적이고 도구적인 개인주의로 변질된다는 것이었다. 또 다른 선구자인 짐멜은 어떻게 사람들이 도시와 직면하는지에 초점을 맞춰 도시 생활의 경험과 본질을 파악하려 시도했다. 짐멜이 말하기를, 도시 거주자들은 심드렁한 태도blasé attitude, 즉 감정적으로 진이 빠지게 하는 도시 생활에 무감각해지도록 하는 '그런 것은 전에도 봤다seen-it-all-

• 퇴니에스는 도시화의 결과로 전통적, 인격적 관계가 특징인 게마인샤프트(공동사회)에서 도구적, 비인격적 관계를 특징으로 하는 게젤샤프트(이익사회)로의 변화가 일어났다고 논의한다.

before'는 식의 정신상태를 채택함으로써 [도시 생활에] 적응한다. 이러한 대응 메커니즘 없이는 도시적 환경을 견뎌내지 못할 것이다.

워스(1938)는 도시에서의 경험에 관한 이전의 인상주의적 설명들을 도시성은 '생활양식way of life'이라는 유명한 구절을 통해 확고히 했다. 근대도시성의 출현은 특정 결과를 달성하기 위한 느슨하고 단기적인 상호작용으로 특징지어진다는 점에서 인간 경험의 새로운 유형임을 보여 주는 것이었다. 버스승차권 구매, 차량 주유, 은행예금 상담 등 모든 일상적 상호작용은 워스가 '2차적 접촉secondary contacts'으로 지칭하는 것의 전형적 사례다. 이것이 가족 및 공동체에서의 '1차적 접촉primary contacts'과 구별되는 점은 사람들이 자신의 자아 중 일부만을, 해당 상호작용의 완수에 충분할 정도로만 관련시킨다는 것이다. 이러한 상호작용은 목적 달성을 위한 수단일 뿐이다. 물론 2차적 접촉이 어느 정도 필수적이기는 하지만, 워스의 논점은 도시성이 2차적 접촉을 지배적 유형으로 만들고 그 결과 (사회를 결속시키는 접합제인) 사회적 유대는 피치 못하게 약화된다는 것이다.

시카고학파는 사회학에서 도시 연구 구축에 기여한 기초적 도구를 제공했다. 이 학파는 도시의 내적인 사회적 분화과정을 분석하는, '도시생태학'으로 알려진 관점을 발전시켰다. 로버트 파크가 주장했듯이, 도시는 '거대한 분류 메커니즘great sorting mechanism'이다. 생물학의 하위 분야인 생태학 용어, 즉 경쟁competition, 침입invasion, 계승succession을 사용하면 도시가 일련의 동심원 형태로 발달함을 설명할 수 있다. 도시 중심부에는 상업지구가 집중돼 있고, 그 바깥에는 낡아 가는 민간 주택지구가 위치한다. 또 그 바깥에는 잘 정비된 주거지역이 있으며, 더 바깥에는 부유한 사회집단들이 거주하는 교외 지역이 있다. 생태학에서 말하듯이, 침입과 계승의 과정에 따라 동심원을 가로지르는 이동이 끊임없이 일어나며, 그에 따라 도시는 역동성과 유동성이라는 뚜렷한 특성을 유지한다. 생태학적 접근법은 이후 그에 대한 선호가 하락했음에도 불구하고 많은 경험연구를 촉진했다.

도시 연구의 최근 경향은 도시환경 내에서의 지속적인 공간 재구성, 이를테면 기업 이전, 투자자들의 대지 및 자산 매입, 정부와 지방의회의 고용 확대 및 녹지 보호 관련 입법 등의 문제에 대한 탐구다. 도시공간 재구조화는 자본주의 기업들이 경쟁우위 확보를 위해 이동하는 지속적 과정이며, 이제 이 과정은 전 지구적으로 일어나고 있다. 이는 일부 지역에서 도시의 쇠퇴를 초래하며, 다른 지역에서는 급속한 도시재생을 초래한다. 또한 이는 도시성의 유형이 기업 환경에 따라 변화함을 뜻하기도 하는데, 최근 제조업 공장지구가 사무지구로 변화하는 것이라든지 산업지구가 민간 주거지구로 재개발되는 것이 그러하다.

비판적 쟁점

도시성 개념의 문제점은 이 개념이 미국과 유럽에서의 초기 연구에만 기초한 것임에도 모든 도시 지역의 생활을 일반적으로 특징짓는 것으로 사용됐다는 점이다. 런던, 뉴욕, 파리 같은 부유한 서구 도시들이 나이로비, 뭄바이, 다카 같은 개발도상국의 도시와 정말 유사한가? 대규모의 인구 밀집은 논외로 하더라도, 개발도상국 도시 다수의 도심지역을 둘러싼 빈민들의 가건물 판자촌 같은 것은 현격한 차이다. 선진국에는 그와 유사한 것이 존재하지 않기 때문이다. 마찬가지로, 단일 도시 내의 도시적 조건이 다양하다 할지라도 짐멜이나 워스가 그렸던 그림은 아마도 중심업무지구와 주요 상업지구에만 적용 가능할 것이다.

많은 도시 연구에서 나타나는 도시성의 특징에 대한 부정적 어조 또한 의문의 대상이다. 도시 거주자 다수가 비인격성impersonality을 해방적인 것으로 경험하며, 그에 수반되는 자유를 만끽하는 것은 전적으로 가능하다. 그런 점에서, 도시성은 개별성을 질식시키는 이전의 꽉 짜인 공동체의 개선으로 해석될 수 있다. 친구 집단이나 마음 맞는 사람들의 결사체 같은 '선택에 의한 공동체communities of choice'의 형성 또한 과도한 개인주의의 촉진이라는 과장된 도시성 개념이 거짓임을 보여 주는 것이다. 갠스Herbert J. Gans(1962)는 미국 도시 내의 이민자 집단 사이에서 도시 마을urban village이 일반적으로 존재했다고 하는데, 이는 도시성이 공동체 생활을 파괴하기는커녕 오히려 생성함을 보여 주는 것이다. 일반적으로, 생태학적 관점은 자신이 말하는 문제들을 완화할 수 있는 의식적인 도시설계 및 도시계획의 중요성을 과소평가한다.

현대적 의의

도시성 개념은 인구가 밀집된 도시적 환경에 대한 주의를 환기시킨다. 도시에서의 '정신생활mental life'에 관한 짐멜의 설명은 인상주의적으로 보이기는 하지만 도시에 산다는 것이 어떤 느낌인지를 간파해 냈으며, 도시가 공간일 뿐만 아니라 사회학적 현상이기도 하다는 점을 보여 주었다. 도시 연구는 시카고학파가 도시생태학적 접근법을 도입한 이래 다양한 방향으로 발전해 왔으며, 여전히 사회학의 활발한 전문 분야다. 두 가지 연구 영역이 새로운 관심을 불러일으켰는데, 하나는 도시재생 과정에 대한 이해이고, 다른 하나는 남반구 도시들이 도시성과 도시에서의 경험에 대한 대부분의 사회학 이론의 기초를 형성해 온 북반구 도시들과 어떻게 다른지에 관한 것이다.

도시성의 경험과 관련된 흥미로운 저작인 샤론 주킨Sharon Zukin의 《무방비 도시Naked City》(2010)는 1980년대 미국의 도시재생에 관한 개인적 탐험기다. 이 시기 미국에서는 수명이 다한 건축물 및 지역의 재개발이 활발했는데, 이를 두고 도시가 본래의 모습을 상실하고 있다는 논란이 일기도 했다. 주킨은 뉴욕에 민간자본이 밀려들면서 쇼핑 및 보안업체가 과도하게 집중됐다고 한다. 이어서, 그가 비록 독자들에게 슬럼지역, 빈번한 노상 범죄, 중독성 마약 사용의 종언을 한탄하라고 주문하지는 않았지만, 1980년대의 획일적 재개발은 도시의 다양성, 창의성, 그리고 맥박을 앗아가 버렸다고 말한다. 이는 개인적 설명이기는 하지만 향수에 빠지지 않으면서도 오늘날의 도시계획가들에게 생각할 거리를 주는 많은 사회학적 통찰을 담고 있다.

몇몇 학자들은 '탈식민적 도시성'으로 알려진 관점을 채택해 통상적으로 북반구 도시와 전 지구적 자본주의에만 초점을 맞추었던 것을 바로잡고자 한다. 그러나 브레너Neil Brenner와 슈미트Christian Schmid(2015)는 이러한 시도가 아직 진정 새로운 연구 패러다임으로 발전하지는 못했다고 주장한다. 쉰들러Seth Schindler(2017)는 여기에 두 가지 주요 원인이 있다고 말한다. 첫째는 이 분야에 적합한 연구 방법이 충분히 논의되거나 명확하게 설정되지 못했다는 것이고, 둘째는 '탈식민적'이라는 용어가 분석적이기보다는 기술적으로 사용됐다는 것이다. 쉰들러의 논의에 따르면 남반구 도시들은 세 가지 핵심적 측면에서 북반구 도시들과 근본적으로 다르다. 첫째, 남반구 도시성은 자본과 노동의 단절을 특징으로 하며, 시 당국은 영역 확장을 위한 투자에 더 초점을 맞추는 경향이 있다(이를테면 산업노동력 산출보다 신도시 조성에 주력하는 식으로). 둘째, 남반구 도시들의 '대사' 조직'metabolic' configuration(공공 설비 및 서비스 같은)이 보편적이기보다 '단속적斷續的이고 불안정하며 경쟁적인' 경향을 띠다 보니, 이로 인한 집단적 결속과 집합행동이 확산된다. 예를 들어, 깨끗한 물에 대한 접근성이 불안한 곳에서는 사람들이 한데 뭉쳐 변화를 요구하는 로비를 펼치거나 자체적인 인프라를 구축하게 된다는 것이다. 셋째, 남반구 도시들을 연구한다는 것은 정치경제와 도시의 물질적 조건이 '함께 구성됨co-constituted'을 인식하는 것이며, 학자들은 전 지구적 자본주의가 언제나 도시 변화의 동력이 된다고 가정할 것이 아니라 바로 이러한 연관성을 탐구해야 한다. 쉰들러의 분석이 시사하는 바와 같이, 남반구 도시성에 관한 경험연구는 북반구 도시들과의 유사점과 차이점에 대한 실제적이고 현실에 근거한 이해를 촉진해야 한다.

참고문헌 및 더 읽을거리

Abrahamson, M. (2014) *Urban Sociology: A Global Introduction* (New York: Cambridge University Press).

Brenner, N. and Schmid, C. (2015) 'Towards a New Epistemology of the Urban?', *City*, 19(2-3): 151-82.

Gans, H. J. (1962) *The Urban Villagers: Group and Class in the Life of Italian-Americans* (2nd edn, New York: Free Press).

Schindler, S. (2017) 'Towards a Paradigm of Southern Urbanism', *City*, 21(1): 47-64.

Simmel, G. ([1903]2005) 'The Metropolis and Mental Life', in J. Lin and C. Mele (eds), *The Urban Sociology Reader* (London: Routledge), pp. 23-31. [국역본, 〈대도시와 정신적 삶〉, 《짐멜의 모더니티 읽기》, 새물결, 2006]

Tönnies, F. ([1887]2001) *Community and Society* [*Gemeinschaft und Gesellschaft*] (Cambridge and New York: Cambridge University Press). [국역본, 《공동사회와 이익사회: 순수사회학의 기본개념》, 라움, 2017]

Wirth, L. (1938) 'Urbanism as a Way of Life', *American Journal of Sociology*, 44(1): 1-24.

Zukin, S. (2010) *Naked City: The Death and Life of Authentic Urban Places* (Oxford and New York: Oxford University Press). [국역본, 《무방비 도시: 정통적 도시공간들의 죽음과 삶》, 국토연구원, 2015]

산업화
industrialization

기본적 정의

18세기 중반 영국과 유럽에서 시작된, 특히 생산과 노동 영역에서 인간 및 동물 노동을 기계로 대체하는 과정.

개념의 기원

근대 이전에는 'industry'와 'industrious' 같은 단어들이 '근면diligent'을 의미하는 것으로 널리 사용되었다. 16세기 후반에는 'industry'가 제조manufacture와 거래trade를 뜻하는 말로 쓰이기도 했다. 이러한 의미는 후에 특정 제조업 분야, 이를테면 광산업, 전기산업, 심지어 서비스산업을 지칭하는 것으로 광범위하게 사용됐다. 따라서 산업화 개념은 전前 산업사회 또는 비非산업사회로부터 1차적으로 제조업에 기초한 사회로의 장기적 변동 과정을 뜻한다. 이런 의미에서 산업화는 아마도 근대화 과정의 가장 중요한 측면일 것이다. 유럽과 북미의 '산업혁명'은 18세기 중반과 19세기의 초반 10년 동안 영국에서 시작됐다. 이 시기에 대량의 재화 생산을 촉진한 석탄광업, 철강산업, 신기술의 연쇄적 발전과 더불어 산업화 과정이 시작되고 영속화됐다. 더 많은 생산은 인구이동으로 이어져, 사람들이 증가하고 있던 도시의 새로운 작업장과 공장에서 일자리를 찾기 위해 농촌지역을 떠났다.

19세기 후반 들어서는 제조업 과정이 지배적이고, 많은 노동자들이 농업보다 제조업에 고용되는 지속적인 기술 변동에 기초한 산업사회를 이야기하는 것이 가능해졌다. 많은 이들이 이를 긍정적 발전으로 봤지만, 인구가 과밀한 도시의 끔찍한 생활 및 노동조건은 물론 기계가 전통적인 장인의 숙련 기술에 미치는 위협적 영향에 반발하는 비판론자들 또한 이 시기에 존재했다. 초기 사회학자들은 분업의 급격한 확산, 계급 갈등의 대두, 세속적 생활 방식이 증대하는 도시 생활을 연구했다. 1970년대 이래, 사회학자들은 이전의 많은 산업사회들이 점차 탈산업화되어post-industrialized 소수의 노동자들만이 제조업에 종사하며 보다 많은 노동자들이 교육, 보건, 금융 같은 서비스업에 고용돼 있다고 논의했다.

의미와 해석

산업화는 동물 및 인간 노동을 기계로 대체하는 것을 의미한다. 기술 발전은 그 자체로 새로운 것이 아니라 고대 부족사회에서 아주 기본적인 석기를 만들었던 것까지 거슬러 올라갈 수 있는 것으로서, 보다 효율적인 수렵 및 주거 건축 같은 새로운 사회적 실천들social practices을 가능케 했던 것이다. 그러나 18세기의 산업혁명은 그 중요성 측면에서 전前 통상시대Before the Common Era, BCE 9,000년경 시작된 신석기혁명과 유사한 혁명적 변동으로 여겨진다. 산업화는 많은 사람들의 일상생활을 비롯한 모든 삶의 방식을 변화시켰다. 따라서 산업 사회는 기술이 인간과 자연 세계의 관계를 매개하는 사회다.

산업화는 자연을 그저 생산과정에 사용되는 원자재 또는 자원으로 여기게 만들고 이에 따라 인간과 자연의 관계를 변화시킨다. 19세기 초반에는 많은 사회비평가들이 산업화가 중단되거나 역전될 단기적 과정에 불과한 것 아니냐는 의문을 던졌지만, 19세기의 후반에 와서는 그러한 전망은 불가능한 것이 됐다. 오늘날, 산업사회로부터의 퇴행de-industrialization은 일어날 것 같지도 않을뿐더러 지구 전체 인구가 엄청나게 감소하지 않는 한 도저히 가능할 것 같지 않다(지구 인구는 사회과학자들의 그 어떤 예측보다도 훨씬 증가했다). 70억 명을 넘는 수준의 지구 인구는 식량 생산의 산업화, 교통, 전 지구적 분업을 통해서만 지속가능하다.

1970년대부터 나온 몇몇 탈산업화 이론은 초소형 회로, 컴퓨터, 위성, 정보기술을 사용하는 전자혁명의 최근 흐름이 단순한 산업화를 넘어선 변화를 나타낸다고 말한다. 그러나 이 모든 기술은 여전히 인간 및 동물 노동보다 기계가 지배하는 산업의 틀 안에서 생산된다. 컴퓨터는 여전히 발전소에서 산출된 전력을 사용하는 산업 공장에서 생산된다. 인터넷은 놀라운 전 지구적 커뮤니케이션 수단이지만, 적절한 기술적 장치와 전원 없이는 그에 접근할 수 없다. 아마도 정보 기술의 대두는 산업주의 원칙으로부터의 이탈이라기보다 진전된 산업주의의 유형으로 묘사되는 것이 더 정확할 것이다.

산업화의 한 가지 중요한 결과는 19세기에 걸쳐 급격히 가속화된 도시화로 알려진 인구이동과 관련돼 있다. 산업 생산은 주택, 공장, 인프라를 위한 더 많은 원자재를 생산했고, 이는 농업적 생활 방식으로부터의 이탈을 촉진했다. 신흥 도시들은 많은 사람들에게 높은 임금과 더불어 가스, 전기, 새로운 기계 같은 많은 산업 발명품으로 가득한 완전히 새로운 사회로 여겨졌다. 영국의 윌리엄 모리스William Morris와 존 러스킨John Ruskin 등의 많은 비판자들은 전통적 생활 방식과 도덕성이 사라지고 새로운 사회문제가 발생했다고 보았다. 초기 사회학자들 또한 공동체 및 사회적 연대의 상실, 그리고 개인주의와 자기 이해관계에 대한 계산 증대에 불만을 표시했다 (Tönnies, 〔1887〕2001).

비판적 쟁점

여러 면에서 산업화는 더 많은 국가가 자체적으로 발전시켜 나가고 있는 지속적 과정이다. 그러나 1970년대 이래, 탈산업화론은 선진 산업사회가 다른 방향으로 이행 중이라고 경고해 왔다. 제조 과정은 인건비가 저렴하고 규제가 덜 엄격한 개발도상국으로 이전해 왔다. 이러한 과정은 선진국의 제조업 비중 하락과 서비스 부문 고용 확대, 즉 더 많은 사람이 재화 생산을 위한 원자재와 기계가 아닌 다른 사람들과 함께, 그리고 다른 사람들을 위해 일하게 되는 현상으로 이어졌다. 서비스 부문 노동은 '감정노동emotional labour'을 포함한 전혀 다른 기술을 요하며, 이는 노동력의 '여성화feminization', 즉 더 많은 여성이 유급직 및 고등교육에 진입하는 현상의 한 원인으로 여겨져 왔다. 분명히 선진국에서 산업화는 예전과 같은 것은 아니다. 비록 이 개념이 여전히 최근 산업화하고 있는 중국, 필리핀, 인도 같은 국가들의 경험을 파악해 내고 있지만 말이다.

현대적 의의

탈산업화 명제가 북반구 국가들의 상황을 묘사하고는 있지만, 중요한 것은 이 국가들이 세계 어디서나 발생하는 산업공해를 피할 수 없다는 점이다. 선진 세계 대부분이 경험한 탈산업적인 사회경제적 변동은 산업화의 종언이 아니라 산업화 과정이 현재 전 세계에서 일어나고 있음을 뜻하는 것이다. 실제로 경제학자들과 발전 문제 연구자들 사이에서는 개발도상국 정부들이 어떻게 자국의 산업화 노력을 가속화할 수 있는지를 놓고 논의가 활발하다. 하라구치Nobuya Haraguchi 등(2019)은 1970~1990년과 1999~2014년 두 시기의 개발도상국 연구를 통해 각 시기에 가장 급속하고 지속적으로 산업화된 국가들로부터 교훈을 얻어 내고자 했다. 이에 따르면, 최초의 경제 조건, 인구구조, 지리적 여건 같은 고정적 요인들의 조합이 중요함을 인정한다 하더라도, 다른 요인들 또한 중요하다. 교육정책, 무역관리, 금융 부문 발전과 공공 및 민간 부문 투자 촉진, 그리고 산업 안정성 등이 이에 해당한다.

남반구에서는 많은 국가가 산업화 정책을 뒤늦게 시작했으며, 이들은 현재 환경문제가 글로벌 정치 논쟁의 첨예한 주제가 된 시기에 처해 있다. 몇몇 학자들은 개발도상국들이 산업화 초기와 같은 해로운 수준의 오염물질 배출을 피하면서 생태적 근대화를 달성할 수 있다는 입장을 지지한다. 그러나 개발도상국들 사이에서는 생태적 근대화의 실현 가능성에 대한 회의론이 상당히 많다. 다우다Masoud Dauda(2019)는 기술적 해결책과 시장 메커니즘에 대한 생태적 근대화 이론의 믿음은 그 장밋빛 전망과 달리 실제 세계의 심각한 정치적, 경제적 결과를 간과한다고 주장한다. 실제로 주된 수혜자는 북반구에 근거를 둔 초국적기업들로서, 이들은 자신의 오염 집약적 기술pollution intensive technologies을 산업화가 미처 덜 된 국가들로 이전시킴으로써 이 국가들의 지속가능한 발전 계획을 약화시켰다. 생태적 근대화 이론이 남반구의 지속가능한 산업화를 만드는 데 적절한 것이 되려면 이러한 문제를 연구할 필요가 있다.

참고문헌 및 더 읽을거리

Clapp, B. W. (1994) *An Environmental History of Britain since the Industrial Revolution* (London: Longman).

Dauda, M. (2019) 'Ecological Modernization Theory and Sustainable Development Dilemmas: Who Benefits from Technological Innovation?', *The African Review*, 46(1): 68-83.

Haraguchi, N. Matorano B. and Sanfilippo M. (2019) 'What Factors Drive Successful Industrialization? Evidence and Implications for Developing Countries', *Structural Change and Economic Dynamics*, 49: 266-76.

Kumar, K. (2005) *From Post-Industrial to Post-Modern Society: New Theories of the Contemporary World* (2nd edn, Oxford: Blackwell). [국역본, 《탈산업사회에서 포스트모던 사회로: 현대사회의 새로운 이론들》, 라움, 2012]

Tonnies, F. ([1887]2001) *Community and Society* [*Gemeinschaft und Gesellschaft*] (Cambridge and New York: Cambridge University Press). [국역본, 《공동사회와 이익사회: 순수사회학의 기본개념》, 라움, 2017]

소외

疏外, alienation

기본적 정의

인간을 그의 본성의 몇몇 본질적 측면들 또는 사회로부터 분리 또는 외화外化, estrangement시키는 것으로서, 종종 무기력감을 야기한다.

개념의 기원

'소외'라는 용어의 사회학적 사용은 자본주의가 사회적 관계 및 인간이 자신의 삶에 대한 통제력을 상실하게 되는 데 미치는 영향과 관련된 칼 마르크스Karl Marx의 초기 사상에 기원한다. 그러나 마르크스는 루트비히 포이어바흐Ludwig Feuerbach의 기독교에 대한 철학적 비판에 영향을 받았다. 포이어바흐는 기독교는 전지전능한 신이라는 종교적 관념에 기초해 진정한 인간의 역량을 영적 존재로 투사投射, projection하며, 인간의 구원은 현세가 아닌 사후에만 이루어질 수 있다고 보는 것이라고 논한다. 그는 이를 소외 또는 외화의 유형이자 인간의 역량을 신비화하는 것으로, 폭로되고 제거돼야 한다고 보았다.

마르크스(Marx, 〔1844〕2007)는 소외 개념이 본질적으로 지니고 있던 종교적 맥락을 떼어 내고, 세속적인 산업자본주의 사회에서 노동과 삶의 조건을 분석하는 데 사용했다. 마르크스가 보기에 인간의 '구원'은 사회의 모든 측면들에 대한 집합적 통제를, 다수의 노동자를 착취하는 소수의 지배계급으로부터 빼앗아 오는 데 있다. 특정한 종교 신앙들은 노동자들이 사후의 진정한 구원 대신에 자신의 운명을 받아들이도록 독려하는 이데올로기적 통제의 일부였다. 20세기 들어서는 산업사회학자들이 상이한 경영시스템하에서의 노사관계를 경험적으로 연구하기 위해 소외 개념을 사용했다. 이러한 최근 연구들은 마르크스의 초기 연구에 비해 훨씬 사회심리학적 경향을 띤다.

의미와 해석

소외는 사회학적 담론에서 빠져나와 미디어 비평과 일상용어로 스며든 개념이다. 예를 들어, 아마도 전全 세대가 '사회로부터 소외되어 가고 있다'든지, 청년 하위문화가 젊은이들의 주류 가치로부터의 소외를 보여 주는 것이라든지 하는 말은 누구나 들어 봤음 직하다. 여기서는 소외 개념을 거리두기distancing, 또는 분리separation로 생각한다는 것이 확실히 나타난다. 하지만 사회학에서 소외 개념은 자본주의사회의 불평등과 관련돼 있다. 마르크스의 역사적 유물론 접근법은 사람들이 재화의 생산과 생존을 위해 자신들의 일을 함께 조직화하는 방식과 관련해 시작되었다. 마르크스가 보기에 소외된다는 것은 실제적 결과를 낳는 객관적 조건하에 놓이는 것이며, 이러한 상황을 변화시키는 핵심은 우리가 생각하는 것 또는 믿는 것을 바꾸는 것이 아니라 우리가 사는 방식을 바꾸는 것이다. 이는 우리의 상황에 대한 더 많은 통제력을 획득하기 위해서다. 이전의 노동 생활은 육체력을 요하고 헌신적이며 고단한 것처럼 보일 법하다. 하지만 많은 사회집단들, 이를테면 소작농 및 장인들의 노동은 숙련돼 있고 자급자족적이며, 근대의 제조업체, 대규모 사무 환경, 콜센터 또는 패스트푸드 음식점에서 볼 수 있는 것보다 작업에 대한 통제력이 훨씬 높았다. 오늘날의 노동은 많은 부분에서 과거보다 육체력을 덜 요하긴 하지만 통제력이 그리 많이 주어지지 않으며, 따라서 지속적으로 고도의 소외를 낳는다.

마르크스의 이론은 자본주의적 생산이 네 가지 주요 영역에서 소외를 낳는다고 한다. 노동자들은 자기 스스로의 **노동력**labour power으로부터 소외된다. 노동자들은 고용주에 의해 설정된 작업을 수행하는 노동을 해야만 한다. 그리고 노동자들은 자신의 노동 **생산물**products로부터 소외된다. 자본가들은 생산물을 시장에서 이윤을 위해 판매하며, 반면 노동자들은 [이윤의] 일부만을 임금으로 받을 뿐이다. 또한 자본주의로 인해 노동자들이 일자리를 놓고 경쟁하게 될수록, 시장의 지분을 놓고 업체와 지역이 경쟁하게 될수록 노동자들은 **서로 간에**one another 소외된다. 마지막으로 마르크스는 주장하기를, 노동은 인간 본성의 본질적이고 결정적인 특성이므로, 앞서 언급한 방식으로 일어나는 인간의 노동으로부터의 소외는 인간이 자신의 '**유적 존재**species being'로부터 소외됨을 의미한다고 한다. 노동은 더 이상 자급자족적이지 못하며 목적을 위한 수단이 될 뿐인데, 그 목적이란 생존하기 위한 임금을 버는 것이다. 이는 '노동'이라는 관념에 부착된 부정적 함의, 그리고 노동을 '여가'라는 쾌락의 영역으로부터 멀찍이 분리시키는 데서도 나타난다. 마르크스가 기대한 해법은 착취적인 자본주의적 관계의 종언과 공산주의로의 이행이며, 이는 생산 과정에 대한 집합적 통제력을 확립하고 소외를 철폐하는 것이다.

비판적 쟁점

마르크스의 명제는 비록 매우 일반적이고 추상적이며 그의 사회에 대한 일반이론과 밀접히 연결돼 있기는 하지만, 그 혁명적 결론과 더불어 영향력을 발휘해 왔다. 사회학자들은 이 개념을 경험연구에 유용하게 만들기 위해 일반이론과의 관련성을 제거했으며, 그 결과 상이한 노동환경 및 경영체제하에서 소외의 수준을 비교하는 것이 가능해졌다. 20세기에 이 개념을 조작화하기 위한 몇몇 시도가 있었다. 한 가지 예는 로버트 블라우너Robert Blauner의 《소외와 자유Alienation and Freedom》(1964)인데, 이 책은 네 가지 산업 분야에서 노동조건이 소외에 미치는 영향을 비교한 것이다. 블라우너는 노동자들 스스로 소외의 핵심적 측면들, 즉 무기력감, 무의미감, 고립, 자기외화self-estrangement를 어떻게 경험했는지에 관심을 가졌다. 그는 고용 상황 속에서 각각의 측면을 측정함으로써 어떤 작업 유형이 소외를 가장 크게 그리고 가장 적게 야기하는지 평가하는 것이 가능하다고 보았다. 그의 결론은 반복적인 공장 노동, 특히 일관 조립공정assembly lines 생산방식이 가장 고도의 소외를 산출하지만, 생산 라인이 자동화되면 노동자들에게 노동과정에 대한 통제력이 더 많이 주어지므로 소외의 정도가 감소한다는 것이었다. 이는 기술이 인간 노동을 대신함에 따라 노동력의 탈숙련화deskilling가 거침없이 이루어진다고 보는 표준적인 마르크스주의 이론과 대비되는 것이었다. 블라우너가 주관적 인식을 소외 이론에 도입한 것은 혁신적이었고 경험연구에 기여했으며 노동자의 인식과 관점을 소외이론에 접목한 것이었다. 이는 또한 소외가 자본주의를 철폐하지 않고서도 감소될 수 있음을 보여 주는 것이기도 했다.

현대적 의의

사회학에서 소외 개념을 보다 일반적으로 사용할 수 있도록 확장하려는 시도가 있었지만, 그럼에도 이 개념은 여전히 마르크스주의 이론과 관련돼 있다. 1989년 이후 마르크스주의 체제가 명목상 붕괴되고 혁명적 마르크스주의 이론이 입지를 상실함에 따라 소외 개념도 사회학에서 적절성이 떨어지는 것처럼 보였다. 그러나 일본식 경영방식에 관한 연구들은 작업조와 팀 의사결정 방식 채택이 노동자의 소외를 감소시키고 노사관계를 개선한다고 암묵적으로 가정했다. 아울러 소외 개념을 다른 분야에서도 사용하려는 시도 또한 있었다. 예를 들어 율Chris Yuill(2005)은 소외론을 보건사회학sociology of health에 적용하는데, 그의 주장에 따르면 애초에 마르크스의 이론이 육체적 존재로서의 인간에 대한 소외의 부정적 영향을 강조하는 것임에도 불구하고 이 분야에서는 소외 개념을 대체로 간과했다고 한다. 그는 마르크스의 소외 개념이 의료사회학자들에게 유용한 것임을 주장한다.

노동과 작업장 내 관계에서도 소외론은 여전히 중요한 것으로 남아 있다. 샌츠Amanda Shantz 등(2014)은 영국의 224개 제조업체 노동자들에 관한 연구를 통해 마르크스의 핵심적 아이디어와 폭넓게 연계된 소외 개념의 현대적 유용성을 탐구한다. 이들은 소외 개념을 노동자들의 의견이 작업 과정에서 진지하게 수용되는지, 노동자들의 기술이 실제로 어느 정도 사용되는지, 노동자들이 자신의 일이 의미 있다고 인식하는지의 세 가지 차원으로 조작화했다. 연구 결과를 보면 인적자원 관리 측면에서 소외 개념이 유용한 것으로 나타나지만, 그에 덧붙여 노동자들이 의사결정에서 배제되고, 자신의 기술을 사용할 수 없고, 자신의 일에서 의미를 거의 찾지 못할 때는 율(Yuill, 2005)이 말한 것처럼 행복 수준이 저하되고 감정적으로 소진될 수 있다는 점 또한 지적하고 있다.

참고문헌 및 더 읽을거리

Archibald, W. P. (2009) 'Marx, Globalization and Alienation: Received and Underappreciated Wisdoms', *Critical Sociology*, 35(2): 151-74.

Blauner, R. (1964) *Alienation and Freedom: The Factory Worker and His Industry* (Chicago: University of Chicago Press).

Marx, K. ([1844]2007) *Economic and Philosophic Manuscripts of 1844*, ed. and trans. Martin Milligan (Mineola, NY: Dover). [국역본, 《경제학 철학 수고》, 이론과실천, 2006]

Shantz, A. Alfes, K. and Truss, C. (2014) 'Alienation from Work: Marxist Ideologies and Twenty-First Century Practice', *The International Journal of Human Resource Management*, 25(18): 2529-50.

Yuill, C. (2005) 'Marx: Capitalism, Alienation and Health', *Social Theory and Health*, 3: 126-43.

위험

risk

기본적 정의

울리히 벡Ulich Beck에 따르면, 잠재적 위험, 특히 인간행위의 산물인 '제조된 위험manufactured risk'을 회피 또는 완화하기 위한 시도다.●

개념의 기원

'위험'은 일상적 어법에서 채택된 용어이며 사회변동의 보다 일반적인 이론은 물론 사회학적 개념으로도 발전됐다. 위험을 감수하거나 쾌락적인 위험 행동(이를테면 익스트림 스포츠)에 참여하는 것은 많은 사람들의 정상적인 삶의 일부이며 위험 요소를 포함한 행위를 수반하는 것이다. 이러한 행위 대부분은 계산된 위험이며, 이를 가능한 한 안전한 것으로 만들기 위한 모든 시도가 이루어져 왔다. 기업, 정부, 자발적 행위자들은 행위 노선에 대한 찬반을 따져보고, 그 성

● 벡은 《위험사회》에서 위험危險, risk과 위난 또는 위해危難·危害, danger· hazard· threat를 구분한다. 위험은 부정적 결과가 초래될 가능성이 있음을 알면서도 그 가능성을 떠맡았을 때 현실적으로 더 큰 이익을 기대하거나 손해를 피할 수 있는 확률적 신뢰성 또는 불신과 관련되며(이를테면 금융상품의 '리스크'), 위난 또는 위해는 자연재해 같은 직접적인 상태를 의미한다.

공 가능성을 평가하며, 그와 관련된 재정적 및 기타 위험을 완화하는 방식을 제시하기 위한 개별적 위험 평가법을 사용한다.

사회학자들이 위험 개념을 사용하면서부터 이 개념은 상당히 일반화됐고, 현재는 산업사회를 사는 사람들이 근대성의 보다 유해한 측면에 주목하기 시작하면서 사회적으로 널리 퍼진 조건을 지칭하는 데 사용되고 있다. 벡(1992)과 기든스Anthony Giddens(1991)는 위험(과 신뢰)에 관한 이론을 현대사회의 이해에 매우 적합한 것으로 정립하는 데 영향력을 발휘했다. 그러나 일반적인 위험 개념은 다양한 주제 영역, 이를테면 보건, 범죄, 일탈, 환경, 그리고 사회 이론에 도입됐다.

의미와 해석

위험은 새로운 것이 아니다. 개인적으로 공격을 당할 위험, 사고를 당하거나 자연재해에 휘말릴 위험은 인간사에서 오래전부터 있던 일들이다. 그러나 위험의 사회학을 논하는 사회학자들은 오늘날 지구온난화 또는 핵무기 확산 같이 '엄청난 결과를 초래하는' 위험'high consequence' risk들은 '자연적인 것'이거나 인간의 통제력을 벗어난 것이 아니라 **'제조된 위험'**, 즉 생산에 적용된 과학지식의 부산물이자 지속적인 기술 발전의 의도하지 않은 여파라고 논의한다.

일상생활의 수많은 의사결정 또한 위험과 불확실성으로 가득 차 있다. 많은 노동자의 삶이 단기 고용계약, 비정규직, 고용불안에 얽매여 있고, 자아 정체성은 더 이상 가족과 공동체 같은 전통적인 정체성의 원천에 기초하지 않는다. 그 결과로 나타나는 불확실성은, 개인들이 예전에 비해 자기 자신의 자원에 훨씬 더 의존해야 하고 가용한 엄청난 양의 정보 속에서 스스로 의사결정을 해야 함에 따라, 실질적인 기회와 위험 두 가지 측면을 모두 갖는다. 예를 들어, 예전에는 결혼이 확실히 생애과정의 한 단계이자 성인의 섹슈얼리티의 안정화stabilization였지만, 오늘날에는 많은 사람들이 결혼하지 않고 같이 살며 이혼율이 높고 재혼율 또한 높다 보니 사람들은 불확실성이 증대한 상황에서 위험에 대한 평가를 해야만 한다. 이는 위험 개념이 사람들의 일상생활은 물론 사회학적 담론에 도입되는 전형적 방식이다(Arnoldi, 2009).

지난 20여 년 동안 일어난 수많은 테러 공격은 어떻게 공동체를 폭력의 위협으로부터 보호할 것이며 정부는 어떻게 시민을 보호할 것인지에 대한 사람들의 관점을 바꿔 놓았다. 이제는 국내선 항공기를 탑승할 때도 탑승객의 위험을 줄일 목적으로 전신 스캐너를 포함한 상당히 많은 보안장치를 동원해야 할 수도 있다. 이는 우리의 근대적 생활 방식의 산물이며, 그러한 위험은 우리에게 새로운 선택이자 도전이며 결정으로 다가온다. 무엇을 먹을까 하는 간단해 보이는 의사결정조차도 이제는 식품의 장점과 결점에 관한 상충하는 정보와 의견의 맥락 속에서 이루어진다.

벡이 보기에 위험 개념은 훨씬 큰 중요성을 갖는다. 그는 새로운 유형의 '위험사회'가 출현함에 따라 현재 우리는 산업사회가 서서히 종말을 고하는 과정을 겪고 있으며, 위험의 인식과 회피가 중요한 특성이 되어 가고 있고 환경 이슈가 뚜렷이 부각되고 있다고 논의한다. 19세기와 20세기에는 좌파 및 우파 정당의 활동을 통해 수행되는 노동자와 고용주 간의 주요한 이해 갈등이 정치를 지배해 왔으며, 그 초점은 부의 분배에 있었다. 벡(Beck, 2002)에 따르면, 이러한 산업 계급 갈등이 중요성을 상실한 것은 '부의 파이'의 더 나은 분배를 위한 투쟁이 파이 그 자체가 공해 및 환경파괴의 결과로 독성을 품게 되면 쓸모가 없음을 사람들이 인식했기 때문이다. 우리는 심지어 상대적으로 부유한 국가들조차도 산업공해, 기후변화, 또는 오존층 파괴에 면역돼 있지 못한 '세계위험사회 world risk society'로 진입 중이다. 위험 관리는 새로운 전 지구적 질서의 핵심적 특성이 될 것이지만, 단일 국민국가는 전 지구적 위험의 세계에 대응할 수 없다. 따라서 정부 간의 초국적 협력, 이를테면 탄소 배출을 줄여 지구온난화를 막기 위한 교토의정서 같은 국제조약이 더 통상적인 것이 될 것이다.

비판적 쟁점

위험 이론에 대한 주된 비판은 그것이 과장돼 있다는 점이다. 예를 들어, 벡의 '위험사회'로의 이행 명제를 뒷받침할 경험적 연구와 구체적 증거가 불충분하다는 것이다. 비록 환경 이슈와 위험에 대한 인식이 높아졌다고 해도 말이다. 녹색당은 계급에 기초한 기존 정치가 실제로 소멸된다면 기대할 수 있었을 돌파구를 선거에서 만들어 내지 못했고, 기존의 노동당, 보수당, 자유당 같은 '좌파 및 우파' 스펙트럼은 여전히 국내 정치를 지배하고 있다. 전 지구적 수준에서 부의 창출과 분배는 여전히 지배적인 이슈이고, 개발도상국들은 부유층과 빈곤층 간의 격차를 좁히고자 지금도 안간힘을 쓰고 있다. 개발도상국에서 절대빈곤이 초래하는 많은 문제를 어떻게 해결할 것인지는 여전히 국제정치의 초점이다. 일부 비판자들은 위험 이론이 위험 개념과 그것이 문화별로 어떻게 다양한지를 논의할 때 나이브하다고 본다. 어떤 사회에서 '위험'으로 정의될 수 있는 것이 다른 사회에서는 그렇지 않을 수 있고, 같은 방식으로 부유한 산업국가에서 공해로 정의되는 것이 가난한 개발도상국에서는 건전한 경제발전의 징표로 여겨지기도 한다. 위험으로 여겨지는 것은 문화별로 다양하며, 이는 위험에 대처하는 국제 협력을 매우 어렵게 만든다.

현대적 의의

위험 이론의 주요한 주장 중 일부가 과장되었을 수는 있지만, 최근의 사회변동이 불확실성의 증대, 그리고 전통적이고 관습적인 라이프스타일에 대한 신뢰 저하를 초래했다는 점에는 의심의 여지가 없다. 이러한 맥락 속에서, 개인이 자신 앞에 펼쳐진 매우 광범위한 이슈들에 대해 스스로 의사결정을 내려야 할 필요에 따라 위험에 대한 민감성이 증대하는 것으로 보인다. 최근의 SARS-CoV-2[•] 팬데믹 같은 전 지구적 보

• 코로나19 원인 바이러스의 명칭이다.

건 위기 또는 MMR 백신 주사•의 안전성을 놓고 벌어진 논쟁, 그리고 온라인 생활에의 몰입이 초래하는 위험성에 관한 지속적 논쟁은 비정치적 문제로 여겨졌던 것이 '위험정치'의 영역으로 이전되고 있음을 보여 준다.

코로나19 팬데믹 관련 연구는 2020년 중반부터 나오기 시작했으며, 사회학자들은 팬데믹과 그에 대한 대응이 개인과 사회에 미치는 영향을 평가하기 위해 자신의 이론적 도구를 사용하기 시작했다. 럽턴Deborah Lupton(2021)의 광범위한 개괄적 작업은 위험 이론을 포함한 몇몇 사회학적 관점이 이러한 과업 수행에 잠재적으로 유용함을 밝혀냈다. 예를 들어, 벡(Beck, 1999)의 '세계위험사회' 개념은 지구화가 진척됨에 따라 위험은 국경을 넘어 파급된다는 주장을 담고 있는데, 코로나바이러스가 글로벌 교통 시스템에 의해 단기간에 모든 대륙으로 퍼진 것은 이를 명백히 보여 준다. 또한 럽턴은 코로나19 위험의 특성이 이전의 많은 유행병 및 팬데믹과 다르다고 지적한다. 1980년대 HIV/AIDS 팬데믹은 사회적으로 오명을 쓸 만한 특정 행위(이를테면 성행위, 주사를 통한 약물 사용)와 신속하게 관련지어졌다. 그러나 코로나19는 모든 사회집단이 감염될 수 있는 '보편적' 위험을 수반하므로 특정 집단에 오명을 씌우는 일이 일어날 가능성이 작다. '스페인독감'의 경우 1918~1920년에 걸쳐 지구 전체 인구의 약 3분의 1이 감염됐

• 홍역, 볼거리, 풍진 예방 백신이다. 1998년 영국에서 이 백신이 자폐증 및 염증성 장 질환을 유발할 확률이 높다는 연구 결과가 발표되면서 파문을 일으켰다.

고 5,000만~1억 명이 사망했으며, 사망자 중 상당수가 청년층이었다. 그러나 코로나19는 건강한 젊은이에게는 큰 영향이 없는 반면 주로 노년층에 심각한 영향을 미친다. 위험 이론은 다양한 사회집단에 따른 상이한 경험을 탐구하는 데 유용한 지침을 제공한다.

참고문헌 및 더 읽을거리

Arnoldi, J. (2009) *Risk* (Cambridge: Polity).

Beck, U. (1992) *Risk Society: Towards a New Modernity* (London: Sage). [국역본, 《위험사회: 새로운 근대성을 향하여》, 새물결, 2014]

_______ (1999) *World Risk Society* (Cambridge: Polity).

_______ (2002) *Ecological Politics in an Age of Risk* (Cambridge: Polity).

Giddens, A. (1991) *Modernity and Self-Identity: Self and Society in the Late Modern Age* (Cambridge: Polity). [국역본, 《현대성과 자아정체성: 후기 현대의 자아와 사회》, 새물결, 2010]

Lupton, D. (2021) 'Contextualizing Covid-19: Sociocultural Perspectives on Contagion', in D. Lupton and K. Willis (eds) *The Covid-19 Crisis: Social Perspectives* (London: Routledge).

Zinn, J. O. (2008) *Social Theories of Risk and Uncertainty: An Introduction* (Malden, MA: Blackwell Publishing).

이주
migration

기본적 정의

사람들이 한 지리적 지역에서 다른 지역으로 이동하는 것, 특히 국가사회 간 이동으로서, 20세기에 걸쳐 더욱 확산되고 일반화됐다.

개념의 기원

사람들은 역사시대를 통틀어 한 지역에서 다른 지역으로 이동해 왔으며, 대규모 이주는 주로 인류의 전 지구적 확산이 그 원인이 된다. 근대에 들어서는 산업화가 개별 국가 내의 이주 패턴을 바꾸었다. 새로운 일자리가 농촌 이주민들을 도시로 끌어들였고, 고용주들과 노동시장의 노동력 수요 또한 많은 이촌향도 이주민을 발생시켰다. 1930년대와 1940년대에 걸친 나치의 소수민족 박해 시절에는 많은 동유럽 유대인들이 살길을 찾아 서유럽으로 탈출했는데, 이는 이주가 종종 자유로운 선택이 아니라 강제적으로 일어남을 보여 주는 것이다. 이주는 민족집단을 혼합하고 다민족 사회를 만드는 경향이 있다. 유럽에서는 유럽 통합의 일환으로 자유로운 인구이동을 막는 다양한 장벽이 제거돼 왔고, 그에 따라 지역 간 이주가 크게 증가했다. 따라서 대규모 이주는 매우 상이한 원인들에 의거하며, 이주에 관한 이론들은 이를 감안해야 한다.

의미와 해석

이입移入, immigration은 새로운 삶을 살기 위해 특정 국가로 **들어오는** 과정이고, 이출移出, emigration은 그 반대, 즉 다른 곳에서 살기 위해 특정 국가에서 **나가는** 과정이다. 이입과 이출에 관한 연구는 '이출국country of origin'과 '이입국country of destination'을 연계하는 이주 패턴과 이러한 패턴이 시간이 흐름에 따라 어떻게 변화했는지를 확인하는 것이다. 또한 이주 패턴의 변화가 이주 과정과 관련된 개인, 공동체, 사회에 미치는 결과를 탐구하는 것이기도 하다. 제2차세계대전 이래로, 그리고 특히 최근 수십 년 동안 일어난 전 지구적 이주의 증대는 이주를 전 세계에 걸친 중요한 정치적 이슈로 전환시켰다. 이주는 새로운 현상은 아니지만 근대에 와서 상당히 가속화됐으며, 지구화라는 통합적 과정을 촉진했다. 이러한 경향은 일각에서 현 시기를 '이주의 시대'로 지칭하게 했다. 예를 들어, 1989년 동유럽 공산주의의 종언 이래 유럽은 '새로운 이주'를 경험해 왔다. 국경 개방은 1989년부터 1994년에 걸친 수백만 명의 인구 이주로 직결됐으며, 구舊유고슬라비아의 내전 및 민족 갈등의 결과 500만 명의 난민이 유럽의 다른 지역으로 이주하게 됐다. 최근 시리아와 이라크 내에서의 갈등 역시 많은 실향민이 고국을 벗어나 난민 신청을 하는 결과로 이어졌다. 또한 국가 해체에 따라 이출국과 이입국 간의 경계가 모호해지면서 이주 유형이 변화하기도 했다.

1945년 이래의 전 지구적 인구이동은 네 가지 모형으로 특징지을 수 있다(de Haas et al., 〔1993〕2019). 미국과 호주는 이주의 '**고전적 모형**classic model'에 부합하는 국가다. 이 나라들에서는 이입을 적극적으로 장려하고 새로 들어온 이민자들에게 시민권을 부여함으로써 사회를 형성해 왔다. 그러나 이입이 무제한으로 이루어지는 것은 아니며, 허용되는 이민자의 수를 조정하는 방식을 통해 제한을 두는 것이 일반적이다. 둘째, '**식민지 모형**colonial model'은 영국의 다양한 시대에서 찾아볼 수 있는 것으로서, 주로 노동시장의 요구를 충족시키기 위해 이전 식민지로부터의 이민을 장려하는 것이었다. 1950년대에 인도, 자메이카 같은 영연방 국가들로부터의 이민이 아마도 이 모델의 가장 대표적인 사례일 것이다. 셋째, '**손님 노동자 모형**guest workers model'은 철저히 노동시장의 요구에 기초한 단기적 이입을 추진하는 것이다. 독일과 벨기에가 이 모형을 채택했는데, 식민지 모형과 달리 이민자들에게 거주 기간에 상관없이 시민권을 부여하지 않는다. 네 번째 모형은 모든 유형의 '**불법적 모형**illegal model'을 포괄한다. 이는 최근 수십 년 동안 상대적으로 부유한 국가들의 이민정책이 더욱 엄격해지고 지구화 과정이 아이디어, 정보, 인구의 더욱 유동적인 이동을 촉진함에 따라 증가해 왔다.

이주 유형을 설명하는 이론들은 이른바 이출-이입 요인의 영향을 강하게 받아 왔다. 국내 이출 요인은 사람들을 떠나도록 강제하거나 '밀어내는' 것으로서 갈등, 전쟁, 기아, 또는 정치적 억압 등이 있다. '이출' 요인은 이입국 내에 존재하며 새로운 이주민을 끌어들이는 것으로서, 더 나은 노동시장, 일자리, 더 나은 생활 조건, 정치적 동기 등이 있다. 최근 들어 특히 이주 유형이 보다 유동적이고 전 지구적으로 변화해 옴에 따라 이출-이입 이론은 이제 너무 단순한 것으로 여겨진다. 그에 대한 대안은 거시적 요인과 미시적 요인을 연계하는 것이다. 예를 들어, 거시적 수준에서는 새로운 이주 프레임을 형성하는 입법의 변화, 정치적 상황, 또는 유럽연합EU 같은 지역 블록의 형성 같은 요인이 있다. 그러면 이를 사람들의 재정 상태, 타국에 대한 지식, 가족구성원과의 유대 같은 미시적 요인들과 연결 지을 수 있다. 이러한 방식으로 특정한 이주에 관한 명확하고 충분한 설명을 산출할 수 있다.

비판적 쟁점

이주 이론들을 비판하는 이들은 대부분의 이주 이론이 매우 오래된 통상적 관점을 벗어나지 못함으로써 유동성에 관한 새로운 연구 같은 새로이 나타나는 이론적 작업을 다룰 수 없다고 주장한다(Urry and Sheller, 2004). 이주 유형에 관한 많은 연구는 여전히 국가를 중심에 두면서, 지역 간 이동 또는 대도시 지역 **내의** 이동보다는 국가 간 이동을 탐구한다. 게다가 새로운 이주 유형은 국민국가에 대한 충성에 기초한 시민권 및 정체성이라는 통상적 관념에도 도전한다. 이는 기존의 입장을 고집하는 데 머무는 이론들에 문제를 야기한다. 그러나 앞서 언급한 대로, 최근 이 분야의 몇몇 연구는 이러한 잠재적 결점의 문제를 다루기 시작하고 있다.

현대적 의의

이주 연구는 사회학의 주요 영역이 될 것으로 보이는데, 그 주된 이유는 오늘날 전 지구적 이주의 정도, 속도, 범위다. 피사렙스카야Asya Pisarevskaya 등(2020)은 이주 연구가 이제는 '성년기'에 접어들었다고 주장한다. 연구 건수가 급속히 증가했고, 더욱 다양한 학문 분야에서 이주 연구를 하고 있으며, 다양한 연구 방법을 채택하고 있고, 여러 나라의 학자들이 매우 다양한 주제를 탐구할 정도로 국제화됐다. 따라서 사회학자들은 초기와는 달리 국경을 초월하는 이주의 가속화 경향, 많은 국가가 여러 지역에서 이민을 받아들임으로써 발생하는 다양화 경향 같은 새로운 패턴의 윤곽을 파악하려 시도하고 있다.

아울러 이주의 지구화, 즉 더 많은 국가가 동시에 이민 '송출국'과 '유입국'이 되는 경향과 이주의 여성화feminization, 즉 여성 이주민의 수가 증가하는 경향도 존재하는데, 이 역시 기존의 패턴과는 다른 것이다(de Haas et al., 〔1993〕2019). 이주는 전 지구적 세계의 '정상적' 특성이 되어 가고 있으며, 매우 다른 이주 유형들이 여기에 포함되고 있다.

어떤 이들은 더 나은 삶을 찾아 다른 나라로 이주하는데, 이는 벤슨Michaela Benson과 오라일리Karen O'Reilly(2009)가 상대적으로 부유한 개인들의 라이프스타일 이주life style migration 연구에서 탐구한 주제다. 이주는 누군가에게는 대안적이고 단순한 라이프스타일을 약속하며, 다른 이들에게는 어려운 개인사에서 탈출하거나 스스로를 새로이 가다듬는 데 다시 집중할 수 있는 기회를 제공한다. 비록 이주 연구의 전형적인 부분은 아니긴 하지만, 저자들은 부유하고 생애과정 전반의 맥락에서 의사결정이 가능한 사람들의 관점에서 라이프스타일 이주를 탐구한다. 이는 다른 이주 유형에 관한 연구에서도 생산적인 방향이 될 수 있다. 반대쪽 극단에는 인신매매와 현대판 노예제가 존재한다. 많은 이들은 이것이 오래전에 근절됐다고 생각했다. 그러나 매시David Masci(2010)는 21세기 들어 대량의 인신매매가 가장 빈곤한 지역의 사람들을 강제노동, 성매매를 위해 이동시키고 있으며, 이 중 상당수는 국제 조직범죄와 긴밀하게 연계돼 있음을 보여 준다. 그의 간략한 역사적 스케치는 각국 정부가 인신매매의 통제 및 예방을 위한 충분한 조치를 취하고 있는지 의문을 표하면서 남반구와 북반구 양쪽 모두에서 벌어지는 관련 논쟁을 소개하는데, 학생들은 여기서 유용한 것들을 찾아낼 필요가 있다.

참고문헌 및 더 읽을거리

Benson, M., and O'Reilly, K. (2009) 'Migration and the Search for a Better Way of Life: A Critical Exploration of Lifestyle Migration', *Sociological Review*, 57(4): 608-25.

Castles, S. (2007) 'Twenty-First Century Migration as a Challenge to Sociology', *Journal of Ethnic and Migration Studies*, 33(3): 351-71.

de Haas, H., Castles, S. and Miller, M. J. ([1993]2019) *The Age of Migration: International Population Movements in the Modern World* (6th edn, Basingstoke: Palgrave Macmillan).

Masci, D. (2010) 'Human Trafficking and Slavery: Are the World's Nations Doing Enough to Stamp it Out?', in *Issues in Race, Ethnicity, Gender and Class: Selections from CQ Researcher* (Thousand Oaks, CA: Pine Forge Press), pp. 25-46.

Pisarevskaya, A. Levy, N. Scholten, P. and Jansen, J. (2020) 'Mapping Migration Studies: An Empirical Analysis of the Coming of Age of a Research Field', *Migration Studies*, 8(3): 455-81.

Urry, J., and Sheller, M. (eds) (2004) *Tourism Mobilities: Places to Play, Places in Play* (London: Routledge).

지속가능한 발전

sustainable development

기본적 정의

전 지구적 자연환경의 장기적 보존과 개발도상국의 경제발전을 결합한 접근법.

개념의 기원

지속가능한 발전 개념은 1987년에 발표된 국제연합UN의 '브룬틀란 위원회 보고서Bruntland Commission Report'라는 확실한 기원이 있다. 비록 그보다 훨씬 전의 선구자를 찾아볼 수 있다 해도 말이다. 18세기 말, 토머스 로버트 맬서스Thomas Robert Malthus는 지속적 인구성장의 위험성에 관해 저술하면서 인구성장은 그것을 부양할 지구의 능력을 초과하는 경향이 있다고 주장했다. 인구가 적정 수준에서 안정화되지 않으면, 그 결과 대중의 굶주림과 기아, 사회의 붕괴가 일어나리라는 것이다. 존 스튜어트 밀John Stuart Mill([1848]1999)은 제한 없는 경제성장은 삶의 질과 환경을 파괴할 것이라고 주장했다. 맬서스와 밀 양자 모두가 추구한 것은, 근대적 언어로 말하자면 지속가능한 발전 유형이었다.

1970년대에는 《성장의 한계Limits of Growth》(Meadows et al.,

1972)라는 보고서가 산업화의 가속, 급속한 인구성장, 광범위한 영양결핍, 재생 불가능한 자원의 고갈, 환경파괴라는 다섯 가지 전 지구적 경향을 제시했다. 이 보고서는 신기술이 나오고 가용 자원이 두 배가 되더라도 계속적인 경제성장은 가능하지 않으며 2100년 이전에 성장이 멈춰 버릴 것이라는 결론을 내렸다. 그 뒤를 이은 브룬틀란 보고서는 정당의 강령에 지구적 불평등 완화를 통한 경제발전과 자연환경 보존의 결합을 명시할 것을 주문했다.

의미와 해석

《우리 공동의 미래Our Common Future》(1987)라는 세미나 보고서(세미나 대표 그로 할렘 브룬틀란Gro Harlem Bruntland의 이름을 따서 '브룬틀란 보고서'로 알려진)는 환경 및 발전에 관한 세계 위원회World Commission on Environment and Development에 의해 작성되었다. 이 보고서에서 그 유명한 지속가능한 발전의 정의가 제시되었는데, 이는 "미래 세대가 자신의 요구를 충족할 수 있는 역량을 희생하지 않으면서 현재의 요구를 충족하는 발전"이다. 이 개념은 정치적으로 논란의 여지가 있고, 매우 유동적이며, 따라서 상충하는 해석들을 낳을 수 있다. 그러나 이는 심각한 환경문제와 전 지구적 불평등에 대처할 방법을 찾고자 노력하는 환경론자, 정부, 국제기구에 의해 사용되었다. 이러한 정의는 오늘날 사람들에게 우리가 의존하는 자연환경을 파괴하지 않으면서 요구를 충족하는 데 충분한 부를 창출할 방안을 찾아내고, 따라서 미래 세대가 희생되지 않도록 할 것을 요청하고 있다.

지속성과 **발전**의 결합은 이 개념을 상대적으로 부유한 북반구의 환경론자 및 정부에게 호소력을 가지는 것으로 만들며, 또한 상대적으로 빈곤한 남반구 경제발전을 위해 애쓰는 이들에게도 마찬가지다. 이 개념은 교육 및 문자 해득률, 보건, 서비스 제공, 공동체 참여 등 광범위한 사회지표를 포괄하는 다양한 목표로 이어지며, 그와 동시에 기업 및 정부 환경 감사, 도시의 대기 질, 재활용 및 기타 환경에 대한 인간의 영향을 감소시키기 위한 활동 등의 환경지표에도 이어진다. 현재까지 지속가능한 발전 계획의 결과는 엇갈리는 편이라 할 수 있는 것이, 많은 소규모 공동체의 경우는 긍정적 효과가 있지만 모든 지표에 대해 그렇지는 않기 때문이다.

국제연합 밀레니엄 생태계 평가 위원회UN Millennium Ecosystem Assessment Board가 제시한 종합적 평가를 보면, 인류는 여전히 적정 수단을 초과해 살고 있으며 지구환경에 지속 불가능한 긴장을 부여하고 있다는 결론을 내린다. 특히 이 평가서는 지구가 미래 세대의 요구를 충족할 수 있도록 하기 위한 [현 세대의] 헌신은 확실히 보장할 수 없으며, 전 지구적 빈곤과 영양결핍을 2015년까지 종식하겠다는 밀레니엄 목표는 달성될 수 없으리라고 보고 있다. 사실 전 지구적 불평등은 증대하고 있고, 환경파괴도 심화되고 있으며, 해마다 약 1,800만 명이 위생 시설 또는 물 공급 부족으로 죽어 가고 있다. 이는 이 개념의 호소력을 인정하고 지속가능한 발전을 실천하기 어렵게 만드는 요인이다.

비판적 쟁점

지속가능한 발전 개념은 모든 사람이 그와 관련될 수 있다는 점에서 포괄적이며, 따라서 상당한 잠재력을 갖는다. 그러나 이는 또한 지속가능성에 대한 공적 담론을 일관성 없고, '모든 것을 모든 이에게all things to all people'를 의미하지만 궁극적으로는 거의 영향력이 없는 것처럼 보이게 할 수도 있다. 지속가능한 발전 계획이 나온 지 30년 이상 지났지만, 가장 긴급하고 중요한 이슈들에 관한 실제적 진보가 이루어졌는지는 불분명하다. 지속가능한 발전이 그 최초의 약속을 아직 달성하지 못한 한 가지 이유는 아마도 이 개념이 공허한 급진적 내용에 불과하며 지속 불가능한 목표를 추진하기 위한 이데올로기적 연막으로 사용됐다는 점일 것이다. 간단히 말해서, 이른바 지속가능한 발전이라는 것은 사실상 "지속가능하지도 않고 발전도 아닌" 것이다(Luke, 2005).

다른 비판자들은 개념 자체에 문제를 제기한다. 이 개념이 서구 보수주의와 환경 정치 내에서 기원했기 때문에 본질적으로 개발도상 세계의 핵심적 관심사인 물질적 빈곤의 근절보다 선진 산업 세계의 주요 이슈인 환경보호를 선호하는 쪽으로 편향돼 있다는 것이다. 이는 서구 국가들이 열대우림과 산호초를 보호하지 못했다고 개발도상국들을 나무라면서 자신들은 여전히 자원을 낭비해 대는 볼썽사나운 광경으로 이어진다. 반대로 개발도상국들은 온실가스 배출 억제 방침에 대해, 부유한 국가의 경우는 온실가스 배출이 '사치성 배출'이지만(이를테면 자동차 소유에 의한) 가난한 국가의 경우는 시급히 요구되는 경제발전을 위한 '생존 목적의 배출'이라는 점을 감안하지 않았다며 불만을 터뜨린다. 이러한 논란은 지속가능성과 발전이 양립 불가능한 목표임을 보여 주는 것이라 할 수 있다.

현대적 의의

지속가능한 발전은 비난하기 꽤 쉬운 개념이다. 유토피아적이라 할 정도로 야심적이라든지, 우리 시대의 실존적 위기를 푸는 열쇠로 떠받들린다든지 하는 식으로 말이다. 그러나 지속가능한 발전의 요체는 계속적 과정이라는 점이며, 바로 이 과정이 실제로 중요한 것이다. 또 다른 문제는 다양한 범위의 사람들, 정부들, 비정부기구들에게 어필할 만한 진지한 대안이 설령 있다 하더라도 그리 많지 않다는 것이다. 한술 더 떠 가장 뼈아픈 비판은 외부가 아닌 내부에서 나왔다. 밀레니엄 생태계Millennium Ecosystem 보고서 《우리의 수단을 초과한 삶Living Beyond Our Means》(2005)은 그 좋은 예로서, 가난한 국가들의 발전을 용인하면서 각국 정부에게 더 많은 역할을 하도록 독려하고 있다. 이런 냉철한 자기비판이 계속되는 한, 지속가능한 발전은 아마도 현재의 우월한 위치를 체계적으로 유지할 것이다.

지속가능한 경제발전 유형 중 하나는 관광인데, 이는 제조 및 산업 생산에 비해 오염물질을 덜 배출하는 것처럼 보인다. 그러나 관광은 그 자체로 환경에 영향을 미치며, 일각에서는 '지속가능한 관광' 개념이 본질적으로 모순이라고 지적한다. 샤플리Richard Sharpley(2020: 1932)가 정확히 지적하는 것처럼, "환경적으로 건전한 관광업 발전(지속가능한 관광)은 필수적이지만, 관광을 통한 지속가능한 발전은 달성 불가능"하다. 전 지구적 관광업의 급속한 성장은 명백한 사실이다. 2000년부터 2018년 사이에 연간 관광객 수는 두 배 이상 증가했고, 전 지구적 항공기 승객 수는 거의 세 배로 늘었으며, 많은 새로운 관광지가 등장했고, 저가항공사들의 시장점유율은 2006년 15.7퍼센트에서 2018년 31퍼센트로 증가했다. 이러한 성장세는 경제'성장'으로 간주될 수 있지만, 샤플리는 이것이 환경 측면에서 '지속가능'하지 않다고 주장한다. 관광업이 지속가능한 미래를 창출하는 데 일조하려면, 글로벌 관광산업이 탄소발자국을 급진적으로 줄이는 방향으로 재고되고 재구성될 필요가 있다.

참고문헌 및 더 읽을거리

Baker, S. (2015) *Sustainable Development* (2nd edn, London and New York: Routledge).

Luke, T. (2005) 'Neither Sustainable, Nor Development: Reconsidering Sustainability in Development', *Sustainable Development*, 13(4): 228-38.

Meadows, D. H., et al. (1972) *The Limits to Growth* (New York: Universe Books). [국역본, 《성장의 한계》, 갈라파고스, 2021]

Mill, J. S. ([1848]1999) *Principles of Political Economy with Some of their Applications to Social Philosophy* (Oxford: Oxford University Press). [국역본, 《정치경제학 원리: 사회철학에 대한 응용을 포함하여》(전4권), 나남, 2010]

Sharpley, R. (2020) 'Tourism, Sustainable Development and the Theoretical Divide: 20 Years On', *Journal of Sustainable Tourism*, 28(11): 1932-46.

UN Millennium Ecosystem Assessment Board (2005) *Living Beyond our Means: Natural Assets and Human Well-Being* (Washington, DC: Island Press); available at www.millenniumassessment.org/en/BoardStatement.aspx.

UN (2019) *The Sustainable Development Goals Report 2019* (New York: United Nations).

World Commission on Environment and Development (1987) *Our Common Future* (Oxford: Oxford University Press)[Brundtland report]. [국역본, 《우리 공동의 미래: 지구의 지속가능한 발전을 향하여》, 새물결, 2005]

환경

environment

기본적 정의

환경사회학에서는 경제적 환경, 기업 환경, 또는 기타 인간의 창조물보다는 지구의 자연환경을 지칭한다.

개념의 기원

만약 '환경'이 '자연환경'을 의미하는 것이라면, '자연nature' 개념과 다를 것이 없어 보인다. '자연'은 매우 오래됐으며 다양한 의미를 가진 복잡한 단어지만, 사회학에서는 문화 또는 사회와 대비되는 것으로 여겨지는 경우가 많다. '환경'이라는 용어가 그 안에 사회가 존재하는 자연 세계를 지칭하는 말로 사용된 것은 최근의 일이다. 현대의 환경 개념은 자연의 힘과 자연적인 것(이를테면 식물, 동물, 생태계)이라는 생각이 혼합된 개념이다. 이러한 환경 개념은 제2차세계대전 이후의 시기에 '자연' 개념으로부터 이어져 시작됐으며, 1960년대에 선진국의 환경운동가들 사이에서 널리 퍼졌다. 그러나 이러한 기원은 환경에 인간행위, 특히 산업화와 도시성의 확산에 의한 침식으로부터 보호할 필요가 있는 가치 있는 것으로 여기는 명백한 도덕적 관점을 부여하기도 했다. 가장 넓은 의미에서 환경은 지구 그 자체이며, 우주탐사 위성을 통해 전송된 이미지들은 이러한 개념에 명백하고 널리 회자된 가시적 상징을 부여했다. 환경 개념은 산성비, 지구온난화, 공해 등의 문제가 해결책을 요하는 주요 이슈로 부각됨에 따라 사회학으로 들어왔다. 오늘날 '환경사회학environmental sociology'은 미국에서 주요 전문 분야인 반면, 유럽에서는 사회적 구성주의에 광범위하게 기초한 '환경의 사회학sociology of the environment'이 지배적인 추세다.

의미와 해석

많은 사회학자들은 사회적 삶에 생물학적 개념들을 적용하는 설명 방식에 상당히 회의적이며, 이는 환경문제가 사회학에 수용되는 데 오랜 시간이 걸린 이유 중 하나다. 어떤 이들에게는 환경 이슈가 불평등, 빈곤, 범죄, 보건 같은 전통적인 사회적 이슈들에 비해 여전히 주변적인 것이다. 다른 이들에게 환경은 위험, 테러리즘, 지구화 같이 사회학과 사회과학을 보다 일반적으로 재형성하는 새로운 '핵심적 문제' 중 하나다.

환경과 사회의 관계에 대한 연구는 사회적 관계와 자연현상 모두에 대한 이해와 관련되는데, 이는 환경 이슈가 사회와 환경의 혼합물이기 때문이다(Irwin, 2001). 유류오염과 대기오염, 유전자변형식품과 지구온난화 같은 문제를 생각해 보면 뚜렷이 드러나는 것이, 이 문제들은 사회학자들에게 자연과학적 증거에 대한 이해를 요한다. 사회학자들이 왜 이 문제들에 관심을 가지며 사람들을 위해 어떤 결과를 제시하는지를 평가하지 않는다면, 우리는 그들이 이러한 주제들에 대해 유용한 견해를 말해 주리라 기대할 수 없다. 한편으로, 환경 이슈는 전적으로 '자연적'일 수만은 없는 것이, 그 원인이 인간 행위로 거슬러 올라가는 경우가 많기 때문이다. 따라서 자연과학자들 또한 자신들이 탐구하고자 하는 환경문제의 사회적 원인이나 '제조된manufactured' 특성을 이해할 필요가 있다. 확실한 것은, 자연과학자들에 의해 가장 심각한 것으로 인식되는 지구온난화 같은 환경 이슈는 대규모 산업 생산 및 근대적 생활 방식의 결과라는 생각이 폭넓게 받아들여지고 있다는 점이다.

환경 이슈를 탐구하는 사회학자들은 두 진영 중 하나로 빠지는 경향이 있다. 사회적 구성주의자들은 환경 이슈의 '자연적' 측면을 당연한 것으로 여기지 않으며, 자신이 운동가로서 진지한 것인지 아니면 과학자로서 진지한 것인지에 대해 불가지론적인 경향을 나타낸다. 여기에는 나름의 이유가 있다. 대부분의 사회학자는 자연과학적 훈련을 받지 않았으며 자연과학자와의 논쟁에 끼어들 만한 전문성을 갖고 있지 않다. 그 대신, 구성주의자들은 환경문제의 역사 및 사회학을 탐구하면서 해당 이슈를 일반 대중의 사고를 위해 열어 놓는다.

두 번째 진영은 환경사회학자들 및 비판적 실재론자들이다. 환경문제가 실제적이고 긴급한 것이라면, 그것에 개입하여 해결책을 제시하기 위해서 마땅히 환경문제의 사회적, 자연적 원인을 이해할 수 있어야만 한다는 것이다. 비판적 실재론자들, 특히 영국 사회학계에서 연구하는 이들은 사회학자들이 환경문제를 야기하는 데 작동하는 메커니즘을 설명하기 위해 실재의 겉으로 보이는 표면 아래로 들어가는 작업을 해야 한다고 주장했다.

대기 중 이산화탄소의 총량이 더 많은 태양열을 가둬 놓는 수준에 도달하면 지구 표면 전체에 걸친 온난화가 일어나고, 그러면 우리는 위험한 결과를 낳는 자연적 과정이 어떻게 일어났는지를 알게 된다. 그러나 이러한 자연적 과정은 오랜 시간에 걸친 인간행위에 의해 촉진됐으며, 따라서 어떠한 행위가 원인이며 어떤 것이 그와 단순히 연관된 것 또는 결과인지를 정확히 이해할 필요가 있다. 실재론자들은 우리가 이러한 이슈에 대해 불가지론적일 수 없다고 주장한다.

비판적 쟁점

환경 개념을 사회학에 도입하는 것은 문제가 있는 것으로 여겨져 왔다. 사회학자들이 환경문제와 관련된 지식에 관해 자연과학자들을 따라야만 한다면, 그러한 타협이 과연 사회학이 요구하는 비판적 접근법인가? 사회과학과 자연과학에서 사용되는 매우 다양한 이론, 방법, 증거 유형을 감안한다면, 사회과학자들과 자연과학자들이 협력할 수 있으리라 가정하는 것이 현실적인가? 많은 사회학자들이 자연과학의 본질인 기본적 실재론과 조화되지 않는 사회적 구성주의 접근법을 채택할수록, 현재로서는 사회학이 환경 이슈 그 자체뿐만 아니라 그에 관한 과학적 지식 산출과 관련된 과정과 사회적 상호작용 또한 계속해서 연구할 것으로 보인다.

현대적 의의

환경사회학자를 자처하는 소수의 예외적인 경우를 제외하면, 학문 분야로서의 사회학은 1990년대 말까지 대체로 환경 이슈의 중요성을 간과했거나 그 중요성을 제대로 평가하지 못했다. 이는 환경운동가 및 환경과학자들에 비해 한참 뒤처진 것이었다. 레버-트레이시Constance Lever-Tracy(2008)의 주장에 따르면, 이는 사회학이 대체로 '자연주의적 논의naturalistic argument'의 기미가 보이는 것들을 매우 불신하면서 보다 편한 사회적 구성주의를 선호했기 때문이다. 오늘날에는 환경과 사회의 관계 및 환경 이슈에 관한 사회적 연구와 이론화가 증가하고 있고, 이는 우리의 이해의 폭을 넓힘은 물론 환경문제는 궁극적으로 사회문제라는 점을 명확히 했다. 지구온난화에 대한 높은 관심, 지속가능한 발전 계획, 식량 생산, 대량소비, 에너지 안전 등의 이슈에 대한 관심 증대를 감안해 볼 때, 현재 사회학자들은 사회학이 새로운 세대의 학생들에게 적절한 것이 되기 위해서는 이러한 문제들을 사회학 내로 끌어들여야 한다는 점을 받아들이고 있다.

정치사회학 분야에서 상당한 관심을 끈 주제 중 하나는 기후변화의 현실성 또는 허구성과 관련된 다양한 정치적 태도에 관한 연구다. 트랜터Bruce Tranter(2017)의 논의에 따르면, 호주에서의 주요한 견해 차이는 지구온난화가 사실인지 아닌지를 둘러싼 것이 아니다. 여론조사 결과를 보면 응답자의 약 90퍼센트가 지구온난화는 사실이라고 믿는 것으로 나타났다. 그보다 더 논란이 되는 문제는 지구온난화의 원인에 관한 것이다. 호주인들의 약 3분의 1은 지구온난화가 자연적 요인에 의한 것이라고 생각하며, 보수정당 지지자들(특히 남성)은 농촌지역 거주자들과 마찬가지로 현재의 기후변화가 인간 활동에 의한 것이라는 주류 과학계의 결론을 거부할 가능성이 크다. 또 다른 연구를 보면, 록우드Matthew Lockwood(2018)는 우파 포퓰리즘 정당 지지자들은 지구온난화 대응 정책에 반대하는 기후변화 회의론자가 되는 경향이 강하다고 논의한다. 그에 따르면, 특히 자유주의적이고 세계주의적인 엘리트에 반감을 갖는 '인민'의 이해 관심에 부합하는 포퓰리즘의 이데올로기적 내용이 그러한 연계성의 핵심이다. 포퓰리즘적 정치선전의 상징적 요소 중 하나는 인위적 온난화와 이에 대응하는 정책을 겨냥하여, 이는 부유한 중간계급 기득권층이 보통 사람들의 생계와 전망을 위협하는 것이자 기득권층이 노동자들을 무시하고 있음을 보여 준다고 주장하는 것이다. 이러한 태도조사는 현재 사회학자들이 환경 관련 논쟁에 참여하는 한 가지 방식이다.

참고문헌 및 더 읽을거리

Bell, M. M. (2015) *An Invitation to Environmental Sociology* (5th edn, Thousand Oaks, CA: Sage).

Dunlap, R. E. (2002) 'Paradigms, Theories and Environmental Sociology', in F. H. Buttel, P. Dickens and A. Gijswijt (eds), *Sociological Theory and the Environment: Classical Foundations, Contemporary Insights* (Lanham, MD: Rowman & Littlefield), pp. 329-50.

Grundmann, R., and Stehr, N. (2010) 'Climate Change: What Role for Sociology? A Response to Constance Lever-Tracy', *Current Sociology*, 58(6): 897-910.

Irwin, A. (2001) *Sociology and the Environment: A Critical Introduction to Society, Nature and Knowledge* (Cambridge: Polity).

Lever-Tracy, C. (2008) 'Global Warming and Sociology', *Current Sociology*, 56(3): 445-66.

Lockwood, M. (2018) 'Right-Wing Populism and the Climate Change Agenda: Exploring the Linkages', *Environmental Politics*, 27(4): 712-32.

Tranter, B. (2017) 'It's Only Natural: Conservatives and Climate Change in Australia', *Environmental Sociology*, 3(3): 274-85.

주제4

사회의 구조

(Structures of Society)

관료제 (bureaucracy)

교육 (education)

분업 (division of labour)

소비주의 (consumerism)

자본주의 (capitalism)

조직 (organization)

종교 (religion)

관료제

bureaucracy

기본적 정의

문서화된 규칙, 계약, 위치의 위계hierarchy of positions에 기초한, 근대 산업사회에서 매우 널리 채택되는 조직유형.

개념의 기원

'관료제'라는 단어는 'bureau'(사무 또는 문서 작업용 책상)와 'kratos'(지배하다)의 결합에서 파생됐다. 관료제의 근대적 개념은 '공무원에 의한 지배'인데, 이는 18세기 중반 이 단어가 순전히 정부 공무원만을 지칭하는 것으로 쓰이면서부터 시작됐다. 이 개념은 점차 다른 유형의 조직들로 확산되었으며, 그와 거의 동시에 부정적 함의를 갖는 것으로 받아들여졌다. 관료제적 권력을 비판하는 많은 픽션이 있는데, 그중에서도 프란츠 카프카Franz Kafka의 소설 《소송The Trial》은 비인격적이고 이해할 수 없는 관료 집단에 대한 끔찍한 묘사를 담고 있다. 이런 부정적 관점은 대중문화에서 관료제를 사람들을 '레드 테이프red tape'•에 가둬 두는 것은 물론 비효율적이자 낭비적인 것으로 보는 데서도 드러난다.

관료제에 대한 사회학적 연구는 막스 베버Max Weber에 의해 지배되어 왔는데, 그는 이후 많은 연구의 기초를 형성한 고전적인 '이념형적' 관료제를 만들어 냈다. 관료제를 비효율적인 것으로 본 이전의 관점과는 달리, 베버는 근대 관료제가 사실상 매우 광범위하게 퍼져 있으며 이는 전례 없는 가장 효율적인 조직유형이기 때문이라고 주장했다. 그러나 그는 관료제적 지배 유형이 많은 비합리적 산물을 낳고 민주주의 원칙과 상충됨으로써 창의성을 억누르고 기업을 무력화한다는 점 또한 인식했다. 이런 점에서 베버의 관점은 관료제를 사회 내의 부정적 힘으로 묘사하는 전통의 일부를 균형적으로 계승한 것이다.

의미와 해석

근대적 삶은 복잡하고, 그래서 원활히 작동하기 위한 조직화를 요한다. 베버는 관료제를 공식조직formal organization의 지배적 모형으로 여겼고, 그가 제시한 관료제의 특징은 지속적으로 사회학적 연구에 영향을 미치고 있다. 비록 관료제조직이 제국 시대의 중국 같은 대규모의 전통적 문명에도 존재하기는 했지만, 관료제가 사회의 모든 영역에 걸쳐 사용된 것은 산업자본주의가 출현하면서부터다. 베버가 보기에 이러한 관료제의 확장은 불가피한 것이며, 근대성의 요구에 대응하는 유일한 방식이었다. 문서화된 기록, 보관된 문서철, 성문화된

● 서구에서 공문서를 붉은색 띠로 묶어 보관한 데서 유래한 말이다. 미국 사회학자 로버트 머튼Robert K. Merton은 관료제 구성원들이 규정과 절차에 얽매이는 역기능적 현상을 지적하는 데 이 용어를 사용했다.

규칙이 없는 근대 복지 체계 또는 국민 보건 체계를 상상하기란 거의 불가능하다. 베버는 근대 관료제의 결정적 측면들을 강조할 목적으로 실제 사례들로부터 공통된 특성을 뽑아 강조하는 식으로 이념형적 또는 '순수한' 관료제 유형을 구성했다.

베버의 이념형은 다음의 모든 특성을 포함한다.

1. 최상층부에 권력이 위치해 있는 명확한 권위의 위계. 이러한 전반적 구조 내에서 직원은 위계상 바로 아래에 위치한 직원을 감독 및 통제한다.
2. 예측 가능성과 질서를 목표로 하는 성문화된 규칙에 의해 지배되는 임원의 업무 수행.
3. 고정급을 받고, 종신 고용되며, 일반적으로 상시常時, full time 근무를 하는 피고용인. 사람들은 조직 내에서 평생 경력lifetime career을 쌓을 수 있다.
4. 관료의 직무와 사생활의 명확한 분리. 양자는 뒤섞이지 않는다.
5. 모든 자원(책상, 컴퓨터, 필기도구, 출력 용지 등을 포함한)에 대한 조직의 소유. 직원이 자신의 '생산수단'을 소유하는 것은 금지된다.

이러한 순수형은 아마도 결코 존재하지 않았겠지만, 실제 조직체가 이에 근접하면 할수록 그 조직은 목표 달성에서 틀림없이 훨씬 효율적일 것이다.

베버는 관료제조직이 사회를 지배함에 따라 사회는 사람들을 가둬 놓는 '단단한 철창steel-hard cage'처럼 느껴지기 시작한다고 논의한다. 많은 사람들은 관료제가 개인과 맞닥뜨리게 되면 개인적 욕구를 방해한다고 확실히 믿지만, 이는 관료제가 수천 혹은 수백만 명의 사람을 다루면서 최고의 효율성을 달성하도록 설계된 관계로 인격적 고려와 감정적 호소가 전달될 수 없기 때문이다. 따라서 동등한 처우라는 바로 그 원칙이 개인의 불만족을 낳는 데 일조하는 것이다. 더 심각한 문제는 관료제적 지배가 민주주의에 반할 수 있다는 점이다. 상시적이고 기계적인 정부 조직permanent machinery of government은 실질적인 권력 브로커가 되어 민주적 절차와 선거를 무력화할 수 있다.

비판적 쟁점

베버의 논의에 대해 비판론자들은 그의 관점이 조직을 '작동'할 수 있게 하는 비공식적 관계와 소집단의 동학dynamics을 상당히 간과한, 본질적으로 **부분적partial**인 것이라는 점에 주목한다. 블라우Peter Blau(1963)의 미국 국세청 연구는 절차상 규칙이 '일 처리를 위해' 일상적으로 위반되며, 상호 지원 및 조언을 위한 비공식 체계가 발달함에 따라 조직위계의 하위 쪽에서 집단에 대한 충성심이 생겨난다는 점을 밝혀냈다.

다른 비판론자들은 관료제에 대한 베버의 우려가 충분치 못하다는 점을 지적한다. 바우만Zygmunt Bauman(1989)은 제2차 세계대전 중 자행된 독일국가사회주의당[나치]의 유대인 대량 학살은 근대국가의 기계적 관료제의 사용을 통해서만 가능했다고 논의한다. 수백만 명을 유럽을 가로질러 강제수용소로 이동시키고 무수한 개인 신상 정보를 기록하는 데 관여한(그것도 전시 상황에서) 방대한 조직은 체계적이고 세심한 관료제적 계획과 실행을 요했다. 관료들로 하여금 인격적, 도덕적 책임을 면할 수 있도록 한 것은 바로 이 관료제의 비인격성이었다. 바우만이 보기에 홀로코스트는 정상적으로 문명화된 근대성 내에서의 일탈이 아니라 근대성의 주된 조직화 특성, 즉 관료제가 낳은 결과였다.

반대로 일각에서는 베버의 관점이 **너무 부정적**이라고 본다. 뒤 게이Paul du Gay(2000)는 관료제와 전통적인 관료제적 에토스ethos를 강하게 옹호하는 경우로서, 통상적으로 '관료제'의 탓으로 치부되는 많은 문제들은 사실상 절차의 규칙과 지침을 **우회bypass하려는** 시도들 때문이라고 말한다. 덧붙여, 그는 바우만의 연구가 홀로코스트의 진정한 원인이 인종차별적 태도와 이데올로기, 그리고 협박과 강제의 사용에 있음을 간과한다고 주장한다. 관료제적 에토스는 모두에 대한 동등한 처우이며, 관료제는 정치지도자에 의한 권력남용을 촉진하기보다 예방하는 중요한 안전장치를 담고 있다는 것이다.

현대적 의의

느슨한 연결망이 엄격한 위계구조를 대체할 수 있다고 주장하는 일부 연구와 대조적으로, 케이시Catherine Casey(2004)는 관료제가 몇몇 새로운 활동을 가능케 하거나 직장에 도입하기 시작했다고 주장한다. 이러한 견해가 확산되면, 우선적으로 무엇이 '관료제'를 구성하는지에 대한 기존의 이해에 도전할 수 있다. '테크코TechCo' 사에 대한 터코Catherine J. Turco(2016)의 최근 연구는 관료제에 관한 베버의 명제가 디지털 시대에도 어떻게 유효한지를 탐구한다.

터코의 연구는 테크코사(가명) 내에서 열 달 동안 수행한 민속지적 연구에 기초한다. 테크코사는 소셜미디어 마케팅 업체로, 온라인 판촉 활동을 하려는 기업들을 대상으로 소프트웨어와 서비스를 판매한다. 이 업체는 소셜미디어의 급성장에 따라 기업조직들이 탈脫관료제적인 방향으로 나아가야 할 필요성이 대두된 상황에서 스스로 기업혁신의 최일선에 있음을 자처한다. 소셜미디어는 기업 내부에서는 물론 기업과 고객 간에서도 개방적 의사소통 원칙 위에 작동한다. 고객은 더 이상 수동적 역할에 머물지 않고 자신의 목소리를 전달해 기업이 자신의 불만, 제안, 아이디어에 응답해 주기를 요구하고 기대한다. 터코는 테크코사가 전례 없이 개방적인 의사소통 모델을 채택한 '대화적 기업conversational firm'의 사례이며, 이는 지속적 변화와 개선을 가능케 하고 그로써 관료제적 통제라는 전통적 유형에 도전한다고 주장한다. 그러나 또 한편으로는 테크코사가 진정 '탈관료제적'인 것으로 이론화될 수는 없다는 점도 지적하는데, 이는 이 업체의 철학이 개방적인 참여형 의사결정보다는 대화에 기초해 있기 때문이다. 기업이 무언가 새로운 것을 도입하면서 관료제적 요소들을 버린다 해도 나중에는 이 요소들이 도로 돌아와 작동하기도 한다. 이는 아마도 심지어 가장 핍박적인 환경 속에서도 발휘되는 관료제의 놀라운 지속성을 증명하는 것이다.

베버가 관료제가 초래할 모든 결과를 예견할 수는 없었을 것이고, 이는 그의 원래의 분석에 대한 비판 중 일부에서도 인정하는 점이다. 그러나 사회학자들이 여전히 '베버와의 논쟁'에 연루돼 있다는 사실은 그가 근대 세계의 핵심적 측면을 다뤘음을 보여 주는 것이다. 베버는 또한 관료제가 사회의 지속적인 합리화에 기여한 중요한 요인이며 사회적 삶의 더욱 많은 영역으로 퍼져 나간다는 점을 분명히 했다. 그의 분석의 일부를 놓고 옥신각신할 수는 있지만, 자본주의와 근대 관료제의 전 지구적 확산은 베버 논의의 전반적 요지가 여전히 적절성을 가지며 진지하게 고려되어야 함을 의미한다.

참고문헌 및 더 읽을거리

Bauman, Z. (1989) *Modernity and the Holocaust* (Cambridge: Polity). [국역본, 《현대성과 홀로코스트》, 새물결, 2013]

Blau, P. M. (1963) *The Dynamics of Bureaucracy* (Chicago: University of Chicago Press).

Casey, C. (2004) 'Bureaucracy Re-enchanted? Spirit, Experts and Authority in Organizations', *Organization*, 11(1): 59-79.

Du Gay, P. (2000) *In Praise of Bureaucracy: Weber, Organization, Ethics* (London: Sage).

Turco, C. J. (2016). *The Conversational Firm: Rethinking Bureaucracy in the Age of Social Media* (New York: Columbia University Press).

교육

education

기본적 정의

지식 및 기술의 세대를 거친 전수를 촉진하고 가능케 하는 사회제도로서, 의무학제compulsory schooling가 가장 일반적이다.

개념의 기원

교육은 지식, 기술, 행동 규범의 전수이며, 그로써 새로운 구성원은 사회의 일원이 될 수 있다. 오늘날에는 교육을 '좋은 것'으로 보는 시각이 널리 퍼져 있으며, 교육체계를 거치고 문자 해득력, 연산력, 추론 능력을 가진 사람들 대부분은 교육이 명백히 유익하다는 데 동의할 것이다. 그러나 사회학자들은 교육education과 스쿨링schooling을 구분한다. 교육은 기술과 지식의 습득 및 개인의 지평 확장을 가능케 하고 촉진하며, 다양한 배경 속에서 형성될 수 있는 사회제도social institution로 정의된다. 반면 스쿨링은 특정 유형의 지식과 기술이 사전에 설계된 교과과정을 통해 전수되는 공식적 과정이며, 통상적으로 특정 연령까지 의무적으로 요구된다. 선진국에서 의무교육은 점차 2년제 대학college, 심지어 4년제 대학교university로까지 확대되고 있다.

18세기 말 이전까지는 학교교육은 민간 부문에 속했고, 가장 부유한 가족들만 자녀를 교육시킬 수 있었다. 19세기를 지나 20세기 들어서, 산업현장 및 사무실 노동자들의 문자해득력과 연산력을 높여야 할 필요에 따라 국가가 시행하는 의무교육 시스템이 도입되었다. 기능주의 이론에서는 학식 있고 숙련 기술을 가진 인구의 양성을 학교의 공식적 기능으로 여기는 반면, 마르크스주의 및 급진적 비판론자들은 극도로 불평등한 자본주의사회를 지지하는 가치와 규범을 은연중에 전수하는 숨은 교과과정hidden curriculum이 존재한다고 주장한다. 보다 최근의 연구는 문화적 재생산, 즉 문화적 가치, 규범, 경험의 세대 간 전승과 그것을 달성하는 메커니즘과 과정에서 교육과 스쿨링이 어떤 역할을 하는지에 초점을 맞추는 경향이 있다.

의미와 해석

에밀 뒤르켐Émile Durkheim은 교육이 사회화의 핵심적 행위로서, 아동들에게 사회적 연대를 유지하는 공통의 가치를 심어 주는 것이라고 주장했다. 뒤르켐은 특히 도덕적 지침과 상호 간의 책임성을 중시하여, 많은 이들이 연대를 파괴하는 것으로 여겼던 경쟁적 개인주의를 완화하는 데 기여하는 것으로 보았다. 그러나 뒤르켐은 교육이 산업사회에서는 또 다른 기능 역시 가지고 있다고 논의했다. 즉 산업사회에서는 교육이 더 이상 가족 내에서는 배울 수 없는, 나날이 전문화되는 직업 역할을 수행하는 데 필요한 기술을 가르치는 기능도 갖고 있다는 것이다. 탈코트 파슨스Talcott Parsons는 이러한 기본적으로 기능주의적인 접근법을 심화시켰다. 그는 교육의 주요 기능 중 하나는 개인적 성취라는 핵심적 가치를 심어 주는 것이며, 이는 대개 경쟁적 시험과 평가를 통해 이루어진다고 주장했다. 이것이 중요한 이유는 시험이 가족의 특수주의적 기준과 대비되는 보편적, 능력주의적meritocratic 기준에 기초하며, 사람들은 사회에서 일반적으로 자신의 위치를 계급, 젠더, 민족집단보다 역량과 능력에 기초해 성취한다는 점에 있다.

그러나 많은 연구 결과, 교육과 스쿨링은 생활기회의 평등화에 기여하기보다는 사회불평등을 재생산한다는 점이 밝혀졌다. 윌리스Paul Willis(1977)의 영국 사회에 관한 연구는 버밍엄 지역 학교에 대한 현지 조사에 기초한 것으로서, 어떻게 노동계급의 자녀들이 통상적으로 노동계급의 직업을 갖게 되는지를 탐구한다. 이는 능력주의 교육 시스템에 대한 타당한 의문이다. 윌리스는 어린이들이 시험이나 '커리어'에 관심이 없고 그냥 졸업해서 돈이나 벌었으면 좋겠다고 생각하는 반反학교 하위문화anti-school subculture가 존재함을 발견했다. 그는 이것이 블루칼라 노동문화와 상당히 유사하며, 이로 인한 학교 부적응은 의도치 않게 그런 아동들을 노동계급 구성원이 되도록 준비시킨다고 주장한다.

비판적 쟁점

기능주의 이론이 교육체계의 공식적 기능을 지적한 것은 정확하지만, 특히 오늘날의 다문화사회에서 사회 전체의 단일한 가치가 정말로 존재하는가? 마르크스주의자들은 학교가 아동들을 사회화시킨다는 점은 동의하지만, 이는 자본주의 기업들이 원하는 노동력을 확보할 수 있도록 하기 위함이며, 학교가 기회의 평등에 헌신하지는 않는다고 주장한다. 학교 생활의 구조는 노동 생활의 구조에 상응한다. 동조는 성공으로 이어지며, 교사와 임원들은 과업을 지시하고 학생과 학교 노동자들은 그 과업을 수행한다. 학교와 교직원은 위계적으로 조직화돼 있고, 이는 불가피한 것이라는 인식이 주입된다 (Bowles and Gintis, 1976).

'숨은 교과과정'이라는 아이디어 또한 교육사회학에 큰 영향을 미쳤다. 일리치Ivan Illich(1971)는 학교가 젊은이들을 노동시장에 진입하기 전까지 가둬 놓고 거리를 배회하지 못하도록 설계된 감금 조직이라고 주장한다. 학교는 사회질서의 무비판적 수용을 촉진하며, 아동들이 자신의 계급위치를 파악하도록 가르친다. 일리치는 사회의 '탈학교화deschooling'를 지지하면서, 교육 자원은 누구나 원하는 시간에 이용할 수 있어야 하고 표준적 교과과정이 아닌 원하는 것을 배울 수 있어야 한다고 말한다. 교육 자원은 도서관 및 데이터뱅크(오늘날에는 아마도 온라인)에 보관되어 어떤 학생이든 이용할 수 있어야 한다. 이러한 생각은 당시에는 대책 없이 이상주의적인 것으로 보였지만, 현재는 평생교육과 인터넷을 통한 원격 교육에 새로이 초점이 맞춰지면서 더 이상 허황된 것으로 여겨지지 않는다.

현대적 의의

교육의 긍정적 기능을 어떻게 심각한 비판과 대응시킬 수 있을 것인가? 스쿨링은 구조적 불평등 재생산의 일부이지만, 그와 동시에 그러한 불평등을 이해하고 그것에 도전하는 기술과 지식을 갖추게도 한다. 덧붙여, 교육체계의 구조적 역할을 충분히 이해하는 많은 교사들은 교육을 내부에서 개선하고 변화시키고자 노력한다. 어떠한 변화의 전망도 없다고 하는 이론들은 아마도 사회구조에 너무 많은 가중치를 부여하는 반면 창조적 인간행위에 대해서는 그렇게 하지 않는 것 같다. 교육은 학교 내에서 일어나는 일에 대해서뿐만 아니라 사회 그 자체의 방향에 관한 전반적 논쟁에서도 중요한 지점이다.

의무학제와 교육은 복잡다단한 사회에서 살아가는 데 명백히 필요한 것으로 간주되며, 많은 사회학적 연구에도 불구하고 능력주의적 관점은 학생 개인이 노력과 재능의 결합을 통해 성공을 이룬다는 견해를 고수한다. 쿨츠Christy Kulz(2017)는 그가 '드림필드Dreamfields'라고 부른 영국의 한 중등학교secondary school의 이상理想에 관한 민속지적 연구를 수행했다. 드림필드의 교장은 학생들에게 야망을 가질 것을 독려했고, 학교를 능력주의에 따라 운영한다고 홍보하면서 명확한 일과표와 강력한 구조를 통해 학생들이 어떠한 사회경제적 불리함이든 극복할 수 있도록 도울 것임을 약속했다. 표면적으로는 이 학교가 인근 다른 학교들에 비해 좋은 결과를 낳으면서 성공한 것처럼 보였지만, 쿨츠는 이 학교가 요구된 기준에 미달하는 행동을 보이는 학생들을 지원 부서support unit로 보내거나 배제해 버렸고, 인종문제에 관한 논의와 교직원이 저지르는 인종차별에 관한 논의를 저지했음을 발견했다. 그 결과, 이 학교의 운영 체제는 인종 및 민족집단, 젠더, 사회계급에 기초한 기존의 교육불평등에 대응하지 못했고 이를 계속 재생산하기에 이르렀다.

21세기 들어 많은 선진사회에서는 학업성취도와 고등교육 이수에서 여학생들이 남학생들을 '앞지르는' 현상이 명백하게 나타났으며, 그에 따라 왜 남학생들의 '성취도가 낮은지', 그리고 이에 대해 어떤 조치가 가능한지에 관한 논쟁이 부각됐다. 이는 여학생들이 성취를 위해 기존의 장애물을 극복해 왔음을 함의한다. 그러나 영국에서의 경험연구 결과, 학업성취도가 높은 12세 및 13세 여학생 표본은 사회에서 용인되는 여성성이라는 기존의 규범 내에서 '똑똑해지도록' 노력하는 것이 초래하는 정체성 문제에 지속적으로 직면하고 있다는 것이 밝혀졌다(Skelton et al., 2010). 여학생들은 급우들과의 관계에서 특수한 문제를 겪을 뿐만 아니라 교사로부터 관심을 끌기 위해 분투한다. 높은 성취를 이루는 여학생 및 여성의 수가 늘고는 있지만, 이들 삶의 실제 모습은 확실히 학업성취도에 관한 단순한 통계에 나타난 것보다 훨씬 복잡하다.

참고문헌 및 더 읽을거리

Bartlett, S., and Burton, D. M. (2020) *Introduction to Education Studies* (5th edn, London: Sage), esp. chapter 10.

Bowles, S., and Gintis, H. (1976) *Schooling in Capitalist America: Educational Reform and Contradictions of Economic Life* (New York: Basic Books).

Illich, I. D. (1971) *Deschooling Society* (Harmondsworth: Penguin). [국역본, 《학교 없는 사회》, 생각의나무, 2009]

Kulz, C. (2017) *Factories for Learning: Producing Race and Class Inequality in the Neoliberal Academy* (Manchester: Manchester University Press).

Parker, L. and Gillborn, D. (eds) (2020) *Critical Race Theory in Education* (Abingdon: Routledge).

Skelton, C., Francis, B., and Read, B. (2010) 'Brains before Beauty? High Achieving Girls, School and Gender Identities', *Educational Studies*, 36(2): 185-94.

Willis, P. (1977) *Learning to Labour: How Working-Class Kids Get Working-Class Jobs* (London: Saxon House). [국역본, 《학교와 계급재생산》, 이매진, 2004]

분업

division of labour

기본적 정의

생산과정에서 직무 및 직군을 분리하는 것으로, 경제적 상호 의존성을 증대시킨다.

개념의 기원

분업에 대한 최초의 체계적 탐구 중 하나는 애덤 스미스Adam Smith의 《국부론The Wealth of Nations》(〔1776〕1991)인데, 여기서 그는 핀 제조 공장에서의 분업에 대해 묘사한다. 스미스가 말하기를, 한 사람이 혼자 일하면 하루에 스무 개의 핀을 만들지만 직무를 여러 개의 단순한 행위로 분할하면 전체 생산량이 하루 4만 8,000개가 된다고 한다. 이는 계획적이고 체계적인 분업으로 얻게 되는 막대한 혜택을 보여 주는 사례다. 에밀 뒤르켐Émile Durkheim(〔1893〕1984)은 산업적 분업이 가장 넓은 의미에서 사회를 하나로 묶는 사회적 연대social solidarity의 유형을 근본적으로 변동시킨다고 이론화했다. 그는 유사성에 기초한 전통적 연대 유형이 차이와 협력에 기초한 근대적 유형에 자리를 내준다고 보았다. 뒤르켐이 보기에 분업은 단지 경제적 현상이기만 한 것이 아니라 전체 사회의 변화다.

의미와 해석

근대사회는 수많은 직군과 전문화의 증대로 구성된 분업에 의해 뒷받침된다. 분업은 우리가 그 세계사적 중요성을 더 이상 인식하지 못할 정도로 정상적인 특성이 되어 왔다. 그러나 예전의 농업사회 대부분에서 농업에 직접 종사하지 않는 사람들 중 상당수는 장기간의 도제 수련을 거친 수공업자였다. 수공업자들은 자기 직무의 전문화된 한 부분이 아니라 모든 측면에 관여하므로 도제 수련이 필수적이었다. 산업화는 점차적으로 동일한 재화를 기계의 사용과 분업의 확대를 통해 보다 빠르고 효율적이며 저렴하게 생산함으로써 전통적 수공업을 제거했다. 제조업 노동자들은 전형적으로 생산과정의 한 부분만을 배우는데, 이는 노동자들이 장기간의 훈련을 거치지 않고서도 상당히 빠르게 업무에 숙달되도록 한다. 이 원칙은 또한 대부분의 다른 노동 유형으로도 확대된다. 그 결과는 수천 개의 직군, 역할, 직무의 전문화인데, 이는 전통사회에 30여 개의 주요 수공업 기술과 역할만이 있었던 것과는 전적으로 다르다.

뒤르켐은 분업의 확대를 엄청나게 중요한 것으로 보면서, 고용주와 노동자 간의 잠재적 갈등 같은 몇몇 심각한 문제를 초래하기는 하지만 분업은 장기적으로 많은 이점 또한 갖는다고 생각했다. 전통사회에서는 집합체가 개인을 지배했고 개인주의는 최소한에 머물러 있었다. 사회를 한데 묶는 연대의 유형은 유사성, 그리고 안정적이며 상대적으로 변동이 없는 제도에 기초한 '기계적 연대mechanical solidarity'였다. 연대는 의식적으로 작동해야 하는 것이 아니라 지속적 생활 유형을 통해 '기계적으로' 발생하는 것이었다.

자본주의, 산업화, 도시화와 더불어 전통적 생활과 그에 수반된 기계적 연대는 무너졌다. 많은 평론가들은 사회적 연대의 파괴와 개인주의의 촉진이 사회적 및 도덕적 와해는 물론 더 많은 갈등을 초래할 것이라며 두려워했다. 그러나 뒤르켐은 이에 동의하지 않았다. 그는 '유기적 연대organic solidarity'라는 새로운 유형이 분업 확대의 결과로 출현하고 있다고 주장했다. 역할의 전문화는 대규모 공동체 내에서 사회적 연대를 강화할 것이며, 사람들은 상대적으로 고립된 자급자족적 공동생활을 하기보다 상호의존성을 통해 서로 연결될 것이다. 우리 모두는 우리의 삶을 지탱하는 생산물과 서비스를 얻기 위해 수많은 다른 사람들에게 의존한다(오늘날엔 전 세계에 걸쳐서). 소수의 예외를 빼놓고, 근대사회에서 대다수의 사람은 자신이 먹는 식품, 자신이 사는 집, 자신이 소비하는 재화를 생산하지 않는다. 사실상 유기적 연대는 상호의존성이라는 강력한 사회적 유대를, 덧붙여 개인적 차이와 집합적 목표 간의 더 나은 균형을 산출하는 경향이 있다.

비판적 쟁점

분업은 국가들 사이에서 전 지구적인 경제적 상호의존성으로 이어졌다. 그리고 그런 점에서, 분업이 세계인들의 긴밀한 접촉과 협력을 초래했다는 뒤르켐의 논의는 정확했다. 그러나 많은 비판자들은 분업이 탈숙련화된 노동자와 노동의 격하degradation를 대가로 지속되고 있다고 주장해 왔다. 공장에 기초한 대량생산의 출현과 연계된 과학적 관리 원칙scientific management principle은 산업사회학자들이 '저신뢰low-trust' 체계로 지칭하는 것을 산출했다. 이는 관리자가 생산과정에 대한 통제력을 가지는 반면 노동자들은 작업장 내에서의 자율성을 (설령 갖는다 해도) 거의 갖지 못하는 생산방식이다. 노동자들은 저신뢰 체계에서 직무만족의 결여를 경험하는 경향이 있는데, 이는 노동자들이 회사와 일체감을 갖지 못함을 의미한다. 고도의 소외와 높은 결근율이 그 결과였으며, 20세기 거의 대부분에 걸쳐 저신뢰 체계는 규범과도 같은 것이었다. 오늘날에도 많은 노동자들이 그렇기는 하지만, 이제 저신뢰 체계 대부분은 고도로 착취적인 노동 현장이 일상적인 개발도상국에 존재한다. 전 지구적 분업은 서구의 소비자들에게는 많은 이점이 있을 수 있지만, 또한 더 큰 빈곤과 착취의 원천이기도 하다.

현대적 의의

1970년대와 1980년대 이래로 대규모 공장에서의 획일화된 재화의 대량생산에 기초한 구식 모델의 와해와 틈새시장을 겨냥한 맞춤형 상품생산으로의 이행에 대한 관심이 증가해 왔다. 이러한 변화는 포디즘Fordism에서 탈포디즘적post-Fordist 유연성으로의 이행으로 이론화됐다. 유연성은 생산방식, 창고관리, 노사관계부터 상품 마케팅에 이르기까지 생산과정의 거의 모든 측면에서 발생한다. 이러한 변화는 명백히 전 지구적 분업의 증가라는 주요 결과로 이어졌다.

20세기 후반 이후로 대부분의 제조업이 남반구로 이전하면서 산업화된 국가 다수가 서비스 부문에 기초한 경제로 이행했다. 오늘날 가장 중요한 발전은 '오프쇼어링offshoring', 즉 더 많은 직무가 체계적으로 해외로 이전하는 것이다(Blinder, 2006). 블린더Alan Blinder는 오프쇼어링이 서비스 부문에 기초한 선진국 경제에 혁명적 결과를 초래할 수 있다고 주장한다. 많은 사무직 및 서비스직이 쉽게 해외로 이전할 수 있는데, 이 직종들은 안정적이고 상대적으로 급여가 높다. 이 직종이 줄어드는 데서 오는 충격은 중간계급 및 전문직 집단이 가장 예민하게 느낄 수 있다. 대학교 수업이 인터넷을 통해 세계 도처에 송출될 수 있고, 은행 업무 및 대부분의 서비스 업무도 마찬가지다. 그렇다면 이런 질문을 던질 수 있다. '탈산업' 경제에서 어떤 종류의 노동이 살아남을 것인가? 블린더는 대인 접촉human contact이 필요한 직무(이를테면 간호업이나 수송업)는 최근 로봇공학과 자율주행차의 발전에도 불구하고 상대적으로 안정적일 것으로 전망한다. 노동 세계는 급속하고 불안정한 변화의 시기에 처한 것으로 보인다.

윌스Jane Wills 등(2010)은 런던의 경우를 예로 들어 어떻게 근대도시들이 술집 종업원, 청소, 간호, 음식 조달(케이터링) 같은 당연시되는 직종들을 세계 각지에서 온 이주노동력으로 메우게 됐는지를 보여 준다. 주요 도시들이 언제나 일자리를 찾는 이민들을 끌어모으기는 했지만, 이 연구의 주장은 지난 30년 동안 모종의 변화가 일어났다는 것이다. 신자유주의, 자유시장 경제발전 모델이 하도급계약과 임금 및 노동 조건 저하를 보편화시켰고, 그 결과 런던은 도시가 유지되기 위해 필요한 직종을 담당하는 외국인노동자들에게 거의 전적으로 의존하게 됐다. 이는 빈곤 및 사회결속과 관련한 정책 이슈를 제기하며, 윌스 등의 책은 일부 가능한 해결책을 개관한다.

참고문헌 및 더 읽을거리

Blinder, S. (2006) 'Offshoring: The Next Industrial Revolution?', *Foreign Affairs*, March/April: 113-28

Durkheim, E. ([1893]1984) *The Division of Labour in Society* (London: Macmillan). [국역본, 《사회분업론》, 아카넷, 2012]

Morrison, K. (2006) *Marx, Durkheim, Weber: Formations of Modern Social Thought* (2nd edn, London: Sage), chapter 3.

Münch, R. (2016) *The Global Division of Labour: Development and Inequality in World Society* (Basingstoke: Palgrave Macmillan).

Smith, A. ([1776]1991) *The Wealth of Nations* (London: Everyman's Library). [국역본, 《국부론》(전2권), 비봉출판사, 2007]

Wills, J., Datta, K., Evans, Y., Herbert, J., May, J., and McIlwaine, C. (2010) *Global Cities at Work: New Migrant Divisions of Labour* (London: Pluto Press).

소비주의

consumerism

기본적 정의

상대적으로 부유한 사회들에서 나타나는 일반적인 생활양식으로서, 소비재의 지속적 구매를 경제와 개인적 욕구 충족 양자의 측면에서 유익하다고 선전하며 촉진하는 것.

개념의 기원

논란의 여지는 있지만, 소비주의의 기원은 19세기 초의 산업혁명으로 거슬러 올라갈 수 있다. 당시 물질적 재화 생산의 순수 총량은 엄청나게 증대했고, 재화의 가격이 저렴해지면서 많은 사회집단이 소비에 동참할 수 있게 됐다. 근대적 소비자로 부각된 첫 번째 집단은 상층계급과 귀족 집단으로서, 새로운 사치재를 위한 대규모 시장을 형성했다. 19세기와 20세기를 거치면서 과시적 소비conspicuous consumption가 많은 사회집단에 퍼져 나갔으며, 20세기 중반 무렵에는 생활양식으로서의 소비주의가 선진국 경제를 특징짓게 됐다.

20세기 초부터 신용 구매가 보다 용이해진 것은 소비주의의 성장을 자극한 중요한 발전이었다. 20세기 말에 와서는 대량의 부채를 지고 사는 것이 정상적인 일이 됐고, 사회적 지위 경쟁은 점차 소비 유형에 기초하게 됐다. 1960년대 이래, 사회학자들은 자본주의사회가 고도의 물질적 라이프스타일과 재화 구매 욕구와 사용을 장려하는 소비주의에 의존하게 됐다고 논의해 왔다(Aldridge, 2003). 그리고 이러한 변동은 '소비사회consumer society'로의 이행으로 이어졌다고들 한다. 환경운동가들은 고도 소비사회로의 이행이 재앙적인 환경파괴, 불필요한 폐기물, 지속 불가능한 관행을 낳았다고 주장한다.

의미와 해석

산업자본주의 사회는 대량생산체제에 기초하지만, 이는 또한 필연적으로 대량소비를 의미하기도 한다. 재화와 서비스는 구매되고 소비되어야 한다. 비록 생산과 소비가 매우 상이한 지리적 위치들에서 더 잘 일어난다 하더라도 말이다. 재화는 비용이 가장 저렴한 곳에서 생산될 것이지만 제값을 받을 수 있는 곳에서 소비될 것이며, 이 둘은 서로 다른 장소에서 일어날 공산이 크다. 20세기를 통틀어 산업자본주의 사회의 핵심적 지향은 '생산 패러다임'에서 벗어나 '소비 패러다임'으로 이행했으며, 이제는 사회학에서 상대적으로 부유한 사회들을 '소비사회' 또는 '소비자본주의'로 특징짓는 것이 일반적이다.

노동은 개인의 정체성 형성 과정에서 그 중요성이 하락했다. 오히려 소비가 사람들에게 다양한 요소의 구매를 통한 개인 정체성 구성의 기회를 제공하면서, 보다 자유로운 선택과 개별성에 대한 최소한의 인식을 부여한다. 소비에 초점이 맞춰지게 되고 소비주의 이데올로기가 등장하면서 유행에 따른 상품의 교환가치 변동에 기초한 생산물의 급속한 회전율이 촉진됐고, 그 결과 더 많은 쓰레기가 양산됐다. 소비자가 생산물 및 브랜드와 자신을 동일시하는 것은 소비를 일상생활의 중심으로 만들었다. 둘째, 기업은 생산물에 대한 수요를 우선시하고 그 다음에 소비자를 고려하는 것이 아니라, 더욱 유연하고 차별화된 소비자 수요를 활용하고 창출하는 데 더 신경을 쓰게 됐다. 이러한 변화는 획일적인 '포디즘적Fordist' 생산방식의 쇠퇴와 틈새시장을 겨냥한 보다 유연한 '탈포디즘적post-Fordist' 생산방식으로의 이행에서 전형적으로 드러난다. 이제 노동자가 아닌 소비자가 주연배우가 된다. 셋째, 소비사회가 개인 정체성 구성에 기여하므로, 생산물에 기초한 사회갈등은 탈중심화되고 상징의 교환을 통한 지위 경쟁 과정에 더 많은 사회집단이 끼어든다. 따라서 소비주의와 소비사회로의 이행은 경제, 정치, 문화 영역에서의 중대한 변화를 보여 주는 것이다.

소비주의는 또한 끊임없는 소비를 위한 **욕망**을 생성하는 사고방식, 정신상태, 또는 심지어 이데올로기이기도 하다. 소비사회학자들은 소비의 쾌락이 생산물의 **사용**이 아니라 무언가를 구매하리라는 **기대**에 있다고 논의한다. 사람들은 잡지를 뒤적이고 윈도우 쇼핑을 하며 인터넷서핑을 하면서 물건을 찾고 구매 이전에 그것을 욕망한다. 캠벨Colin Campbell(2005)이 주장하기를, 이는 기다림, 갈망, 물건을 찾아다니고 욕망하는 것이 근대 소비주의의 가장 쾌락적이고 중

독적인 부분이기 때문이다. 물건의 사용이 아니라 말이다. 이러한 욕망과 갈망에 기초한 소비주의의 '낭만적 윤리romantic ethic'는 광고산업에 의해 촉진되는데, 이는 사람들이 왜 진정으로 만족하지 못하는지를 설명해 준다.

비판적 쟁점

소비주의 개념이 자본주의의 이해를 위한 새로운 차원을 더했다고는 하지만, 소비주의가 자본주의 팽창의 원인인지는 불분명하다. 소비가 생산을 추동한다는 생각은 소비자의 수요에 가중치를 두는 것인데, 일각에서는 이러한 생각은 타당성이 떨어진다면서 기업의 엄청난 마케팅 및 브랜드 예산이 욕구와 수요를 창출함으로써 사람들을 능동적 소비자로 만든다는 점을 지적하기도 한다. 여기서 이슈가 되는 것은 이러한 시스템에서 누가 실제로 권력을 행사하고 있느냐다. 권력을 행사하는 자는 생산자인가, 소비자인가? 거대 초국적 자본주의 기업들은 정말로 소비자의 수요에 휘둘리고 있는가?

또 다른 비판은 소비주의 그 자체에 대한 것으로서, 소비주의가 사회관계와 자연환경을 파괴한다고 보는 입장이다. 소비주의는 원츠wants를 '니즈needs'로 전환시키고 사람들에게 니즈를 인식할 수 있고 또 그래야만 한다고 독려함으로써 '작동'한다.● 이러한 방식으로 잠재적인 끊임없는 유행의

● 니즈는 '필요한 것' 또는 '필수적인 것'이라는 의미를 갖는 반면, 원츠는 필수적인 것은 아니지만 '원하는 것'이라는 의미를 갖는다. 즉 니즈가 기능적 필요의 측면이라면 원츠는 심리적 욕망의 측면인 것이다.

흐름, 소비를 위한 새로운 생산물과 서비스가 존재하게 된다. 이와 같은 니즈와 원츠의 융합은 행복을 돈으로 살 수 있으며 소비는 자연스러운 것이라는 잘못된 믿음으로 이어질 수 있다는 점에서 위험한 것으로 여겨져 왔다. 전 세계 사람들의 실제적 니즈 충족 가능성을 보장하려면 오히려 원츠를 니즈로부터 분리하고 원츠를 줄여 나가야 한다. 문제는 '니즈'를 정의하려는 모든 시도가 허둥대고 있다는 점이다. 니즈는 문화마다 특수하며specific, 따라서 뚜렷한 구분을 위한 확고한 기준에 대한 합의가 이루어지지 못하고 있다.

현대적 의의

소비주의 개념과 그 필연적 귀결인 소비사회는 사회학자들에게 대단히 생산적이었다. 생산과정을 소비 유형과 연결함으로써 자본주의에 대한 보다 균형 잡힌 이해가 가능해졌다. 두 요소를 성공적으로 한데 묶은 접근법의 사례는 '생산과 소비의 쳇바퀴treadmill of production and consumption' 이론이다. 이 이론은 산업화, 자본주의경제, 대량소비주의를 결합하여 근대성이 인간 사회와 자연환경의 관계를 어떻게 변화시켜 왔는지를 이해하고자 한다. 쳇바퀴라는 이미지가 보여 주는 것은 일단 대량생산 및 대량소비 체제가 시동을 걸면 다시는 거기서 빠져나올 수 없다는 점이다.

소비주의는 라이프스타일뿐 아니라 생애과정 전체의 특성이기도 한데, 여기에는 선진국에서 일반화된 길어진 노년기까지도 포함된다. 존스Ian Rees Jones 등(2008)은 오늘날 노년 인구 상당수가 이전 세대에 비해 소득이 높고 일부는 조기에 완전 또는 부분 퇴직하기를 선택하는 영국 및 기타 지역이 특히 그러한 경우라고 말한다. 또한 현재의 노인 세대는 1945년 이후 소비문화 태동에 일조했다. 이들은 최초의 '소비자-시민'이며, 노년기에 들어서도 서비스의 '수동적 소비'에 안주하기보다 능동적 소비를 지속한다. 이 경험연구는 노인 인구가 소비주의의 영향을 받음은 물론 그것을 추동하기도 하는 다양한 방식을 세밀하게 탐구하고 있다.

소비문화가 인간의 삶의 거의 모든 측면으로 파급되는 방식을 보여 주는 사례는 산업화된 국가들에서 인기 상승 중인 마음 챙김mindfulness 실천에 관한 하일랜드Terry Hyland(2017)의 연구다. 마음 챙김은 불교 전통의 영적, 윤리적 기원에 따라 특정 도덕적 덕목을 장려한다. 그러나 이러한 실천이 확산되고 인기를 얻으면서 마케팅 수단이 되고 상품화됐으며, 그 영적, 윤리적 측면들은 맥도날드화된 마음 챙김McMindfulness으로 불리게 됐다(이는 리처George Ritzer([1993]2021)의 맥도날드화McDonaldization 관련 저작에 대한 경의를 담은 것이다). 하일랜드는 마음 챙김이 교육 현장에서 폭넓게 사용된다 해도 원래의 윤리적, 자기초월적 요소를 상실하면 누구에게도 도움이 되기 어렵다고 논의한다. 소비주의는 (다른 많은 사례들이 그랬듯이) 어떤 지속적 혜택도 남기지 않고 흘러가 버리는 또 다른 자기 수양의 유행으로 눈을 돌린다.

참고문헌 및 더 읽을거리

Aldridge, A. (2003) *Consumption* (Cambridge: Polity).

Campbell, C. (2005) *The Romantic Ethic and the Spirit of Modern Consumerism* (Oxford: Blackwell). [국역본, 《낭만주의 윤리와 근대 소비주의 정신》, 나남, 2010]

Hyland, T. (2017) 'McDonaldizing Spirituality: Mindfulness, Education, and Consumerism', *Journal of Transformative Education*, 15(4): 334-56.

Jones, I. R., Hyde, M., Higgs, P., and Victor, C. R. (2008) *Ageing in a Consumer Society: From Passive to Active Consumption in Britain* (Bristol: Policy Press), esp. chapter 5.

Ritzer, G. ([1993]2021) *The McDonaldization of Society: Into the Digital Age* (9th edn, New York: Sage). [국역본, 《맥도날드 그리고 맥도날드화》, 풀빛, 2017]

자본주의
capitalism

기본적 정의

서구에서 기원한 경제체제로서 시장 교환, 그리고 재투자와 기업 성장을 위한 이윤 창출에 기초한다.

개념의 기원

18세기 정치경제학자들이 시장, 교환, 가격, 재화 생산에 대해 논의한 반면, 애덤 스미스Adam Smith는 시장에서의 자유로운 교환이 마치 '보이지 않는 손'처럼 작동하여 특정 사회질서와 경제적 균형을 산출한다고 주장했다(Ingham, 2008). 그러나 '자본주의'라는 용어는 19세기 중반, 칼 마르크스Karl Marx와 프리드리히 엥겔스Friedrich Engels가 자본주의적 생산양식에 대해 논의하면서부터 나타났다. 마르크스가 보기에 자본주의는 자본가계급 또는 부르주아bourgeois의 이윤을 창출하기 위해 시장에서의 교환을 목적으로 하는 재화 생산에 기초한 착취적 경제체제다. 마르크스주의 이론에서 자본주의는 공산주의 이전의 사회발전의 최종 단계이며, 공산주의는 이전의 극도로 불평등한 계급사회를 궁극적으로 종식시킬 것이라고 한다.

막스 베버Max Weber는 대안적 개념화를 제시했는데, 그의 칼뱅교 신앙 해석을 통한 자본주의 기원 연구는 마르크스의 거대한 역사적 도식과 대비된다. 베버는 자본주의는 혁명적 변동의 산물이 아니며, 미래에 공산주의가 그 자리를 대신하지도 않을 것이라고 보았다. 오히려 노동계급의 미래는 자본주의의 종언이 아닌 발전에 의해 열리는 것이다. 그는 장기적인 합리화 과정과 관료제조직의 확산이 근대성을 이해하는 핵심이라고 논의했다. 자본주의는 기본적으로 경쟁과 혁신을 장려했으며, 이는 관료제적 지배의 부정적 결과를 완화하는 데 기여함으로써 새로운 아이디어를 실험할 자유를 허용했다는 것이다.

의미와 해석

마르크스주의적 관점은 여전히 자본주의에 관한 가장 영향력 있는 이론이다. 이 이론은 봉건제로부터 출현한 자본주의를 인류 사회 전체 역사의 최종 단계로 여긴다. 마르크스(Marx, 〔1848〕2005)는 인류 진보의 단계가 수렵채집사회의 원시적 공산주의에서 시작하여 고대 노예제, 그리고 지주와 농노의 분화에 기초한 봉건제를 거쳤다고 개관했다. 상인과 장인의 출현은 토지 귀족을 대체하게 되는 상업 계급 또는 자본가 계급의 시작을 알리는 것이었다. 마르크스는 자본주의의 주된 요소로 자본과 임금노동을 제시한다. 자본은 화폐, 기계 혹은 심지어 공장까지 포함하는 자산이며, 미래의 자산을 창출할 목적으로 사용 또는 투자되는 것이다. 임금노동은 생산수단을 소유하지 못해서 유급직을 찾아야만 하는 가용한 노동력이다. 자본을 소유한 이들은 지배계급을 형성하는 반면, 다수의 사람은 노동계급 혹은 프롤레타리아proletariat를 형성한다. 자본가와 노동자는 상호 독립적이지만 그 관계가 착취적이기 때문에, 계급 갈등이 더욱 첨예해진다. 마르크스는 시간이 지날수록 다른 모든 계급은 소멸되고 각각의 이해관계가 직접적으로 갈등하는 두 개의 주요 계급만 남게 된다고 주장했다.

하지만 마르크스가 비판적이기만 한 것은 아니었다. 그는 확실히 자본주의가 대단히 생산적이며 사람들을 종교적 권위의 부적절한 멍에와 '농촌생활의 우매함idiocy of rural life'으로부터 해방시키는 것으로 보았다. 또한 자본주의는 자연의 힘에 내맡겨지기보다 자신의 미래를 만들어 내는 인류의 엄청난 힘을 보여 주었다. 문제는 경쟁적인 자본주의적 사회관계가 사람들이 자신의 운명을 통제하는 데 필수적인 협력의 장애물이 된다는 점이다. 막대한 생산력과, 협력적인 것이 아닌 경쟁적인 생산력 사용 간의 모순은 혁명에 의해서만 해결될 수 있다. 마르크스가 혁명을 예견한 지 150년이 넘게 지났지만, 확실히 혁명은 일어나지 않았다.

자본주의 발전 과정에서 주요한 변동들이 있었는데, 마르크스 시대의 '가족자본주의family capitalism'는 기업이 가족구성원의 통제력을 넘어섬에 따라 발전한 경영자본주의managerial capitalism를 거쳐 20세기 들어서 대기업이 피고용자에게 보육, 유급휴가, 생명보험 등의 서비스를 제공하는 복지자본주의

welfare capitalism로 발전했다. 복지자본주의의 전성기는 1930년 이전까지였으며, 이후로는 노동조합이 더 많은 혜택을 얻어내기 위한 노동자들의 시도에 주요한 자원이 됐다. 최종 단계는 '제도적 자본주의institutional capitalism'인데, 이는 기업들이 다른 기업의 주식을 보유하는 널리 퍼진 관행에 기초한다. 이 사회 겸직은 기업 세계의 상당 부분을 효과적으로 통제한다. 이는 관리적 통제managerial control의 과정과 반대인 것이, 경영자들의 주식 보유가 다른 기업에 의한 대규모 주식 보유에 의해 축소되기 때문이다. 지구화의 증대에 따라, 대부분의 대기업은 국제적인 경제적 맥락 속에서 운영된다.

비판적 쟁점

베버주의와 마르크스주의 관점 간의 논쟁은 언제나 도덕적 및 규범적 판단을 포함해 왔다. 마르크스주의 관점에서 자본주의는 불평등을 산출하고 그 위에서 번성하는, '역사의 휴지통'으로 들어감이 마땅한 경제체제다. 그러나 베버주의 관점에서 보면, 자본주의가 착취적인 측면은 있지만 그에 대한 모든 대안은 생산적이지 못하고, 권위주의적이며, 민주주의와 개인의 자유 실현의 여지를 주지 않는 것으로 판명됐다. 오늘날 사회학자들 사이에서 자본주의경제에 대한 총체적 평가와 관련한 합의는 여전히 없는 상태다.

그러나 사회학자들 대부분은 마르크스의 혁명과 자본주의의 전복에 대한 예견이 결정적으로 틀렸다고 본다. 혁명이 발생한 곳(1917년의 러시아와 1949년의 중국)을 보면 혁명이 마르크스의 모형을 따르지 않는 경향이 있었는데, 이는 발달된 산업 프롤레타리아보다 농민 및 농업노동자들 위주로 혁명이 일어났기 때문이다. 20세기 말 소련 공산주의의 붕괴 또한 한 시대의 종언을 의미하는 것으로 여겨지며, 지구화와 전 지구적 자본주의체제의 더욱 견고한 통합은 사회주의 또는 공산주의를 지향하는 어떠한 운동도 허용하지 않는 것으로 보인다. 많은 마르크스주의자들은 비록 마르크스가 자본주의경제의 적응력을 명백히 과소평가하기는 했지만, 자본주의의 핵심적 메커니즘과 위기로의 급선회 경향에 대한 그의 분석은 옳다는 입장을 견지한다.

현대적 의의

구舊소련, 동유럽 및 기타 지역에서 라이벌이었던 공산주의체제가 무너진 이후, 자본주의 경제체제가 글로벌경제를 지배하고 있다는 점에 대해서는 큰 이견이 없다. 1989년부터 일어난 베를린 장벽 붕괴, 독일 재통일, 구소련 해체, 동유럽의 공산주의 포기 이후 기존의 공산주의/사회주의는 존재하지 않는다. 오늘날의 저항은 사회주의 운동과는 다른 성격의, 이를테면 최근의 반反지구화 및 반反자본주의 운동은 물론 아나키즘 및 환경운동 등의 형태를 띤다. 최근 학계에서는 국가별 자본주의경제의 차이, 그리고 디지털화의 영향력에 따른 자본주의 그 자체의 성격 변화에 관심을 보여 왔다.

캠벨John L. Campbell과 페데르센Ove K. Pedersen(2007)의 덴마크와 미국의 자본주의 비교연구는 '자본주의의 다양성' 논쟁에 유용한 방식으로 보인다. 많은 경우 자본주의경제는 최소한의 경제 규제, 낮은 세금 체계, 작은 복지국가 속에서 보다 효율적으로 '작동'하는 것으로 여겨져 왔다. 그러나 덴마크는 이러한 예측을 거부한다. 덴마크식 자본주의는 상대적으로 높은 세금, 대규모 국가 예산, 강도 높은 규제, 개방적 경제에 기초해 있지만, 여타의 규제 강도가 낮은 모델에 가까운 변종들과 여전히 효율적으로 경쟁하고 있다. 이 연구는 덴마크의 성공은 노동시장을 조정하고 직업 및 기술 교육을 운영하며 산업정책을 추구하는 이 국가의 제도를 통해 기업들이 이점을 취하기 때문이라고 논의한다. 덴마크의 경쟁력을 높인 것은 이러한 제도적 틀이며, 이는 낮은 세금 체계와 규제 최소화가 글로벌 시장에서 성공하는 유일한 길이 아니라는 점을 보여 준다.

디지털 기술이 사회의 모든 측면에 급속하게 파급되면서 자본주의는 몇 가지 중요한 변화를 겪고 있다. 디지털혁명의 가장 중요한 측면은 그것이 가진 급진적인 커뮤니케이션의 잠재성이지만, 주보프Shoshana Zuboff(2019)는 디지털화의 또 다른 측면인 감시의 강화라는 거침없는 과정에 초점을 맞춘다. 주보프는 디지털 연결이 사회성의 증대가 아니라 '상업적 목적을 위한 수단'을 의미한다고 주장한다. 이는 인간 경험의 모든 측면을 이윤 증가를 위한 자원으로 공짜로 써먹는 감시 자본주의surveillance capitalism다. 감시 자본주의는 소프트웨어 패키지, 인공지능, 알고리즘, 온라인광고, 사물인터넷을 이용해 데이터 및 정보를 은밀하게 수집, 분석, 사용, 판매하는 행위에 주로 기초한다(주보프는 구글을 전형적인 사례로 든다). 많은 이들이 신기술로 얻는 혜택과 신기술을 통한 데이터수집 사이에 균형관계가 있다고 생각하지만, 주보프는 이는 사실상 자본주의의 '사악한 돌연변이'이며 인권 및 인간 본성에 대한 진정한 위협이라고 주장한다. 자본주의와 그것이 초래하는 인간성을 말살하는 고도의 소외에 대한 마르크스의 분석에 비춰 본다면 감시 자본주의가 전례 없는 또는 '사악한' 수준까지는 아니라고 할 수도 있겠지만 말이다.

참고문헌 및 더 읽을거리

Campbell, J. L., and Pedersen, O. K. (2007) 'Institutional Competitiveness in the Global Economy: Denmark, the United States and the Varieties of Capitalism', *Regulation and Governance*, 1(3): 230-46.

Ingham, G. (2008) *Capitalism* (Cambridge: Polity).

Marx, K., and Engels, F. ([1848] 2005) *The Communist Manifesto* (London: Longman). [국역본, 《공산당선언》, 책세상, 2018(그 외 다수의 국역본이 있음)]

Zuboff, S. (2019) *The Age of Surveillance Capitalism: The Fight for a Human Future at the New Frontier of Power* (London: Profile Books Ltd.) [국역본, 《감시 자본주의 시대: 권력의 새로운 개척지에서 벌어지는 인류의 미래를 위한 투쟁》, 문학사상, 2021]

조직

organization

기본적 정의

사회적 요구의 충족 또는 특정 목표의 추구를 위해 내적으로 구조화된 사회집단 또는 집합적 실체.

개념의 기원

조직은 안전, 식량, 주거를 위해 한데 모인 최초의 인간 집단만큼이나 오래됐다. 그러나 사회학에서 조직 개념은 보다 최근의 것이다. 자본주의, 보다 일반적으로는 근대적 삶의 근본적 특성으로서의 관료제에 대한 막스 베버Max Weber의 연구는 조직 연구의 출발점으로 종종 사용된다. 베버는 관료제가 조직 유형 중 하나일 뿐이라는 점을 인식하면서도, 그것의 근대적이고 합리적인 유형은 전례 없이 가장 효율적이었으며, 따라서 모든 조직은 관료제화되도록 운명 지어져 있다고 보았다. 베버 이후 많은 이론과 연구가 그의 논의를 확장하거나 그의 기본적 해석을 비판해 왔다. 시간이 지나면서 조직 사회학은 조직구조와 기능에 관한 이론으로부터 비공식적 관계, 조직문화, 권력의 작동 및 젠더 관계, 그리고 연결망의 성장으로 이행했다.

의미와 해석

조직(때때로 '공식'조직'formal' organization이라고도 불리는)은 소규모의 인간 집단부터 초국적기업 및 다국적 비정부기구에 이르는 넓은 범위에 걸쳐 있다. 비록 대부분의 연구가 상대적으로 대규모의 국내 조직, 이를테면 정부 부처, 대학교, 초·중·고교, 병원, 종교 단체, 기업, 노동조합, 자선 단체 등에 초점을 맞추고 있다 해도 말이다. 조직은 제도institution와 대비될 수 있다. 제도는 문화, 이를테면 가족, 교육, 결혼 등을 형성하는 모든 확립된 규범, 가치, 행동 유형으로 정의된다. 조직은 특정 목표의 달성을 위해 의도적으로 설계된 것으로서, 통상적으로 성문화된 규칙, 규정, 절차에 기초하며 물리적 환경 속에 놓여 있다. 이러한 공식조직은 부분적으로 법적 요건에 근거한다. 예를 들어, 대학교는 그 운영에 있어서 보건, 안전, 평등 관련 평가 정책의 모든 항목과 관련된 법적 요건을 충족해야 한다. 공식조직은 전 세계에 걸쳐 여전히 지배적 유형이다.

조직은 모든 사람의 삶과 관련돼 있다. "우리는 조직 속에서 태어나고, 조직에 의해 교육되며, 우리 중 대부분은 조직을 위해 일하는 데 삶의 많은 시간을 보낸다"(Etzioni, 1964: ix). 또한 조직은 오늘날 근대적 삶에 필요한 조정을 상당 부분 수행한다. 그러나 이해관계의 갈등 역시 조정과 마찬가지로 조직에서 중요한 부분이다. 노동자와 고용자 간의, 또는 상이한 노동자 집단 간의 권력 투쟁의 결과는 조직의 전반적 기능은 물론 목표까지도 형성할 수 있다. 이러한 갈등을 인정하는 것은 조직을 순조롭게 작동하는 기계(Silverman, 1994)로 묘사하는 기능주의적 관점에서 벗어남을 의미한다. 기능주의적 관점이 아예 틀렸다는 것은 아니지만, 이 관점은 조직을 그것을 구성하는 인간으로부터 분리시켰다. 보다 최근의 '사회적 행위' 관점은 조직을 "매우 상이하며 종종 갈등을 빚는 이해관계와 목적을 가진, 그러면서도 관련된 이들의 필요 충족에 기여하는 과업을 상당한 제약 속에서 수행하고자 하는 의지를 가진 사람들의 지속적이고 항상 변화하는 연합체"(Watson, 2008: 110)로 여긴다. 이는 어떻게 조직의 내부구조가 시간이 지남에 따라 변동하며 조직과 외부 집단의 관계에 주목하는지를 이해하는 데 유용하다.

번스Tom Burns와 스토커George M. Stalker(1966)는 스코틀랜드의 전기 공장에 대한 연구를 통해 기계적mechanistic 조직과 유기적organic 조직이라는 두 가지 조직유형을 밝혀냈다. 기계적 조직은 관료제적인 반면, 유기적 조직은 느슨한 조직구조가 특징이며, 조직의 전반적 목표가 협소하게 규정된 책임 소재보다 우선한다. 보다 최근에는 사인Wesley D. Sine 등(2006)이 기계적 조직과 유기적 조직의 대비를 사용해 1996년부터 2001년 사이에 출범한 인터넷기업들을 연구했다. 이 경우 이러한 최신 분야의 사업체들은 공식적 조직화의 정도가 약하며, 느슨하고 유기적인 조직구조를 채택한다고 가정할 법하지만, 이 연구는 그렇지만도 않았다. 초기 단계에서는 창업자들이 특화된 역할수행을 통해 불확실성과 모호성을 감소시키고 중요 단계에서 조직 효율성을 높이는 방식으로 기계적 조직구조가 성과를 거두었다. 따라서 기계적/유기적 조직구조의 대비가 절대적인 것은 아니며, 어떤 유형이 더 효율적인지는 조직의 발전 단계에 따라 다르다.

조직은 그 내부구조를 반영하여 특별히 설계된 물리적 배경 속에서 작동한다. 예를 들어, 임원진은 수직적 직무분류 체계하에서 건물 '상층부'에 가까운 곳에 자리를 잡는다. 집무실, 복도, 개방된 공간의 배치 또한 권위 체계와 연계되어 감독자들이 콜센터 및 개방 회의실에 있는 노동자들의 행위를 언제나 관찰할 수 있도록 할 수 있다. 푸코Michel Foucault(1973, 1978)는 가시성의 정도가 노동자들이 어떻게 감시에 쉽게 종속되는지를 결정한다고 주장한다. 자기 감시self-surveillance 또한 노동자가 언제 감시당하는지, 또한 감시를 당하고 있는지 아닌지에 대한 불확실성을 통해 작동하여, 노동자들이 '만일에 대비해' 스스로의 행동을 언제나 감시하도록 강제한다.

비판적 쟁점

조직의 개념화에 대한 오랜 비판은, 공식적 규칙과 절차가 여전히 존재한다 해도 이를 반드시 액면 그대로 받아들이는 것은 오류라는 것이다. 사실 조직은 규칙의 일상적 회피 또는 우회로 인해 기능한다. 예를 들어, 공장에서 포괄적인 보건 및 안전 규칙을 채택할 수 있지만, 실제로 노동자들은 일을 시간에 맞춰 '처리하기' 위해 규칙의 상당 부분을 무시할 것이다. 마이어John W. Meyer와 로언Brian Rowan(1977)은 공식적 규칙은 본질적으로 '신화'이며, 의식적儀式的 또는 의례적 특성을 갖지만 조직 생활의 실제 모습에 대해서는 거의 알려 주지 않는다고 본다.

마찬가지로, 조직의 특성으로 거론되는 비인격적인 수직적 위계 또한 오해의 소지, 특히 고위층에 대한 오해의 소지가 있다. 그 이유인즉, 실제로는 최상층부에 있는 소수의 사람만이 중요한 의사결정을 하며 이러한 소집단은 인격적 관계로 긴밀히 엮여 있을 수 있기 때문이다. 이는 조직 최상층부의 소집단이 내린 의사결정에 이사진과 주주들이 '고무도장을 찍는rubber stamping' [상세한 검토 없이 승인하기만 하는] 상황으로 귀결된다. 그와 유사하게, 여러 상이한 기업 간부들은 같은 사교 클럽과 소셜 베뉴social venue[상류층 교류 공간]에 모임으로써 서로서로 사회적으로 알게 된다. 이러한 개인적 연계는 이른바 '비즈니스 엘리트'로 특징지어진 고위층 개인들의 연결망 속에서의 비공식적인 토의, 상담, 정보 공유로 이어진다. 이는 미헬스Robert Michels([1911]1967)가 대규모 조직의 권력과 통제력은 필연적으로 소수의 엘리트에게 집중된다고 주장한 데서 이미 예견된 상황이다. 그는 이를 '과두제의 철칙iron law of oligarchy'(소수에 의한 지배)으로 지칭했으며, 이러한 현상은 조직 내부는 물론, 그 결과로 사회 전체의 진정한 민주화까지도 저해한다고 보았다.

1970년대 이래로 페미니즘 진영에서는 조직 내 젠더 역할의 불균형에 초점을 맞추었다. 조직은 직무의 젠더별 분리를 특징으로 하는데, 여성은 저임금과 단순 반복적인 업무로 밀려나 저렴하고 믿을 만한 노동력의 원천으로 사용되지만, 경력 축적에서는 남성과 동등한 기회를 부여받지 못한다. 여성은 남성 관료의 요구에 맞춘 서비스를 제공하며, 남성이 장시간 노동과 출장을 통해 오로지 직무에만 집중할 수 있도록 봉사한다. 따라서 근대 조직은 여성이 권력에서 배제된, 남성이 지배하는 환경이다(Ferguson, 1984).

현대적 의의

통상적 조직 모델과 제2차세계대전 이후 일본에서 산업화 기간 동안 출현한 대기업들 간에는 주요한 차이가 있다. 일본 기업들은 위계구조가 명확하지 않다. 모든 직급의 노동자가 정책 관련 상담을 받고, 다른 국가들에 비해 전문화의 정도가 덜 확고하며, 기업은 '평생 고용'을 준수한다. 그러나 경제문제가 일본식 모델에 변화를 초래했으며, 일본식 모델은 유연성이 떨어지고 비용이 많이 드는 것으로 비치게 됐다. 일본 내의 분석가들 다수는 서구에서 유지되고 있는 더 경쟁적이고 개인주의적인 기업조직 모델을 바란다(Freedman, 2001). 연결망과 네트워크조직 모델의 대두는 그 정도가 아직 명확치 않음에도 불구하고 활발히 논의돼 왔다(Castells, 2009). 비공식화가 일부 일어나기는 했지만, 근대 세계가 공식조직 없이 성공적으로 조정될 수 있을 것 같지는 않다.

그러나 현재 일각에서는 조직이 인종 및 젠더 불평등 재생산에서 핵심적 역할을 하고 있다고 본다. 더 많은 여성이 조직 내에서 일하고 있는데, 그중에서도 평등 지향적 변화가 가장 눈에 띄는 곳은 '진보적' 정치조직, 이를테면 노동당이나 노동조합일 것이다. 기욤Cécile Guillaume과 포시크Sophie Pochic(2011)는 이러한 가설을 영국과 프랑스의 노동조합을 대상으로 전기적傳記的 방법을 통해 탐구했다. 연구 결과, 신입 노동조합원 및 활동가의 상당수는 여성이며, 영국의 경우 이는 대체로 노동조합 자체가 주도적으로 여성을 타깃으로 적극적인 활동을 펼쳤기 때문이다. 그러나 여성의 비중이 가장 높은 노동조합에서조차도 여성이 간부급 위치에 진입하는 비중은 낮다. 더 많은 여성을 고위직에 오르도록 장려하는 쪽으로 정책이 바뀐다 해도, '남성적 조직문화', 남성들의 비공식적 연결망, 일과 가정의 양립 문제는 여전히 진정한 젠더 평등의 발목을 잡고 있다.

레이Victor Ray(2019)의 주장에 따르면, 이론가들이 공식조직은 대체로 '인종 중립적'이라고 봄에도 불구하고 실제로는 인종이 조직을 구성하는 주요한 특성이라고 한다. 인종화된 조직racialized organization은 상이한 인종집단의 행위자를 증가/감소시키고, 자원의 불평등한 분배를 정당화하며, '백인성whiteness'을 자격 기준으로 설정하고, 평등에 대한 공식적 준수를 조직의 규칙과 관행에서 분리해 버림으로써 인종차별적이 된다. 좀 더 비판적인 관점에서 보자면, 고위급의 정책과 개인들의 태도 모두 조직을 통해 걸러지며, 때에 따라서는 사회적 삶의 중간수준meso-level에서 조직에 의해 변화된다는 생각이 가능하다. 예를 들어, 레이는 개인적 편견은 자원(이를테면 고위직 같은)과 연결되지 않는 한 그 자체로 강화되지 않는다고 주장한다. 비백인 집단과 저임금 노동을 연계하는 문화적 구도는 백인이 지도자 역할에 적합하다는 생각과 함께 조직의 일상과 규칙에 배태된다. 이것이 변화가 불가능하다는 말은 아니지만, 인종 불평등의 지속을 설명하는, 그리고 인종화된 조직을 예외적 사례로 보는 데서 벗어나는 방법임에는 분명하다.

참고문헌 및 더 읽을거리

Burns, T., and Stalker, G. M. (1966) *The Management of Innovation* (London: Tavistock).

Castells, M. (2009) *The Rise of the Network Society* (2nd edn, Oxford: Wiley Blackwell). [국역본, 《네트워크 사회의 도래》, 한울아카데미, 2014]

Etzioni, A. (1964) *Modern Organizations* (Englewood Cliffs, NJ: Prentice Hall). [국역본, 《현대조직론》, 법문사, 1989]

Ferguson, K. E. (1984) *The Feminist Case against Bureaucracy* (Philadelphia: Temple University Press). [국역본, 《페미니즘과 관료제》, 대영문화사, 2009]

Foucault, M. (1973) *The Birth of the Clinic: An Archaeology of Medical Perception* (London: Tavistock). [국역본, 《임상의학의 탄생: 의학적 시선의 고고학》, 이매진, 2006]

__________ (1978) *The History of Sexuality* (London: Penguin). [국역본, 《성의 역사》(전4권), 나남, 2004·2018·2004·2019]

Freedman, C. (ed.) (2001) *Economic Reform in Japan: Can the Japanese Change?* (Cheltenham: Edward Elgar).

Godwyn, M., and Gittell, J. H. (eds) (2012) *Sociology of Organizations: Structures and Relationships* (Thousand Oaks, CA: Pine Forge Press).

Guillaume, C., and Pochic, S. (2011) 'The Gendered Nature of Union Careers: The Touchstone of Equality Policies? Comparing France and the UK', *European Societies*, 13(4): 607-31.

Meyer, J. W., and Rowan, B. (1977) 'Institutional Organizations: Formal Structure as Myth and Ceremony', *American Journal of Sociology*, 83: 340-63.

Michels, R. ([1911]1967) *Political Parties* (New York: Free Press). [국역본, 《정당사회학: 근대 민주주의의 과두적 경향에 관한 연구》, 한길사, 2002]

Ray, V. (2019) 'A Theory of Racialized Organizations', *American Sociological Review*, 84(1): 26-53.

Silverman, D. (1994) 'On Throwing Away Ladders: Re-writing the Theory of Organizations', in J. Hassard and M. Parker (eds), *Towards a New Theory of Organizations* (London: Routledge), pp. 1-23.

Sine, W. D., Mitsuhashi, H., and Kirsch, D. A. (2006) 'Revisiting Burns and Stalker: Formal Structure and New Venture Performance in Emerging Economic Sectors', *Academy of Management Journal*, 49(1): 121-32.

Watson, T. J. (2008) *Sociology, Work and Industry* (5th edn, London: Routledge).

종교

religion

기본적 정의

에밀 뒤르켐Émile Durkheim에 따르면, "공동체에 충실한 사람들을 하나로 묶는 성스러운 것과 관련된 신앙과 관습의 통합된 체계"다.

개념의 기원

종교는 이제까지 알려진 모든 인간 사회에서 어떤 형태로든 찾아볼 수 있다. 기록상 가장 오래된 사회에서도 종교적 상징과 의식儀式의 흔적은 명백히 나타난다. 동굴벽화는 종교 신앙과 관습이 4만 년도 더 된 예전부터 존재했음을 보여 주며, 그 이후로도 종교는 계속해서 인간 경험의 주요한 부분이 되어 왔다. 초창기 유럽 종교들은 뚜렷이 구분되는 사회 제도를 형성하기보다는 일상생활에 깊숙이 배태되어 그 중요한 부분으로 자리 잡은 신앙, 관습과 관련돼 있었다. 하지만 근대 산업사회에서는 종교가 경제 및 정치 등과 분리된 조직체로 확립됐다. 20세기 종교사회학의 주요 논쟁은 세속화世俗化, secularization 이론인데, 일부 논자들은 종교가 그 영향력을 점차 상실하고 있다고 주장하는 반면, 다른 쪽에서는 종교 조직의 공식적 구성원 수가 감소하고 있기는 하지만 종교 신앙은 확대되는 중이라며 맞선다.

의미와 해석

칼 마르크스Karl Marx는 종교를 대중이 계급사회의 냉혹한 현실로부터 벗어나는 도피처로 여겼다. 예를 들어, 기독교는 오랫동안 신도들에게 사후死後의 삶을 약속하면서, 동시에 현세의 물질적 삶은 필연적으로 어렵고 고통스러우며 역경으로 가득 찬 것이라고 설파해 왔다. 마르크스가 보기에 이는 종교가 경제적 관계와 정치적 이념에서 찾아볼 수 있는 이데올로기적 요소로부터 한 치도 벗어나지 않음을 보여 주는 것이다. 사후의 행복에 대한 약속은 실제로는 노동자 대중에 대한 착취를 뒷받침하는 것임이 분명하다. 막스 베버Max Weber는 '세계 종교world religions'에 관한 폭넓은 연구를 통해 그와는 다른 결론에 도달했다. 그는 종교가 보수적인 힘일 수는 있지만 그렇다고 꼭 필연적으로 그런 것만은 아니라는 점도 발견했다. 예를 들어, 인도에서는 종교가 오랫동안 사회변동을 억제해 왔는데, 이는 힌두교가 현실 세계를 통제 또는 형성하기보다 그것이 초래하는 고통으로부터 탈피할 것을 강조했기 때문이다. 그러나 서구에서는 기독교가 죄악 및 죄인들과의 끊임없는 투쟁을 통해 기존 질서에 도전하는 긴장과 감정적 활력을 생성했다. 그와 유사하게, 가톨릭교회는 1980년대 공산주의 체제를 무너뜨린 폴란드 자유노조 운동을 정당화하는 데 중요한 역할을 수행했다. 이는 종교가 사회변동을 촉진할 수 있음을 보여 준다.

뒤르켐은 종교의 지속성을 주요한 특징으로 보았다. 그는 모든 종교는 세계를 성聖, sacred과 속俗, profane의 영역으로 구분하며, 성스러운 대상과 상징은 존재의 나머지 일상적 측면들, 즉 '속된 것'과는 매우 다르게 취급된다고 논의한다. 종교가 그렇게 오랜 시간에 걸쳐 지속된 이유는 사회적 유대가 창출되고 강화되는 주된 통로라는 점에 있다. 의식儀式과 의례儀禮는 사람들을 하나로 묶는 데 필수적이며, 이는 그러한 의식과 의례가 출생, 결혼, 죽음 같은 인생의 다양한 위기 및 전환 과정에서 나타나는 이유이기도 하다. 집합적 의식은 사람들이 주요 변동에 적응해야만 할 때 집단연대를 재강화한다. 의식을 치르는 과정에서 '집합적 흥분 상태collective effervescence', 즉 사람들을 일상의 고민에서 벗어나 일시적으로 고양된 상태로 만드는 집회collective gathering에서 생성되는 고조된 감정과 에너지가 발생한다. 뒤르켐은 사람들의 종교적 경험은 자기 망상이나 이데올로기에 불과한 것으로 치부될 수 없다고 지적한다. 그것은 사실상 진정한 사회적 사실의 실제적 경험인 것이다.

종교사회학은 종교 제도 및 종교 조직이 특히 사회적 연대의 창출과 관련해 어떻게 기능하는지에 관심을 둔다. 다양한 종교들이 경합하는 곳에서는 종교 간 차이가 안정을 저해하는 갈등으로 이어질 수도 있다. 이러한 사례는 북아일랜드의 개신교와 가톨릭 간 갈등, 인도의 시크교와 힌두교 및 이슬람교 간 갈등, 보스니아와 유고슬라비아에서 벌어진 이슬람

교도와 기독교도 간의 충돌, 미국에서 유대인과 이슬람교도 및 기타 소수 종교를 대상으로 한 '증오범죄' 등 상당히 많이 있다.

비판적 쟁점

세속화는 종교가 사회적 삶의 다양한 영역에서 그 영향력을 상실하는 과정에 대해 논의한다. 우리가 전적으로 세속화된 사회에 살고 있다면 종교 개념은 쓸모없게 될 것이다. 서구에서는 그러한 패턴을 '소속되지 않은 믿음believing without belonging'으로 묘사한다. 설문조사 결과를 보면, 다수의 사람들이 여전히 유일신 혹은 복수複數의 신을 믿고 있지만, 교회 참석률은 꾸준히 감소하고 있다(Davie, 1994). 하지만 미국에서는 종교 신앙과 교회 참석률이 여전히 높다. 종합적 결론을 내리는 데의 문제점은 세속화를 어떻게 측정해야 하는지 또는 할 수 있는지에 관한 합의가 없다는 점 때문에 더 복잡해진다.

많은 사람들이 종교 신앙을 가지고 있지만 예배에는 참석하지 않는다. 그러나 역으로 다른 많은 사람들은 습관적으로 또는 친구를 만나러 교회에 규칙적으로 나가지만 개인적 신앙심은 강하지 않다. 역사적 접근법을 동원한다 해도 답이 잘 나오지 않는다. 아마도 산업화 이전에는 교회 참석률이 높았고 성직자들은 높은 사회적 지위를 누렸으며 일반 대중은 강한 종교 신앙을 가졌을 것이라 가정할 수 있을 것이다. 그러나 역사적 연구는 이 모든 가정에 도전한다. 중세 유럽에서 대부분의 사람들은 종교적 몰입보다는 의무감에 따라,

기껏해야 미온적 수준의 신앙심과 예배 참석 양상을 보였다. 다른 한편으로, 오늘날 대다수의 사람들은 일상생활이 신성한 또는 영적인 실체로 충만해 있다는 생각을 별로 하지 않는다.

뒤르켐의 명제를 비판하는 이들은 몇몇 소규모 사회의 사례에서 일반화한 것을 가지고 **모든** 종교의 본질적 특성을 이해하는 것은 가능하지 않다고 주장한다. 20세기 전반에 걸쳐 많은 사회가 훨씬 다문화적인 사회가 되면서, 국가사회 내에 다양한 종교가 존재하게 됐다. 종교가 사회적 연대의 원천이라는 뒤르켐의 명제는 다신앙 사회multi-faith society에서는 설득력이 떨어질 것이며, 상이한 종교 신앙을 둘러싼 사회 내부의 갈등을 적절히 설명하지도 못할 것이다. 또한 종교가 본질적으로 신성 또는 영성보다 사회에 대한 경배라는 생각에도 문제를 제기할 수 있다. 이는 환원주의적 논의, 즉 종교적 경험을 사회현상으로 환원함으로써 실재의 '영적' 차원의 가능성을 거부하는 것으로 보일 수 있다.

현대적 의의

전통적 종교들이 그 영향력을 상실하면서, 종교성religiosity은 여러 신흥종교 운동을 통해 새로운 방향으로 나아가는 것으로 보인다. 또한 남반구 지역 상당수에서는 세속화의 증거가 미약하며, 중동, 아시아, 아프리카, 인도의 여러 곳에서는 여전히 종교가 번성 중이다. 마찬가지로, 수백만 명의 가톨릭 신자들이 교황의 세계 순방에 동참하고 있으며, 그리스정

교회는 수십 년간의 공산주의 치하 억압에서 벗어난 구舊소련 지역들을 적극적으로 끌어들였다. 심지어 미국에서도 종교는 강한 영향력을 행사하고 있으며, 대중 복음주의 운동popular evangelical movement이나 '텔레비전 전도televangelism' 같은 새로운 형태를 채택해 왔다. 종교사회학자들은 공식조직 바깥에 존재하는 종교적인 영역에도 관심을 갖고 있다.

마페졸리Michel Maffesoli(1995)는 음악적 취향, 관념, 소비자 선호, 여가 지향적 공연 등의 공유에 기초해 한데 묶인 사람들의 소규모 집단들이 빠르게 성장함에 따라 현재 우리는 '부족 시대time of the tribes'에 살고 있다고 이론화했다. 이러한 '신新부족neo-tribes'에 대한 몰입은 다분히 취약하고 수명이 짧기는 하지만, 사회성sociability에 대한 사람들의 강력한 욕구, 뒤르켐의 말을 빌면 여전한 '종교적' 욕구를 보여 주는 것이다. 전통적 종교들이 자신의 신도들을 지키고자 분투하는 와중에, 일각에서는 '세속적' 관념이 '종교적' 역할을 수행할 수 있다고 주장한다. 그러한 예로는 인권에 대한 세속적 관심을 들 수 있다. 이는 특수한 것과 보편적인 것을 연결하는 것이며, 이러한 담론은 기독교 전통과 유사성을 갖고 있다. 이렇게 해서 인권 담론은 현대적인 '세속적 종교'로 간주될 수 있다(Reader, 2003). 그러나 설령 그렇다 해도, 이는 공동체나 사회보다는 개인을 중심에 놓는 것이다.

그에 더해 일상생활 속에 존재하는 것으로서의 종교에 관한 사회학적 관심 또한 상당한데, 이는 '삶에 스며든 종교lived religion'에 관한 연구라는 이름으로 알려져 있다. 이 분야를 탐구하는 학자들은 어떻게 개인이 다양한 종교적 전통의 요소들을 상충 없이 섭렵하거나 조합하여 자신만의 '종교적 실천'으로 만들어 낼 수 있는지를 알아내고자 한다(Maguire, 2008). 로프턴Kathryn Lofton(2017: 6)은 종교 연구와 소비주의 연구 사이에 강력한 연결고리가 있다고 주장한다. 그에 따르면, "소비생활의 상당 부분은 그 자체로 종교적 기업이며 그 어떤 사회적 참여 행위보다도 강력하고 특정한 헌신을 내포한다는 점에서 종교적"이다. 그렇게 본다면, '종교'는 공식적 또는 교리적 실체가 아니라 조직화된 기업활동과 소비문화를 지칭하는 개념이다. 이러한 접근법을 채택하게 되면, 사회학자들은 일상생활의 '의식적儀式的 양상'에 주의를 기울여야 하고 '종교' 연구자들은 기업 및 소비문화를 포함하는 방향으로 시야를 넓힐 필요가 있다.

참고문헌 및 더 읽을거리

Aldridge, A. (2013) *Religion in the Contemporary World: A Sociological Introduction* (3rd edn, Cambridge: Polity).

Davie, G. (1994) *Religion in Britain Since 1945: Believing without Belonging* (Oxford: Blackwell).

Fenn, R. K. (2009) *Key Thinkers in the Sociology of Religion* (New York: Continuum).

Lofton, K. (2017) *Consuming Religion* (London: University of Chicago Press).

Maffesoli, M. (1995) *The Time of the Tribes: The Decline of Individualism in Mass Society* (London: Sage).

Maguire, M. B. (2008) *Lived Religion: Faith and Practice in Everyday Life* (Oxford: Oxford University Press).

Reader, R. (2003) 'The Discourse of Human Rights—a Secular Religion?', *Implicit Religion*, 6(1): 41-51.

주제5

불평등한 생활기회

(Unequal Life Chances)

가부장제 (patriarchy)

계급 (class)

빈곤 (poverty)

사회이동 (social mobility)

상호교차성 (intersectionality)

인종과 민족집단 (race and ethnicity)

젠더 (gender)

지위 (status)

가부장제

patriarchy

기본적 정의

사회의 일부 또는 전체 영역과 제도에서 남성이 여성을 체계적으로 지배하는 것.

개념의 기원

남성 지배male dominance라는 관념은 많은 종교가 이를 자연적이며 필연적인 것으로 표현하는 등, 매우 오랜 역사를 가지고 있다. 사회학에서 가부장제에 대한 최초의 이론적 설명은 자본주의하에서 여성이 남성에게 종속되는 것에 관한 프리드리히 엥겔스Friedrich Engels의 논의에서 찾아볼 수 있다. 엥겔스는 자본주의가 소수 남성의 수중에 권력을 집중시키며, 이는 자본주의 체계가 전에 없이 많은 부를 창출했고 남성들이 자신의 부를 남성 상속자에게 이전함에 따라 계급불평등은 물론 젠더불평등 또한 심화됐기 때문이라고 주장했다.

그러나 오늘날 가부장제 이론의 주요 원천은 페미니즘이며, 특히 1960년대 이래 페미니즘은 근대사회에서 남성 지배의 지속을 설명하기 위해 가부장제 개념을 발전시키고 사용했다. 그러나 페미니스트 이론가들이 가부장제 개념의 유용성에 대해 일치된 의견을 갖고 있는 것은 아니며, 자유주의적liberal, 사회주의적socialist, 급진적radical 페미니즘 등 여러 관점이 나타났다. '개인적인 것은 정치적인 것the personal is political'이라는 페미니즘의 슬로건은 남성 지배가 재생산되는 주요 영역으로 가정을 지목하는데, 이는 예전에는 받아들여지지 않던 생각이다. 여성에 대한 지속적 억압은 미디어에서 나타나는 여성에 대한 성차별적 언급, 가정assumption, 표현, 그리고 공적 및 사적으로 여성에게 가해지는 남성의 신체적 폭력과 성폭력에서도 찾아볼 수 있다. 20세기 말에는 가부장제 개념을 확고히 정의하고 사회의 다양한 영역에서 가부장제의 상이한 유형을 찾아내는 데 기여한 경험연구들이 이루어져 왔다.

의미와 해석

가부장제 개념은 급진적 페미니즘의 기초를 형성한다. 가부장제는 여성이 남성 지배에 의해 억압받는 매우 다양한 사례들을 모아 놓은 커다란 자루와도 같은 개념이다. 예를 들어, 여성들은 직장, 정치, 기타 사회생활 영역에서 남성들이 적극적으로든 소극적으로든 여성의 접근을 거부하는 위치들을 획득하기 위해 투쟁한다. 대다수 급진적 페미니스트들이 보기에 기존의 가족은 가부장제의 핵심 요소로서, 여성이 무급으로 가사노동을 수행함으로써 남성이 바깥, 즉 공적 세계에서의 자유를 누릴 수 있도록 하는 것이다. 오늘날에도 여성은 심지어 자신과 남성 배우자 모두 공식 고용 부문에 있는 상황에서조차도 집안일의 대부분을 한다. 파이어스톤Shulamith Firestone(1970)은 남성 지배가 근본적인 '생물학적 불평등'에 의해 뒷받침된다고 논의한다. 여성이 임신 및 출산을 하게 되면 그 이후 남성에게 의존하게 된다. 자본주의사회에서 핵가족은 이러한 '생물학적 불평등'의 제도적 기초이며, 따라서 핵가족의 철폐는 여성해방을 위한 필수 요건이다.

급진적 페미니스트들이 보기에, 여성에 대한 남성의 폭력 행사와 위협은 남성 지배를 강화하는 것이다. 사적 영역인 가정 내에서의 폭력과 성폭행, 공적 영역에서의 성폭행 및 성추행, 일상적 상호작용에서 남성이 여성을 막 대하는 태도, 이 모든 것은 만연한, 해악적인, 그러나 많은 경우 인식되지 못하는 남성 지배에 기여한다. 물론 모든 남성이 이러한 행동에 관여돼 있다는 것은 아니다. 급진적 페미니스트들의 입장은 모든 남성이 가부장제의 수혜자이며 가부장제는 일부 남성의 폭력에 의해 뒷받침된다는 것이다. 보다 광범위한 문화의 측면에서 보면 여성은 잡지, 패션, 텔레비전 및 기타 미디어 속에서 대상화된다. 많은 미디어가 여전히 1차적으로 남성의 성적 대상으로서의 여성에 초점을 맞춘다. 확실히 가부장제는 근대사회의 모든 제도 내에 배태되어 있으며, 페미니즘 연구자들은 그러한 점을 극명하게 보여 주었다.

월비Sylvia Walby(1990)는 가부장제를 재개념화하여 구체적인 경험연구의 지평을 열었다. 그는 가부장제 개념이 젠더 **평등**의 증대를 설명하는 데 실패했다고 논의한다. 월비의 분석의 핵심은 가부장제의 사적 유형 및 공적 유형을 구분하는 것이다. 사적 유형은 가족관계 및 친밀한 관계와 관련되며, 공적 유형은 유급 노동, 국가 및 정치와 관련된다. 20세기 전반에 걸쳐 여성들이 전에는 금지되었던 사회 영역들로 진출함에 따라 사적 영역에서 공적 영역으로의 대대적 이동이 일어났다. 그러나 오늘날 여성들이 공식 고용 부문에 더 많이 진출했다고 해서 그것만으로 젠더 평등이 달성됐다고 할 수는 없다. 여성은 직장에서 남성에 비해 적은 임금을 받는 경향이 있고, 공공 영역에서 남성의 폭력에 노출돼 있으며, 성에 대한 이중적 잣대 때문에 지속적으로 고통받고 있고, 이제는 미디어와 인터넷에서의 여성에 대한 성적 표현과도 싸워야 한다.

비판적 쟁점

가부장제 개념은 주류 사회학자들로부터는 물론 페미니스트 이론 자체 내에서도 비판받는다. 많은 이들이 가부장제를 **기술**description로 받아들이기는 하지만, 이 개념은 설득력 있는 메커니즘의 제시 없이 모든 여성이 당하는 억압에 관한 부적절하고 매우 추상적인 **설명**explanation으로 사용되기도 했다. 일부 급진적 페미니스트들 또한 가부장제가 역사와 문화를 통틀어 존재해 왔으며 따라서 보편적인 현상이라고 주장하는데, 이런 광범위한 개념은 역사적, 문화적 변이를 논의할 여지를 주지 않으며, 여성의 상황에 인종, 계급, 민족집단이 미치는 영향을 간과한다. 간단히 말해서, 가부장제가 보편적 현상이라는 주장은 생물학적 환원론으로 빠질 위험이 있다.

개발도상국 페미니스트들과 마찬가지로, 많은 흑인 페미

니스트들은 주류 페미니즘이 선진국의 백인 및 중간계급 여성의 경험에 기초하는 경향이 있다 보니 여성 내의 민족적 다양성을 대체로 간과해 왔다고 주장한다(hooks, 1981). 여성의 경험이 계급과 민족집단에 따라 다양하므로 이러한 식의 일반화는 타당하지 않다는 것이다. 미국 흑인 페미니스트들의 연구는 흑인 공동체 내부의 젠더 평등 문제와 관련해 노예제의 강력한 유산, 차별, 민권운동을 강조함과 동시에, 흑인 여성은 민족집단과 젠더에 기초해 차별받아 왔다는 점을 지적한다. 그와 유사하게, 백인 중간계급 페미니스트들은 오랫동안 가족을 가부장적 지배를 유지하는 핵심으로 간주해 왔지만, 흑인 여성 및 흑인 페미니스트들이 가족을 보는 관점은 그와 꼭 같을 수만은 없다. 이들에게 가족은 백인들의 인종차별주의로부터의 보호막으로 작용하는 것이기도 하다. 흑인 페미니즘 이론은 상호교차적 불평등, 그리고 흑인 노동계급 여성이 직면하는 중첩적인 불리함에 대한 보다 날카로운 인식을 통해 발전해 왔다.

최근 탈근대 이론과 사회적 구성주의 이론에서는 모든 여성이 공유하는 단일한 정체성과 경험의 기초가 있다는 생각에 이의를 제기한다. 우리는 중간계급, 노동계급, 백인, 흑인, 도시 거주 또는 촌락 거주 여성 모두가 '여성'이라는 1차적 정체성을 공유할 것이라고 가정해서는 안 된다. 이미 수년 전 젠더 연구에서 거부된, 생물학적 또는 본질적 기초를 함의한 '여성' 또는 '남성'이라는 범주를 사회학적 연구에서 논의하는 것이 납득할 만한 일이겠는가? 탈근대적 전환은 도발적이기는 하지만, 남성이 지배하는 사회에서 여성이 직면하는 모든 범위와 정도의 불평등을 경험연구를 통해 구체적으로 밝히고자 하는 페미니즘 활동가와 학자들에게는 심각한 문제로 다가오기도 한다.

현대적 의의

페미니스트 이론가들은 가부장적 지배가 다양한 사회적 유형을 통해 달성됐으며, 언어와 담론도 그중 하나라고 주장한다. 케이스Charles E. Case와 리파드Cameron D. Lippard(2009)는 농담joke이 가부장적 관계를 지속시키는 방식을 탐구함과 아울러, 페미니스트들이 어떻게 그러한 방식을 해체하고 성차별주의를 폭로 및 침식하는 그 자신의 전복적 버전을 창출했는지를 매우 균형 잡힌 어조로 탐구한다. 이들은 연구 과정에서 페미니스트의 농담 1,900개 이상을 분석했다. 가장 공통적인 주제는 '남자는 쓸모없다'는 것이었으며(25.7퍼센트), 남성에 대한 고정관념은 이러한 농담에 사용된 개념 및 범주의 상당 부분(62퍼센트)을 차지했다. 그러나 이들은 남성의 위신을 실추시키는 농담의 경우나 젠더 그 자체에 대한 비판을 위해 고정관념에 기초한 가정을 사용한 경우는 극히 적었다(3.8퍼센트)는 점도 밝혀냈다. 하지만 이들은 고도로 불평등한 사회에서 유머가 강력한 이데올로기적 무기라는 점은 확실히 받아들인다.

일각에서는 2016년 도널드 트럼프Donald Trump의 미국 대통령 당선과 그와 유사하게 다른 지역에서 포퓰리스트 '스트

롱맨'을 자처하는 이들이 선거에서 거둔 승리는 젠더 평등이 명백히 증대하는 시기에서조차 가부장제 관념이 지속되고 있음을 보여 주는 것이라고 말한다. 길리건Carol Gilligan과 스나이더Naomi Snider(2018)는 이 난제를 **왜** 가부장제가 지속되는가 하는 질문을 제기하는 데 사용한다. 일부 집단은 가부장적인 제도의 틀에서 득을 보며, 따라서 가부장제를 변화시키려는 운동에 맞서 이를 지키려 할 것이 분명하다. 그러나 길리건과 스나이더는 이것이 부분적 설명에 그친다고 본다. 이들은 우리가 타인들에게 개방됐을 때 가부장제의 위계적 구조가 상실감과 불안감에 대한 심리적 방어막을 제공한다는 점 또한 주장한다. 따라서 가부장제 구조의 해체는 뿌리 깊은 수치심으로부터 우리를 보호하는 심리적 방어막을 해체하는 것이기도 하다. 이는 페미니즘과 LGBTQ+[•]의 동등한 권리를 위한 캠페인에 대한 반발이 왜 분노와 증오로 얼룩진 경우가 많은지를 설명할 수 있다. 정치적인 것은 매우 개인적인 것이기도 하다.

• Lesbian(레즈비언), Gay(게이), Bisexual(양성애자), Transgender(트랜스젠더), Questioning(성정체성을 명확히 할 수 없는 사람)과 Queer+(성소수자 전반)를 뜻하는 말이다.

참고문헌 및 더 읽을거리

Case, C. E., and Lippard, C. D. (2009) 'Humorous Assaults on Patriarchal Ideology', *Sociological Inquiry*, 79(2): 240-55.

Firestone, S. (1970) *The Dialectic of Sex: The Case for Feminist Revolution* (London: Jonathan Cape). [국역본, 《성의 변증법》, 꾸리에, 2016]

Gilligan, C. and Snider, N. (2018) Why Does Patriarchy Persist? (Cambridge: Polity). [국역본, 《가부장 무너뜨리기: 세상을 지배하는 가부장제의 교묘한 작동 원리를 파악하고 해체하는 법》, 심플라이프, 2019]

hooks, b. (1981) *Ain't I a Woman?: Black Women and Feminism* (Boston: South End Press).

Walby, S. (1990) *Theorizing Patriarchy* (Oxford: Blackwell), esp. chapter 8. [국역본, 《가부장제 이론》, 이화여자대학교출판부, 1996]

계급

class

기본적 정의

대규모 사회집단들의 상대적인 경제적 위치로서, 직업, 재산 소유, 부富, 또는 라이프스타일 선택의 측면에서 정의된다.

개념의 기원

사회학자들은 칼 마르크스Karl Marx와 막스 베버Max Weber의 상이한 이론과 접근법 이래 사회계급에 관해 오랫동안 의견의 일치를 보지 못했다. 마르크스는 사회계급은 사회 내의 생산수단과 공통의 관계를 공유한 모든 사람들의 집단이며(노골적으로 말하면 가진 자냐 가지지 못한 자냐 하는 것이며), 계급 체계는 인류 역사의 대부분에 걸쳐 존재해 왔다고 논의한다. 전前 산업사회에서는 지주들(귀족, 젠트리gentry, 또는 노예 소유주)과 지주의 토지에서 일하는 사람들(농노, 노예, 자유농)이 양대 계급이었다. 그러나 자본주의사회에서는 공장, 사무실, 기계, 그리고 이들을 구매하는 데 필요한 자본이 토지보다 더 중요해졌다. 현대 자본주의에서 기본적인 계급 간 적대감은 자본가(생산수단을 소유한 사람들)와 노동자(생존을 위해 자본가에게 노동력을 제공할 수밖에 없는 사람들로서, 마르크스는 이들을 '프롤레타리아proletariat'라고 부른다) 사이의 적대감이다.

베버 또한 계급을 객관적으로 형성된 경제적 조건에 기초한 것으로 보았지만, [마르크스에 비해] 다양한 경제적 요인을 중시했다. 계급 분화는 가졌느냐 가지지 못했느냐뿐만 아니라 취득 가능한 직종의 유형에 영향을 미치는 기술과 자질에서도 비롯된다. 노동시장에서의 위치는 사람들의 생활기회에 강력한 영향을 미친다. 숙련노동자들은 비숙련노동자에 비해 상대적으로 높은 임금을 받으며 의사, 변호사, 고위경영자 같은 전문직 종사자들은 대부분의 다른 노동자들보다 더 나은 급여, 보상(이를테면 주식 지분과 상여금), 근무조건을 누린다. 따라서 계급위치는 상당히 복잡한 요인들에 의해 결정되며, 단순히 생산수단의 소유 여부로 환원시킬 수는 없다. 아울러 베버는 계급을 지위status와 구분하는데, 지위는 개인의 객관적인 경제적 상황보다 다른 사람들의 인식을 통해 형성되는 것이다. 최근에는 계급이 실질적 중요성을 상실하고 있는지, 그리고 계급 모형에 소비자 선호도 및 기타 문화적 요인들을 끌어들여야 하는지를 놓고 논쟁이 벌어지고 있다.

의미와 해석

오늘날 사회학자 대부분은 사회계급이 근대적이고 산업화된 국가들의 특징인 사회계층social stratification의 한 유형이라는 데 동의할 것이다(자본주의 발전에 따라 다른 사회들로 파급되기도 했지만 말이다). 계급은 공통의 경제적 자원을 공유하는 사람들의 대규모 집단이며, 이는 사람들이 취할 수 있는 라이프스타일의 유형에 상당한 영향을 미친다. 부와 직업의 소유는 계급 차이의 주요한 기초다. 사회학자들은 일반적으로 계급이 계층의 가장 유동적인 형태라는 점에 동의하는데, 이는 계급이 법적 실체가 아니고 계급 간의 경계가 고정돼 있지 않으며 계급 간 혼인에 제한이 없기 때문이다. 그렇기는 하지만, 출생 시의 계급위치가 개인이 계급 체계를 가로질러 이동하는 것을 아주 불가능하게 하지는 않더라도 어느 정도 제약하기는 한다는 연구 결과들도 있다.

사회이동 연구는 사람들이 자신의 계급위치를 성취할 수 있고 실제로 그러함을 보여 주며, 이는 그러한 이동을 허용치 않는 인도의 전통적 카스트 체계와 날카롭게 대비되는 것이다. 계급 체계는 비인격적이며 개인의 계급위치는 그가 인격적으로 맺고 있는 관계와 무관한 객관적인 것으로서, 상당히 독립적인 삶의 영역을 형성한다. 많은 이론 및 경험연구가 계급위치와 사회생활의 다른 영역(이를테면 투표 유형, 교육 수준, 건강 등)의 관계를 탐구해 왔다. 사회학자들은 직업구조를 최대한 파악해 내는 모형을 만듦으로써 근대사회의 계급구조를 그려 내고자 했다. 사회학자들은 직업을 사회계급의 포괄적 지표로 사용하는 경향이 있는데, 이는 많은 연구가 동일한 직업을 공유한 개인들이 유사한 라이프스타일과 생활기회를 경험할 가능성이 있음을 보여 주었기 때문이다.

많은 계급 분석가들이 '관계적' 계급 모형'relational' class scheme을 선호하는데, 이는 사회 내의 긴장과 불평등의 변화는 물론 고용구조 변화와 신종 직업의 경향까지도 다루기 때문이다. 존 골드소프John Goldthorpe는 수년간 계급 분석 작업을 해 왔으며, 경험연구를 위한 베버주의적 모형을 고안해 냈다. 골드소프 계급 모형은 위계를 파악하려는 것이 아니라 현대 계급구조의 '관계적' 속성을 보여 주려는 것이다. 그의 원래 모형은 계급위치를 시장 상황market situation과 작업 상황work situation에 기초해 파악했다. 시장 상황은 임금수준, 고용안정성, 승진 가능성에 관심을 두는 반면, 작업 상황은 통제력, 권력, 권위의 문제에 주목한다. 보다 최근에 골드소프(Goldthorpe, 2000)는 상이한 고용계약 유형에 관심을 기울이면서 '작업 상황'보다는 고용관계를 강조했다.

비판적 쟁점

사회학에서 계급론 및 계급분석은 오랜 역사를 갖고 있지만, 1980년대 이래로 계급이 그 중요성을 상실하고 있다고 여기는 사회학자들에 의한 비판에 직면해 왔다. 파쿨스키Jan Pakulski와 워터스Malcom Waters(1996)는 지구화로 인해 주요한 불평등이 국민국가 내에서보다 국민국가 간에 존재하며 선진국들이 서비스직과 개인화 증대에 기초한 탈산업사회가 되어 가는 전 지구적 분업이 산출됐다고 주장했다. 이들은 이러한 현상이 지위 관습주의status conventionalism, 즉 사회계급보다 소비주의와 라이프스타일 선택에 기초하는 불평등 체계로 이어졌다고 말한다.

다른 이들은 고등교육의 확대와 그것이 제공하는 기회의 확장, 그에 덧붙여 성공한 많은 기업가들에 주목한다. 이들

중 일부는 인터넷 같은 신기술을 사용하면서 계급 체계를 통해 자신의 경력을 쌓아 가는데, 이는 더 많은 사회이동과 유동적인 계급 간 이동의 증거다. 다시 말하건대, 그 결과는 계급에 기초한 공동체와 계급 정체성의 약화다. 계급은 젠더, 민족집단, 섹슈얼리티, 정치적 성향의 근거를 상실함에 따라 사람들에게 정체성의 원천으로서 갖는 중요성이 약해졌다.

계급분석의 또 다른 이슈는 젠더를 충분히 다루지 못한다는 것인데, 이는 계급분석이 '가장家長'으로부터 도출되는 계급지위에 의존하면서 통상적으로 생계비를 버는 남성을 가장으로 간주한다는 점에 기인한다. 따라서 여성의 계급위치는 남편을 통해 측정되는데, 이러한 상황은 20세기 초만 해도 통했으나 점차 많은 기혼 여성이 유급직으로 진출함에 따라 신빙성이 상당히 떨어졌다. 또한 학생, 은퇴자, 실업자 등의 집단을 어느 계급 범주에 위치시켜야 하는지가 매우 어려운데, 이는 계급 모형이 불완전하고 부분적임을 의미한다.

현대적 의의

근래의 많은 연구를 보면 계급에 기초한 정체성의 약화는 명백하지만, 그렇다고 사회계급이 개인의 기회를 형성하는 힘을 상실했다는 것은 아니다. 개인은 주관적으로는 자신을 노동계급이나 중간계급에 속하는 것으로 인식하지 않을 수도 있지만, 많은 사회학 연구들은 계속해서 우리가 태어난 계급은 우리의 생활기회의 강력한 결정요인임을 보여 준다 (Crompton, 2008).

최근 들어 '플랫폼 자본주의' 기업과 긱 경제gig economy 부문이 등장했다. 긱 노동자들은 딜리버루Deliveroo, 우버Uber 같은 플랫폼 기업에 자영自營, self-employed 노동자 형태로 고용되는 경우가 많으며, 플랫폼 기업은 이들에게 '일거리'를 연결해 준다. 이 노동자들은 중간계급인가, 노동계급인가, 아니면 전적으로 새로운 계급인가? 이러한 질문이 제기되는 것은 이들의 업무 계약과 업무 수행이 이들을 상근직 노동자들에 비해 매우 불안정한 위치에 놓이게 하고 건강 악화의 문제에 직면하게 만들기 때문이다. 그러나 먼태너Carles Muntaner(2018)는 임금, 노동조건, 직장 내 복지, 단체행동의 측면에서 긱 노동자들은 전통적인 노동계급에 훨씬 가깝다고 주장한다. 사회계급의 객관적 특성과 물질적 영향에 주목하는 것은, 특히 부유층과 빈곤층 간의 불평등이 지난 30여 년간 실제로 심화됨에 따라, 계급불평등이 어떻게 재생산되는지를 이해하는 데 필수적이다.

최근 많은 이론이 계급의 중요성이 쇠퇴하고 있다고 주장하지만, 일각에서는 특정 지역에서의 계급 경험을 탐구해 왔다. 빈센트Carol Vincent 등(2008)은 런던 도심지역의 '노동계급성working classness'에 관한 경험연구에서 질적 방법을 사용하면서 특히 자녀 양육과 사람들이 삶을 살아가는 데 가용한 자원에 초점을 맞추었다. 핵심은 '힘겹게 살아가는struggling to cope' 사람들과 '삶을 운영하는managing to cope' 대다수 사람들 간의 대비였다. 후자는 양질의 사회자본(도움을 주는 친구와 가족)과 문화자본(교육을 통한 자격 취득), 그리고 경제자본(직장, 설령 불안정하더라도)을 가지고 있다. 비록 연구 대상이 된 노동계급 사람들이 다분히 동질적 표본이긴 했지만, 이 연구는 사회계급이 여전히 생활기회의 중요한 객관적인 예측 변수임을 보여 준다.

참고문헌 및 더 읽을거리

Crompton, R. (2008) *Class and Stratification* (3rd edn, Cambridge: Polity). [국역본, 《현대의 계급론》, 한울, 1995]

Edgell, S. (1993) *Class* (London: Routledge). [국역본, 《계급사회학》, 한울아카데미, 2019]

Goldthorpe, J. H. (2000) *On Sociology: Numbers, Narratives and the Integration of Research and Theory* (Oxford: Oxford University Press).

Muntaner, C. (2018) 'Digital Platforms, Gig Economy, Precarious Employment, and Invisible Hand of Social Class', *International Journal of Health Services*, 48(4): 597-600.

Pakulski, J., and Waters, M. (1996) *The Death of Class* (London: Sage).

Vincent, C., Ball, S. J., and Braun, A. (2008) 'It's Like Saying "Coloured"': Understanding and Analysing the Urban Working Classes', *Sociological Review*, 56(1): 61-77.

빈곤

poverty

기본적 정의

사회에서 '기본적' 또는 '정상적'으로 여겨지는 것에 접근할 수 없는 상태.

개념의 기원

빈곤이라는 상태는 대다수의 사회에 존재해 왔다고 할 수 있지만, 빈곤 개념의 사용은 19세기 및 20세기 초에 그 기원을 둔다. 라운트리Seebohm Rowntree(〔1901〕2000)의 요크 지방 빈곤 연구는 사회 내 빈곤의 정도를 탐구하는 후속 작업의 초석을 놓았다. 얼마나 많은 사람이 빈곤한 상태에서 살고 있으며 빈곤을 감소시킬 조치가 마련될 수 있는지를 아는 것이 중요해짐에 따라 이러한 연구의 흐름은 그 중요성을 더하게 됐다. 1950년대 말 피터 타운젠드Peter Townsend의 연구 이래로, 빈곤 문제에 접근하는 대안적 방법이 널리 사용됐다. 타운젠드(Townsend, 1979)는 라이프스타일에 기초한 빈곤의 상대적 개념을 개발했는데, 이는 12개의 반복되는 항목을 추출하여(이를테면 '이 가구家口는 냉장고를 가지고 있지 않다') 빈곤 또는 박탈 지수에 넣는 것이다. 이는 빈곤 수준의 추정치를 산출함은 물론, 빈곤의 정도가 예전에 생각했던 것에 비해 상당히 높음을 밝혀냈다. 이는 빈곤의 절대적 개념에 비해 상대적인 것이다. 이후의 연구들은 설문지와 인터뷰 기법을 사용해 사람들로부터 **자신이** 인생에서 필요로 하는 것이 무엇이라고 생각하는지를 파악했다. 많은 국가 정부(그리고 유럽연합EU) 또한 국민 평균 소득 수준 대비 가구소득 수준에 기초한 '빈곤선poverty line'을 채택했는데, 이에 따르면 통상적으로 50퍼센트에서 60퍼센트 정도가 빈곤 상태에 있다.

의미와 해석

사회학자들은 절대적 빈곤과 상대적 빈곤이라는 두 가지 기본 개념을 인식하고 있다. **절대적 빈곤**은 물질적 최저생활수준, 즉 웬만한 수준의 건강한 삶을 유지하기 위해 충족돼야 하는 기본 조건이라는 생각에 기초한 것이다. 충분한 식량, 주거, 의복을 결여한 사람들은 절대적 빈곤 상태에 있는 것으로 여겨진다. 이러한 정의에 따르면, 다수의 개발도상국은 인구의 상당수가 여전히 절대적 빈곤 상태에 있다. 오늘날 방글라데시, 모잠비크, 나미비아 인구의 3분의 1 이상, 르완다 인구의 3분의 2가량, 그리고 나이지리아 인구의 70퍼센트 정도가 절대적 빈곤 상태에 있다. 그러나 절대적 빈곤의 보편적 기준이 존재한다는 생각은 논란의 소지가 있는데, 이는 욕구를 어떻게 정의하느냐가 문화별로 다르기 때문이다.

오늘날 사회학자 대부분은 **상대적 빈곤**이라는 대안적 개념을 사용한다. 이는 빈곤을 사회의 전반적 생활 조건과 관련

짓는 것이다. 이 개념을 선택하는 주된 이유는 빈곤은 문화적으로 정의되는 것이며 보편적 기준으로 측정할 수 없다는 생각이 널리 받아들여졌다는 점에 있다. 한 사회에서 필수적이라고 여겨지는 것이 다른 사회에서는 사치로 여겨질 수 있다. 선진국에서는 수도꼭지, 수세식 화장실, 규칙적인 과일 및 채소 섭취가 기본 필수 요건으로 여겨질 수 있지만, 많은 개발도상국에서는 이런 것들이 통상적인 삶의 일부가 아니므로 이것의 결여를 빈곤 측정에 사용하는 것은 타당하지 않다. 심지어 '절대적' 빈곤 개념도 시간이 흘러 지식이 발전함에 따라 변화돼 왔고, 그렇게 본다면 절대적 빈곤도 '상대적인' 것이다.

상대적 빈곤 개념이 만병통치약은 아니다. 사회가 발전함에 따라 빈곤의 기준도 상향 조정된다. 한때는 냉장고, 중앙난방, 전화기가 사치재로 여겨졌지만, 지금은 대부분의 사람이 이를 필수품으로 생각한다. 다른 이들은 상대적 빈곤 개념이 사회에서 가장 가난한 사람들조차도 예전에 비하면 훨씬 나은 상태에 있다는 사실을 인식하지 못하게 한다면서, 심지어 부유한 사회에서도 '진정한' 빈곤은 존재하지 않느냐고 반문한다. 빈곤 상태에 있을 가능성이 높은 사회집단으로는 아동, 노인, 여성, 일부 소수민족 등이 거론된다. 특히 삶의 다른 여러 측면에서 불이익 또는 차별을 받는 사람들은 빈곤해질 가능성이 높다.

빈곤에 대한 설명은 사회 내의 개인('피해자에 대한 비난') 또는 집단('시스템에 대한 비난') 중 하나에 초점을 맞춘다. '가난한 사람들은 언제나 존재한다'는 생각은 오랜 역사를 가지고 있으며, 빈곤한 상황은 1차적으로 가난한 개인 자신의 책임이라는 점을 함의한다. 이러한 관점에서 보면, 사회는 발전을 위한 많은 기회를 제공하며 누군가 만약 성공하지 못한다면 이는 그 기회를 활용하지 못한 자신의 책임이라는 것이다. 19세기의 구빈원救貧院은 실패할 운명에 처한 사람들을 수용하기 위해 존재했다. 이런 생각은 후에 입지를 상실했지만 1980년대에 와서 되살아났는데, 당시의 신자유주의 정치 이념은 빈곤을 가난한 사람들 자신의 라이프스타일과 태도로 설명했다. 미국 사회학자 찰스 머레이Charles Murray(1984)는 새로운 '최하층계급underclass'의 출현은 복지 혜택에 기대어 노동을 기피하는 삶에 뿌리박힌 의존적 문화 때문이라고 본다.

'시스템에 대한 비난'이라는 접근법은 사회경제적 조건이 특정 수준의 빈곤을 창출하는 방식을 탐구한다. 주기적인 경기 상승과 침체, 교육정책 및 교육체계의 변화, 계급·민족집단·젠더·장애 등의 주요한 사회적 구분, 이 모든 것은 개인의 생활기회와 사람들이 빈곤을 경험할 개연성을 형성하는 데 기여한다. 이러한 관점은 1930년대에 리처드 토니Richard H. Tawney가 빈곤은 사실상 빈부격차를 극단으로 치닫게 하는 사회불평등의 한 측면이라고 이론화한 데까지 거슬러 올라간다. 빈곤에 대응하는 핵심은 사회정책 및 경제정책을 통한 사회불평등의 감소이지 개인을 비난하는 것이 아니다. 최근 영국의 정책 변화 사례인 최저임금제 도입과 노동연계급여in-work benefits• 확대는 모두 빈곤 수준 감소를 목표로 한 것이다.

경제 구조조정 또한 빈곤을 심화시킬 수 있다. 1980년대 제조업 쇠퇴, 고용의 '교외화suburbanization'[일자리가 도시 중심부에서 외곽으로 이전하는 현상], 그리고 저임금 서비스업종의 증가는 고용기회를 줄여 버렸다. 요약하자면, 빈곤 수준은 사회의 구조적 변동과 맞물려 설명돼야 한다.

비판적 쟁점

빈곤 개념의 지속적 사용을 두고 많은 비판이 제기돼 왔다. 절대적 빈곤 개념에 대한 문화적 비판을 받아들이면 상대적 빈곤 개념만 남게 된다. 그러나 비판론자들은 이를 사회불평등의 대안적 기술description 이상은 아니며 이해에 별반 도움이 되지 않는 것으로 본다. 사회의 발전에 따른 풍요와 더불어 빈곤의 기준이 바뀌면, 극심한 박탈을 이해하고 그에 대한 경각심을 높인다는 빈곤 개념의 원래 목표는 사라져 버린다. 근대적 삶의 기술적 혜택을 받지 못하고 복지 혜택을 받는 가족이 정말로 빈곤 상태에 있는 것으로 규정될 수 있는가?

일부 사회학자들은 빈곤 개념 대신 **사회적 배제social exclusion**라는 용어를 선호한다. 이 용어는 빈곤한 사람들의 특정 시민권을 거부하는 과정을 파악하는 데 도움을 준다. 빈곤을 측정하려는 시도에 대해서도 비판이 제기될 수 있다. 박탈

● 1997년 집권한 영국 노동당의 토니 블레어Tony Blair가 표방한 '일하기 위한 복지Welfare to Work'라는 구호에서 시작된 정책으로서, 저임금 노동자에게 급여를 지급하여 빈곤 수준을 감소시킴은 물론 수급자들의 노동시장 진입을 촉진하는 것 또한 목표로 한다.

지수는 자의적으로 선택된 일군의 항목에 대한 파악에 기초한다. 어떤 항목이 필수적이거나 실제 니즈needs이며 또 어떤 것이 단지 원츠wants인지를 선택하는 기준은 무엇인가? 일부 범주, 이를테면 따뜻한 아침 식사 또는 집을 떠나 즐기는 휴가 같은 것들이 빈곤에 비해 선택 및 우선순위와 더 많이 관련돼 있을 수 있다. 이러한 선택성은 개발도상국의 실제적인 절대적 빈곤만이 아닌 다른 것에도 주목하는 계기가 될 수 있다.

현대적 의의

이런저런 비판이 있지만 빈곤 개념은 사회 연구, 특히 정책입안자들에게 도움이 되고자 하는 연구에서는 여전히 인기 있는 주제다. 상대적 빈곤 개념 또한 기저에서 작동하는 사회경제적 과정들이 많은 사회집단의 온전한 시민권full citizenship을 부정하는 높은 박탈 수준을 초래할 수 있다는 점에 관심을 기울임으로써, 불평등 관련 논쟁을 보다 사회학적인 프레임으로 끌어냈다는 점에서 매우 중요하다. 빈곤 상태에 있는 사람들이 이를 벗어날 방도를 찾기 쉽지 않다는 생각 역시 경험연구들을 통해 반박을 받고 있다. 젱킨스Stephen P. Jenkins(2011)는 빈곤 상태에 있는 사람 중 상당수는 예전에 어느 시점에서였든 괜찮은 상태에 있었거나 차후 언제가 됐든 빈곤을 탈출할 것으로 기대된다는 점을 보여 준다. 상당량의 사회이동이 일어나고 있다는 것은 어떤 이들은 빈곤에서 성공적으로 벗어남을 뜻함은 물론, 생각했던 것보다 많은 사람이 실제로는 인생의 어느 시점에 빈곤한 삶을 살았음을 의미하기도 한다. 이렇게 해서 빈곤은 효과적으로 '인간의 얼굴을 갖게 된다humanized'.

코로나19 팬데믹은 고령자를 비롯해 특정한 건강상 문제가 있거나 기저질환(당뇨병, 비만, 심혈관계질환 등)을 가진 사람들의 위중증 및 사망 위험성을 높인다는 점이 빠르게 알려지면서 '취약성vulnerability' 개념에 대한 관심을 고조시켰다. 그러나 위험에 대한 이러한 의학적 모델은 빈곤한 사람들의 취약성이 증가하며, 특히 정부가 강제 봉쇄 조치(영업 중지를 포함한)를 시행하는 기간에 문제가 더욱 심각해진다는 점을 간과한다. 파텔Jay A. Patel 등(2020)의 논의에 따르면, 영국에서 낮은 사회경제적 위치에 있는 집단들은 재택근무가 불가능한 직종에 종사하고 주거환경이 열악한 경우가 많으며, 따라서 밀집도가 높은 주거지에 살면서 고용 및 수입의 불안정성에 기인한 정신 건강 악화를 겪을 가능성이 크고, 이는 면역체계의 약화로 이어진다. 또한 이들은 코로나19 합병증 고위험군에 속할 수 있는 기저질환을 가지고 있을 가능성도 크다. 파텔 등이 말하기를, 빈곤한 사람들은 제1차 팬데믹 기간 중 '잊혀진 취약 집단forgotten vulnerable'이며 이들의 건강 상태에 대한 인식은 아직도 부족하다.

참고문헌 및 더 읽을거리

Alcock, P. (2006) *Understanding Poverty* (3rd edn, Basingstoke: Palgrave Macmillan).

Hulme, D. (ed.) (2010) *Global Poverty: How Global Governance is Failing the Poor* (London: Routledge).

Jenkins, S. P. (2011) *Changing Fortunes: Income Mobility and Poverty Dynamics in Britain* (Oxford: Oxford University Press).

Murray, C. A. (1984) *Losing Ground: American Social Policy 1950-1980* (New York: Basic Books).

Patel, J. A., Nielsen, F. B. H., Badiani, A. A., Assi, S., Unadkat, V. A. Patel, B., Ravindrane, R. and Wardle, H. (2020) 'Poverty, Inequality and Covid-19: The Forgotten Vulnerable' *Public Health*, 183: 110-11.

Rowntree, B. S. ([1901]2000) *Poverty: A Study of Town Life* (Bristol: Policy Press).

Townsend, P. (1979) *Poverty in the United Kingdom* (Harmondsworth: Penguin).

사회이동

social mobility

기본적 정의

사람들 또는 사회집단들이 사회계층 체계 내에서 상승 또는 하강 이동하는 것. 선진 근대사회에서 사회이동은 사회계급 체계 내에서의 이동을 지칭한다.

개념의 기원

사회이동 연구는 1945년 이후 사회학자들이 사회가 부유해짐에 따라 사회불평등, 통상적으로 계급의 영향력이 감소하느냐를 파악하고자 시도하던 시기로 거슬러 올라간다. 일부 경제학자들은 산업화 이전에는 불평등 수준이 낮다가 지속적 경제성장 단계로 도약하면서 불평등이 증대하지만, 시간이 지남에 따라 사회이동이 증대하면서 불평등이 평준화되어 예전처럼 낮은 수준으로 돌아간다고 주장한다. 1960년대 말 미국에서 많은 수직 이동이 일어났다는 연구 결과가 있었지만, 실제 이동은 매우 적게 또는 작은 범위에서 일어났을 뿐이다. 노동계급에서 중상계급upper middle class으로 크게 건너뛰는 이동은 여전히 드물었다. 화이트칼라와 전문직이 블루칼라 직종보다 빠르게 증가하면서 블루칼라 자녀들이 화이트칼라 직종으로 이동하는 것이 가능해짐에 따라 하강 이동은 흔치 않은 일이 됐다.

립셋Martin Lipset과 벤딕스Reinhard Bendix(1959)는 9개국(영국, 프랑스, 서독, 스웨덴, 스위스, 일본, 덴마크, 이탈리아, 미국)의 자료 분석을 통해 중요한 연구를 수행했다. 이들은 남성의 블루칼라에서 화이트칼라로의 이동에 초점을 맞춰 본 바, 놀라운 결과를 발견했다. 미국의 수직 이동률이 30퍼센트이고 유럽의 수직 이동률이 27퍼센트에서 31퍼센트 사이라는 것은 미국이 유럽보다 더 개방적이라는 증거가 없음을 보여 준다. 이들은 모든 산업화된 사회는 상승 이동을 촉진하는 화이트칼라 직종의 확대를 유사하게 경험한다는 결론을 내렸다. 오늘날 이동 연구는 전반적 사회이동이 증가하는지 감소하는지를 평가하기 위해 점차 젠더와 민족집단의 차원을 끌어들이고 있다.

의미와 해석

사회이동은 개인 및 집단의 사회경제적 위치 간 이동을 일컫는다. 수직 이동은 사회경제적 위치의 상승 또는 하강을 뜻한다. 따라서 자본 또는 지위가 향상된 사람은 상승 이동한 것인 반면, 경제적 위치 또는 지위가 나빠진 사람은 하강 이동한 것이다. 근대사회에서는 사람들이 새로운 지역에서 일자리를 찾는 지리적 이동 또한 증가하고 있으며, 이는 수평 이동으로 지칭된다. 양자는 종종 같이 일어나기도 하는데, 이를테면 개인이 어디가 됐든(심지어 해외일지라도) 동일 기업의 새로운 지부로 승진해 옮겨 가는 경우가 그렇다.

사회학자들은 사회이동의 두 가지 주요 측면을 연구한다. 세대 **내** 이동intragenerational mobility 연구는 개인이 일생에 걸쳐 사회계층 체계에서 얼마나 상승 또는 하강했는지를 탐구한다. 세대 **간** 이동intergenerational mobility 연구는 자녀가 부모 또는 조부모에 비해 계층 체계 내에서 상승 또는 하강했는지, 했다면 얼마나 했는지를 탐구한다. 사회이동 관련 논쟁은 계급 체계의 상대적 고정성 또는 유동성, 그리고 산업자본주의 사회가 성숙해짐에 따라 사회이동이 용이해지는지 여부에 초점을 맞추는 경향이 있다. 상승 이동의 정도가 낮다면 계급이 여전히 사람들의 생활기회에 강력한 영향력을 행사한다고 추정할 수 있지만, 오늘날 사회이동의 정도가 전에 비해 높다면 계급이 그 영향력을 상실하고 있으며 사회가 보다 능력주의적이고 덜 불평등해지고 있다고 이론화할 수 있다.

영국에서 사회이동의 정도는 제2차세계대전 이후로 광범위하게 연구되어 왔으며 풍부한 경험적 증거와 조사연구가 산출되었다. 글래스David Glass(1954)는 1950년대까지 장기간에 걸친 세대 간 이동을 분석한 결과, 작은 범위의 이동은 상당히 있긴 했지만 영국이 특별히 개방적인 사회는 아니라고 결론 내렸다. 상승 이동이 하강 이동보다 많이 일어나기는 했지만, 밑바닥에 있는 사람들은 여전히 그 자리에 머물러 있는 경향이 컸다. 골드소프John Goldthorpe 등([1980]1987)의 옥스퍼드 이동 연구Oxford Mobility Study를 수록한 《근대 영국에서의 사회이동과 계급구조Social Mobility and Class Structure in Modern Britain》는 글래스의 연구 이후로 사회이동의 유형이 얼마나 변화했는지를 발견하고자 했다. 연구 결과, 남성의 전반적 이동 수준이 예전에 비해 높으며 계급 체계 전체에 걸쳐 광범위한 이동이 일어났다. 그러나 직업 체계는 그리 평등해지지 않았으며, 1980년대부터 블루칼라 남성이 전문직 또는 경영직을 획득할 기회가 증가한 것은 직업구조의 변화에 기인한 것이지 기회구조의 확대 또는 불평등의 감소 때문이 아니었다. 골드소프와 잭슨Michelle Jackson(2007)은 보다 최근의 자료를 사용하여 연구한 결과 절대적 의미에서 세대 간 이동이 감소했다는 증거는 없지만, 광범위한 사회이동이 감소했다는 지표는 확인된다고 결론지었다. 이들은 또한 남성의 경우 하강 이동과 상승 이동 간에 긍정적인 균형이 존재하지 않으며, 이는 상승 이동률이 증가 추세로 돌아설 가능성이 매우 작음을 보여 주는 것이라고 논의한다.

비판적 쟁점

사회이동에 대한 중요한 비판은 이 개념이 통상적으로 거의 남성의 노동 생활에만 기초해 왔다는 사실이다. 이는 아마도 1950년대와 1960년대 가장으로서의 남성과 주부로서의 여성이라는 이데올로기가 작동할 당시에는 납득할 만했지만, 보다 많은 여성이 공식적 유급 노동 영역으로 진입함에 따라 설득력이 떨어졌다. 더구나 이제는 많은 여성이 자신의 소득을 바탕으로 가구주 역할을 훌륭히 해내고 있다. 최근 일부 연구는 여성이 이전 세대에 비해 더 많은 기회를 누리고 있으며, 중간계급 여성들이 최대 수혜자임을 보여 준다. 이동 연구가 사회의 개방성 또는 기타 측면에서 실제적인 변화상을 보여 주려면 여성의 경험을 고려할 필요가 있다.

사회이동 연구의 전반적 전통에 대한 몇몇 오랜 비판은 영국 및 기타 선진국들이 능력주의적인 것은 보상이 가장 잘 '수행' 및 성취할 수 있는 사람들에게 돌아가기 때문이라고 주장한다. 따라서 계급 배경이 아닌 능력과 노력이 직업적 성공의 핵심 요인이다(Saunders, 1996). 손더스Peter Saunders는 아동 발달 연구National Child Development Study에서 산출된 경험적 자료를 사용하여 총명하고 열심히 공부하는 영국 아동들은 자신이 경험하는 사회적 유리함 또는 불리함에 상관없이 성공한다는 것을 보여 주었다. 영국은 불평등한 사회지만 또한 본질적으로 공평한 사회이기도 하며, 보상은 그것을 받고자 노력했고 따라서 그것을 받기에 합당한 사람들에게 주어진다는 것이다. 다른 이들은 개인의 능력을 그의 계급위치를 결정하는 요인 중 하나로 보는데, 이는 불리한 배경을 가진 아동들이 유사한 계급위치를 획득하기 위해서는 다른 사람들보다 더 많은 능력을 보여 줘야 함을 의미하는 것이다.

현대적 의의

사회이동 개념은 사회학자들이 직업 동향 및 계급경계를 넘어선 이동을 파악하는 데 중요하다. 오늘날 많은 이들은 지구화와 시장규제 철폐가 부자와 빈자 간의 격차를 확대하고 계급불평등을 '심화시키며', 그 결과 이동 기회가 줄어들었다고 주장한다. 그러나 우리의 활동이 전적으로 계급 분화에 의해 결정되는 것은 결코 아니며, 많은 사람들이 사회이동을 실제로 경험하고 있음을 상기할 필요가 있다.

애커스George Karl Ackers(2019)는 최근 연구에서 숙련노동계급 남성들 사이에서의 사회이동을 탐구하면서 이들이 사회이동 과정에서 겪은 개인적 긴장에 관해 논의했다. 이 질적 연구는 노동계급 남성 28명의 생애사를 다루면서 성공적인 세대 간 이동에서 작동하는 '이중의 긴장'을 발견했다. 긴장의 첫 번째 원인은 자신의 전통적인 노동계급 아비투스를 벗어나 중간계급에 가까운 생활 유형으로 이행하는 데서 비롯된다. 두 번째 원인은 자신의 노동지위를 부모의 노동지위보다 높여야 한다는 가족의 압박에서 비롯된다. 기본적으로 이 남성들은 계급위치 이탈, 그리고 자신의 집합적 소속과 개인적 성취 사이에서 발생하는 긴장을 경험하면서 그저 '잘해 나가자'고 마음먹는 방식으로 이에 대처한다. 그러나 이들은 자신의 가족 배경과 여전히 연결돼 있는 부모에게서 인정을 받기 위해 상승 이동 경력 또한 추구한다. 상승 이동을 문제없이 '좋은 일'로 간주하는 일부 다른 연구들과 달리, 이 연구는 상승 이동과 관련된 문제들을 개인과 그의 자아 측면에서 탐구한다.

사회의 전반적 변동이나 혁명은 사회이동에 어떤 영향을 미치는가? 허르츠Tom Hertz 등(2009)은 사회주의가 몰락한 국가 중 하나인 불가리아의 경우를 대상으로 이 문제를 탐구한다. 이 연구는 급격한 변동과 경기침체, 그리고 공공지출 대폭 축소(특히 교육 관련 지출 축소)가 일어난 시기인 1995년부터 2001년까지 불가리아의 세대 간 사회이동이 뚜렷이 감소했음을 보여 준다. 특히 교육 수준이 높지 않은 부모의 자녀들은 이 시기 동안 평균 교육 수준의 절대적 하락과 그에 따른 세대 간 사회이동의 감소로 인해 고통받았다. 허르츠 등은 이러한 현상의 주된 원인이 교육 관련 공공지출의 대폭 축소와 학교 수 감소, 실업률 상승, 이전의 평등주의적인 정치적 지향의 후퇴에 있다고 주장한다. 예전 사회주의 국가들에서 일어난 이러한 변동이 상당한 혼란을 초래하리라는 것은 놀랄 일이 아닐뿐더러, 2008년의 전 세계적 금융위기가 이 연구에서 밝혀낸 경향을 뒤집기 매우 어렵게 만들 것이라는 점 또한 미루어 짐작할 수 있다.

참고문헌 및 더 읽을거리

Ackers, G. K. (2019) 'The 'Dual Tension' Created by Negotiating Upward Mobility and Habitus: A Generational Study of Skilled Working Class Men, Their Sons and Grandsons Following Deindustrialization', *Current Sociology*, 68(7): 891-911.

Glass, D. (1954) *Social Mobility in Britain* (London: Routledge & Kegan Paul).

Goldthorpe, J. H., and Jackson, M. (2007) 'Intergenerational Class Mobility in Contemporary Britain: Political Concerns and Empirical Findings', *British Journal of Sociology*, 58(4): 525-46.

Goldthorpe, J. H., Llewellyn, C., and Payne, C. ([1980]1987) *Social Mobility and Class Structure in Modern Britain* (2nd edn, Oxford: Clarendon Press).

Hertz, T., Meurs, M., and Selcuk, S. (2009) 'The Decline in Intergenerational Mobility in Post-Socialism: Evidence from the Bulgarian Case', *World Development*, 37(3): 739-52.

Lipset, S. M., and Bendix, R. (1959) *Social Mobility in Industrial Society* (Berkeley: University of California Press).

Platt, L. (2005) *Migration and Social Mobility: The Life Chances of Britain's Minority Ethnic Communities* (Bristol: Policy Press).

Saunders, P. (1996) *Unequal But Fair?: A Study of Class Barriers in Britain* (London: IEA Health and Welfare Unit).

상호교차성

intersectionality

기본적 정의

계급, 인종/민족집단, 젠더, 장애, 섹슈얼리티 등을 포함한 사회불평등의 요소들을 상호교차시킴으로써 단차원적 개념화에 비해 보다 복합적인 차별의 유형을 산출하는 것.

개념의 기원

칼 마르크스Karl Marx 이후의 사회학은 사회계급을 개인의 생활기회를 형성하는 1차적인 불평등 유형으로 이론화했다. 20세기 들어 점진적으로 불평등의 또 다른 차원들이 중요한 것으로 인식돼 왔고, 1970년대부터 다양한 요인들이 근대사회의 불평등의 원천으로 여겨져 왔다. 일부 연구에서 계급과 젠더가 어떻게 서로를 강화하는지를 이론화하려 시도했지만, 체계적 방식으로 이루어지지는 못했다. 사회학 연구의 흐름이 계급에만 초점을 맞추는 데서 벗어남에 따라, 기존의 계급 이론들을 불평등의 다른 유형을 설명하기 위해 변환하는 것이 용이하지 않음이 분명해졌다. 상호교차성 개념을 처음 사용한 것은 크렌쇼Kimberlé Crenshaw(1989)의 미국 내에서 '인종과 성'의 상호교차에 관한 논문이다(Taylor et al., 2010

참조). 곧바로 이어서 앤더슨Margaret L. Andersen과 콜린스Patricia Hill Collins(〔1990〕2016)가 사람들의 정체성과 생활기회 형성에서 계급, 인종, 젠더, 섹슈얼리티의 상호교차를 인류학적으로 탐구했다. 흑인 페미니스트 진영은 상호교차성 이론의 발전에 중요한 역할을 했으며, 상호교차성 이론은 미국 학자들에 의해 형성됐고 현재까지는 이들에 의해 주도되어 왔다(비록 흐름이 조금씩 바뀌고는 있지만)(Crenshaw, 1991).

의미와 해석

계급에만 초점을 맞추던 데서 점차적으로 벗어나면서, 사회학자들은 오늘날 사람들의 삶을 이해하려면 계급을 다른 불평등의 요소들과 연결하는 방식을 찾아야 한다고 제안해 왔다(Andersen and Collins, 〔1990〕2016; Rothman, 2005). 현재까지는 사회적 및 문화적 다양성에서 출발한 상호교차성 이론이 의심할 나위 없이 그와 관련된 가장 영향력 있는 관점이다. 이것은 사소한 인식이 아니다. 이는 '흑인', '노동계급', '여성', '장애인', '동성애 남성' 등의 포괄적 범주에 관해 논의하는 모든 사회학 연구와 이론이 과도하게 일반화됐음을 시사하는 것이다. 사회학자들이 '노동계급' 또는 '여성'의 경험에 대해 토론하고 논쟁한다는 것은 무엇을 의미하는가? 계급위치는 노동계급 구성원 대부분의 1차적 정체성 인식이 아닐 수도 있다. 백인 이성애 노동계급 남성의 삶은 흑인 동성애 노동계급 남성의 삶과 상당히 다를 수 있으며, 경험연구를 통해서만 이러한 정체성 유형이 더욱 중요함을 알 수 있다.

상호교차성 연구는 다양한 차이 유형이 특정 사례 내에서 얽혀 있는 방식을 탐구하며, 이는 실제 생활에 대한 고도로 복잡한 분석으로 이어진다. 그러나 이러한 연구는 단지 기술적descriptive이기만 한 것이 아니라, 어떻게 권력관계가 사회 내에서 불평등과 차별을 산출하는지를 이해하려는 시도다(Berger and Guidroz, 2009). 이를테면, 상호교차성 연구는 계급+인종+젠더 그 이상인 것이다. 오히려 상호교차성 연구는 각 범주가 다른 범주를 이해하도록 해 주며, 그것들이 한데 묶여 세계를 "맥락에 따라 억압되고 주변화되며, 때에 따라서는 특권화되고 이득을 보는" 것으로 경험하는 방식을 산출한다고 주장한다(Smooth, 2010: 34). 간단히 말해서, 상호교차하는 범주들은 명확한 별개의 요소들로 분리될 수 없는 사회적 위치들을 산출한다. 이는 단순한 부분들의 합 이상이다.

상호교차성 연구는 사람들의 실제 삶의 경험을 파악할 수 있는 질적 방법과 생애과정에 걸친 불평등의 효과를 재구성하는 전기적傳記的 방법을 선호한다. 이는 통상적으로 설문조사 방법 및 양적 분석이 지배해 온 주류 계급 연구와의 확실한 차이를 보여 주는 것이다. 따라서 상호교차성은 사회적 삶의 다양성에 관한 기술description이자 이론이지만, 또한 다양한 경험에 대한 보다 포괄적이고 타당한 설명을 제공하도록 고안된 방법론으로서 사회적 위치 간의 상호작용에 대한 날카로운 초점을 도입하는 것이기도 하다.

비판적 쟁점

상호교차성 이론 및 연구에는 몇 가지 문제점이 있다. 얼마나 많은 불평등과 정체성의 범주가 분석에 포함돼야 하는가? 이 이슈는 종종 '기타 등등' 문제로 지칭된다. 즉 일부 연구는 다른 많은 원천의 존재를 보여 주기 위해 계급, 젠더, 인종에 '기타 등등'을 추가한다는 말이다(Lykke, 2011). 그러나 그렇다면 연구자가 자신의 연구 결과가 타당함을 증명하기 위해 이 모두를 다루었음을 어떻게 알 수 있는가? 두 번째 이슈는 연구에 사용된 상이한 범주들에 부여된 상대적 가중치다. 그 범주들을 광범위하게 유사한 것으로 이론화해야 하는가? 아니면 특정 범주가 사람들의 삶을 형성하는 데 보다 중요한 것이라고 주장할 이유가 있는가? 예를 들어, 마르크스주의 이론에서는 자본주의사회에서 계급위치가 여전히 기회구조 및 생활기회를 형성하는 추동력이라고 주장하는 것은 타당하지 않을 이유가 없다고 논의한다. 개인 정체성의 다양한 요소가 상호교차하는 방식에 대한 분석이 상당히 보편화되기는 했지만, 유사한 위치에 있는 개인들의 생활기회에 영향을 미치는 계급 및 소수민족집단 같은 대규모 사회집단을 포함하는 구조화된 불평등 유형을 계속해서 발견해 내는 타당한 사회학적 연구가 영국 및 기타 지역에서 아직도 많이 나오고 있음을 기억할 필요가 있다.

현대적 의의

상호교차성 개념은 빈곤뿐만 아니라 사회적 삶 전반에서의 차별적 경험을 이해하려는 매우 중요한 시도였다. 그리고 더 많은 연구가 수행됨에 따라, 사회적 삶의 특성은 훨씬 더 복잡하고 매우 세밀하게 구별된 것으로 파악된다. 예를 들어 바너드Helen Barnard와 터너Clair Turner(2011: 4)는 "중간계급, 이민 3세, 인도인, 힌두교도, 학위 소지자이며 밀턴 케인즈[잉글랜드 버킹엄셔 지역의 대도시]에 거주하는 여성의 경험은 이민 2세, 인도인, 이슬람교도, 3등급 자격 소지자•이며 장애인 남편 및 두 자녀와 브래드포드[잉글랜드 북부의 웨스트요크셔 지역의 도시]에 거주하는 여성의 경험과 공통점이 거의 없을 것"이라고 논의한다.

최근에는 평등 관련 입법이 성과를 거두려면 사회정책이 상호교차성에 주의를 기울여야 한다는 제안이 나온 바 있다 (Hancock, 2007). 알론소Alba Alonso(2012)는 이러한 아이디어를 평등 정책에 입안할 때 시민사회 집단이 참여한 역사가 있는 포르투갈을 대상으로 탐구한다. 포르투갈의 해법은 새로운 통합 기구를 바로 만들기보다는 기존의 평등 관련 기구를 활용한 협력 모델의 발전을 장려하는 것이다. 이 해법이 제한적인 것처럼 보이기는 하지만, 알론소는 이러한 매개적 접근법이 현행 편제 내에 존재하는 전문성을 유지할 수 있도록 해 준다고 논의한다. 또한 이는 관련 기구들로 하여금 단일 집단의 이슈뿐만 아니라 상호교차적 불평등 문제 또한 다룰

• 영국에서 시행하는 학업성취도 평가상의 등급을 지칭하는 것이다. 10학년 내지 11학년생(한국의 고등학교 2학년 혹은 3학년생)을 대상으로 한다. 총 9등급 중 1등급부터 6등급은 합격, 7등급 이하는 불합격이다.

수 있는 잠재력을 제공한다. 이는 당장은 잘 통합된 상호교차적 체제가 부재하더라도 향후 그런 체제가 갖춰질 수 있는 길을 닦는 것이다.

참고문헌 및 더 읽을거리

Alonso, A. (2012) 'Intersectionality by Other Means? New Equality Policies in Portugal', *Social Politics*, 19(4): 596-621.

Andersen, M. L., and Hill-Collins, P. (eds) ([1990]2016) *Race, Class, and Gender: An Anthology* (9th edn, Boston, MA: Cengage Learning).

Barnard, H., and Turner, C. (2011) *Poverty and Ethnicity: A Review of the Evidence* (York: Joseph Rowntree Foundation).

Berger, M. T., and Guidroz, K. (eds) (2009) *The Intersectional Approach: Transforming the Academy through Race, Class, and Gender* (Chapel Hill: University of North Carolina Press).

Crenshaw, K. W. (1991) 'Mapping the Margins: Intersectionality, Identity Politics and Violence against Women of Color', *Stanford Law Review*, 43(6): 1241-99.

Hancock, A.-M. (2007) 'Intersectionality as a Normative and Empirical Paradigm', *Politics and Gender*, 3(2): 248-54.

Lykke, N. (2011) 'Intersectional Invisibility: Inquiries into a Concept of Intersectionality Studies', in H. Lutz, M. T. H Vivar and L. Supik (eds), *Framing Intersectionality: Debates on a Multifaceted Concept in Gender Studies* (Farnham: Ashgate), pp. 207-20.

Rothman, R. A. (2005) *Inequality and Stratification: Class, Race and Gender* (5th edn, Upper Saddle River, NJ: Prentice Hall).

Smooth, W. G. (2010) 'Intersectionalities of Race and Gender and Leadership', in K. O'Connor (ed.), *Gender and Women's Leadership: A Reference Handbook*, Vol. 1 (London: Sage), pp. 31-40.

Taylor, Y., Hines, S., and Casey, M. E. (eds) (2010) *Theorizing Intersectionality and Sexuality* (Basingstoke: Palgrave Macmillan).

인종과 민족집단

race and ethnicity

기본적 정의

인종은 생물학적 근거를 둔 특성(이를테면 피부색 등)에 기초하여 부여된 다양한 속성 또는 능력을 지칭한다. 민족집단은 구성원들이 공통의 문화적 정체성에 대한 뚜렷한 인지를 공유하여 자신을 차별화시키는 사회집단을 말한다.

개념의 기원

피부색을 기초로 사회집단을 구분하는 것은 고대문명에서도 일상화돼 있었다. 물론 더 흔한 것은 부족 계보나 친족에 기초한 구분이었다. 이러한 구분 기준들은 근대적 인종 개념과는 상대적으로 거리가 있다. 19세기 초 이래로 인종은 명백한 생물학적 함의를, 그리고 나중에 가서는 유전학적 함의까지 가지게 됐으며, 이는 이 개념을 과학적 이론 및 분류체계와 연결 짓는 것이다. 과학적 인종 이론은 18세기 말과 19세기에 걸쳐 발전했으며, 당시 개발도상국들의 영토를 지배했던 영국 및 기타 유럽 국가들의 제국주의적 야심을 정당화하는 데 사용됐다. 이는 '과학적 인종차별주의'의 사례로서, 독일국가사회주의당[나치]의 인종차별적 이데올로기, 남아프리카공화국의 인종차별 정책(아파르트헤이트apartheid), 그리고 기타 백인 우월주의 집단들(예컨대 미국의 KKK단)에게 '과학적' 겉치레를 제공해 준 바 있다.

민족집단 개념은 근대적 의미로 상이한 문화집단을 의미하는데, 그 기원은 1930년대로 거슬러 올라가며, 1945년 이후 나타나기 시작한 소수민족집단minority ethnic groups과 관련된다. '인종' 개념이 사회과학에서 철저히 배척당한 반면, 민족집단 개념은 집단문화에 초점을 맞추고 있다는 점에서 한 자리를 차지할 수 있었다. 민족집단에 따른 불리함 및 차별의 유형에 관한 연구는 이 개념을 '소수민족집단'으로 확장시켰는데, 여기서 '소수minority'는 수적으로 적음을 뜻하는 것이 아니다. 일부 사회학자들은 인종이라는 용어가 사회 전반에서 통용되고 있기 때문에 인종 개념을 깡그리 무시해서는 안 된다고 주장한다. 이 개념이 어떻게 사용되고 있고 그것에 부여된 의미는 무엇인지를 사회학자들이 생각할 필요가 있다는 것이다.

의미와 해석

인종과 민족집단은 이 책의 표제어 목록에서 한 쌍으로 묶여 있는데, 이는 두 용어가 이제는 흔히 쓰이는 문구文句, phrase이며 서로 연관돼 있음을 함의하기 때문이다. 그렇기는 하지만 양자는 상당히 쉽게 구분된다. 인종은 오늘날 어려운 개념인데, 비록 과학적 개념으로 사용하는 것은 신빙성이 떨어진다 해도, 여전히 널리 사용되고 있으며 또한 지배적인 개념일 것이기 때문이다. 그러나 생물학자들과 사회과학자들 사이에서 명확한 인종 개념은 찾아볼 수 없다. 물론 신체적 다양성은 명확히 관찰 가능하기는 하지만, 이것이 유전학적으로 뚜렷이 구분되는 인종 유형을 구성하는 것은 아니다. 사회학자 대부분은 인종 개념이 이데올로기적 구성물일 뿐이라고 주장한다. 이러한 이유로 많은 사회학자들, 특히 북미 이외 지역의 사회학자들은 인종 개념의 의미에 상당히 문제가 있음을 나타내기 위해 이 용어를 작은따옴표 안에 넣는 경향이 있다.

사회학자들은 인종 개념이 사람들을 상이한 생물학적 집단들로 범주화하기 위해 채택되는 과정을 '인종화racialization'로 지칭한다. 미국의 노예제와 남아프리카공화국의 아파르트헤이트의 사례가 보여 주듯이, 인종화된 사회는 사법, 보건, 고용기회, 교육, 더 일반적으로는 생활기회와 관련한 극단적인 사회불평등에 기초해 있는 경우가 많다. 인종은 과학적 개념으로서는 심히 신빙성이 떨어지는 것이지만, 역사를 통해 나타난 이 개념의 실제적 결과는 윌리엄 아이작 토머스William Isaac Thomas의 유명한 격언인 "만약 인간이 특정 상황을 실재로 정의하면 그것은 결과적으로 실재가 된다"라는 말을 예증한다. 인종이 생물학적 관념에 그 뿌리를 두고 있다면, 민족집단 개념은 문화, 또는 더 정확히는 문화들cultures에 주목한다. 각 민족집단은 언어, 역사, 종교, 그리고 다양한 사회규범과 공유된 기억에 의해 서로 구별된다. 그러나 중요한 것은 민족집단의 타고난 특성은 없다는 점이다. 민족집단은 순전히 사회적 현상으로서, 젊은 세대가 민족 공동체의 라이프스타일, 규범, 신념에 동화됨에 따라 지속적으로 재생산되는 것이다.

일부 민족집단에서는 다른 민족과의 혼인 금지 같은 배제적 장치들이 두드러지는데, 이는 문화적으로 설정된 경계를 유지하는 데 기여한다. 민족집단은 사회학자들에게 보다 유용한 개념인데, 이는 '인종'처럼 생물학적 함의를 담고 있지 않기 때문이다. 그러나 '민족적ethnic'이라는 용어를 사용하는 것 또한 문제가 있다. 예를 들어, 유럽에서 '민족적'이라는 용어는 통상적으로 이른바 '토착민indigenous population'(즉 민족적 요소를 갖지 않은non-ethnic 사람들)과는 다른 문화를 지칭하는 말로 쓰인다. 그러나 민족성은 인구집단의 일부만이 아닌 전체 구성원의 속성이다.

사회학에서는 소수민족집단이라는 관념이 널리 사용되는데, 이는 단지 숫자만의 문제가 아닌 그 이상의 것이다. '소수자집단minority group'은 구성원의 수가 적은 집단이 아니라, 지배집단에 비해 상대적으로 불이익을 받는 위치에 있는 집단을 말하는 것이다. 소수민족집단은 구성원들이 공유한 차별, 인종차별주의, 편견의 경험에 기초한 강한 연대감을 표출하는 경향이 있다. 이러한 피해의 대상이 된다는 것은 사람들로 하여금 자신들이 공통의 이해관계를 갖고 있다는 생각을 고양시킨다. 따라서 사회학자들은 '소수자'라는 용어를 문자 그대로의 수적 의미가 아니라 사회 내에서 집단의 종속적 위치를 뜻하는 의미로 사용한다. '소수자'가 사실상 다수인 경우는 남아프리카공화국 아파르트헤이트 치하 또는 도심지의 특정 영역 등 여럿이 있다. 많은 소수자집단은 여타 인구집단과 민족적 및 신체적으로 구별된다. 영국의 서인도인 및 아시아인이나 미국의 아프리카계 미국인의 경우가 그러한 예다(미국 내 이탈리아 또는 폴란드 혈통의 브리튼인 및 미국인의 경우는 소수민족집단으로 여겨지지 않기는 하지만). 피부색 같은 신체적 특성이 '소수민족'을 구분하는 결정적 요인으로 빈번히 사용되는데, 이는 민족 구분이 대부분 중립적이지 않음을 보여주는 것이다.

비판적 쟁점

유사 인종차별주의적quasi-racist 태도는 수백 년에 걸쳐 존재해 온 것으로 알려져 있다. 그러나 고정적 특성으로서의 인종 개념은 '인종학race science'의 대두와 더불어 나타났다. '백인종'의 우월성에 대한 신념은 비록 실제로는 전적으로 가치 없는 것이긴 하지만 여전히 백인들의 인종차별주의의 핵심 요소다. 그러나 생물학적 인종 개념이 신빙성을 잃고 그에 대한 선호가 하락함에 따라 보다 은밀한 '새로운' 또는 '문화적' 인종차별주의가 나타났다. '새로운 인종차별주의'는 민족집단의 지속적 분리를 정당화하기 위해 생물학적 주장보다 문화적 주장을 사용한다. 이는 특히 주류문화의 권리에 초점을 맞추고 소수민족이 이에 동화될 것을 기대하는 경향을 나타내며, 따라서 다원주의적 다문화주의에 적대적이다. 자신의 문화를 유지하고자 하는 소수자집단은 동화되기를 거부한다는 이유로 주변화되거나 비난받을 가능성이 크다.

인종차별주의가 점차 생물학적 근거보다 문화적 근거를 바탕으로 작동한다는 사실은 인구집단별로 차별을 상이하게 경험하는 다중적 인종차별주의의 존재를 함의한다. 새로운 인종차별주의의 등장은 기존의 인종과 민족집단의 구분을 모호하게 만들었으며, 이제는 인종 개념이 문화적 측면을 포함하게 됐다. 이는 사회학에서 민족집단 개념의 유용성을 떨어뜨리는 효과를 낳았다.

현대적 의의

생물학적 인종차별주의에서 문화적 인종차별주의로의 이행이 보여 주듯이, 과학과 사회에서 인종차별적 관념은 더욱 일반적으로 지속되는 듯하다. 최근 유전학 연구의 발전, 정책적인 유전정보 수집, 이민에 대한 우려는 민족집단 및 민족관계 이슈를 정치의 중심 현안으로 만들었다. 제도적 인종차별주의institutional racism 개념은 1960년대 말 미국에서 일어난 시민권 투쟁의 일부였으며 1999년 영국 정부 공식 보고서에 수용된 것으로서, 인종차별주의 및 인종차별적 관행이라는 이슈를 개인 수준에서 제도 또는 조직 수준으로 확장했다. 그러나 인종 및 민족집단 개념의 타당성에 관한 논쟁은 아직도 해결되지 않았다.

이와 관련된 좋은 사례는 밴턴Michael Banton(2015)이 확인한 인종과 민족집단의 '역설'이다. 비록 학계에서 인종 개념이 철저히 신빙성을 잃었다고 거듭 주장하고 있지만, 정부와 학자들이 사용하는 공식적 분류체계에는 여전히 인종 개념이 한

부분으로 남아 있다. 또한 사회학에서 인종 개념과 관련해 통상적으로 견지되는 전통적 관념을 거부함에도 불구하고, 일반 대중 사이에서는 이 개념이 여전히 사용되고 있고, 대중은 이 용어의 의미를 잘 이해하는 것으로 보인다. 밴턴은 이러한 역설을 해결하는 방안은 실제적 지식과 이론적 지식의 철학적 구분, 그리고 이들이 채택하는 상이한 의미를 인식하는 것이라고 논의한다. 실제적 지식은 사회집단 간 사회경제적 차이와 불평등에 관한 자료수집을 요하는 것인 반면, 이론적 지식은 사용되는 용어와 개념의 분류를 추구하는 것이다. 문제는 많은 학자가 자신들이 확인한 실제 문제에서 출발하는 것이 아니라 통상적인 용어의 쓰임새에서 출발한다는 점이다. 따라서 핵심적 질문은 학자들이 사용하는 인종 및 민족집단 개념이 목적에 실제로 부합하느냐다. 수십 년에 걸쳐 연구와 이론화가 이루어졌음을 생각한다면 이상하게 들릴 수도 있지만, 밴턴은 이 문제를 고심하는 것이 사회학의 진보에 근본적인 것이라고 주장한다.

인종차별주의의 유형과 관찰되는 수준은 국가별로 상이하며, 비비오르카Michel Wieviorka(2010)는 유럽 전역의 인종차별주의 패턴에 단일성과 다양성이 모두 존재한다고 논의한다. 그는 인종차별주의의 근대적 유형은 한편으로 명백히 근대성의 산물이라고 논의한다. 산업화, 인구의 대량 이주, 식민주의와 그 여파, 교역 관계의 확대는 국내 및 국가 간 모두에서 많은 긴장과 갈등을 야기했으며 인종차별주의는 그중 한 가지 표현이다. 그런 점에서 유럽 국가 대부분은 유사성을 갖는다고 생각할 수 있다. 그러나 비비오르카는 모든 인종차별주의가 똑같은 것은 아니라고 주장한다. 그는 근대성에 대한 상이한 반응을 특징짓는 네 가지 광범위한 유형을 제시하면서, '보편주의universalist' 유형이 식민지 시기 동안 유럽 전역에서 '열등한' 인종 및 '우월한' 인종이라는 생각과 관련됐다고 말한다. 그러나 오늘날은 인종차별적 태도가 다양화됐으며, 많은 경우 계급 하강 이동에 대한, 그리고/또는 민족정체성의 상실에 대한 우려와 관련돼 있다.

참고문헌 및 더 읽을거리

Ansell, A., and Solomos, J. (2008) *Race and Ethnicity: The Key Concepts* (London: Routledge).

Banton, M. (2015) *What We Now Know About Race and Ethnicity* (New York/Oxford: Berghahn Books).

Spencer, S. (2006) *Race and Ethnicity: Identity, Culture and Society* (London: Routledge).

Wieviorka, M. (2010) 'Racism in Europe: Unity and Diversity', in M. Guibernau and J. Rex (eds), *The Ethnicity Reader: Nationalism, Multiculturalism and Migration* (2nd edn, Cambridge: Polity), pp. 345-54.

젠더

gender

기본적 정의

특정 사회에서 그 구성원들에게 적절한 것으로 여겨지는 사회적, 문화적, 심리적 특성 및 행동에 관한 기대.

개념의 기원

젠더는 심지어 근대사회에서도 1960년대부터 다량의 페미니즘 이론 및 경험연구들이 남녀 간의 상당한 불평등에 주목하기 전까지는 사회학에서 대체로 간과된 주제였다. 고전사회학은 기존의 남성이 지배하는 젠더 질서를 지극히 당연시했는데, 예를 들어 기능주의는 젠더 차이가 사회의 기능적 필요, 이를테면 공식 경제 내에서 남성에 의해 수행되는 '도구적instrumental' 역할과 그에 대비하여 가정 내에서 여성에 의해 수행되는 '표출적expressive' 역할에 기초한 것이라고 이론화한다. 페미니즘 연구는 이런 얼핏 자연스러워 보이는 불평등에 도전하면서, 남성 지배가 계급지배와 상당히 유사함을 보여 준다. 그럼에도 일부 이론가들은 젠더불평등을 설명할 때 기존의 사회학적 개념과 이론, 예컨대 사회화 이론 및 변형된 갈등이론을 사용했다. 최근에는 젠더 개념 자체가 지나치게 엄격한 것으로 여겨지는데, 일각에서는 '젠더'가 항상 변화하는 과정에 있는 고도로 불안정한 개념이라고 주장하기도 한다.

의미와 해석

사회학에서는 오랫동안 성sex(남성과 여성 간의 해부학적, 생리학적 차이)과 젠더(남성과 여성에게 기대되는 행동의 사회적, 문화적 차이)를 구분해 왔다. 사회학자 대부분은 생물학적 요인이 인간의 복잡하고 다양한 사회적 행동으로 연결되는 메커니즘의 증거는 없다고 주장하는데, 이는 젠더가 복합적인 사회적 구성의 산물임을 의미한다.

일부 사회학자들은 젠더 사회화(가족, 학교, 미디어 등의 사회기관을 통해 젠더 역할을 배우는 것)가 우리에게 관찰되는 젠더 차이를 설명하는 데 유용하다고 본다. 가족, 또래집단, 학교에서의 사회화 과정은 아동들이 젠더화된 자아 정체성을 내면화하도록 촉진하며, 이러한 방식으로 젠더 차이는 문화적으로 재생산되고 남성과 여성은 상이한 역할로 사회화된다. 젠더별로 다른 장난감과 옷, 그리고 텔레비전·영화·비디오게임에서 보이는 정형화된 역할은 젠더와 관련된 기대를 따르도록 하는 문화적 독려의 사례다. 보다 최근의 연구들은 젠더 사회화가 단순한 또는 일방적 과정이 아니며 사람들이 적극적으로 개입하면서 그러한 기대를 거부하거나 수정할 수 있다고 주장하는데, 이는 사회화를 본질적으로 불안정하고 변화 가능한 것으로 만든다.

또 다른 사회학자들은 젠더와 성의 기본적 구분이 오해의 소지가 있다며 거부하는데, 이들의 주장은 문화가 젠더 차이로 포장하는 것에도 사실은 생물학적 핵심이 있다는 것이다. 현재 일각에서는 성은 생물학적으로 결정된 것이며 젠더는 문화적으로 학습된 것이라고 보기보다는, 성과 젠더 **모두**를 사회적 구성의 산물로 여긴다. 젠더 정체성뿐만 아니라 인간의 신체 그 자체도 사회적 요인을 형성하고 변화시킨다. 사람들은 운동이든, 다이어트든, 피어싱이든, 성형수술이든, 성전환수술이든, 자신이 원하는 대로 자기 신체의 구성 및 재구성을 선택한다. 젠더 정체성과 성차는 개인의 신체 내에서 불가분의 관계에 있으며, 따라서 문화에서 생물학을 떼어 내는 것은 거의 불가능해졌다.

코넬Raewyn Connell(2005)은 가부장제와 남성성을 젠더 관계 이론으로 통합함으로써 젠더에 관한 가장 완벽한 이론적 설명을 제시했다. 코넬은 노동, 권력, 카텍시스cathexis•(개인적/성적 관계)가 구분되면서도 상호 관련된 사회의 부분으로서, 함께 작동하며 서로 간의 관계에 따라 변화한다고 논의한다. 노동은 가정과 노동시장 모두에서의 성별 분업을 지칭한다. 권력은 기관·국가·군대, 가정생활에서의 권위·폭력·이데올로기 같은 사회적 관계를 통해 작동한다.

카텍시스는 친밀한, 감정적, 인격적 관계(결혼, 섹슈얼리티, 자

• 정신분석학에서 '정신적 또는 감정적 에너지를 특정 인물, 대상, 관념 등에 집중적으로 투여하는 것'을 지칭하는 용어다.

녀 양육 등) 내에서의 동학과 관련된다. 젠더 질서의 정점에는 지배적 남성성hegemonic masculinity이 있는데, 이는 사생활 및 사회적 영역으로 확장된 문화를 통해 작동한다. 지배적 남성성은 1차적으로 이성애 및 결혼과 관련되며, 또한 권위, 유급노동, 육체적 힘, 강인함과도 관련된다. 이런 틀에 박힌 이미지에 부합하는 남성은 소수에 불과하지만, 상당수의 남성은 이로부터 이득을 취한다. 지배적 남성성이 지배하는 젠더 질서에서 동성애는 '진정한 남성'에 반대되는 것으로 여겨진다. 동성애적 남성성은 오명을 쓴 채로 남성의 젠더 위계에서 최하위에 위치한다. 여성성은 지배적 남성성에 종속된 위치에 놓인다. 종속되지 않은 정체성과 라이프스타일을 발달시켜 온 여성으로는 페미니스트, 레즈비언, 독신녀, 산파, 마녀, 매춘부, 육체노동자 여성을 거론할 수 있는데, 이들의 저항적 여성성의 경험은 대체로 '역사의 뒤편에 묻혀 버렸다'.

비판적 쟁점

몇몇 비판론자들은, 지배적 남성성이 상당히 명백한 것처럼 보이기는 하지만 코넬이 실제로는 그에 대한 만족스러운 설명을 제시하지 못한다고 주장한다. 이는 그가 '반反지배적counter hegemonic'으로 여겨져야 할 것을 특정하지 않았기 때문이다. 예를 들어, 현재 더 많은 남성들이 자녀 양육에 참여하는데, 이는 지배적 남성성의 지속인가 아니면 그에 반하는 경향인가? 어떤 행위가 지배적 남성성에 도전하는 것인지 알지 못한다면, 어떤 행위가 1차적으로 지배적 남성성을 구성하는 것인지를 무슨 수로 알겠는가? 일부 사회심리학자들 또한 남성이 남성성과 연관된 것을 어떻게 '체화하는지'에 대해 의문을 던진다. 남성이 자기 스스로 지배적 남성성의 관념에 부합하지 않는다면, 이러한 실패가 남성에게 의미하는 바는 무엇인가? 간단히 말해서, 저항이 실제적 측면에서 어떤 모습을 띨 것인가?

현대적 의의

젠더 개념은 사회학에서 그 중요성이 계속 증대해 왔고, 이는 부분적으로 페미니즘 연구의 결과이기도 하다. 그러나 이른바 퀴어 이론queer theory을 포함한 최근의 섹슈얼리티 연구 또한 젠더 개념의 의미와 용법을 변화시키는 데 기여했다. 버틀러Judith Butler(2004)는 젠더가 '수행적performative'이라고 주장한다. 즉, 사람들의 젠더가 신체에 본래부터 내재된 사물과 같은 것thing-like이 아니라 지속적으로 진행되는 수행 또는 작업에 더 가까운 것이라는 말이다. 이는 젠더가 여러 가지 변이를 포함하며 상당히 급진적으로 변화할 수 있는 불안정한 사회적 범주임을 뜻하고, 트랜스젠더 정체성의 '수행'은 아마도 가장 명백한 사례다. 젠더란 무엇이고 우리가 그것을 어떻게 이해할 것인지는 사람들이 자신의 젠더를 어떻게 수행하느냐에 달려 있으며, 이는 명백히 변화 가능한 것이다.

젠더불평등은 정도의 차이는 있지만 대부분의 사회에서 뚜렷이 드러나는 사실이다. 만델Hadas Mandel(2009)은 젠더 불평등 감소를 목표로 한 국가개입의 상이한 영향을 비교하기 위해 14개 선진국의 젠더 질서와 공공정책을 탐구했다. 그에 따르면 몇몇 국가는 여성에게 자녀 양육 비용을 보조해 준 반면, 다른 국가들은 일과 가정의 양립을 위한 지원을 제공했다고 한다. 그러나 양자 모두 전통적 젠더 역할에 기초한 정책이며, 여성의 경제적 불리함을 해소하지 못했다. 더 많은 여성이 유급 노동으로 진출할 수 있도록 하는 정책은 더 많은 것을 제공하는 것처럼 보이지만, 만델은 이러한 정책이 단독적으로 작동할 수는 없으며 여성에게 육아의 짐을 떠안기는 이데올로기의 변화가 필요하다고 주장한다. 따라서 남성 육아휴직 정책은 육아의 부담을 보다 평등하게 하기 위한 첫 번째 실질적인 진전일 것이다.

참고문헌 및 더 읽을거리

Bradley, H. G. (2012) *Gender* (2nd edn, Cambridge: Polity).

Butler, J. (2004) *Undoing Gender* (London: Routledge). [국역본, 《젠더 허물기》, 문학과지성사, 2015]

Connell, R. W. (2005) *Masculinities* (2nd edn, Cambridge: Polity). [국역본, 《남성성/들》, 이매진, 2013]

____________ (2021) *Gender in World Perspective* (4th edn, Cambridge: Polity).

Holmes, M. (2007) *What is Gender? Sociological Approaches* (London: Sage).

Mandel, H. (2009) 'Configurations of Gender Inequality: The Consequences of Ideology and Public Policy', *British Journal of Sociology*, 60(4): 693-719.

지위
status

기본적 정의

사회 내의 개인 또는 사회집단에 대해 다른 성원들이 부여하는 존경 또는 위신에 기초한 위치.

개념의 기원

사회적 지위는 특히 상징적 상호작용론의 전통과 관련된 사회학의 기본 개념이다. 막스 베버Max Weber에 따르면, 지위는 다른 사람들이 부여하는 존경과 관련된 사회집단 간의 상대적 차이를 지칭한다. 전통사회에서는 지위가 수년간 상이한 맥락들 속에서 대면적 상호작용을 통해 획득한 직접적 면식面識에 기초해 결정되는 일이 많았다. 그러나 인구수가 증가함에 따라 이러한 대면적 방식을 통한 지위 부여는 점차 일어나지 않게 됐다. 베버는 지위가 점차 생활양식style of life 또는 오늘날 라이프스타일이라고 불리는 것을 통해 표현되게 됐다고 논의했다. 지위의 라이프스타일 상징, 이를테면 주거, 인테리어 디자인, 드레스 코드, 언어 구사 방식, 직업 등은 타인의 눈으로 본 개인의 사회적 위치를 형성하는 데 기여하며, 동일한 지위를 공유하는 사람들은 공유된 정체성이라는 생각을 바탕으로 한 공동체를 형성하게 된다.

의미와 해석

베버는 사회가 권력과 물질적 자원을 놓고 벌이는 경쟁과 갈등으로 인해 분열된다고 보았다. 그러나 계급 갈등을 사회적 분화의 1차적 원천으로 본 칼 마르크스Karl Marx와는 달리, 베버는 계급은 갈등의 원천 중 하나일 뿐이며 심지어 아마도 주요한 것은 아니라는 입장을 취했다. 계층화된 근대사회는 다차원적이므로, 이를 계급이라는 단순한 문제로 환원시켜 이해할 수는 없으며 사회적 지위와 '파벌party'(사회에 영향을 행사하려는 집단 및 결사체) 소속 또한 고려해야 한다는 것이다. 계급, 지위, 파벌은 결합되고 중첩되므로 이는 사회 내에 많은 가능한 위치가 있을 수 있는, 사회구조의 복잡한 구도를 산출한다.

마르크스가 지위 구분은 계급 분화에 의해 발생하며 그에 상응해 유지된다고 주장한 반면, 베버는 지위가 종종 계급과 무관하게 변이한다는 점을 간파했다. 예를 들어, 귀족 가문이 점차 권력과 부를 잃었다고 해서 필연적으로 지위까지 상실하는 것은 아니었다는 말이다. 귀족 가문 출신의 일부 개인은 강력한 사회적 연결망의 구성원으로 남아 있기 때문에 여전히 사회 내에서 높은 지위를 유지했다(낮은 경제자본, 높은 지위). 반대로, '유명하다는 점 때문에 유명한' 근대의 셀러브리티들은 매우 부유할 수는 있지만 또한 경멸의 대상이 될 수도 있다(낮은 지위, 높은 경제자본).

우리가 채택하는 사회적 역할은 우리의 사회적 지위에 달려 있으며, 개인의 사회적 지위는 사회적 맥락에 따라 다를 수 있다. 예를 들어, 학생으로서의 개인은 특정 지위를 가지고 있으며 교실에 있는 상황에서 특정 방식으로 행위할 것으로 기대되지만, 아들이나 딸로서는 다른 지위를 가지게 되며 그에 대해 타인들이 갖는 기대 또한 달라진다. 마찬가지로, 친구로서의 개인은 사회질서 내에서 완전히 다른 위치에 있으며, 그가 채택하는 역할은 그에 맞춰 달라진다. 우리 모두는 동시에 수행되는 여러 개의 지위를 가지며, 이렇게 여러 지위가 모여 있는 것을 '지위 집합status set'이라고 한다. 또한 사회학자들은 귀속지위ascribed status와 성취지위achieved status를 구분한다. 귀속지위는 주어진 지위로서 성별이나 연령 같은 생물학적 요인에 기초한 경우가 많으며 '남성', '10대' 등이 그 예다. 성취지위는 개인 스스로의 노력을 통해 획득된 것으로서 의사, 운동선수, 경영자 등이 그 예다.

성취지위가 가장 중요한 것이라 믿는 사람들이 있는 반면, 다른 이들은 그렇게 생각하지 않을 수도 있다. 어떤 사회에서든 일부 지위들은 다른 지위들에 비해 우선성을 갖는데, 이러한 '주요 지위master status'는 일반적으로 개인의 사회적 위치 전반을 결정한다. 젠더와 인종은 통상적으로 주요 지위로 여겨져 왔으며, '일탈자', '환경론자', 또는 '기독교인'을 누군가의 주요 지위로 여기는 것도 그리 이상한 일은 아니다. 특정 지위에 부여된 위신 또한 시간이 지남에 따라 변화하는데, 이는 사회집단의 직접적 행위에 상당히 기인한다. 유럽과 북미에서 한때 '흑인'은 백인 주류문화가 부여한 바에 따른 부정적 지위였다. 흑인이 된다는 것은 편견, 차별, 사회적 오명汚名, stigma에 직면하는 것이었다. 그러나 장기간에 걸쳐 흑인민권 운동과 평등권 운동이 '흑인' 개념을 복원하여 긍정적 지위로 돌려놓고 자랑스러운 역사 및 문화적 전통과 연계시켰다. 이 사례는 심지어 귀속지위도 사회적 정의 및 평가에 따라 달라질 수 있음을 보여 주는 것이다.

비판적 쟁점

베버와 근대의 베버주의자들이 지위가 계층 체계 내에서 사회계급만큼이나 중요하다고 강력히 논증하기는 했지만, 비판론자들은 이러한 논의에 대해 계급위치가 사람들의 물질적 생활기회, 자신과 자녀의 건강을 형성하는 방식에 충분히 주목하지 않았다고 주장한다. 사회이동 연구에 따르면, 오늘날 과거보다 더 많은 이동이 일어나고는 있지만 계급구조의 최하층에서는 세대 간 이동의 증거가 미약하다고 한다. 간단히 말해, 계급은 사회적 위치와 지위의 보다 강력한 결정요인이며 그 역의 경우는 일어나기 어렵다는 것이다. 또한 사회불평등은 1차적으로 구조적 경제변동을 통해 산출되고 재생산됐으며, 이는 개인의 선택 또는 존경이라는 측면에서 설명할 수 없는 것이다. 크럼프턴Rosemary Crompton(2008)이 주장하듯, 물질적 빈곤과 극심한 불이익을 설명하려면 사회경제구조 및 직업구조에 대한 이해가 필요하다.

현대적 의의

근대사회는 물질적 재화의 지속적 획득에 의해 추동되는 소비사회가 되어 왔다. 비록 계급론자들은 이러한 논의에 비판적이기는 하지만, 오늘날은 상이한 '취향'에 기초한 지위의 차이가 계급위치를 강화하는 데 더 큰 영향을 미치는 것 같기도 하다(Bourdieu, 1986). 근대사회가 소비자 지향적인 사회가 되어 감에 따라, 사회적 지위는 그 중요성이 덜해지기는커녕 명백히 더 중요해졌다. 소비사회에서 사람들은 라이프스타일 선택에 따른 재화 구매 및 소비를 통해 지위 구분을 점점 더 확고히 한다. 이는 개인화의 고양은 물론 사회계급 및 기타 전통적 정체성으로부터의 이탈을 초래한다. 물론 그렇다고 사회계급이 중요하지 않다는 것은 아니지만, 사람들이 계급을 자기 개인 정체성의 중심적 특성으로 인식할 가능성은 줄어들 것이라는 말이다. 소비주의로의 이행은 보다 다양하고 복잡하면서 미세한 지위 차이를 형성하며, 더욱 포괄적이고 사회 전반에 걸친 지위 경쟁을 초래한다.

레게Mari Rege(2008)는 왜 사람들이 사회적 지위에 신경을 쓰는지를 탐구한 흥미로운 논문에서 사람들이 '보완적 상호작용complementary interaction' 과정 동안 자신과 타인의 지위에 신경을 쓰도록 유도되는 방식을 논의한다. 보완적 상호작용은 개인이 유사한 능력을 가진 타인과 상호작용함으로써 자신의 위치를 높일 수 있는 것을 말한다(이를테면 사업 관계에서처럼). 그러나 '능력'이 반드시 눈에 보이는 것은 아니므로, 지위의 명칭status marker이 유사한 재능을 가진 사람들과 연계시켜 주는 중요한 신호가 될 수 있다. 이러한 보완적 상호작용 명제는 왜 특정 지위가 '버팀목이 되는지', 또는 왜 특정 맥락에서 물질적 재화가 공유되는 경향이 있는지를 설명하는 데 유용할 수 있다. 예를 들어, 사업 관계에서 롤렉스 시계와 아르마니 정장이 광범위하게 채택되는 것은 이 소품들이 사업 능력의 가시적 신호로 널리 인식돼 있다는 점에 기인한 것이며, 따라서 사업가들은 그러한 소품에 대한 투자를 통해 유용한 관계 형성의 기회를 증대시키려 할 것이다. 레게의 논의는 '유유상종'이라는 오랜 관념이 생각만큼 피상적이지만은 않다는 점을 함의한다.

유럽 전역과 여타 지역에서 우파 포퓰리즘 정당들의 대두와 선거 승리는 대중의 포퓰리즘 지지 이면의 숨은 함의에 대한 관심을 불러일으켰다. 일각에서는 포퓰리즘이 불평등이 증대하고 소수의 손에 부가 집중되는 상황에서 자유주의적, 세계주의적 엘리트에 대한 반발을 대변한다고 본다. 기드론Noam Gidron과 홀Peter A. Hall(2017)은 이러한 경제 이슈가 실제로 포퓰리즘에 대한 지지를 고조시키는 문화적 요인과 결합됐다고 논의한다. 이들의 연구는 20개 민주주의국가에서의 설문조사 자료를 이용해 포퓰리즘 또한 다른 모든 정치 유형과 마찬가지로 다양한 사람들의 결집된 지지를 끌어냈다는 점을 보여 준다. 그러나 포퓰리즘의 핵심 지지층은 제3차 교육tertiary education•을 받지 못한 백인 노동계급 남성이다. 지난 30

• 대학 및 직업교육을 총칭하는 용어.

여 년간 여성의 지위가 상승한 반면 백인 노동계급 남성들은 상대적인 지위 하강을 경험했는데, 이 연구는 낮은 사회적 지위에 대한 주관적 인식이 포퓰리즘 정당에 대한 지지와 연결된다고 주장한다. 기드론과 홀은 지위 불안status anxiety을 정당 지지에 관한 논의에 도입함으로써 지위 개념이 여전히 유용함을 보여 준다.

참고문헌 및 더 읽을거리

Bourdieu, P. (1986) *Distinction: A Social Critique of the Judgement of Taste* (London: Routledge & Kegan Paul). [국역본, 《구별짓기》(전2권), 새물결, 2005]

Chan, T. W. (ed.) (2010) *Social Status and Cultural Consumption* (Cambridge: Cambridge University Press).

Crompton, R. (2008) *Class and Stratification: An Introduction to Current Debates* (3rd edn, Cambridge: Polity). [국역본, 《현대의 계급론》, 한울, 1995]

Gidron, N. and Hall, P. A. (2017) 'The Politics of Social Status: Economic and Cultural Roots of the Populist Right', *British Journal of Sociology*, 68(S1): 57-84.

Rege, M. (2008) 'Why Do People Care about Social Status?', *Journal of Economic Behavior and Organization*, 66(2): 233-42.

주제6

관계와 생애과정

(Relationships and the Life Course)

가족 (family)

공동체 (community)

사회화 (socialization)

생애과정 (life course)

섹슈얼리티 (sexuality)

연결망 (network)

가족

family

기본적 정의

혈연, 혼인, 또는 입양에 의해 맺어져 있고 서로에 대한 헌신을 공유하는 개인들로 구성된 사회집단.

개념의 기원

가족 개념은 사회 개념만큼이나 오래된 것이며, 사회학자들은 고전적 창시자들부터 현재에 이르기까지 가족에 관한 이야기를 해 왔다. 오늘날 많은 사회학자들은 '가족the family'에 하나의 보편적 모델이 존재한다고 말할 수는 없다고 믿는다. 의붓가족, 한부모가족 등 많은 상이한 가족 유형이 있으며, 이는 사회학자들로 하여금 그러한 다양성을 반영한 다원적인 '가족들families'에 관해 이야기하도록 만들었다.

자녀가 안정적이고 조화로운 가족들 속에서 양육되던 가족의 '황금기'가 예전에 있었다는 생각은 잘못된 것임이 드러났다. 예를 들어, 많은 정치인 및 평론가들은 오늘날의 가족들을 빅토리아시대의 명백한 안정성과 대비한다. 그러나 19세기 잉글랜드에서는 사망률이 높았고, 평균 결혼 지속 기간은 20년이 채 되지 않았으며, 전체 자녀 중 50퍼센트 이상이 21세가 되기 전에 부모 중 최소 한 명을 여의었다. 마찬가지로, 빅토리아시대의 자녀 양육은 오늘날 대부분의 사람들이 받아들일 수 없을 법한 매우 엄격한 규칙과 체벌에 기초했다. 중간계급 부인들은 거의 집에 매여 있었던 반면, '점잖은' 남자들은 매춘부를 찾았고 홍등가를 들락거렸다. 또한 아동노동도 매우 일상화돼 있었다. 역사사회학은 상식적인 역사적 기억이라는 것이 상당히 향수적nostalgic이고 비현실적임을 상기시키는 시의적절한 연구 결과들을 내놓았다.

의미와 해석

사회학자들이 단일 민족사회는 물론 세계 여러 사회들을 통틀어 다양한 가족 유형이 존재한다는 점을 인식함에 따라, 오늘날 '가족'을 정의하는 것은 매우 어려운 일이 됐다. 세계 일부 지역에서는 전통적 가족구조가 상대적으로 변하지 않은 채 몇 세기를 거쳐 현재까지 이어져 왔다. 그러나 선진사회들에서는 가족구조에 상당한 변동이 일어났으며, 이에 따라 가족생활 연구의 새로운 방식이 필요하게 됐다.

선진국에서는 소수민족집단, 이를테면 남아시아나 서인도에서 온 가족들의 존재, 그리고 페미니즘운동 등의 영향으로 가족 유형에 상당한 문화적 다양성이 발생했다. 빈곤층, 숙련노동계급, 중간 및 상층계급 내의 다양한 집단화 같은 지속적 계급 분화는 가족구조의 주요한 변화를 이끈다. 생애과정 동안 가족 경험의 변화 또한 다양해졌다. 예를 들어, 한 개인은 양친이 함께 있는 가족에서 태어나 결혼을 하고 이혼을 한다. 또 다른 개인은 한부모가족에서 성장해 여러 번 결혼하고 각각의 결혼에서마다 자녀를 둔다.

또한 가족구성원들이 일자리를 위해 국내 및 국외를 오가면서 서로 간에 일상적 접촉을 하지 못하게 됨에 따라 부모, 조부모, 더 큰 가족집단 간의 관계도 약화된다. 다른 한편으로는, 더 많은 사람이 노년기로 접어들면서 세 개의 '진행 중인ongoing' 가족, 즉 결혼한 손자/손녀와 그 부모 및 조부모가 긴밀한 관계를 맺으며 존재할 수도 있다. 또한 가족 조직 내의 성적 다양성 또한 전에 비해 증대했다. 많은 서구 사회에서 동성애가 점차 수용됨에 따라, 이성애 커플 및 결혼은 물론 동성 파트너십 및 가족도 형성되고 있다.

가족 유형, 구조, 실천의 다변화는 핵가족에 기초한 이상적 가족 유형이라는 널리 알려진 관념을 앞질러 버렸다. 그동안 일부 지지자들이 자녀 양육을 위한 보다 안정적이고 믿을 만한 곳이라고 생각하는 '전통적' 가족 유형을 되살리고자 하는 여러 가지 시도가 있었다. 그러나 이러한 이상화는 핵가족의 정당성 일부를 무너뜨리는 가정폭력, 자녀 학대 등 가족생활의 '어두운 측면'을 간과한다. 비교적 최근 현상인 몇몇 선진국의 동성결혼 합법화와 이혼율 증가로 인한 의붓가족 또는 혼합가족의 일상화는 '가족'이라는 이상과 '가족들'이라는 현실 사이의 간극이 비록 느리게라도 좁혀지고 있음을 보여 준다.

비판적 쟁점

가족이 상호 협동과 지지에 기초해 있다는 주류적 사고방식에는 의문의 여지가 있다. 경험연구들에 따르면, 구성원 중 누군가는 이익을 보는 반면 다른 사람은 불이익을 당하는 불평등한 상황은 가족생활의 공통적 측면이다(Pahl, 1989). 자본주의 생산방식은 가정과 일의 영역, 남성과 여성의 영역, 또는 공공과 민간 부문을 뚜렷이 구분 지었다. 현대 선진사회에서 자녀 양육이나 가사 같은 가정의 과업은 지속적으로 주로 여성에게 부과되는데, 심지어 공식 경제 내에서 일하는 여성에게도 그러하다. 여성은 청소나 자녀 양육 같은 구체적 과업을 담당함은 물론 인격적 관계 유지나 나이 든 친척에 대한 보살핌을 위한 상당량의 감정노동 또한 투여한다.

페미니스트들은 가족생활의 '어두운 측면', 이를테면 가정폭력, 부부간 성폭력, 자녀에 대한 성적 학대 등에 관심을 기울여 왔다. 이러한 가족생활에서의 학대는 오랫동안 간과돼 왔으며, 사회학에서 가족의 상像은 무정한 세계에서의 안식처 같은 과도하게 긍정적이고 낙관적인 면만 남게 됐다. 페미니스트들의 연구는 가족의 친밀한 사적 환경이 젠더 억압, 그리고 감정적 또는 신체적 학대의 주요 지점임을 보여 준다. 이러한 연구는 더 나아가 가족의 탈신비화에도 기여했다.

현대적 의의

다양성이 가족 연구의 주요 특성으로 대두되기는 했지만, 지구화가 다양한 문화들을 한데 묶어 냄에 따라 일반적 유형 또한 부각되고 있다. 예를 들어, 테르보른Göran Therborn(2004)은 씨족 및 기타 친족에 기초한 집단의 영향력이 쇠퇴하고 있으며 배우자 선택의 자유를 지향하는 광범위한 경향이 있다고 논의한다. 결혼의 시작 및 가족 내 의사결정에서 여성의 권리가 보다 폭넓게 인정되고 있으며, 과거에는 매우 제약적이었던 사회들에서조차도 남녀 모두에게 높은 수준의 성적 자유가 증진되고 있다. 또한 아동의 권리 확대와 동성 파트너십 수용 증대를 향한 일반적 경향과, 지배적 유형으로서의 핵가족이 장기적으로 쇠퇴하는 경향도 존재한다(Ware et al., 2007).

영국에서는 가족을 고정적인 사회제도로 간주하기보다 사회 내에서 '가족'이 어떻게 실제로 작동하고 이해되는지를 탐구하는 '가족 실천family practices' 연구가 발전했다(Morgan, 2011). 이러한 관점은 사람들이 어떻게 자신의 가족역할(이를테면 어머니, 아버지 등) 전시display를 수행하는지에 관해 주의를 환기시키는데, 영국과 스웨덴에서 부모 되기와 젠더 분업에 관한 코프먼Gayle Kaufman과 그뢴룬드Anne Grönlund(2019)의 연구는 그 좋은 사례다. 부모들은 어떻게 '좋은' 부모임을 전시하는가? 영국에서는 어머니들이 장기 육아휴가를 사용하고 시간제근무를 하며 주간 탁아day care 이용에 제약이 있는 반면, 아버지들은 여전히 장시간 근무를 한다. 스웨덴에서는 어머니와 아버지가 양육 책임과 육아휴가를 균등하게 분담한다. 두 경우 모두 부모들은 자신이 '좋은 부모'임을 전시하고자 노력하지만, 정책과 국가 지원 맥락의 차이는 좋은 부모의 의미에 영향을 미친다. 영국에서는 젠더 분업이 강화되는 반면, 스웨덴에서는 젠더 평등 또한 전시된다. 이 연구는 가족 실천 접근법을 상이한 국가정책의 맥락과 결합함으로써 더 강력하고 균형 잡힌 설명력을 보여 준다.

참고문헌 및 더 읽을거리

Chambers, D. (2012) *A Sociology of Family Life* (Cambridge: Polity).

Kaufman, G. and Grönlund A. (2019) 'Displaying Parenthood, (un)Doing Gender: Parental Leave, Day Care and Working-Time Adjystment in Sweden and the UK', *Families, Relationships and Societies*, https://doi.org/10.1332/204674319X15683716957916

Morgan, D. H. J. (2011) *Rethinking Family Practices* (Basingstoke: Palgrave Macmillan).

Pahl, J. (1989) *Money and Marriage* (Basingstoke: Palgrave Macmillan).

Therborn, G. (2004) *Between Sex and Power: Family in the World, 1900-2000* (London: Routledge).

Ware, L., Maconachie, M., Williams, M., Chandler, J., and Dodgeon, B. (2007) 'Gender Life Course Transitions from the Nuclear Family in England and Wales 1981-2001', *Sociological Research Online*, 12(4), www.socresonline.org.uk/12/4/6.html

공동체

community

기본적 정의

논란의 여지가 있는 개념이기는 하지만, 간단히 말하면 특정한 지리적 위치에 살고 있거나 이해관계를 공유하고 있으면서 서로 체계적으로 상호작용하는 사람들의 집단이다.

개념의 기원

'공동체'라는 용어는 14세기 이래로 사용됐는데, 당시 이 용어는 위계 서열과 구별되는 의미의 '공통된 사람들'을 지칭하는 것이었다. 18세기부터는 공동체가 특정 구역에 사는 사람들 또는 이해관계를 공유한 사람들(즉 '이해관계 공동체')을 일컫는 것으로 사용됐다(Williams, 1987). 19세기 들어 공동체를 사회와 대비되는 것으로 보는 관점이 점차 일반화되어, '공동체'는 보다 비인격적이고 대규모의 '사회'에 비해 소규모인 것으로 정의되기에 이르렀다. 독일 사회학자 페르디난트 퇴니에스Ferdinand Tönnies([1887]2001)는 게마인샤프트Gemeinschaft(또는 공동체적 유대community bonds)가 게젤샤프트Gesellschaft(또는 '결사체적' 유대'associational' bonds)의 급속한 확산에 따라 쇠퇴한다고 논의했다. 이러한 대비는 사회학 연구 및 사회 비평에서 여러 차례 반복됐으며 이 과정에서 공동체 개념은 규범적 요소를 획득했는데, 그렇다 보니 사회학자들이 이 개념을 분석에 사용할 때 문제가 발생하게 됐다.

초기 공동체 연구는 연구자가 특정 지역에 대한 이해를 높이기 위해 그곳에 참여하는 것을 의미했다. 그러나 이는 단순한 기술description에 머물며 이론적 엄밀성이 결여된 것으로 여겨지는 일이 빈번했다. 1970년대 들어 공동체 연구는 예스런quaint 것을 탐구하는 경향을 보였는데, 이는 얼마 되지 않아 새로운 세대의 사회학자들로부터 배척당했다. 1980년대와 1990년대에 일상생활과 라이프스타일에 대한 관심이 되살아나면서 '공동체 연구'가 다시 활발해졌고, 연구자들은 지역적 수준에서 젠더, 민족집단, 기타 사회불평등에 대한 새로운 관심사를 탐구하게 됐다. 지난 20년 동안에는 다시금 관심사가 이동하여 지구화가 지역에 미치는 효과, 온라인 '가상virtual' 공동체 구축, 지리적 이동 증대가 공동체 관계에 미치는 영향이 연구 주제가 됐다.

의미와 해석

공동체 개념은 확실히 정의하기가 어려운데, 이는 이 개념이 여러 의미를 가지고 있음은 물론 해로운 규범적 함의까지 담고 있기 때문이다. 그렇기는 해도 두 가지 의미가 특히 눈에 띈다. 학문 공동체, 게이 공동체, 무슬림 공동체, 그 밖에도 많은 경우 공동체라는 표현이 일반적으로 쓰이고 있다. 이러한 정의는 '이해관계 공동체'라는 관념에 기초한 것으로서,

지리적으로 분산돼 있고 실제로 만날 일은 전혀 없으나 몇몇 이해관계를 공유한 사람들 및 집단들을 지칭한다. 무엇이 이와 같은 다양한 집단들의 '공통적communal' 측면을 구성하는지가 아주 명확한 것은 아니지만, 대략 공유된 정체성과 공통의 이해관계에 대한 인식 정도로 이야기할 수는 있다. 다른 한편으로, 일부 연구자들은 공동체를 영토적 근거에 기초한 친족 연결망, 이웃, 사업 관계, 친구 등의 사회집단(특히 소규모 공동체)으로 여긴다. 이러한 공간적 정의는 1950년대와 1960년대 공동체 연구 초기의 전통으로 거슬러 올라간다. 물론 이 두 가지 정의는 몇몇 경우에서 중첩될 수 있다. 이를테면 '광업 공동체mining community'는 특정 지역에 위치하면서 직장에서 형성된 공유된 이해관계 및 공유된 정체성 또한 포함하는 것이다.

리David Lee와 뉴비Howard Newby(1983)의 공동체 설문조사 연구는 공동체 개념 내에서 작동하는 세 가지 대안적 정의를 가려냈다. 첫 번째는 사람들이 살고 있는 지역 또는 경계 지어진 영토로서의 공동체다. 이 정의의 문제점은 사회학적이라기보다 지리학적 정의에 가깝다는 것이다. 많은 사람들이 특정 영역에 살기는 하지만 서로 간에는 아무런 관계도 없을 수 있다. 이러한 정의는 사회적 관계, 그리고 사람들이 서로 간에 상호작용을 하는지 여부를 감안하지 않은 것이다. 두 번째로, 일부 연구들은 공동체를 '지역적 사회체계local social system'로 정의하는데, 이는 지역 내에서 작동하는 사회적 관계를 포함하는 것이다. 여기서 문제는 사회체계를 형성하는 사회적 관계들이 사회집단들을 분열시키는 적대감과 증오에 기초한 것일 수 있다는 점이다. 이러한 상황을 단일한 '공동체'로 여기는 것이 타당한가? 마지막으로, 공동체는 공유된 공통의 정체성과 관련된 관계의 유형으로 정의된다. 리와 뉴비는 이를 '커뮤니온communion'이라는 용어로 지칭하는데, 이는 사람들이 심지어 그 지역을 떠난 후에도 공유된 정체성은 지속될 수 있기 때문이다.

비판적 쟁점

공동체 개념의 주된 문제점은 사회 분석이 규범적 편견으로 바뀌어 버릴 위험이 끊임없이 도사리고 있다는 것이다. 공동체는 종종 도덕적으로나 사회적으로나 다른 것에 우선하는 인간 정주settlement의 대규모 유형으로 여겨지곤 한다. 퇴니에스의 게마인샤프트와 게젤샤프트의 대비는 이러한 문제의 분명한 사례다. 그의 연구가 비록 여러 측면에서 급속한 도시화와 산업 발전이 초래한 중요한 사회변동을 정확히 짚어낸 것이긴 하지만, 여기에는 그런 과정 속에서 무언가 더 가치 있고 중요한 것이 상실됐다는 생각이 관통하고 있다.

또한 공동체 연구는 다분히 논리적으로 내부에 주목하는, 즉 공동체 생활에 대한 풍부한 설명을 산출하기 위해 한정된 장소 내에서의 관계에 초점을 맞추는 경향을 나타냈다. 그러나 공동체 내부 사람들의 삶을 외부 세계와 연결시키지 못한다는 것은 약점이다. 그 결과, 많은 사회학자들은 공동체 개념을 폐기하고 사회적 관계에 대한 보다 객관적인 접근법을 제공하는 사회연결망 분석social network analysis을 유용한 분석 도구로 선호하게 됐다. 이 접근법의 장점은 공동체의 경계를 넘어 지역적 사회연결망을 외부와 연결시킬 수 있다는 것이다. 이는 특히 현재 우리가 살고 있는 보다 유동적이고 지구화되어 가는 세계에서 중요한 요인이다. 예를 들어, 전 지구적 이주 패턴들은 연결망이 국경을 넘어 존재하며 이주노동자들은 자신의 원래 공동체 및 자신이 이주한 공동체 모두와 강한 연계를 유지하고 있음을 보여 준다.

현대적 의의

사회학에서 공동체 개념이 살아남을 수 있을지 회의적인 데는 나름의 이유가 있다. 하지만 그동안 쏟아진 비판의 세례에도 불구하고, 공동체 개념은 무언가 근본적인 것, 이른바 삶의 **질**에 주의를 기울이도록 만드는 것은 확실하다. 예전의 공동체 연구들은 지나치게 내부에 주목하기는 했지만, 그래도 이후에 등장한 보다 객관적인 방법들로는 거의 재생산하기 어려운 풍부하고 유용한 설명을 산출해 낸 것이 사실이다. 공동체 연구들은 사람들이 인생 대부분을 보내는 유의미한 관계에 대한 더 나은 설명을 제공할 수 있다. 이러한 연구들은 오늘날 보다 통상적인 현상이 된 갈등, 사회불평등, 보다 광범위한 사회연결망을 설명할 수 있을 정도로 충분히 포괄적이며, 공동체 개념은 여전히 지구적-지역적 연결에 대한 이해에 기여할 수 있는 바가 많다.

디지털혁명이 커뮤니케이션을 시공간을 넘나드는 온라인

환경으로 이전시킨 상황에서 어떻게 공동체 개념이 미래에도 효력을 가질 수 있을 것인가? 오늘날 많은 논평들은 '다크 웹dark web', 해킹, 온라인 그루밍, 디지털 장치를 통한 감시 및 모니터링 강화, 인터넷과 소셜미디어상에서 기업 이해관계의 지배 같은 디지털 기술의 어두운 측면에 초점을 맞춘다.

그러나 링걸Jessa Lingel(2017)은 네트워크화된 공동체 생활 유형으로서의 미국 내 온라인 반문화反文化, counterculture에 관한 탐구를 통해 대안적 관점을 제시한다. 이 연구에 사용된 사례 세 가지는 신체 개조body modification의 열성 지지자들을 위한 소셜미디어 플랫폼인 〈신체 개조 온라인 잡지Body modification Ezine〉, 뉴브런즈윅New Brunswick[미국 뉴저지주 소재 도시] 언더그라운드 펑크punk 음악 신scene, 그리고 브루클린brooklyn[미국 뉴욕주 뉴욕시 자치구 중 하나] 드래그 퀸drag queen• 문화다. 이에 따르면 디지털 미디어는 사회에서 주류가 아닌 주변적 위치에 있는 개인들 및 집단들에게 많은 것을 제공한다고 한다. 그러나 링걸은 디지털 기술이 이러한 집단들의 공동체 구축 노력을 도울 수도 있고 방해할 수도 있다는 점을 분명히 한다. 디지털 기술은 반문화집단이 오프라인 세계에서보다 훨씬 더 효과적으로 강력한 공동체 구조를 창출하는 데 도움을 줄 수 있지만, 소프트웨어와 플랫폼이 계속해서 업그레이드되고 변화됨에 따라 온라인 네트워크가 포용 및 배제를 위

• 옷차림, 화장, 행동 등을 통해 여성성을 과장되게 연기하는 남성을 지칭하는 말로 많이 쓰이지만, 넓게 보면 자신과 다른 젠더의 특성을 과장하여 재현하는 것으로 어떠한 성정체성 소유자도 드래그를 할 수 있다.

한 새로운 가능성을 제공하게 할 뿐 아니라 저해하게 할 수도 있다. 이러한 현실주의적이고 경험적인 접근법은 사회학적 상상력이 디지털화가 야기하는 잠재적 문제점을 인식하고 이해할 수 있도록 함을 예증한다.

참고문헌 및 더 읽을거리

Blackshaw, T. (2010) *Key Concepts in Community Studies* (London: Sage). [국역본, 《커뮤니티 연구란 무엇인가?》, 한국문화사, 2021]

Crow, G., and Allan, G. (1994) *Community Life: An Introduction to Local Social Relations* (Hemel Hempstead: Harvester Wheatsheaf).

Lee, D., and Newby, H. (1983) *The Problem of Sociology* (London: Routledge).

Lingel, J. (2017) *Digital Countercultures and the Struggle for Community* (Cambridge, MA: MIT Press).

Tönnies, F. ([1887]2001) *Community and Society [Gemeinschaft und Gesellschaft]* (Cambridge and New York: Cambridge University Press). [국역본, 《공동사회와 이익사회: 순수사회학의 기본개념》, 라움, 2017]

Williams, R. (1987) *Keywords: A Vocabulary of Culture and Society* (London: Fontana). [국역본, 《키워드》, 민음사, 2010]

사회화

socialization

기본적 정의

사회의 새로운 구성원이 사회규범 및 가치에 대한 인지를 발달시키고 뚜렷한 자아 개념을 획득하도록 돕는 사회적 과정. 사회화 과정은 일생에 걸쳐 계속된다.

개념의 기원

사회화는 많은 사회학적 관점에서 공통적인 개념이지만, 이 개념이 발달되고 충분히 탐구된 것은 기능주의 전통에서였다. 특히 탈코트 파슨스Talcott Parsons는 이 개념을 '사회질서의 문제'를 해결하기 위해 사용했다. 조지 허버트 미드George Herbert Mead와 찰스 호턴 쿨리Charles Horton Cooley 같은 상호작용론자들 또한 아동기 동안의 사회적 자아의 형성을 연구하기 위해 사회화 개념을 사용했다. 사회화는 매우 무기력한 유아를 그 사회의 문화가 제공하는 방식으로 숙련된, 자아를 인지하며 지식을 갖춘 개인으로 변화시키는 과정을 일컫는다. 사회화는 사회적 재생산에 필수적이며, 사회의 연속성을 계속해서 유지시킨다. 아동들은 사회화 기간 동안 성인들로부터 배우며, 또한 성인들은 유아들과 아동들을 대하는 법을 배운다. 자녀 양육은 성인의 활동을 아동과 연결시키는데, 이는 통상적으로 성인의 여생에 걸쳐 계속되며 조부모가 되어서도 마찬가지다. 사회화는 보통 인생 초기에 특히 집중적으로 이루어지는 1차 사회화primary socialization와 생애과정 전반에 걸쳐 계속되는 2차 사회화secondary socialization의 측면에서 논의된다.

의미와 해석

사회화는 가족, 또래집단, 학교, 미디어 등 다양한 기관을 통해 이루어진다. 가족은 1차 사회화의 주요 기관이지만, 이 시기의 많은 아동들은 학교 또는 보육 기관에도 다닌다. 근대사회에서 사회적 위치가 출생과 더불어 세습되는 것은 아니지만, 출생 지역을 비롯해 민족집단, 젠더, 가족의 사회계급은 사회화 유형에 실제로 영향을 미친다. 아동들은 대체로 무의식적인 방식을 통해, 즉 부모 또는 이웃이나 공동체의 다른 사람들이 가진 특징적인 행동 방식과 언어 구사 방식을 관찰하고 익힘으로써 젠더에 대해 학습한다. 젠더 차이는 또한 성인이 유아와 아동을 대하는 방식을 통해서도 학습된다. 예를 들어, 부모와 다른 성인들은 소년과 소녀에게 각기 다른 방식으로 말하고 대하며, 젠더별로 상이한 기대에 기초한 적절한 행동 규범이 형성된다. 아동은 아주 이른 나이부터 자신과 타인의 젠더를 인식할 수 있고 이는 아동기를 통해, 예를 들면 젠더별 장난감 선택, 도서·영화·TV프로그램의 젠더 묘사를 통해 강화된다. 그러나 젠더 사회화가 꼭 무의식적으로 스며들기만 하는 것은 아니다. 부모와 또래집단은 적극적으로 젠더 역할과 기대를 수행하도록 종용하며, 이를 어기는 아동은 면박, 폭언, 질책 같은 제재를 받게 된다. 제재와 종용에 의해 강화되는 지속적인 무의식적 학습은 젠더 사회화를 초기 성인기와 그 이후까지도 이어지는 매우 강력한 과정이 되게 한다.

2차 사회화는 학교 내에서 공식적 및 비공식적 교과과정 모두를 통해 시작되며, 대학과 직장에서도 계속된다. 소년과 소녀들은 통상적으로 '여성적인 것'과 '남성적인 것'으로 규정된 것을 추구하면서 나뉘기 시작하며, 이러한 패턴은 대학 시절에도 이어진다. 이러한 젠더화된 패턴에는 교사의 기대도 한몫하긴 하지만 역시 학교와 직장 내 또래집단의 역할이 매우 크며, 오늘날 많은 가정이 맞벌이를 하다 보니 또래집단의 영향력은 틀림없이 증가했다.

사람들이 새로운 사회적 삶의 영역, 이를테면 직장 환경 및 정치적 신념 속에서 어떻게 행동해야 할지를 배운다는 점에서, 사회화는 성인기에도 계속된다. 라디오, 텔레비전, CD, DVD, 인터넷 같은 미디어 또한 의견, 태도, 행동 형성에 기여하면서 사회화와 관련된 많은 역할을 담당하고 있는데, 특히 채팅방, 블로그 등을 통한 가상의 상호작용을 가능케 하는 뉴미디어의 경우가 그러하다. 사회화기관들은 함께 작동하면서 복잡하게 얽힌 상충하는 사회적 영향력과 상호작용 기회를 형성하며, 이는 특히 인간이 자신이 접한 메시지에 대한 스스로의 해석을 만들어 낼 수 있는 존재라는 점을 감안할 때 왜 사회화가 전적으로 경로가 정해진 또는 결정적인 과정이 될 수 없는지를 보여 준다.

비판적 쟁점

사회화 이론에 대한 주요 비판 지점은 그 영향을 과장하려는 유혹이다. 파슨스의 구조기능주의가 특히 그런 경우인데, 일부 비판론자들은 그의 이론이 인간을 사회화기관이 시키는 대로 따르기만 하는 '문화적 꼭두각시cultural dope'●로 취급한다고 본다. 일부 사회학 이론에서 사회적 및 문화적 재생산이 어떻게 일어나는지를 설명하기 위해 사회화를 과도하게 강조했던 것은 사실이다. 롱Dennis Wrong(1961)은 사회학의 '과잉 사회화된 인간 개념oversocialized conception of Man(sic)'● 문제를 제기하면서, 이것이 사람들을 주류 사회 규범에 따른 사회적 대본을 따르는 역할수행자로만 취급한다고 주장했다. 그 대안으로 지그문트 프로이트Sigmund Freud의 자아 및 정체성 형성 이론을 검토한다면, 개인을(심지어 아동까지도) 수동적으로 받아들이기만 하는 존재라기보다 과정 속에서의 능동적 행위자

● '문화적 꼭두각시'는 일상생활방법론ethnomethodology의 대표적 인물인 해럴드 가핑클Harold Garfinkel이 말하는 '표준화된 기대만을 따르는 꼭두각시judgmental dope'의 두 가지 유형 중 하나로서, 공통의 문화가 제공하는 기존의 정당화된 행위 대안들에 순응함으로써 사회의 안정적 특성을 산출하는 인간이다. 또 다른 유형인 '심리학적 꼭두각시psychological dope'는 정신의학적 표준, 조건화conditioning, 정신적 기능의 변수들에 기초해 강제된 행위 대안들을 선택함으로써 사회의 안정된 특성을 산출하는 인간이다. 가핑클에 따르면 전자는 사회학자들의 세계에서의, 후자는 심리학자들의 세계에서의 인간상이다.

● 예전에는 'man'이 '남성'은 물론 '인간'을 뜻하는 말로도 흔히 사용됐는데, 이는 젠더 편향적gender-biased인 것이다. 따라서 'man' 뒤에 '원문 그대로'라는 의미의 '(sic)'을 첨부한 것은 이 용어가 젠더 편향적이기는 하지만 원문에서 쓰이고 있기 때문에 피치 못하게 그대로 인용했음을 보여 주기 위한 것이다.

로 보는 것이 가능하다. 사회화는 거의 항상 갈등에 의해 지배되고conflict-ridden, 감정으로 충만한 것이며, 일부 사회학 교과서에 기술된 것과 같은 순탄한 과정이 아니다. 오늘날 사회적 및 문화적 재생산 이론들은 사회화 과정에 내재한 모순에 보다 주의를 기울이고 있으며, 이는 피에르 부르디외Pierre Bourdieu, 폴 윌리스Paul Willis, 또는 마틴 맥 언 가일Máirtín Mac an Ghaill의 연구에 반영돼 있다.

현대적 의의

사회화는 사회학의 근본적 개념으로서 어떻게 사회가 지식, 사회규범, 이데올로기, 가치를 세대를 이어 전수하는지를 설명하는 데 유용하다. 그리고 방금 언급한 요점을 인정할 수 있다면, 사회화는 여전히 강력한 사회적 과정이며, 특히 아동이 충동을 통제하는 법을 배우고 자아 개념을 발달시키는 1차적 단계에서 더욱 그러하다. 또한 사회화는 매스미디어, 또래집단, 학교 등 생애과정에 걸친 사회화기관들의 상대적 중요성을 평가할 수 있도록 해 준다. 덧붙여, 상이한 사회에서의 사회화 과정 비교 및 동일 사회 내에서 시간에 따른 사회화 과정 비교도 가능케 한다. 간단히 말해서, 사회화는 사회적 재생산은 물론 사회변동을 설명하는 데 충분치는 않더라도 필수적이다.

페미니스트 운동과 LGBTQ+ 운동의 성공, 동등한 권리를 향한 입법상의 변화, 가족 및 가구 유형의 다양화를 감안한다면, 1차 사회화 과정이 과거처럼 명시적으로 젠더화되거나 이성애규범주의heteronormativity로 가득 차 있지는 않을 것이라 기대할 수 있다. 그러나 갠슨Heidi M. Gansen(2017)이 영국의 유치원 학급 9개를 대상으로 10개월 이상 수행한 민속지적 연구에 따르면, 이 학급들은 이성애규범주의를 특징으로 하고 있으며 교사들은 다양한 방식으로 젠더화된 섹슈얼리티를 구성하고 있는 것으로 나타났다. 갠슨은 아동들이 유치원에서 소년이 소녀의 몸에 대한 권력을 가지고 있음을 배운다고 주장한다. 물론 젠더화된 이성애규범주의 사회화가 절대적인 것은 아니며, 이러한 규범에 저항하는 교사들과 학생들의 사례가 있기는 하다. 그러나 전체적인 결론은 영국의 유치원 교육과정에서 인습적 사회화가 계속되고 있다는 것이다.

메네슨Christine Mennesson(2009)은 남성이 통상 '여성의' 영역으로 여겨지는 발레 같은 활동에 참여하는 경우에 관한 연구를 통해 성인기 사회화의 영향의 흔치 않은 유형에 관한 흥미로운 설명을 제공한다. 메네슨은 14명의 남성 재즈 및 발레 무용수를 인터뷰하여 어떻게 남성이 사회화 과정 동안 여성적 활동에 대한 욕구를 발전시킬 수 있는지, 그리고 어떻게 남성 무용수의 젠더 정체성이 '여성의' 세계에서 남성으로 사는 것에 의해 영향받는지에 대한 단서를 파악하고자 했다. 그는 축구나 럭비 같은 '남성적' 스포츠 종목에서 활동하는 여성들에게서도 이와 유사한 증거를 발견해 냈다. 이러한 선호는 특정 가족 내에서의 '역전된 젠더 사회화'에 의해 생성되는 것으로 보이며, 남성 무용수의 사회화의 경우는 특수한 결과가 도출되는데, 어떤 무용수들은 '남성성을 유지하는 것'에 예민하며 또 다른 무용수들은 자신을 남성성과 여성성 모두의 측면에서 표현하는 것에 행복감을 느낀다.

참고문헌 및 더 읽을거리

Denzin, N. K. (2009) *Childhood Socialization* (New York: Transaction).

Gansen, H. M. (2017) 'Reproducing (and Disrupting) Heteronormativity: Gendered Sexual Socialization in Preschool Classrooms', *Sociology of Education*, 90(3): 255-72.

Maccoby, E. E. (2008) 'Historical Overview of Socialization Research and Theory', in J. E. Grusec and Paul D. Hastings (eds), *Handbook of Socialization: Theory and Research* (New York: Guildford Press), pp. 13-41.

Mennesson, C. (2009) 'Being a Man in Dance: Socialization Modes and Gender Identities', *Sport in Society*, 12(2): 174-95.

Wrong, D. (1961) 'The Over-Socialized Conception of Man in Modern Sociology', *American Sociological Review*, 26: 183-93.

생애과정

life course

기본적 정의

개인이 그의 인생 과정 동안 사회적으로 구성된 다양한 이행 과정을 겪는 것.

개념의 기원

인생에 대한 오랜 관점은 몇몇 고정된 생물학적 단계들로 이루어진, 우리 모두가 겪는 보편적인 인생의 주기가 있다는 것이다. 우리 모두는 유아기, 아동기, 청년기, 성인기, 노년기를 거치며, 물론 종국에 가서는 죽는다. 그러나 1970년대 이래로 아동기, 청년 하위문화, 노년기가 주류 사회학의 일부가 됨에 따라, 이러한 표면적으로 자연적 또는 생물학적인 단계들은 사실 인간 생애과정의 일부로서 사회적으로 구성된 것으로 이해되어야 함이 명백해졌다.

역사사회학자들은 중세 사회에서는 아동기의 경험이 상당히 달랐으며, 성인기와 뚜렷이 구분된 시기도 아니었음을 밝혀냈다. 아동들은 '작은 성인'으로 여겨졌으며, 가능한 한 빨리 노동을 시작했다. 그 자체의 특성을 갖는 청년문화의 형성은 1945년 이후에서야 시작됐으며, 기대수명이 늘어남에 따라 이제는 예전보다 더 많은 사람들이 '후기 노인old-old' 시기(80세 이상)를 경험할 가능성이 생겼다. 사회학자들은 생애주기life cycle 개념보다 생애과정 개념을 선호한다. 이는 생애과정 개념이 상이한 사회별로, 그리고 시간에 걸쳐 발견되는 인생 단계의 상당한 변이를 탐구할 수 있도록 해 주기 때문이다.

의미와 해석

특정 사회에서 생애과정은 그 사회의 사회구조, 문화, 경제체계의 산물이다. 이는 생애과정 단계의 수와 유형이 시간이 지남에 따라 각 사회별로 달라질 가능성이 있음을 의미한다. 간단한 예를 들면, 죽음도 그러하다. 대부분의 선진사회에서는 현재 평균 사망 연령이 75세를 넘기 때문에 죽음이 고령과 밀접하게 관련된 것으로 간주된다. 그러나 예전 시기에는 보건의료 체계 또는 감염의 원인에 대한 지식도 없고 영아사망률도 매우 높다 보니, 죽음이 고령과 크게 관련된 것으로 여겨지지 않았다. 사회계급, 젠더, 민족집단 같은 다른 사회적 요인들 또한 생애과정 단계들이 경험되는 방식에 영향을 미친다. 19세기 상층계급 아동들은 기숙학교에 입학하고 장기간에 걸쳐 계속 교육을 받았지만, 노동계급 가족의 아동일 경우는 13세 남자아이가 탄광이나 공장에 일하러 나가고 같은 나이의 여자아이가 가정부 일을 하는 것이 드문 일이 아니었다. 아동기는 보편적이거나 연령과 관련된 생애과정의 단계가 아니었다.

그와 유사하게, 출생 코호트birth cohort(같은 해에 태어난 사람들의 집단)는 동일한 주요 사건들(다른 코호트들은 그 영향을 받지 않는)의 영향을 받는 경향이 있다. 이러한 방식으로 전체 세대는 또한 상이한 생애과정 경험을 갖게 된다. 출생 코호트는 공통의 문화적 및 정치적 준거점, 특정 정부, 갈등, 음악적 경향 등을 갖는다. 최근의 9·11 테러 공격과 이라크 및 아프가니스탄에 대한 침공은, 비록 이 사건에 대한 해석 방식은 달라지겠지만, 공통의 생애과정 경험을 생성한 것으로 보인다. 예를 들어 '베이비붐 세대'는 처음으로 가정용 텔레비전을 보유했고, 새로운 유형의 극적인 청년문화와 소득 수준의 상승을 경험했으며, 성과 도덕에 대한 보다 자유주의적 태도를 가졌다. 이들의 생애과정은 여러 면에서 그들의 부모 및 조부모 세대와는 상당히 달랐다.

사회과학자들은 얼핏 명백하고 보편적인 인생 단계로 보이는 아동기를 연구하는 데 상당한 시간을 들였다. 그러나 뚜렷한 인생 단계로서의 아동기가 나타난 것은 300여 년밖에 되지 않았다. 그 이전에는 유아기를 벗어나면 '아동기'라는 생애과정 단계를 거치지 않고 곧바로 노동력이 되는 것이 상례였다. 사회사학자 필립 아리에스Philippe Ariès(1965)는 중세 회화에 관한 연구를 통해 중세에는 우리가 아동기로 알고 있는 인생 단계가 존재하지 않았다고 논의했다. 훨씬 나이 들어 보이는 얼굴에 '성인'의 옷을 입은 '아동'의 그림이 이러한 점을 보여 준다. 우리가 '아동기'로 알고 있는 생애단계 과정은 그보다 훨씬 뒤에 사회적으로 구성된 것이다. 오늘날 여전히 많은 아동과 청년들이 아주 이른 나이부터 광업에서 농업에 이르는 분야들에 고용돼 노동하고 있으며, 아동기의 보편적 정의와 아동 권리의 보편적 환경을 정립하려는 국제연합UN의 시도는 아동기가 보편적 인생 단계가 아니라는 점을 암묵적으로 인정하는 것이다. 그리고 이러한 사회적 구성주의 식의 아이디어는 10대, 청소년, 중년 같은 우리에게 친숙한 모든 인생 단계에서도 찾아볼 수 있다.

사회학자들은 선진사회의 생애과정에서 상대적으로 새로운 단계에 관한 이론화를 시작했는데, 이는 초기 성인기young adulthood로 지칭할 수 있다. 초기 성인기는 20대 및 아마도 30대 초반에 속한 사람들의 특성을 지칭하는 것인데, 이들은 상대적으로 독립적인 삶을 살지만 아직 결혼하지 않았거나 자녀가 없으며, 그 결과, 관계와 라이프스타일 측면에서 여전히 실험 중이다. 그러나 모든 사회계급 및 민족집단이 이 단계를 동일한 방식으로 경험하는 것은 아니다. 이는 여행 및 여러 정체성의 탐색을 위한 시간과 여력이 있는 부유한 20대 초반이라는 소집단에 한정된 것일 수도 있다. 또한 이 인생 단계에는 이른 나이에 전통적 가족생활에 안주하기보다 대학교에 진학하고 직장에서의 경력을 추구하는 젊은 여성들이 포함될 개연성이 있다.

비판적 쟁점

생애과정에 대한 사회적 구성주의 접근법은 확실히 생산적이며 개인의 삶을 연구하는 새로운 차원을 열었다. 일부 탈근대 사상가들은 아직 충분치 않다고 주장한다. 생애과정 연구가 여전히 특정 변화를 나타내는 이행 단계transitional stage라는 생각에 얽매여 있기 때문이라는 것이다. 즉 초창기의 생물학적 모델까지 거슬러 올라가며 지금은 더 이상 존재하지 않는 생애과정 구조를 논의하는 것일 수 있다는 말이다. 이러한 비판은 생애과정 연구가 생물학적 단계에 관한 예전의 연구와 확실히 결별하지 못했다는 것이다. 탈근대론자들이 보기에 인생은 뚜렷이 구분되는 단계들의 집합이 아닌 연속선이며, 특정 단계를 파악하려는 시도는 적절치 못한 순차적 배열을 하게 될 위험성이 있다. 그러나 이와 같은 비판은 생애과정과 관련된 사회적 표식, 이를테면 의무교육, 복지급여 수령권, 강제 퇴직, 연금 수령 등이 갖는 상당한 영향력을 설명하지 못한다. 이러한 것들은 사람들의 자아 인식 변화와 관련된 상징적 표식이다.

현대적 의의

생애과정 개념은 사회학에서 상대적으로 덜 발달됐다. 그러나 생애과정을 아동기, 가족생활, 청년문화, 노화 과정, 대인관계 연구에 접목함으로써 기존의 생물학적 기초에 근거한 생애주기 접근법을 돌파할 새로운 연구 주제가 가능하다는 점은 이미 드러났다. 또한 생애과정 개념은 전기적傳記的 연구 및 구술사 등의 새로운 연구 방법에 대한 관심을 자극했으며, 이로써 사회학자들은 상이한 상황에 놓인 개인들이 생애과정을 경험하는 방식을 탐구할 수 있었다. 이러한 맥락의 연구는 생애과정의 상이한 단계에 있는 사회적 행위자들의 관점에서 구조/행위 문제에 관한 새로운 정보를 제공해 줄 수 있다.

노년기의 삶에서 나이의 인식과 관련해 생애과정 각 단계의 특정 사건들이 그 밖의 다른 사건들보다 중요한가? 셰이퍼Markus H. Schafer(2008)는 그럴 수 있다고 말한다. 그의 흥미로운 논문은 '주관적 노화subjective ageing' 현상, 즉 나이와 노화과정에 대한 사람들의 인식을 탐구한다. 셰이퍼의 통계 분석 사례를 보면, 아동기에 모친을 여읜 경험은 성인기의 높은 주관적 연령과 관련이 있는 반면 같은 시기 부친을 여읜 경험은 동일한 효과를 미치지 않는 것으로 나타났다. 그는 주요 생애과정 이행 시점과 개인의 사회적 자아 발달 사이에 중요한 연관성이 있으며, 이는 성인기의 삶에서 장래의 주관적 인지 및 건강에 대한 함의를 갖는다고 논의한다. 이러한 연구는 생애과정 연구에서 '생애 단계life stage' 탐구의 지속적 중요성을 함의한다.

참고문헌 및 더 읽을거리

Aries, P. (1965) *Centuries of Childhood* (New York: Random House). [국역본, 《아동의 탄생》, 새물결, 2003]

Green, L. (2016) *Understanding the Life Course: Sociological and Psychological Perspectives* (2nd edn, Cambridge: Polity).

Priestley, M. (2003) *Disability: A Life Course Approach* (Cambridge: Polity).

Schafer, M. H. (2008) 'Parental Death and Subjective Age: Indelible Imprints from Early in the Life Course?', *Sociological Inquiry*, 79(1): 75-97.

섹슈얼리티

sexuality

기본적 정의

사회적, 생물학적, 물리적, 감정적 측면을 포함한 인간의 성적 특성 및 성적 행동.

개념의 기원

최근까지 섹슈얼리티에 대해 우리가 알고 있는 것은 19세기로 기원을 거슬러 올라갈 수 있는 생물학자, 의학자, 성과학자들의 연구에 의해서였다. 그러나 이 연구들은 사회학자들의 관심을 끄는 섹슈얼리티와 성적 행동의 일반적 유형에 주목하기보다는 개인 심리학에 초점을 맞추는 경향이 있었다. 많은 초창기 학자들 또한 인간의 섹슈얼리티와 관련된 단서를 얻기 위해 동물행동을 연구했으며, 일부는 지금도 그러하다. 섹슈얼리티의 생물학적 요소, 이를테면 재생산 본능 같은 것이 있음은 분명하지만, 사회학자들은 인간의 섹슈얼리티를 생물학적 요인과 사회적 요인이 복잡하게 얽혀 있는 것으로 본다.

섹슈얼리티에 관한 최초의 사회학적 주요 연구는 1940년대와 1950년대에 알프레드 킨제이Alfred Kinsey 등이 미국에서 성적 행동에 관한 대규모 설문조사를 수행하면서부터 시작됐다. 이 연구는 공적 규범 및 기대와 실제 성적 행동과의 현격한 차이를 밝혀내면서 사람들을 충격에 빠뜨렸다. 1970년대 말 미셸 푸코Michel Foucault의 섹슈얼리티 연구 또한 섹슈얼리티의 역사와 섹슈얼리티가 생성되고 거부되며 억압받는 방식에 대한 새로운 관심의 장을 열었다. 이는 섹슈얼리티 연구가 생물학을 벗어나 역사학, 정치학, 사회학으로 진입하는 주요한 전환점이었다.

의미와 해석

성적 지향은 개인이 성적 또는 낭만적 매력을 느끼는 방향을 지칭하며, 이는 생물학적 요인과 사회적 요인의 복잡한 상호작용의 결과다. 모든 사회에서 대부분의 사람은 이성애적이며, 이성애는 역사적으로 결혼과 가족의 기초가 되어 왔다. 그러나 다른 많은 성적 취향 및 지향 또한 존재한다. 예를 들어, 로버Judith Lorber(1994)는 10가지 성정체성을 구분했는데, 여기에는 이성애 여성, 이성애 남성, 동성애 여성, 동성애 남성, 양성애 여성, 양성애 남성, 트랜스베스타이트transvestite 여성(통상적으로 남성의 옷을 입는 여성), 트랜스베스타이트 남성(통상적으로 여성의 옷을 입는 남성), 트랜스섹슈얼 여성(여성이 된 남성), 그리고 트랜스섹슈얼 남성(남성이 된 여성)이 있다. 성적 행동은 보다 더 다양하며, 모든 사회에는 이를 통제하는 규범이 있어서 어떤 행동은 권장하고 다른 행동에 대해서는 비난한다.

푸코(Foucault, 1978)는 18세기 이전까지 유럽에서 동성애자 개념은 거의 존재하지 않았다고 말한다. '동성애'라는 용어가 쓰인 것은 1860년대부터이며, 이때부터 동성애자는 점차 특정한 성적 일탈자의 유형으로 여겨지기 시작했다. 동성애는 종교보다 의학 담론의 일부가 됐으며, 종교에서 말하는 '죄악'보다는 정신의학적 이상disorder 또는 도착倒着, perversion 같은 임상의학 용어로 언급되었다. 동성애는 소아성애자 및 트랜스베스타이트 등 다른 '일탈자'와 마찬가지로 주류사회의 건전성을 위협하는 생물학적 병리에 의해 고통받는 자로 여겨졌다. 불과 수십 년 전까지만 해도 사실상 모든 국가에서 동성애는 범죄행위였으며, 미국 정신의학협회가 1987년에 제외하기 전까지는 정신질환으로 지정돼 있었다. 동성애가 사회의 주변에서 주류로 완전히 이행한 것은 아니지만, 근래 들어 급속한 진전이 있었다.

성적 태도는 의심할 나위 없이 지난 40년 동안 모든 서구 국가에서 관대해졌다. 사람들의 성생활에서 중요한 측면들은 근본적으로 바뀌었다. 초창기 사회에서는 섹슈얼리티가 재생산 과정으로 엄격히 한정돼 있었지만, 현시대에서는 섹슈얼리티가 재생산과 분리됐다. 섹슈얼리티는 개인이 탐구하고 형성하는 삶의 차원이 되었다. 예전에는 섹슈얼리티가 혼인 관계의 맥락에서 이성애와 단혼제單婚制, monogamy로 '한정된' 반면, 지금은 보다 다양한 맥락에서 다양한 유형의 성적 행동 및 지향이 받아들여지고 있다.

킨제이 연구 팀이 동성애가 치료를 요하는 의학적 상태라는 생각을 떨쳐 내도록 하는 데 기여한 획기적 조사를 미국에서 수행한 1940년대에 이를 때까지, 사회학자들은 이 학문의 역사 대부분의 기간 동안 섹슈얼리티를 연구 주제에서 배제했다. 성적 행동에 관한 설문조사는 어려움투성이다. 많은 이들은 자신의 삶의 다른 모든 영역들보다도 성적 행동을 전적으로 사적인 문제로 여기며 이런 내밀한 측면을 낯선 이와 이야기하기를 꺼린다. 이는 인터뷰 조사에 응할 준비가 된 사람은 본질적으로 자신이 선택해 표본에 뽑힌 것self-selected sample이며, 따라서 모집단 일반을 대표하는 것이 아님을 의미할 수 있다.

비판적 쟁점

킨제이의 연구는 보수 단체 및 종교 단체들로부터 공격을 받았는데, 이유 중 하나는 16세 이하 아동들을 조사 대상에 포함시켰다는 것이었다. 학계 비판자들은 킨제이가 광범위한 실증주의적 접근법을 사용해 대량의 원자료raw data를 수집하기는 했으나 그가 발견한 다양한 행동들을 뒷받침하는 복잡한 성적 욕구를 파악하는 데는 실패했다는 점을 지적한다. 또한 이 연구는 사람들이 자신의 성적 관계에 부여하는 의미의 문제에 접근하지 못했으며, 이후 연구들에서 동성애 경험 수준이 실제로 킨제이 팀의 연구에 비해 낮게 나온 것으로 봐서는 표본의 대표성이 생각보다 떨어지는 것일 수 있다. 그렇지만 단일 연구에 대해 이 모든 문제와 씨름하라고 주문하는 것은 야박한 처사일 것이며 특히 이와 같이 연구 수행이 어려운 영역의 경우는 더욱 그렇다는 점에서, 킨제이는 섹슈얼리티에 대한 사회학적 연구의 장을 효과적으로 열었다는 공헌을 인정받을 자격이 있다.

성적 행동에 관한 설문조사의 타당성과 신뢰성은 곧잘 논란의 주제가 됐다. 많은 비판론자들은 이러한 설문조사가 성적 행동에 관한 신뢰할 만한 정보를 제공하지 못한다고 말한다. 공식적으로 진술된 태도는 사람들의 사적 태도와 성적 행동에 관한 정확한 정보를 제공하는 것이라기보다 단지 사람들의 지배적인 사회규범에 대한 이해를 반영한 것뿐일 수 있다. 그러나 이러한 비판은 사람들의 삶의 다른 영역들, 이를테면 결혼, 이혼, 범죄 및 일탈에 관한 설문조사에도 적용될 수 있다. 사회학자들은 자신들이 산출한 데이터가 정책 입안자들에게 유용한 통찰을 제공하는지를 놓고 여전히 갑론을박을 벌이고 있는데, 섹슈얼리티 연구가 그러한 통찰을 제공하지 말라는 법은 없다.

현대적 의의

섹슈얼리티가 사회학적 이론화 및 연구의 일부가 된 이유 중 하나는 1960년대의 개혁운동들이 문화적, 법적 변화를 초래하면서 사회학에 광범위한 새로운 연구 주제들을 제공했기 때문이다. 이러한 운동들이 주류 사회의 일부가 된 이후, 성적 행동과 관련된 오래된 규범들이 변화되었다. 최근 설문조사들을 보면 응답자 중 다수가 청소년들의 성적 행동을 규제해야 한다는 데 동의하며, 동성 관계에 여전히 반대하는 응답자 수는 줄어든 것으로 나타난다. 이러한 맥락에서 사회학적 연구는 태도 및 공적 규범의 변화에 민감할 필요가 있으며, 사람들의 삶의 실체를 더 잘 파악할 수 있는 새로운 방법을 갖춰야 할 필요성이 있다.

정치인, 논평가, 사회과학자들의 많은 관심을 끌었던 영역은 청소년들의 섹슈얼리티, 특히 온라인 환경에서의 성적 행동이다. 청소년들이 성적으로 노골적인 사진 및 동영상을 소셜미디어를 통해 공유하는 것, 스마트폰을 통한 '섹스팅sexting' [음란한 문자메시지나 사진을 전송하는 행위], 온라인 포르노 접속은 모니터링, 규제, 통제가 필요한 '위험한' 행동으로 규정되는 가장 통상적인 사례다. 또한 사회학자들은 이러한 행동을 위험 이론이라는 렌즈를 통해 탐구해 왔다. 나저르Marijke Naezer(2018)는 네덜란드의 12~19세 청소년들을 대상으로 한 민속지적 현지 조사에 기초하여, 위험 담론의 결과 이러한 행동들이 '병리적인 것으로 규정'되고 훈계 대상이 되며 감시받게 된다고 논의한다. 문제는 이러한 대응이 청소년들을 새로운 디지털 신기술 및 장치의 수동적 희생자로 간주한다는 것이다. 실제로 사회학자들은 그들을 사회적 삶의 능동적 행위자로 이해하고 있는데 말이다.

나저르는 위험 분석 대신 청소년들의 온라인에서의 성적 활동을 '모험', 즉 '결과의 불확실성을 내포하며' 부정적 또는 긍정적 결과 또는 둘 다로 이어질 수 있는 경험으로 이론화하는 쪽으로의 재개념화가 필요하다고 주장한다. 아울러, 사회학자들이 청소년들의 온라인에서의 성적 행동을 더 잘 이해하려면 그들의 목소리가 더 잘 들릴 수 있도록 해야 한다. 위험의 연속선상에서 특정 활동이 일어나는 장소는 주관적이고 역동적이기 때문이다.

참고문헌 및 더 읽을거리

Foucault, M. (1978) *The History of Sexuality* (London: Penguin). [국역본, 《성의 역사》(전4권), 나남, 2004·2018·2004·2019]

Kelly, G., Crowley, H., and Hamilton, C. (2009) 'Rights, Sexuality and Relationships in Ireland: "It'd Be Nice to Be Kind of Trusted"', *British Journal of Learning Disabilities*, 37(4): 308-15.

Lorber, J. (1994) *Paradoxes of Gender* (New Haven, CT: Yale University Press).

Naezer, M. (2018) 'From Risky Behaviour to Sexy Adventures: Reconceptualizing Young People's Online Sexual Activities', *Culture, Health and Sexuality*, 20(6): 715-29.

Taylor, Y., and Hines S. (2012) *Sexualities: Past Reflections, Future Directions* (Basingstoke: Palgrave Macmillan).

Weeks, J. (2016) *Sexuality* (4th edn, London: Routledge).

연결망

network

기본적 정의

사회학에서 연결망은 비공식적이거나(이를테면 소셜미디어 '친구') 공식적인(이를테면 직장 동료), 상대적으로 느슨한 사회적 유대 또는 결속을 통해 연계되어 있는 사람들의 집단을 말한다.

개념의 기원

친족 및 친구 연결망은 오랫동안 사회과학자들의 연구 대상이었고, 고용 및 사업상의 지인 집단 속에서 형성된 사회적 연결망 또한 마찬가지였다. 20세기 초 게오르그 짐멜Georg Simmel의 양자관계dyad(두 사회적 단위)와 삼자관계triad(세 사회적 단위) 같은 기본적인 사회적 유형의 동학 변화에 관한 이론적 아이디어는 명백히 보다 광범위한 사회적 연결망 연구의 선구자 격이었다. 연결망은 인간 결속human association의 매우 오래된 유형이기는 하지만, 일부 사회학자들은 정보기술이 많은 새로운 연결망 형성 기회를 창출함에 따라 연결망이 현대사회를 특징짓는 조직구조가 되어 가고 있다고 본다. 연결망에 내재한 유연성과 융통성은 예전의 조직유형에 비해 상당한 장점을 가지며, 일각에서는 기업이 세계경제 환경에서 효율성을 극대화하기 위해 네트워크화된 구조를 도입하기 시작한 것으로 보고 있다.

의미와 해석

사회학자들은 사람들 및 사회집단들 간의 수많은 연계를 연결망으로 지칭하며, 이는 '사회'와 같은 상대적으로 정적靜的, static인 개념을 넘어서는 장점을 제공하는 것이다. 크로슬리 Nick Crossley(2015: 67)는 '인간의 상호행위성interactivity, 더 적절하게 말하자면 상호행위성을 구성하는 것의 결합체'와 별개로 존재하는 사회 같은 '사물'이란 없다고 주장한다. 연결망에 관해 생각하는 최선의 방식은 아마도 그물과 같은 구조 또는 매트릭스, 즉 씨줄과 날줄이 교차해 '접점node'을 이루는 것으로 보거나, 사회학의 경우라면 개인들, 집단들, 또는 심지어 조직들이 교차하는 것으로 보는 것이다. 연결망에 대한 접근은 이득을 얻기 위해 사용할 수 있는 또 다른 접점들(개인, 집단, 또는 조직)에 대한 연쇄적인 연계 가능성을 열어 준다. 연결망은 친구 집단, 그리고 친구의 친구 같은 한 다리 건너뛴 사람들을 포함하는, 사람 간 및 집단 간의 모든 직접적 또는 간접적 연계라 할 수 있다.

그러나 조직 또한 네트워크화될 수 있으며, 네트워크화된 조직에 속한다는 것은 사람들의 사회적 연결 범위와 영향력을 폭넓게 확대시킬 수 있다. 마찬가지로, 다른 많은 사회집단도 개인들에게 지방의회 의원을 만날 기회부터 숙련된 판매원을 찾는 것까지 사회생활을 '원활히 하는oil the wheels' 다양한 연결망 기회를 제공한다. 정당이나 자선단체 같은 집단들은 새로운 나라로 여행 또는 이주하는 사람들에게 유용한 접촉 기회를 제공할 수 있는 국제적 활동범위를 가지고 있다.

연결망은 비록 결속 자체는 상대적으로 약하지만 많은 유용한 기능을 갖는다. 그러나 보다 유력한 연결망에 대한 접근은 엄격하게 통제되는 경향이 있다. 여성은 오랫동안 기업, 정치권, 사립학교의 주요 연결망에서 배제되어 왔으며, 그로써 이 분야들은 물론 다른 영역들에서도 기회를 차단당했다. 학생이 수업료를 부담하는 영국의 일부 학교, 이를테면 이튼Eton이나 해로Harrow의 경우는 남학생만 입학 가능하며, 그로써 여성이 유력한 연결망에 접근할 기회를 차단한다. 사회학자들의 연구 결과, 노동시장에서 여성은 남성에 비해 상대적으로 취약한 연결망을 가지며 이는 여성의 취업 전망 감소로 이어진다. 그러나 더 많은 여성이 고등교육을 받고 직장 내 고위직으로 진출함에 따라 이러한 상황은 조금씩 바뀌어 나갈 수 있다.

카스텔Manuel Castells(2009)에 따르면, 컴퓨터와 기술의 엄청난 발전은 관료제에 비해 훨씬 효율적인 연결망을 창출했다. 데이터처리 같은 행정 업무의 상당수는 대규모 사무실 안에서 물리적으로 가까이 붙어 있는 노동자들이 아닌, 지구 전역에 산재한 개별 집단들에 의해 수행된다. 기업들은 이러한 새로운 유연성을 활용하여 더욱 탈중심화되면서 소규모의 덜 경직된 유형(이를테면 재택근무 같은)으로의 추세를 강화하는 방향으로 나아갔다. 전통적으로 조직은 관료제적 모델이 맞아 떨어지는 특정 물리적 공간, 이를테면 본사 건물 또는 대학교 캠퍼스에 위치했다. 그러나 오늘날 조직들 간의 물리적 경계는 지구화가 가속화되는 환경 속에서 신기술을 통해 국경과 시간대를 초월할 수 있게 되고 다른 조직들과의 더욱 광범위한 연결망의 일부가 됨으로써 효율성을 더욱 높일 수 있게 됨에 따라 침식되고 있다. 카스텔은 우리가 가장 효율적이고 효과적인 조직유형으로서의 관료제의 지배가 서서히 해체되고 있음을 목격하고 있다고 말한다.

비판적 쟁점

정보기술과 연결망의 결합이 관료제에 대한 막스 베버Max Weber의 비관적 전망으로부터 우리를 완전히 벗어나게 해 주는가? 이러한 견해에 대해서는 조심해야 할 필요가 있다. 관료제 시스템은 점차 덜 위계적인 다른 조직유형들의 도전을 받고 있다. 그러나 아마도 관료제가 통째로 사라지지는 않을 것이다. 연결망 사회가 어떠한 조직도 물리적 장소에 위치하지 않게 만드는 상황에 이르게 할 것 같지는 않으며, 어쩌면 보다 관료제적인 구조를 계속해서 도입할 수도 있는 일이다. 가까운 장래에는 한편으로 대규모의 비인격적이며 위계적인 조직으로의 경향과, 다른 한편으로 그러한 영향에 반하는 경향 간의 지속적인 밀고 당기기가 벌어질 것으로 보인다.

현대적 의의

연결망은 의심의 여지 없이 매우 널리 확산돼 있으며, 디지털 기술의 채택은 이러한 경향을 가속화할 것으로 보인다. 사회연결망 분석은 인류학 및 고전사회학에서 친족 연결망 연구에 사용됐다는 점에서 전적으로 새로운 것은 아니지만, 사회학자들이 예전에 비해 이 방법을 더욱 광범위한 사회연결망 연구에 동원할 가능성은 상당히 커 보인다.

사회연결망 분석의 유용성을 보여 주는 좋은 예는 런던에서의 초기 펑크록punk rock 운동 내의 연결망에 대한 크로슬리(Crossley, 2008)의 경험연구다. 그는 연결망의 구조적 특성이 이 운동의 대두를 설명하는 데 도움이 된다고 논의한다. 예를 들어, 그는 펑크록 운동이 영국 내 다른 도시가 아닌 런던에서 비롯됐으며, 이는 부분적으로 이 운동의 '중심 세력inner circle'이 되는 핵심 참여자들이 이미 연결돼 있었고 따라서 런던에서 집합적 행위가 일어날 가능성이 크기 때문이었다고 말한다. 마찬가지로, 초기 펑크록 밴드 멤버들도 서로 연결돼 있었고 여러 밴드를 옮겨 다니며 정보를 공유하고 연결망을 확산시켰다. 간단히 말해서, 펑크족을 '일탈자'로 여기는 이들의 공격에 대항하여 펑크족의 옷차림 스타일과 문화를 정당화하는 공통의 밀도 높은 연결망이 존재했다는 것이다. 물론 펑크록의 정치적, 이데올로기적 요소 또한 중요했지만, 이러한 요소들이 기존의 연결망 구조 없이는 표출될 수 없었을 것이다.

또 다른 혁신적 연구는 마이어Adalbert Mayer와 풀러Steven L.

Puller(2007)가 페이스북에서 수집한 친구 연결망 데이터를 대상으로 수행한 것이다. 이들은 10개의 사립 및 공립 대학교에서 수집한 대규모 자료를 분석하여 학생들 간의 친구 관계 형성과 관련된 핵심 요소는 무엇인지를 탐구했다. 그 결과, 캠퍼스 연결망은 '고전적인' 사회연결망과 유사한 특성을 나타낸다는 점이 밝혀졌다. 캠퍼스 연결망은 '배타적'이며, 많은 수의 관계를 맺고 있는 개인들은 그와 비슷하게 많은 관계를 맺고 있는 다른 사람들과 관계를 맺고 있었다. 그러나 두 학생이 친구가 될 가능성은 동일한 정치적 지향을 공유할 때 높아지며, 소수민족집단의 경우는 인종이 친구 관계 형성의 가장 강력한 요인이다. 이러한 유형은 대학교의 규모 또는 특성과 상관없이 나타나며, 학생의 선호에 기초한 것으로 보인다. 이는 상호작용의 다양성을 목표로 한 정책이 학생들의 연결망 형성에 별로 영향을 미치지 못했음을 보여 준다.

참고문헌 및 더 읽을거리

Castells, M. (2009) *The Rise of the Network Society* (2nd edn, Oxford: Wiley Blackwell). [국역본, 《네트워크 사회의 도래》, 한울아카데미, 2014]

Crossley, N. (2008) 'Pretty Connected', *Theory, Culture and Society*, 25(6): 89-116.

__________ (2015) 'Relational Sociology and Culture: A Preliminary Framework', *International Review of Sociology*, 25(1): 65-85.

Mayer, A., and Puller, S. L. (2007) 'The Old Boy (and Girl) Network: Social Network Formation on University Campuses', *Journal of Public Economics*, 92(1/2): 329-47.

주제7

상호작용과 의사소통

(Interaction and Communication)

공론장 (public sphere)

담론 (談論, discourse)

문화 (culture)

미디어 (media)

상호작용 (interaction)

이데올로기 (ideology)

정체성 (identity)

공론장●

public sphere

기본적 정의

근대사회에서 공적 논쟁과 토의의 장으로서, 다수의 공식적 및 비공식적 공간으로 구성된다.

개념의 기원

근대 민주주의는 매스미디어, 특히 신문, 팸플릿, 기타 출판물과 함께 발전했다. 실제로 매스미디어는 민주적 문화를 가능케 했고 또한 촉진했다. 공론장은 17세기 및 18세기에 런던과 파리는 물론 여타 유럽 도시들의 살롱과 커피하우스에서 처음으로 발달했는데, 이는 사람들이 그날그날의 이슈를 토론하고자 모이는 장소였다. 비록 전체 인구 중 소수만이 이러한 문화에 참여하고 있었지만, 살롱이 공적 토의를 통해 정치적 문제를 해결한다는 발상을 도입했기 때문에 이들은 민주주의 초기 발전에서 중요한 사람들이다.

오늘날 매스미디어는 민주적 과정을 하찮은 것으로 치부

● 'public sphere'는 대개 '공공 영역公共領域', '공적 영역公的領域', '공론장公論場' 중 하나로 번역되는데, 특히 이 책에서는 하버마스의 논의에 기초하고 있다는 점에서 '공론장'을 번역어로 채택했다.

하고 정치권에 대한 적대감의 기류를 형성한다는 점에서 부정적으로 비쳐진다. 이러한 급격한 변동은 어떻게 발생했으며, 이를 역전시킬 수 있을 것인가? 공론장에 관한 논쟁에서 핵심적 인물은 독일의 철학자이자 사회학자인 위르겐 하버마스Jürgen Habermas인데, 그는 프랑크푸르트학파Frankfurt School의 주제들을 자신의 언어 연구 및 민주화 과정 연구에 기초하여 다른 방향으로 발전시켰다. 그는 18세기 초부터 오늘날까지 일어난 매스미디어의 등장과 발달을 분석하면서 '공론장'의 탄생과 이어진 쇠퇴 과정을 추적한다.

의미와 해석

하버마스(Habermas, 〔1962〕1989)는 공론장은 일반의 관심을 끄는 이슈가 토의되고 여론이 형성되는 공적 논쟁의 장으로서, 효과적인 민주적 참여와 민주적 과정에 필수적인 것이라고 말한다. 공론장은 최소한 원론적으로는 공적 논쟁의 장에 동등한 자격으로 모인 개인들을 포함한다. 그러나 공론장 초창기의 이러한 약속이 충실히 달성된 것은 아니었다. 근대사회에서 민주적 토론은 문화산업의 발달에 의해 억제되고 있다. 매스미디어와 대중 엔터테인먼트의 확산은 공론장의 쇠퇴를 초래한다. 정치는 의회와 매스미디어 속에서 무대로 연출되며stage-managed, 동시에 상업적 이해관계가 지배한다. '여론'은 개방되고 합리적인 토의를 통해서가 아니라 조작과 통제를 통해 형성된다. 예를 들면, 광고가 그렇다. 다른 한편으로는 글로벌 미디어의 확산이 권위주의 정권에 압력을 행사해

방송 송출에 관한 국가 통제권을 완화하도록 할 수 있으며, 중국 같은 '폐쇄적' 사회들이 미디어가 민주주의를 지지하는 강력한 힘이 될 수 있음을 발견하도록 할 수도 있다.

그러나 글로벌 미디어는 점점 상업화되어 감에 따라 하버마스가 지적한 방식대로 공론장을 침식하고 있다. 상업화된 미디어는 광고 수입의 권력에 신세를 지고 있으며 높은 순위와 판매량을 보장하는 콘텐츠를 선호할 수밖에 없다. 그 결과, 필연적으로 오락물이 토론과 논쟁을 제치고 승리를 거두면서 공적 사안에 대한 시민의 참여를 약화시키고 공론장을 위축시킨다. 예전에 많은 것을 약속했던 미디어는 이제는 문젯거리가 됐다. 그러나 하버마스는 여전히 낙관적인 자세를 취하면서, 이슈가 공개적으로 토론되고 여론이 정부에 영향을 미칠 수 있는, 개별 국민국가를 넘어선 정치공동체를 구상하는 것이 가능하다고 주장한다.

세넷Richard Sennett([1977]2003) 또한 사적 영역private sphere과 공론장이 물리적으로나(택지, 업무지구, 쇼핑 아케이드를 포함한 여가지구의 분리 개발을 통해) 철학적으로나(예를 들어, 뚜렷이 구분된 사생활에 관해 사고하는 방식을 통해) 분리돼 있다고 논의한다. 그러나 그는 사적 영역이 공론장을 장악하는 경향이 있으며, 그에 따라 정치인이 공직 수행 능력보다 개인적 특성(정직함이나 성실성 같은)에 더 많이 기초해 평가된다든지 하는 상황이 발생한다고 본다. 근대의 시각 미디어, 특히 텔레비전의 출현은 정치인이 자신의 인성에 대한 (사람들의) 기대치를 충족시키는 것을 목표로 수행하는 자아 표현을 고도로 발달시켰다. 세넷은 이를 효과적인 정치적 삶을 파괴하는 것이며 헌신적 공직자의 쇠퇴를 보여 주는 신호라 여긴다.

비판적 쟁점

하버마스의 아이디어는 중요한 비판을 받아 왔다. 그가 문명화된 합리적 논쟁의 장으로 제시한 살롱 문화는 상위 사회계급만 참여할 수 있는 것으로 엄격히 제한돼 있었으며, 노동계급은 이에 접근할 수 없었다. 이는 대중의 민주주의 참여 욕구와는 실제로 거의 관련성이 없는 엘리트주의적 소일거리였다. 또한 공론장은 여성, 소수민족집단, 무산자無産者 등 특정 사회집단을 배제한 채로 구성돼 있었다. 하지만 비록 본질적으로 제한적이었다 해도, 공론장 개념은 중간계급 남성들이 자기 자신과 스스로의 역할을 인식하고 이러한 인식을 다른 사람들에게 보편적인 것으로 표현할 수 있도록 했다.

페미니스트 학자들은 하버마스가 공론장의 젠더화된gendered 본질에 충분히 관심을 기울이지 않았다고 주장한다. 공론장을 가정 및 사적 영역과 분리하면서 여성에게 중요성을 갖는 많은 쟁점이 배제돼 버렸다는 것이다. 프레이저Nancy Fraser(1992)는 공론장은 모든 이에게 개방돼 있는 한 결코 실제로 '공공적일' 수 없다고 논의한다. 일부 '공중公衆, publics'의, 이를테면 여성의 참여는 의도적으로 차단돼 있었으며, 이는 공통의 공론장이라는 이상화된 개념에 의해 뒷받침된 갈등적인 사회적 관계를 보여 주는 것이다. 공론장 개념은 사회불평등을 정당화하는 이데올로기였다. 오늘날 미디어가 다양한 공적 사안에 관해 방송하고 사회 내에서 폭넓은 토론을 촉진함으로써 **더욱** 많은 공적 논쟁을 실제로 가능케 함에 따라, 현대 매스미디어가 공론장에 대해 파괴적 효과를 갖는다는 하버마스의 생각 또한 오해로 여겨진다. 인터넷에 있는 수많은 토론장, 블로그, 채팅방은 공론장이 위축되기는커녕 실제로는 오히려 확장되고 있음을 보여 주는 최근의 사례다.

현대적 의의

하버마스의 아이디어는 많은 논쟁과 논란을 불러일으켰다. 현재는 매스미디어를 사회의 긍정적인 힘으로 보며 옹호하는 이들의 비판, 아울러 그의 설명에 '대중mass public'에 대한 두려움과 불신이 내재해 있다고 본 탈근대 사상가들의 비판이 대두됨에 따라, 그의 아이디어가 일부 입지를 상실한 것으로 보인다. 이러한 비판들은 나름대로 일리가 있다. 그러나 하버마스는 합리적, 근대적 기획이 여전히 사회 이론에 많은 것을 제공할 수 있다는 점을 강하게 상기시켰다.

중국은 논쟁적 이슈가 방송되고 그에 대한 결론이 도출되는 공론장을 완전히 결여한 곳으로 인식된다. 한편, 국가조합주의적 관점state corporatist perspective에서는 중국 당국이 허가를 취득하고 국가의 규제를 수용하는 몇몇 사회집단 및 조직만을 허용할 의사가 있다고 본다. 누강Nu River 수력발전소 건설 계획을 둘러싼 미디어에서의 공적 논쟁은 중국 정부로 하여금 이 계획을 중지하도록 했는데, 양Guobin Yang과 캘훈Craig Calhoun(2007)은 이를 중국 내에서 '녹색' 공론장의 명백한 등장이라는 측면에서 논의한다. 이 새로이 발전 중인 공론장은 '녹색 담론greenspeak' 또는 환경 담론, 녹색 담론을 산출하고 소비하는 집단(주로 환경 NGO들), 그리고 녹색 담론을 전파하는 미디어라는 세 가지 주된 요소로 구성돼 있다. 이들은 정통적인 국가조합주의적 입장을 시민사회 내 조직들의 창의적 행위에 작용하는 중국의 현재 맥락을 충분히 고려하지 않는다고 주장하면서 거부한다.

매스미디어는 정치와 문화생활을 사소한 것으로 치부하는 데 주요한 역할을 한 것으로 거론된다. 머독Graham Murdock(2010)은 사회학자들의 최근 관심사인 유명인 문화celebrity culture의 성장을 살펴봄으로써 이러한 명제에 대해 탐구했다. 그는 영국의 타블로이드 신문 2종(〈더 선The Sun〉과 〈데일리 미러Daily Mirror〉)에 대한 연구를 통해 1960년대 초 포토저널리즘의 등장 이후 '시각문화visual culture'로의 이행을 분석했다. 투표 행동의 변동성이 증대함에 따라 정치인들은 자기 자신 및 자신이 속한 정당의 브랜드 정체성에 더 많이 관심을 둬야만 했고, 이는 대중지大衆誌의 사진이 주도하는 세계에 표현된 외모와 이미지에 대한 관심의 증대를 의미한다.

참고문헌 및 더 읽을거리

Fraser, N. (1992) 'Rethinking the Public Sphere: A Contribution to the Critique of Actually Existing Democracy', in C. Calhoun (ed.), *Habermas and the Public Sphere* (Cambridge, MA: MIT Press), pp. 109-42.

Gripsrud, J., Moe, H., Molander, A and Murdock, G. (eds) (2010) *The Idea of the Public Sphere: A Reader* (Lanham, Mary: Lexington Books).

Habermas, J. ([1962]1989) *The Structural Transformation of the Public Sphere* (Cambridge, MA: MIT Press). [국역본, 《공론장의 구조변동: 부르주아 사회의 한 범주에 관한 연구》, 나남, 2001]

McKee, A. (2005) *The Public Sphere: An Introduction* (Cambridge: Cambridge University Press).

Murdock, G. F. (2010) 'Celebrity Culture and the Public Sphere: The Tabloidization of Power', in J. Gripsrud and Lennart Weibull (eds), *Media, Markets and Public Spheres: European Media at the Crossroads* (Bristol: Intellect Books), pp. 267-86.

Sennett, R. ([1977]2003) *The Fall of Public Man* (Cambridge: Cambridge University Press).

Yang, G., and Calhoun, C. (2007) 'Media, Civil Society, and the Rise of a Green Public Sphere in China', *China Information*, 21(2): 211-36.

담론

談論, discourse

기본적 정의

특정 주제에 관한 담화談話 및 사고의 방식으로서, 공통의 가정assumption에 의해 묶여 있으며 그 주제에 대한 사람들의 이해와 행위를 형성하는 데 기여하는 것.

개념의 기원

담론이라는 개념은 언어학linguistics(언어와 언어 사용에 관한 연구)에서 비롯된다. 이러한 맥락에서, 담론은 대면적face-to-face 대화, 공적 논쟁, 온라인 채팅 및 기타 등등과 관련된 말 또는 글로 이루어지는 의사소통을 말한다. 언어학에서 담론은 어떻게 의사소통이 작동하고 조직화되는지를 이해할 목적으로 분석된다. 그러나 1950년대에 영국 철학자 존 랭쇼 오스틴John Langshaw Austin(1962)은 글과 말로 이루어지는 의사소통은 중립적이거나 수동적인 진술이 아니라 세계를 아는 그대로 능동적으로 형성하는 '발화행위speech acts'라고 논의했다. 미셸 푸코Michel Foucault는 언어 연구를 사회 내에서의 권력의 효과라는 주요 사회학적 관심사와 연결시켰다. 이러한 출발점으로부터, 담론과 '담론적 실천discursive practices'이라는 개념은 사회학자들에게 훨씬 더 흥미를 끌게 됐다.

의미와 해석

언어와 의사소통에 관한 연구들은 주로 문법의 역할이나 의미 구성을 위한 문법적 규칙 같은 기술적technical 측면에 초점을 맞췄다. 그러나 1950년대 후반부터 담론이 행위유형으로, 아울러 그 자체로 세계에 대한 개입으로 인식되기 시작했다. 우리가 정치집단을 '테러리스트'나 '자유의 투사'로 논하는 것, 또는 뉴스 보도가 산업현장에서의 파업이나 그것이 초래하는 혼란에 초점을 맞추는 것은 우리의 행위 방식에 영향을 미친다. '발화행위'라는 개념은 언어와 일상의 대화를 바라보는 방식을 바꿔 놓았다. 전에는 주변적이었던 것이 금세 사회구조와 권력관계를 이해하는 것의, 또한 문화와 미디어 연구의 중심으로 부각됐다. 사회학자들은 정치적 논쟁의 프레임을 만들고 그 논쟁에서 특정 아이디어를 배제하며 사람들이 이슈에 대해 토론하는 방식을 통제하는 데 언어가 어떤 식으로 사용되는지를 연구할 수 있게 됐다.

가장 영향력 있는 담론 이론은 의심할 나위 없이 정신질환(그 자신의 용어로는 '광기'), 범죄, 형벌 체계, 의료제도의 역사를 탐구한 미셸 푸코의 이론이다. 푸코(Foucault, [1969]2002)는 다양한 담론이 사회적 삶을 구성하는 프레임워크framework를 창출하며, 그 과정에서 권력이 작동한다고 논의했다. 이러한 방식으로, 담론 프레임워크는 마치 패러다임처럼 작동하여 특정 주제에 관해 그것이 어떻게 말해질 수 있는지는 물론 무엇이 명백히 말해질 수 있는지에 대해서도 한계를 설정한다. 예를 들어, 범죄에 대한 토론은 법과 질서라는 지배적 담론dominant discourse에 의해 구성되어 법과 공권력에 대한 순응을 정상적 삶의 상식적 부분으로 만든다. 대중을 상대로 한 경찰 활동에 저항해야 한다거나 법이 가난한 자들에 의해 일상적으로 불복돼야 한다는 주장은 거의 말도 안 되는 소리가 된다. 범죄 담론은 사람들이 사회에 진입하기 전에 선행하므로, 사람들의 행동과 태도는 부분적으로 그러한 담론에 의해 형성되며, 이는 사회화 과정 속에서 사회의 규범과 가치를 받아들임에 따라 이루어진다. 이러한 방식으로, 담론은 사람들의 자아와 개인 정체성에 대한 감각을 창출하는 데 기여한다. 이는 사람들이 사고하고 말하고 자신이 원하는 것을 행할 때 전적인 자유를 갖고 있는 것이 아니며 인간행위에는 한계가 있음을 알려 주는 유용한 암시다.

푸코의 담론 개념은 한발 더 나아가 담론과 담론적 실천을 권력 연구의 중심에 놓는다. 그는 지식과 권력이 상호 배치되기보다는 긴밀하게 결합돼 있다고 논의했다. 범죄학이나 정신의학 같은 범죄 행동 및 정신질환에 대한 객관적 지식을 추구하는 학문 분야 또한 범죄 및 정신질환의 이해와 그에 대한 행위 방식을 형성하는 권력관계를 생성한다. 정신의학 담론은 온전한 정신sanity과 광기madness 사이의 경계를 스스로 설정하고 정신질환자의 격리, 처우, 치료를 위한 특화된 의료기관을 정당화한다. 그와 유사하게, 범죄 담론의 추세는 범죄 행동을 기술하고 설명하는 데 그치는 것이 아니라 범죄자를 정의하고 다루는 새로운 방식을 도입하는 쪽으로 나아가고 있다(Foucault, 1975).

비판적 쟁점

담론 개념은 의심의 여지 없는 사고의 촉진제이며, 사회학에서 널리 받아들여져 왔다. 그러나 담론이 특정 사회적 기반(이를테면 사회계급social class)과 유리돼 있으며 연계돼 있지 않다는 푸코의 핵심적 아이디어는 권력에 관한 다른 연구들과 상충된다. 권력에 관한 연구 다수는 권력은 획득되는 것이며 개인 또는 집단의 이익을 위해 사용되는 것으로 본다. 이를테면 남성이 보유하고 여성에게 행사하는 가부장적 권력 또는 지배계급이 피지배계급에 대해 행사하는 권력처럼 말이다. 권력이 은연중에 사회적 관계의 '윤활유' 역할을 한다는 생각은 주요한 권력 불평등의 현실적 결과를 간과하는 것으로 보인다. 한발 더 나아간 비판도 있다. 언어, 발화, 텍스트에 주로 초점을 맞추는 것은 그것들에 과도한 중요성을 부여하는 처사라는 것이다. 일부 비판자들이 보기에, 이는 사회적 관계를 문화 영역으로 가라앉히고 권력균형의 이동 같은 어려우면서도 본래적으로 사회학적인 이슈를 회피하는 '장식적 사회학decorative sociology'을 만들어 버린 것이다(Rojek and Turner, 2000). 즉 담론뿐만 아니라 현실의 사회적 관계와 물질문화가 사회적 삶의 형성에 더 중요하다는 말이다.

현대적 의의

담론적 프레임워크가 사회적 삶의 주요 부분이라는 핵심 아이디어는 여전히 다양한 주제의 연구를 일깨우는 생산적인 아이디어이며, 담론이 현실 세계의 실제적 결과를 낳음을 보여 주는 것이다. 예를 들어, 에베를Jakob-Moritz Eberl 등(2018)은 유럽 전역에서 이민 관련 미디어 보도에 대한 지배적 담론을 탐구한 결과, 국가별로 차이는 있지만 일부 반복적 보도 패턴이 존재함을 발견했다. 이민은 보도 내용 속에서 과소 재현되고under-represented, 설령 등장한다 해도 일탈자 또는 범죄자로 재현되는 경우가 많으며, 보도 내용이 갈등에 초점을 맞출 때는 부정적 논조를 띠는 경우가 빈번하다. 이러한 패턴은 이민자 집단에 대한 고정관념에 반영되고, 이민과 이주에 대한 부정적 태도를 강화하며, 투표 행동에 잠재적으로 영향을 미치게 된다.

이와 유사하게, 레사Iara Lessa(2006)는 10대 미혼 부모 관련 사업을 하는 영국 정부 출연 기관을 평가하면서, 담론 분석을 통해 10대와 그들의 부모, 그리고 그들의 보호 담당자들이 제시하는 서사적 설명narrative accounts을 이해하고자 했다. 미혼모를 무책임하고 무기력한 복지 '편취자들'welfare 'scroungers'로 표현하는 지배적 담론과는 대조적으로, 이 연구는 10대 어머니들을 사회적 지원을 받을 정당한 권리를 가진 '젊은 부모'로 보는 대안적 담론을 산출하는 데 기여했다. 이 대안적 담론은 자원을 모으고 인식을 변화시키는 데 어느 정도 성공을 거두었으며, 현재의 지배적 담론들이 전복될 잠재성이 있음을 보여 주었다. 끝으로, 마신David Machin(2009)은 비록 전쟁의 언어와 수사rhetoric가 별로 변한 것이 없을지라도 전쟁의 시각적 표현(이 또한 서사 또는 담론 유형이다)은 상당히 변해 왔다고 주장한다. 그는 2005~2006년 사이에 발표된 이라크 전쟁 보도사진 연구를 위해 다양식多樣式, multimodal 분석(텍스트, 이미지, 보디랭귀지 등을 조합하는 것)을 사용하며, 이를 통해 현재 진행 중인 전쟁들이 취약한 민간인들을 세심히 보호하는 병사들에 의해 수행되는 전문적인 '평화 유지' 임무로 그려지는 반면, '적군'의 전사자들은 시야에서 배제되는 경향이 있음을 보여 준다. 전쟁 사진은 특정 사건을 기록한다기보다는 '고통', '적군', 또는 '민간인' 같은 일반적 주제를 표현하는 레이아웃layout을 구성하는 데 더 많이 사용된다. 특히 마신은 상업용 사진 제공 업체에서 뽑아 온 저렴한 사진들이 점점 더 포괄적이고 상징적인 방식으로 사용되고 있다고 논의한다. 따라서 전쟁 사진은 현대 전쟁의 새로운 담론적 프레이밍의 중요한 요소로 간주될 수 있다.

참고문헌 및 더 읽을거리

Austin, J. L. (1962) *How to Do Things with Words* (London: Oxford University Press). [국역본, 《말과 행위: 오스틴의 언어철학, 의미론, 화용론》, 서광사, 1992]

Eberl, J.-M. Meltzer, C. E. Heidenreich, T. Herrero, B. Theorin, T. and Lind, F. (2018) 'The European Media Discourse on Immigration and Its Effects: A Literature Review: *Annals of the International Communication Association*, 42(3): 207-23.

Foucault, M. ([1969]2002) *The Archaeology of Knowledge* (London: Routledge). [국역본, 《지식의 고고학》, 민음사, 2000]

__________ (1975) *Discipline and Punish* (Harmondsworth: Penguin). [국역본, 《감시와 처벌》, 나남, 2020]

Lessa, I. (2006) 'Discursive Struggles within Social Welfare: Restaging Teen Motherhood', *British Journal of Social Work*, 36(2): 283-98.

Machin, D. (2009) 'Visual Discourses of War: Multimodal Analysis of Photographs of the Iraq Occupation', in A. Hodges and C. Nilep (eds), *Discourse, War and Terrorism* (Amsterdam: John Benjamin), pp. 123-42.

Rojek, C., and Turner, B. (2000) 'Decorative Sociology: Towards a Critique of the Cultural Turn', *Sociological Review*, 48(4): 629-48.

문화

culture

기본적 정의

지식, 관습, 규범, 법률, 신념 등을 포함한 생활양식으로서 특정 사회 또는 사회집단을 특징짓는 것.

개념의 기원

'문화'는 아마도 그와 대비되는 개념인 '자연'과 마찬가지로 그 복잡하게 얽힌 역사 때문에 영어에서 가장 복합적이며 한마디로 정의하기가 가장 어려운 단어 중 하나일 것이다. 15세기부터 문화에 곡물 경작 및 가축 사육이라는 중요한 의미가 부여됐다. 이러한 의미가 사람들 사이에 널리 퍼지면서, 문화는 사람들의 마음을 '경작하는culturing' 것을 뜻하게 됐다. 18세기 독일에서는 문화가 '문명civilization'과 대비되는 의미를 갖게 됐으며, 문화가 문명에 비해 우월한 것으로 여겨졌다. 19세기부터는 '문화들cultures' 또는 문화 전반에 대한 인식이 발전됐으며, 이는 근대 사회과학적 용법의 출발점이었다. 이런 점에서 문화는 관습적으로 건물이나 가구 같은 인공물을 포함하는 개념이 아니었으나, 이는 사회학자들이 '물질문화'에 많은 관심을 갖게 됨에 따라 도전을 받아 왔다. 그런 점에서 문화 간 비교연구는 매우 광범위한 작업이다.

의미와 해석

사회학은 그 역사의 대부분에 걸쳐 문화를 사회적 관계 및 사회구조와 긴밀하게 연계된 것으로서 연구해 왔다. 예를 들어, 마르크스주의적 연구는 문화의 전반적 구조 및 문화 생산을 자본주의 생산양식의 기초 위에 서 있는 상부구조 superstructure로 보는 경향이 있었다. 따라서 종교 신앙, 지배적 사상, 중심적 가치, 사회규범은 모두 사회적 관계에서 착취적 경제 체계를 지지하고 정당화하는 것으로 여겨졌다. 프랑크푸르트학파의 비판이론은 당시 등장하던 대중문화mass culture•가 대중을 수동적이고 무비판적으로 만들어 단순한 쾌락의 수동적 소비자로 만드는 사회통제의 유형이라고 주장했다. 이러한 마르크스주의적 비판의 아이러니는 고급문화를 대중문화와 차별화시켜 고급문화에 더 높은 가치를 부여한다는 점이다. 심지어 고급문화가 교육 수준이 높은 상층 계급의 영역임에도 말이다.

문화적 재생산은 언어, 일반적 가치, 규범의 지속과 발전뿐 아니라 사회불평등의 재생산 또한 포함한다. 예를 들어, 교육은 표면적으로는 '모든 이를 평등하게 만드는 것'으로서

• '대중문화'에 해당하는 영단어는 'mass culture'와 'popular culture'가 있다. 전자는 '자본주의사회 등장 이후 대량생산, 대량소비되는 문화'로서 획일적이고 몰개성적이며 저속한 것이라는 함의를 내포하는 경우가 많다. 반면 후자는 문화의 생산보다 소비 또는 수용 과정에 초점을 맞춰 '사람들이 일상적으로 향유하는 문화'라는 의미를 담고 있다.

사람들로 하여금 젠더, 계급, 민족의 경계를 넘어 자신의 야망을 달성할 수 있게 해 주는 것이다. 그러나 지난 40여 년 동안 많은 연구들은 교육체계가 기존의 문화적, 사회적 분리를 재생산함을 보여 주었다.

문화적 재생산에 관한 현재까지 가장 체계적인 일반 이론은 부르디외Pierre Bourdieu(1986)에게서 나왔다. 그의 이론은 경제적 위치, 사회적 지위, 그리고 문화적 지식과 기술로 대변되는 문화자본을 연결시킨다. 부르디외 이론의 핵심 개념은 **자본**인데, 이는 자원을 획득하고 사람들에게 이득을 부여하는 데 사용되는 다양한 유형을 일컫는다. 부르디외는 자본의 주요 유형으로 사회자본social capital, 문화자본cultural capital, 상징자본symbolic capital, 경제자본economic capital을 제시한다. 사회자본은 엘리트의 사회적 연결망에 대한 참여 및 성원 자격이고, 문화자본은 가족 환경 내부 및 교육을 통해 획득되는 것으로서 통상적으로 학위 및 기타 자격증 같은 증명의 취득으로 이어진다. 상징자본은 위신, 지위, 기타 명예 유형을 지칭하며 높은 지위에 있는 사람들이 낮은 지위에 있는 사람들을 지배하도록 할 수 있다. 경제자본은 부, 소득, 기타 경제적 자원을 말한다. 부르디외는 이러한 자본 유형들이 상호 교환된다고 논의한다.

문화자본을 많이 소유한 사람들은 이를 **경제자본**과 교환할 수 있다. 고소득 직종의 취업 면접에서 이들의 우수한 지식과 자격증이 다른 지원자들에 비해 유리하게 작용할 수 있다. **사회자본**을 많이 소유한 사람들은 '중요한 인물을 알거나'

'중요한 모임에 가입할' 수 있고, 이를 다른 사람들로부터의 존경과 사회적 지위 상승이라는 **상징자본**과 교환할 수 있으며, 이로써 권력 획득 기회를 증대시킨다. 이러한 교환은 언제나 사회적 삶이 조직화되는 장場, field 또는 사회적 영역 내에서 일어나며, 각각의 장에는 다른 장들과 호환되지 않는 자체적인 '게임의 규칙'이 있다.

문화자본은 우리가 사고, 언어, 행동 방식을 통해 수행하는 **체화된 상태**embodied state로 존재할 수 있다. 또한 문화자본은 예술작품, 도서, 의복 등의 소유를 통한 **객체화된 상태**objectified state로 존재할 수도 있다. 그리고 문화자본은 교육 수준 같은 **제도화된 유형**institutionalized form에서도 찾아볼 수 있으며, 이는 노동시장에서의 경제자본으로 전환될 가능성이 높다. 다른 많은 사회학자들이 밝혀냈듯이, 교육은 사회 전반과 분리된 중립적인 장이 아니다. 문화와 교육체계 내의 기준들은 이미 사회를 반영한 것이며, 학교는 가족에 내재돼 있는, 그리고 사회적 연결망을 통해 획득된 문화자본을 이미 보유하고 있는 사람들이 체계적으로 이득을 보도록 한다. 이러한 방식으로 교육체계는 사회불평등이 배태된 기존 사회를 문화적으로 재생산하는 데 핵심적 역할을 담당한다.

1980년대 이래로 '소비사회'의 양상에 대한 관심이 증대하면서 문화 연구가 사회학의 주류에 더욱 근접하게 됐다. 재화 및 서비스의 구매와 소비 관행에 대한 연구는 대중문화mass culture 비판의 부활을 의미하는 것이었지만, 당시 사회학자들은 이를 소비자와 청중의 관점에서 접근했다. 예전의 획일적 대중문화가 소규모 시장 및 틈새시장을 공략하는 방향으로 다변화됨에 따라, 취향과 '취향 문화'의 존재라는 주제가 부각됐다. 사람들의 문화적 취향은 계급위치, 젠더, 민족집단과 직접적으로 관련되는가, 아니면 그러한 구조적 위치들과 독립적으로 변이하는가?

비판적 쟁점

많은 문화비판 연구들은 대중문화popular culture가 고급문화보다 열등하다고 가정해 왔다. 대중문화는 그것을 향유할 때 노력, 교육, 또는 지식이 덜 필요한 반면, 고급문화를 제대로 향유하기 위해서는 상당한 지식과 감수성이 필요하다. 그러나 고급문화의 정당성은 그것의 향유를 위한 노력이 '더 뛰어난 사람'과 더 문명화된 사회를 양성한다는 점에서 가치 있다는 생각을 바탕에 깔고 있다. 스타이너George Steiner(1983)는 이러한 주장이 단연코 허위라고 주장한다. 제2차세계대전 기간 동안 독일군은 유럽 내 여러 강제수용소에서 대량살상을 자행하면서 그와 동시에 클래식 음악 공연을 계속해서 열었다. 스타이너는 이에 대해 고급문화가 '문명화시킨다'라는 주장이 명백히 허구임을 보여 주는 것이라고 말한다.

탈근대 이론가들 또한 고급문화와 대중문화의 구분을 지지할 수 없는 것으로 여기면서, 이는 우월하거나 열등한 유형이라는 생각과 무관한 상이한 선호와 취향의 선택일 뿐이라고 주장했다. 일각에서는 문화적 차이의 평준화가 사회학에서 처음으로 대중문화 유형에 관한 진지한 연구를 활성화하고 수용한 것으로 본다. 최근 연구들은 레이디 가가Lady Gaga나 데이비드 베컴David Beckham의 문화적 중요성이라든지 텔레비전 드라마에서 장애가 어떤 식으로 재현되는지 등을 탐구해 왔다. 다른 한편에서는 문화적 취향의 실제적 검증은 부르디외가 인식했듯이 그것이 어떻게 생활기회에 영향을 주는지를 살펴보는 것이라고 주장한다.

현대적 의의

1980년대 사회과학에서의 '문화적 전환cultural turn'은 문화연구를 사회학의 주류로 끌어올렸고, 이러한 연구의 상당수는 문화의 생산과 소비가 라이프스타일과 생활기회를 형성하는 데 어떤 역할을 하는지를 탐구한다는 점에서 통찰력이 있다. 또한 문화연구는 상징적 표현의 세계, 엔터테인먼트와 미디어가 사회적 관계에 대해 더 많은 것을 말해 줄 수 있음을 보여 준다. 그러나 문화연구에 대한 최근의 비판에서는 이러한 연구의 상당수를 실제 사회적 관계 및 사람들의 삶을 제쳐두고 텍스트, 담론, 해석 연구를 우선시하는 '장식적 사회학decorative sociology'으로 간주한다(Rojek and Turner, 2000). 이는 타당한 지적이며, 문화연구는 구조화된 권력관계와 문화제도의 역사적 발전을 간과하지 않는다는 점을 확실히 할 필요가 있다.

디지털혁명이 '혁명적'이라기보다 일상적 생활과 노동에 배태된 측면에 가까워지면서, 디지털화와 관련된 핵심적 특성이 현대 문화를 형성하기 시작했다. 쇼샤나 주보프Shoshana

Zuboff는 《감시 자본주의 시대The Age of Surveillance Capitalism》(2019)에서 악당과 같은 유형의 자본주의의 등장에 관해 논의했고, 라이언David Lyon(2018)은 그 자신이 전례 없는 일이라고 말하는 오늘날의 디지털 '감시 문화'를 이해하고자 시도한다. 대부분의 사람이 인터넷 쇼핑, 소셜미디어, 온라인게임을 경험하며, 이는 상호작용 및 커뮤니케이션 향유와 자유로운 선택을 위한 기회의 성격이 강하다. 그러나 이 모든 활동은 "쉽게 수량화되고, 매우 추적 가능하며, 경제적 차원을 내포하고(즉 화폐로 전환되고), 멀리서도 취득 가능한(탈영토화된)" 데이터를 산출한다(Lyon, 2018: 5). 감시 문화의 진정 새로운 측면은 사람들이 국가 감시의 수동적 피해자가 아니라 자기 자신과 타인으로부터의 감시의 능동적 참여자라는 점이다. 이는 소셜미디어에 자료를 업로드할 때, 타인의 프로필과 계정을 검색할 때, 문자메시지·트윗·댓글을 올리거나 디지털 장치를 통해 내 개인정보를 공유할 때면 언제나 발생하는 일이다. 이러한 문화는 조지 오웰George Orwell이 말한 '빅브라더' 유형의 국가와 궤를 같이하는 것은 아니다. 그보다는 '감시'가 빠르게 생활양식way of life이 되고 있는 문화다. 라이언의 책은 이러한 문화가 어떻게 일어났는지를 탐구하면서 덜 치명적인 형태의 감시를 가능케 하는 방식을 제안한다.

참고문헌 및 더 읽을거리

Bourdieu, P. (1986) *Distinction: A Social Critique of the Judgement of Taste* (London: Routledge & Kegan Paul). [국역본, 《구별짓기》(전2권), 새물결, 2005]

Featherstone, M. (2007) *Consumer Culture and Postmodernism* (2nd edn, London: Sage).

Jenks, C. (1993) 'Introduction: The Analytic Bases of Cultural Reproduction Theory', in C. Jenks (ed.), *Cultural Reproduction* (London: Routledge), pp. 1-16.

Lyon, D. (2018) *The Culture of Surveillance: Watching As a Way of Life* (Cambridge: Polity).

Rojek, C., and Turner, B. S. (2000) 'Decorative Sociology: Towards a Critique of the Cultural Turn', *Sociological Review*, 48(4): 629-48.

Steiner, G (1983) *In Bluebeard's Castle: Some Notes on the Redefinition of Culture* (New Haven, CT: Yale University Press).

Zuboff, S, (2019) *The Age of Surveillance Capitalism: The Fight for a Human Future at the New Frontier of Power* (London: Profile Books Ltd). [국역본, 《감시 자본주의 시대: 권력의 새로운 개척지에서 벌어지는 인류의 미래를 위한 투쟁》, 문학사상, 2021]

미디어

media

기본적 정의

대규모의 청중에 접근할 수 있는 모든 의사소통 유형으로서, 라디오, 텔레비전, 소셜미디어, 영화, 그 밖의 많은 것들을 포함한다.

개념의 기원

인류 역사 대부분에 걸쳐 의사소통의 주요 수단은 발화發話, speech였으며, 이는 대면적 의사소통을 통해 이루어지는 것이 규범이었다. 구술문화oral culture에서는 정보, 관념, 지식이 구전을 통해 다음 세대로 전승됐다. 담화가 문자로 기록되고 저장되면서 서술문화writing culture가 처음으로 나타났는데, 그 시초는 약 3,000년 전 중국이었다. 15세기 중반에는 근대 매스미디어의 중요한 선구자인 요하네스 구텐베르크Johannes Gutenberg의 활판인쇄술이 등장해 문서의 재생산을 가능케 했다. 메시지의 즉각적 전송은 라디오와 텔레비전의 발명으로 가능해졌는데, 양자 모두 대중에게 상당히 인기가 있었다. 특히 텔레비전은 그 콘텐츠의 내용과 전 지구적 접근성 때문에 사회학자들의 관심을 끌었다. 20세기 말에는 휴대전화, 비디오게임, 디지털텔레비전, 인터넷 등의 새로운 디지털 기술이 쌍방향적 미디어의 가능성을 열면서 매스미디어에 다시 한번 혁신을 일으켰는데, 사회학은 아직 이러한 기술의 영향에 대해 충분히 이해 및 평가하지 못하고 있다.

의미와 해석

매스미디어에 관한 최초의 사회학적 연구는 미디어의 통합적 기능을 탐구하는 다분히 기능주의적인 것이었다. 예를 들어, 미디어는 사회 및 세계 전반에 대한 정보의 지속적 흐름을 생산함으로써 우리 모두가 같은 세계에 있다는 공유된 경험을 창출한다. 또한 매스미디어는 세계에서 일어나는 일들을 설명하고 그에 대한 이해를 도움으로써 아동의 사회화 과정에서 중요한 역할을 담당한다. 그리고 미디어 콘텐츠는 엔터테인먼트를 제공함으로써 일상의 노동 세계로부터 해방시켜 주기도 한다. 그러나 이러한 설명의 주된 문제점은 매스미디어의 긍정적 측면에 대해서만 언급하면서 청중 자신의 능동적 해석이라는 부분을 간과하는 것처럼 보인다는 점이다. 더 심각한 문제는 기능주의적 설명이 주요 이해관계 갈등과 기존 불평등의 유지를 목표로 한 이데올로기의 생산을 고려하지 않는다는 것이다.

그와 대조적으로, 정치경제학적 접근법은 의사소통의 주요 수단들이 어떻게 사적私的 이해관계에 포섭됐는지를 보여준다. 예를 들어, 20세기 전반에 걸쳐 소수의 '언론계 거물press baron'이 제2차세계대전 이전의 신문 대다수를 소유했으며, 따라서 이들은 뉴스 의제와 그에 대한 해석을 설정할 수 있었다. 지구화 시대에는 미디어 소유가 국경을 넘어 이루어지고 있으며, 현재 미디어 거물들은 초국적 미디어기업을 소유하면서 국제적 인지도와 영향력을 행사한다. 다른 산업 분야와 마찬가지로, 미디어 소유에서도 경제적 이해관계가 경제적 권력을 결여한 사람들의 목소리를 배제하는 방식으로 작동하며, 여기서 살아남은 이들은 현재의 부와 권력의 분배를 비판할 가능성이 거의 없는 사람들이다.

20세기 후반 이후로는 상징적 상호작용론적인 연구가 더욱 인기를 끌었다. 톰슨John B. Thompson(1995)은 미디어와 산업사회 발전의 관계를 분석하면서 **대면적 상호작용face to face interaction**, **매개된 상호작용mediated interaction**(미디어 기술을 통한), 그리고 **매개된 유사 상호작용mediated quasi-interaction**(상호작용이 시간과 공간을 가로질러 일어나지만 개인과 직접적으로 연결되지는 않는)을 구분한다. 앞의 두 유형은 '대화적dialogical'(대화 또는 전화통화 등 개인들이 직접적으로 의사소통하는)이지만, 세 번째 유형은 '독백적monological'이다. 예를 들어, TV프로그램은 일방적 의사소통 유형이다. 매스미디어는 공적 영역에 전보다 많은 정보를 제공하여 더 많은 논쟁의 통로를 열어 놓음으로써 공적 영역과 사적 영역의 균형추를 변화시킨다.

장 보드리야르Jean Baudrillard는 매스미디어, 특히 텔레비전 같은 전자 미디어의 도래가 우리 삶의 본질을 바꿔 놓았다고 논의한다. 텔레비전은 세계를 '재현'하기만 하는 것이 아니라 점차 우리가 실제로 사는 세계가 무엇인지를 정의하기까지한다. 따라서 실재와 재현의 경계는 무너졌고, 우리는 더 이상 미디어의 재현과 실재를 분간할 수 없다. 보드리야르는 양자 모두가 초실재적hyperreal 세계의 **일부**라고 본다. 초실재는 본래성authenticity과 실재의 마지막 보증인이 텔레비전과 미디어에 '실재보다 더 실재적으로' 비쳐지는 세계다. 이는 진정으로 받아들일 수 있는 성공과 중요성의 신호는 텔레비전에 나오는 또는 화려한 잡지에 실린 모습이라는, 우리 시대 유명인 문화celebrity culture의 성장을 설명할 수 있는 요인 중 하나다.

비판적 쟁점

많은 연구들은 계속해서 매스미디어에서의 소녀 및 여성의 재현이 젠더 역할의 전통적 고정관념을 사용한다는 점을 보여 주었다. 여성은 관습적으로 가정주부와 가사 전담자라는 가정 내 역할, 남성의 성적 욕구의 대상, 또는 가정 내 역할의 연장선상에 있는 노동 상황(이를테면 간호사, 보육교사, 또는 사무직 노동자) 속에서의 모습으로 비쳐진다. 이러한 표현은 뉴스 보도, 드라마, 오락프로그램에서 상당히 일관되게 나타난다. 소수민족집단과 장애인에 대한 미디어의 재현 또한 고정관념에 도전하기보다 그것을 강화하는 것으로 보인다. 흑인과 아시아인은 최근까지 주류 텔레비전에서 명백히 배제돼 있었다. 설령 이들이 뉴스 보도와 다큐멘터리에서 재현된다 하더라도, 그 내용을 보면 이들을 문제 있는 사회집단으로 묘사하는 경향이 있다. 장애인은 텔레비전 드라마와 오락프로그램에서 거의 찾아볼 수 없으며, 등장하는 경우는 범죄자나 정신적으로 불안정한 캐릭터 또는 '악하고 미쳐 있고 슬픈the bad, mad and sad' 모습으로 과장되게 표현된다. 사회학자들은 미디어의 재현이 차별의 **원인**이라기보다, 고정관념에 기초한 재현이 그 사회집단들에 대한 기존의 부정적 관념을 **강화**할 수 있다고 논의한다.

비판적 미디어 이론의 상당수는 대중을 미디어의 메시지에 참여하고 비판하는 존재라기보다는 수동적인 수용자로 취급한다. 그러나 많은 사회운동 조직들, 이를테면 그린피스Greenpeace 같은 경우는 환경운동을 지지하지 않는 사람들에게 동기부여를 할 수 있는 실재에 대한 대안적 관점을 만들어 내면서 매스미디어와 경쟁한다. 최근의 청중 연구audience studies 또한 균형감각을 가미하여 사람들이 미디어 콘텐츠를 충분히 해석하고 비판할 수 있는 능동적 소비자임을 보여 준다.

현대적 의의

미디어 유형에 관한 사회학 이론들은 미디어가 결코 정치적으로 중립적이거나 사회적으로 유용하다고 할 수는 없음을 보여 준다. 동시에, 비록 세계의 여러 문제가 매스미디어에서 다루어지지 않는다 할지라도, 우리는 사람들이 미디어의 편향성을 인지할 능력이 없는 '문화적 꼭두각시'는 아닌 것으로 가정해야 한다. 미디어 사회학자들의 다음 단계는 새로운 디지털 미디어에 대한 연구이며, 이는 새로운 디지털 미디어에 대한 더 나은 이해를 가능케 하는 새로운 이론의 개발을 의미할 것이다. 텔레비전과 라디오를 설명하기 위한 이론들이 인터넷과 소셜미디어에 대한 이해를 높일 수 있을 것 같지는 않다.

더 많은 사람이 온라인 환경을 통해 뉴스, 현안, 정치적 정보를 얻게 됨에 따라, 사람들이 신뢰할 만한 뉴스 공급원을 찾기 위해 가용한 엄청난 양의 정보를 면밀히 검토할 수 있는 역량뿐만 아니라 온라인 뉴스 공급원의 품질과 신뢰성에 대한 우려 또한 제기됐다. 뒤부아Elizabeth Dubois 등(2020)은 소셜미디어 플랫폼 뉴스 검색에 관한 최근의 조사를 통해 여론 주도층과 여론 추종층의 전략을 탐구하면서 이들이 팩트체크를 하고 허위 정보와 편향된 보도에 현혹되지 않으려 하는지, 그렇다면 어떻게 하는지를 이해하고자 했다. 이 연구는 허위 정보에 대한 공포, 그리고 일방적 의견만을 표출하는 정치화된 '반향실反響室, echo chamber'의 출현으로 인해 소셜미디어는 믿을 만한 뉴스 공급원이라는 신뢰가 하락했다는 입장에서 출발한다. 이러한 현상은 민주적 토론과 선거 과정에 해악적인 결과를 초래할 수 있다. 이 연구는 네 가지 주요 집단을 탐구 대상으로 하는데, **여론 주도층opinion leaders**은 그와 관련된 사람들이 뉴스를 추종하지 않는 이들이라는 점에서 신뢰할 만한 정보의 원천이고, **주도자 추종층leader-seekers**은 여론 주도층과 달리 추가적 정보를 얻고 공유하기 위해 지인들을 찾는 반면, **여론 추종층opinion seekers** 또는 '추종자들followers'은 지인들로부터 정보를 얻고자 하지만 공유하지는 않으며, **회피자들 avoiders**은 뉴스 소비를 거의 하지 않고 특정 정치적 주제를 애써 회피하는 사람들이다.

뒤부아 등은 2017년 프랑스의 인터넷 사용자 2,000명을 대상으로 한 설문조사 자료를 분석한 결과, 여론 주도층은 신뢰할 만한 정보의 원천이자 미디어 생태계에서 중요한 인물이라는 점을 발견했다. 여론 주도층과 주도자 추종층은 여론 추종층 및 회피자들보다 더 많은 팩트 체크를 하고 반향실에 갇혀 버릴 가능성이 작으며 뉴스미디어를 신뢰하는 경향 또한 강하다. 반면 회피자들은 신뢰 수준이 가장 낮다. 정치적 정보에 대해 가장 강력한 검증을 수행하는 쪽은 주도자 추종층이다(비록 여론 주도층과 여론 추종층도 허위일 가능성이 있는 소셜미디어 뉴스와 정치적 정보에 대한 검증을 수행하기는 하지만). 회피자들은 팩트 체크를 거의 하지 않기 때문에 허위 정보의 위험에 가장 많이 노출돼 있고, 반향실에 갇혀 버릴 위험성도 크며, 뉴스미디어에 대한 신뢰 또한 매우 낮다. 이 조사는 링크, 공유, 클릭에 기초한 개인별 맞춤과 최적화라는 소셜미디어의 주된 방침이 신뢰할 만한 정보보다 선정적인 정보를 확산시킨다고 논의한다. 뒤부아 등은 소셜미디어 문해력literacy을 높이는 정보 추구 행위를 장려하는 쪽으로 소셜미디어들의 방향 설정이 이루어져야 한다고 주장한다.

참고문헌 및 더 읽을거리

Altheide, D. (2007) 'The Mass Media and Terrorism', *Discourse and Communication*, 1(3): 287-308.

Andreasson, K. (ed.)(2015) *Digital Divides: The New Challenges and Opportunities of e-Inclusion* (Boca Raton, Florida: CRC Press).

Clarke, J. N., and Everest, M. M. (2006) 'Cancer in the Mass Print Media: Fear, Uncertainty and the Medical Model', *Social Science and Medicine*, 62(10): 2591-600.

Dubois, E. Minaeian, S., Paquet-Labelle, A. and Beaudy, S. (2020) 'Who to Trust on Social Media: How Opinion Leaders and Seekers Avoid Disinformation and Echo Chambers', *Social Media+Society*, April-June: 1-13.

Flew, T. (2014) *New Media: An Introduction* (Melbourne: Oxford University Press), esp. chapter 4.

Takahashi, T. (2010) *Audience Studies: A Japanese Perspective* (London: Routledge), esp. the Introduction.

Thompson, J. B. (1995) *The Media and Modernity: A Social Theory of the Media* (Cambridge: Polity). [국역본, 《미디어와 현대성: 미디어의 사회이론》, 이음, 2010]

상호작용

interaction

기본적 정의

공식적 또는 비공식적 상황에서, 둘 또는 그 이상의 개인들 간에 일어나는 모든 유형의 사회적 조우遭遇, encounter.

개념의 기원

대화나 만남 같은 일상적 조우, 그리고 그 밖에 얼핏 사소해 보이는 듯한 삶의 측면들은 과학적 학문의 주제로는 '적절한' 것처럼 보이지 않을 수도 있다. 그러나 사회학에서 1920년대부터 급속히 발달한 상징적 상호작용론적 전통은 이러한 일상적 사건들이 사회적 삶의 특성과 구조에 관한 중요한 통찰력을 제공해 준다는 것을 보여 주었다. 사회적 상호작용은 일반적으로 초점 있는 교류focused exchange와 초점 없는 교류unfocused exchange 모두를 포함한다. 초점 있는 상호작용은 통상적으로 '조우'로 지칭되며, 친구 및 가족구성원의 만남 대부분이 이에 해당한다. 초점 없는 상호작용은 우리가 다른 사람들과 함께 있기는 하지만 일대일로 조우하지는 않는 모든 경우에서 일반적인 것이다. 예를 들어, 쇼핑은 바디랭귀지, 표정, 제스처의 형태를 띠는 초점 없는 상호작용으로서,

수많은 다른 사람이 있는 가운데 여기저기를 돌아다니면서 자신의 일상적 과업을 수행하는 것을 가능케 한다.

사회적 행위 이론의 전통에 속하는 또 다른 관점으로는 현상학phenomenology과 일상생활방법론ethnomethodology이 있는데, 이들 또한 사회적 상호작용에 주목해 왔다. 현상학자들은 사람들이 어떻게 세계에 대한 당연시된 가정들taken-for-granted assumptions을 획득하는지를 연구하며, 일상생활방법론자들은 사람들이 일상생활에서 세계를 이해하고 구조화하는데 사용하는 방법들은 무엇인지 탐구한다.

의미와 해석

사회적 상호작용은 부분적으로 신체적 행동과 표정 같은 비언어적 의사소통을 통해 일어난다. 비언어적 의사소통의 주요한 측면은 감정을 표정으로 나타내는 것이다. 인간의 얼굴을 다른 동물의 얼굴과 비교해 보면, 눈에 띄게 유연하고 조종 가능함을 알 수 있다. 엘리아스Norbert Elias(1987)는 얼굴에 관한 연구가 인간이 어떻게 다른 동물들과 마찬가지로 오랜 시간에 걸쳐 자연적으로 진화했는지는 물론 그러한 생물학적 기초가 어떻게 사회의 발전 과정 속에서 문화적 특성과 맞물리게 됐는지도 보여 준다고 논의한다. 인간의 얼굴은 가려져 있지 않고 노출돼 있으며 아주 유연해서 매우 다양한 표정을 지을 수 있다. 따라서 엘리아스는 인간 얼굴 표정의 발달을 효과적 의사소통 체계의 진화적 '생존 가치'와 긴밀하게 연관돼 있으며, 인간은 얼굴이라는 '신호판signalling board' 위에 표현된 다양한 감정으로 소통한다고 본다. 우리는 언어적 의사소통에 덧붙여 다른 사람들의 얼굴 표정과 몸짓 또한 사용하며, 양자를 동시에 살핌으로써 상대방이 하는 말에 얼마나 진정성이 있으며 믿을 만한지를 판단한다.

상호작용론적 전통에 있는 사회학적 연구 상당수는 대화 또는 '말'에 초점을 맞춰 왔다. 언어 사용에 관해서는 오랫동안 언어학자들이 연구해 왔지만, 사회학자들 또한 '맥락 속에서의 말'로서의 언어에 관심을 갖는다. 즉 사람들이 어떻게 상이한 사회적 배경 속에서 의사소통을 하는지를 탐구한다는 것이다. 언어 사용에 중점을 두는 대표적인 관점은 일상생활방법론이다. 이러한 명칭이 붙은 이유는 사람들이 매일매일의 삶을 영위하면서 일상적인 사회적 맥락에서 사용하는 방법들('일상생활방법ethnomethods')에 주목하기 때문이다. 특히, 사람들이 어떻게 자신이 사는 세계와 타인들의 행동을 **이해make sense**하는지가 초점이다. 우리는 대화 과정에서 그 사회적 맥락만 알고 있으면 그것이 꼭 말로 표현되지 않더라도 대화 내용을 이해할 수 있다. 일상적 대화의 가장 사소한 유형도 그 대화를 통해 전달되는 복잡하고 공유된 지식을 전제로 한다. 일상적 대화에서 쓰이는 단어들이 언제나 정확한 의미를 갖는 것은 아니며, 우리는 우리가 말하고자 하는 바를 그것을 뒷받침하는 발화되지 않은 가정들을 통해 '확정fix'한다.

상호작용은 보다 큰 사회적 맥락에 의해 형성되므로, 언어적 및 비언어적 의사소통 모두는 남성과 여성에 의해 서로 다른 방식으로 인지 및 표현될 수 있다. 남성이 공적 영역 및 사적 영역 모두에서 전반적으로 여성을 지배하는 사회에서는 남성이 여성에 비해 모르는 사람과 눈을 마주치는 데 자유롭다고 느낄 가능성이 있다. 여성을 빤히 쳐다보는 남성은 '자연스러운' 또는 '악의 없는' 행위를 하는 것으로 여겨질 수 있으며, 여성이 불편함을 느낀다면 여성은 그 눈길을 외면함으로써 벗어날 수 있다. 그러나 남성을 빤히 쳐다보는 여성은 많은 경우 도발적이거나 성적으로 유혹하는 행위를 하는 것으로 여겨진다. 비언어적 의사소통의 경우, 남성은 여성에 비해 훨씬 편안한 자세로 등을 기대고 다리를 벌려 앉는 경향이 있는 반면, 여성은 보다 다소곳한 자세로 똑바로 앉아 양손을 무릎에 올리고 다리를 모으는 경향이 있다. 몇몇 연구들 또한 여성이 남성에 비해 눈길이 마주치면 피하는 경우가 훨씬 많다는 것을 보여 준 바 있다. 이러한 상호작용들은 겉보기에는 소규모이고 미시적이지만, 사회 전반에서 여성에 대한 남성의 권력을 보여 주는 숨은 단서를 제공한다.

비판적 쟁점

사회학자들은 거의 모든 연구 프로젝트에서 미시적 수준의 교류든 글로벌 정치에서 국가 간의 상호작용이든 상호작용에 관한 연구를 한다. 그러나 상호작용론적 관점은 대면적 상호작용에만 주목하면서 상호작용의 유형과 내용을 형성하는 사회구조의 문제를 간과하는 것처럼 보이기도 한다. 일부 미시 이론가들은 사회구조를 아예 부정하는 입장을 취하면서, 사회학자들은 사회질서를 지속적으로 재창출하는 사회적 관계와 상호작용에 초점을 맞춰야 하며, 일부에서 그렇게 일상화된 사회질서를 사물과 같은thing-like 사회구조로 오해하는 것이라고 주장한다. 반면 사회구조에 대해 논의하는 또 다른 사회학자들은 비록 구조라는 것이 눈에 보이지는 않지만 그 영향은 실재적이고 관찰 가능하다고 믿는다. 중력은 눈에 보이지 않지만, 과학자들은 그것이 다른 관찰 가능한 현상에 미치는 영향을 측정함으로써 어려움 없이 중력의 존재를 추론해 낸다.

현대적 의의

상호작용 개념은 매우 근본적이며, 이 개념 없이 '사회학 연구를 하기'란 어렵다. 또한 상호작용 개념은 매우 유연하고 적용 가능성이 큰 것으로 확인됐으며, 인간존재의 여러 다양한 측면에 적용되어 왔다. 이러한 사례는 기술적으로 매개된 환경이며 여러 면에서 일상의 대면적 세계와는 다른 사이버공간에서의 사회적 상호작용 이해에 초점을 맞춘 최근 연구들에서도 찾아볼 수 있다. 이렇게 매우 다른 상호작용에 관한 연구는 사회적 상호작용의 이해를 확장하는 새로운 개념을 필요로 할 가능성이 크다.

온라인 환경에서의 사회적 상호작용에 대한 이해는 성장세에 있는 연구 분야다. 플로우Thomas Ploug(2009)는 사이버공간 안팎에서의 상호작용과 윤리적 행동 간에는 몇몇 중요한 차이점이 있다고 주장한다. 예를 들어, 사이버공간에서 사람들은 온라인 환경을 '실재가 아니거나' 자신이 사는 물리적 세계만큼 실재적이지는 않은 것으로 인식하는 경우가 많다. 플로우는 이러한 생각이 온라인 도덕성에 대한 사람들의 인식에 영향을 미친다고 말한다. 또한 온라인 환경은 '현실 세계'의 증거들에 비해 설득력이 떨어지는 경향이 있다. 알려진 바에 따르면, 대면적 상호작용보다 온라인에서 논쟁을 벌이다 불쾌감을 느낀 사례가 더 많다고 한다. 아울러 의견 불일치가 있을 때 그것이 훨씬 강하게 표현되며 공격적이고 모욕적인 방식으로 표출되는 경우도 빈번하다. 이 모든 것은 온라인 환경이 어떻게 그리고 왜 상이한 윤리적 기준을 산출하며 그것이 초래할 결과는 무엇인지를 정확히 이해할 필요가 있음을 시사한다.

홀Jeffrey A. Hall(2016)은 소셜미디어 이용은 언제나 사회적 상호작용인가, 그리고 사회적 상호작용은 실제로 온라인 환경으로 이전되는가라는 더 근본적인 문제를 제기한다. 그는 사건 및 경험 표집標集, sampling을 포함한 혼합적 방법을 사용해 소셜미디어 활동에 관한 세 번의 연구를 수행했다. 연구 결과, 아마 놀랍게도, 사람들의 소셜미디어 사용이 사회적 상호작용으로 간주되는 경우는 극히 적은 것으로 밝혀졌다. 예를 들어, 닷새 이상의 경험 표집 결과 소셜미디어에서 일어난 사회적 상호작용은 2퍼센트에 불과했으며, 친구와의 상호작용에 관한 사건 표집 결과 96.5퍼센트의 상호작용이 소셜미디어 바깥에서 이루어진 것으로 나타났다. 또한 소셜미디어에서 일어난 사회적 상호작용은 주로 긴밀한 관계에 있는 파트너와의 일대일 교류인 것으로 나타났다. 이 연구는 소셜미디어와 온라인 커뮤니케이션에서 대면적 상호작용이 설 자리를 잃고 있다는 통상적인 생각에 의문을 제기하면서 향후 이에 관한 더 많은 연구가 필요함을 시사한다.

참고문헌 및 더 읽을거리

Elias, N. (1987) 'On Human Beings and their Emotions: A Process-Sociological Essay', *Theory, Culture and Society*, 4(2-3): 339-61.

Garfinkel, H. (1984) *Studies in Ethnomethodology* (2nd rev. edn, Cambridge: Polity).

Goffman, E. (2005) *Interaction Ritual: Essays in Face-to-Face Behaviour* (2nd edn, New Brunswick, NJ: Aldine Transaction), esp. Joel Best's Introduction. [국역본, 《상호작용 의례: 대면 행동에 관한 에세이》, 아카넷, 2013]

Hall, J. A. (2016) 'When is Social Media Use Social Interaction? Defining Mediated Social Interaction', *New Media and Society*, 20(1): 162-79.

Ploug, T. (2009) *Ethics in Cyberspace: How Cyberspace May Influence Social Interpersonal Interaction* (New York: Springer).

Ten Have, P. (2004) *Understanding Qualitative Research and Ethnomethodology* (London: Sage), esp. chapters 2 and 3.

이데올로기

ideology

기본적 정의

사회 내의 '상식적' 관념 및 널리 퍼진 신념으로서, 많은 경우 간접적으로 지배계급의 이해관계에 봉사하고 그들의 위치를 정당화하는 것.

개념의 기원

이데올로기 개념은 처음에 18세기 말 프랑스에서 관념과 지식에 관한 추정적 과학putative science of ideas and knowledge을 지칭하는 말로 사용됐다(관념에 대한 탐구idea-ology). 이러한 의미에서, 이데올로기는 심리학 또는 생태학과 유사한 분야였다. 현재 이러한 이데올로기 개념은 '중립적인', 즉 관념이 편파적이거나 오도하는 것임을 함의하는 것이 아니라 단지 사회 내에는 연구 및 비교될 수 있는 다양한 관념이 존재한다는 의미를 담은 것으로 여겨진다. 1930년대와 1940년대에 칼 만하임Karl Mannheim은 지식사회학 분야에서 특정한 사고 양식과 그것의 사회적 기초를 연결함으로써 이러한 생각을 부활시키고자 했다. 예를 들어, 만하임은 상이한 사회계급의 맥락 내에서 생성된 지식은 부분적일 뿐이며, 지식사회학은 다양한 해석들을 한데 묶어 전체 사회에 대한 더 나은 이해를 산출하는 것을 목표로 해야 한다고 생각했다. 중립적 이데올로기 개념은 그리 인기를 얻지 못했음이 증명됐다.

사회학에서는 보다 비판적인 이데올로기 개념이 지배적이었다. 칼 마르크스Karl Marx는 이데올로기를 자본가 계급의 지배를 재생산하는 중요한 요인으로 여겼다. 그는 힘 있는 집단은 사회 내에서 통용되는 지배적 관념을 통제할 수 있으며 자신의 특권적 위치를 정당화할 수 있다고 주장했다. 따라서 모든 시대에서 지배적 관념은 지배계급을 지지하는 관념이다. 이데올로기는 평등의 장애물이며, 후에 마르크스주의자들은 노동자들이 자신이 착취당하고 있다는 자각을 높이기 위해 어떻게 이데올로기에 맞서 싸울 것인지를 이론화하는 데 상당한 시간을 할애했다. 이들은 사회 분석가들이 이데올로기의 왜곡을 폭로하여 힘없는 사람들이 자신의 삶의 조건을 향상시키기 위한 행동을 취하기에 앞선 전주곡으로서 그들의 삶에 대한 참된 관점을 획득할 수 있도록 해야 한다고 생각했다. 오늘날 이데올로기 개념은 1970년대 및 1980년대에서와 같은 식으로 사용되지 않으며, 관념의 권력에 대한 사회학적 관심은 관념 및 신념으로부터 언어 사용, 발화發話와 기록의 원천으로 초점을 이동시킨 미셸 푸코Michel Foucault식의 담론 개념과 그것의 효과를 탐구하는 방향으로 갈 가능성이 높다. 그러나 두 개념이 꼭 반대되는 것만은 아니다.

의미와 해석

어떤 관념 또는 진술을 '이데올로기적'이라고 하는 것은 몇몇 중요한 측면에서 그것이 허위이고, 오도하며, 또는 실재에 대한 편파적 설명으로서 수정될 수 있고 또 수정돼야만 하는 것임을 의미한다. 따라서 이데올로기 개념은 사회에 대한 사실 또는 진실을 파악하는 것이 가능함을 함의한다. 마르크스주의 전통에 의해 주도된 이데올로기 연구들은 이데올로기를 계급지배와 긴밀하게 연관된 것으로 본다. 자연스러운 질서에 관한 종교적 신념은 "성 안의 부자, 문 앞에 선 빈자, 신은 이들을 높고 낮은 위치에 있게 하셨으며 각자의 영지에 질서 있게 자리잡도록 하셨다"라는 진술에서 나타나듯이, 이데올로기의 뚜렷한 원천이다. 마르크스주의 이론은 이러한 관념을 이데올로기적 의도가 가득한 것이며, 가지지 못한 자들과 착취당하는 자들로 하여금 불평등은 자연스러운 것이고 그들의 낮은 위치는 신에 의해 질서 지어진 것이라고 믿도록 하려는 것으로 여긴다.

20세기 들어서 신마르크스주의 프랑크푸르트학파 비판이론가들은 영화, 텔레비전, 대중음악, 라디오, 신문, 잡지 등 그들이 '문화산업culture industry'이라고 부르는 것을 연구하면서 대중사회에서 문화 생산은 다른 산업들과 마찬가지로 이윤 추구적이며 별반 가치 없는 표준화된 상품들만 만들어 낼 뿐이라고 주장했다. 문화적 차이는 하향평준화됐고 문화상품은 가능한 한 가장 대규모의 청중을 겨냥한다. 프랑크푸르트학파가 보기에, 하향평준화는 대중문화mass culture가 도전적이거나 교육적이지 않으며 위안적이고 활력 없는 것으로서 비판을 저해하고 수동성을 증대시키는 것을 의미한다. 비판적 이데올로기 개념의 유용한 측면은 관념과 문화상품을 권력 및 권력관계와 연결시키는 방식이다. 이데올로기는 상징권력의 행사, 즉 어떻게 관념이 은폐되고 정당화되며 또는 지배집단의 이해관계를 정당화하는지에 관한 것이다.

글래스고미디어그룹Glasgow Media Group은 뉴스 보도에 주목한 연구들을 통해 표면상 중립적인 뉴스 취재와 보도 과정에 내재한 이데올로기적 측면을 지적했다. 이 그룹은 내용분석content analysis 기법을 사용한 일련의 경험연구에서 어떻게 텔레비전 뉴스 보도가 체계적으로 왜곡을 만들어 내는지를 보여주었다. 예를 들어, 노동쟁의를 다룰 때 뉴스 보도가 파업 중인 노동자 측의 관점을 배제한 채 정부 및 사용자 측의 관점만을 선호하는 경향이 있다는 것이다. 사용자 측은 '제시하는' 반면 노동자 및 노동조합 측은 '요구하는' 것으로 묘사되며, 노사관계 관련 보도는 선택적이고 편파적인 방식으로 이루어진다. 뉴스 저널리스트들은 중간계급적 배경에 기초하는 경향이 있으며, 이들의 관점은 그 사회의 지배집단, 즉 필연적으로 파업 노동자들을 위험하고 무책임한 자들로 여기는 이들의 관점과 일치한다. 이 연구의 주된 결론은 뉴스 보도는 선택적일 수밖에 없으며 결코 중립적이거나 '객관적'일 수 없다는 것이다. 뉴스 보도는 불평등한 사회를 반영하는 또 하나의 문화상품이며, 엄밀히 말하면 이데올로기의 또 하나의 원천이다.

비판적 쟁점

현대사회에서 미디어의 종류가 매우 다양해지고 지구 전체 인구 중 그에 노출되는 비율이 늘어남에 따라 이데올로기의 생산 범위도 증대했다. 그러나 웹사이트, 채팅방, 블로그 등 보다 쌍방향적인 유형들이 두드러지면서 콘텐츠 생산자와 관객 사이의 직접적 관계와 상호작용이 가능해짐에 따라 변화의 기미가 보이기도 한다. 블로그나 트위터 등은 그 자체로 정보의 원천이 되고 있으며, 최근의 여러 갈등과 관련해 갈등 당사자의 관점에서 보는 뉴스가 주류 뉴스채널이나 보도의 대안으로 부각되는 등 일부 역할을 담당한 바 있다.

일부 뉴스 제작자들은 글래스고미디어그룹 연구자들에 대해 자신들만의 편파적 견해에 빠져 정부 및 사용자 측이 아닌 노동자 편을 든다고 비난한다. 이들은 《나쁜 뉴스Bad News》라는 책에 '노동조합과 미디어'라는 장은 있지만 '경영진과 미디어'라는 장은 없다면서, 이런 것이 이 그룹의 '이데올로기적' 편파성을 보여 주는 것이라고 지적한다. 해리슨Martin Harrison(1985)은 1976년도에 이루어진 [글래스고미디어그룹의] 첫 연구가 분석한 기간 동안의 영국 ITN[영국의 뉴스 보도 채널] 뉴스 방송 원고를 검토한 결과, 분석된 5개월은 전형적인 모습과 거리가 멀다고 주장했다. 이 기간 동안 노동쟁의로 휴무일이 많았기 때문에, 뉴스가 그 모든 것을 보도하기란 불가능했을 것이다. 또한 해리슨은 뉴스 보도가 파업의 여파에만 지나치게 초점을 맞추었다는 글래스고미디어그룹의 주장은 많은 사람들이 파업 참가자들보다 파업의 여파를 더 겪었다는 점에서 볼 때 잘못된 것이라고 생각했다. 간단히 말해, 뉴스 보도가 이데올로기적으로 편파적이지 않았다는 것이다.

현대적 의의

이데올로기 개념은 역사적으로 마르크스주의와 관련돼 왔으며, 그 운명도 불가피하게 마르크스주의와 연결돼 왔다. 1980년대 이후 소련 공산주의가 몰락하고 신자유주의적 자본주의가 명백히 승리하면서, 이데올로기 개념은 그 입지를 잃을 것이라 예상됐다. '담론'에 관해 언급한 논문의 수와 '이데올로기' 개념을 사용한 논문의 수를 비교해 보면, 확실히 푸코의 영향력이 사회학자들의 관심을 사회적 담론과 담론적 실천 쪽으로 이동시켰음을 알 수 있다. 1970년대 이래로 이데올로기 개념을 평가절하하려는 일련의 시도들이 있었지만, '이데올로기의 종언'에 관한 이런저런 명제들은 현재까지는 시기상조다.

최근의 이데올로기로는 급진적 이슬람주의, 환경주의, 생태주의, 우파 포퓰리즘의 부활을 꼽을 수 있다. 아마도 최근 이데올로기의 최고 사례는 뤼카르디Paul Lucardie(2020)가 '동물주의animalism'로 지칭한 것으로, 이는 인간이 아닌 동물의 권리와 관심에 대한 철학에 기초하고 있다. 최근 몇 해 동안 동물 보호를 표방하는 정당, 이를테면 독일의 인간, 환경, 동물당Partei Mensch Umwelt Tierschutz, PMUT과 네덜란드의 동물당Partij voor de Dieren, PvdD이 창당됐는데, 두 정당 모두 2014년에 유럽의회 의석을 확보했다. 또한 이와 유사한 호주와 포르투갈의 정당이

자국 총선 및 지방선거에서 의석을 확보하는 등, 동물권 보호와 동물 정치를 표방하는 '자매 정당'들이 계속 등장하고 있는 것으로 보인다. 뤼카르디의 논문은 일곱 개 정당의 공약을 분석하여 동물권 보호가 단일 이슈 운동인지 아닌지, 또는 뚜렷하며 응집된 이데올로기가 존재하는지 아닌지를 따져 본다. 그의 주장은 현재 등장 중인 '동물주의'는 인간과 비인간 동물의 관계에 초점을 맞춘 '연성軟性, thin 이데올로기'이며, 그런 점에서는 포퓰리즘과 유사하다는 것이다. 특히 동물주의의 핵심에는 연민, 독자성, 동등한 권리 개념, 그리고 이를 지지하는 모든 생명체의 본질적 가치라는 관념이 있다. 새로운 정치이데올로기가 계속 등장하는 한, 이데올로기 개념은 사회학자들에게 유용할 것이다.

참고문헌 및 더 읽을거리

Freeden, M. (2003) *Ideology: A Very Short Introduction* (Oxford: Oxford University Press).
Glasgow University Media Group(1976) *Bad News* (London: Routledge & Kegan Paul).
Harrison, M. (1985) *TV News: Whose Bias?* (Hermitage, Berks: Policy Journals).
Heywood, A. (2012) *Political Ideologies: An Introduction* (5th edn, Basingstoke: Palgrave Macmillan).
Lucardie, P. (2020) 'Animalism: A Nascent Ideology? Exploring the Ideas of Animal Advocacy Parties', *Journal of Political Ideologies*, 25(2): 212-27.
Zeitlin, I. M. (1990) *Ideology and the Development of Sociological Theory* (4th edn, Englewood Cliffs, NJ: Prentice Hall). [국역본, 《사회학 이론의 발달사: 사회사상의 변증법적 과정》, 한울아카데미, 2006]

정체성

identity

기본적 정의

개인 특성 또는 집단 특성의 뚜렷이 구분되는 측면으로서, 자아에 대한 감각과 관련된다.

개념의 기원

정체성은 태어나면서부터 주어지는 것이 아니라 만들어지는 것이다. 20세기 초 쿨리Charles Horton Cooley(1902)와 미드George Herbert Mead(1934)의 저작은 자아 및 정체성 이론의 발전에서 중요하다. 쿨리의 '거울 자아looking-glass self' 이론은 타인들의 평가가 개인에게 영향을 미치며 개인이 스스로를 보는 관점을 바꿀 수 있는 잠재력이 있다고 논의했다. 그러나 미드의 이론이야말로 자아 형성 및 발달에 관한 최초의 체계적인 사회학 이론으로서, 자아는 생물학적으로 타고난 부분도 아니고 인간 두뇌의 발달에 따라 출현한 것도 아니며 타인들과의 사회적 상호작용 속에서 형성되는 것이라고 주장했다. 미드는 개인의 자아에 관한 연구는 사회에 관한 연구와 분리될 수 없으며, 따라서 사회학적 관점을 요한다는 것을 보여 주었다. 자아에 대한 감각의 출현은 개인 정체성의 형성에 필수적인 전주곡이다. 지난 30여 년 동안 정체성 형성에 보다 많은 유연성을 허용하는 소비주의의 등장과 개인화의 증대로 인해 정체성의 확고한 원천이 약화됨에 따라 정체성에 관한 연구는 크게 증가해 왔다.

의미와 해석

개인의 정체성은 본질적으로 자신이 개인으로서 어떤 사람인지에 대한 스스로의 이해다. 그러나 우리의 정체성은 타인들의 정체성과 관련돼 있고 타인들의 정체성은 우리의 정체성과 관련돼 있다는 점에서, 정체성은 명백히 사회적 측면을 내포한다. 인간 정체성은 개인적이면서 또 다른 점에서는 사회적이기도 한데, 이는 정체성이 지속적인 상호작용 과정과 일상적인 대면적 조우遭遇, encounter 속에서 형성되기 때문이다(Scott, 2015: 4). 젱킨스Richard Jenkins(2014)는 정체성의 핵심적 부분을 개인적 요소, 집합적 혹은 사회적 요소, 정체성의 체화embodiment의 세 가지로 제시한다. 마지막 요소가 중요한 것은 정체성이 항상 개인의 신체에 배태되어 있다는 점 때문이다. 정체성은 여러 가지 원천을 통해 구성되며 다층적이다.

기본적 구분은 1차 및 2차 사회화와 관련된 1차적 및 2차적 정체성이다. 1차적 정체성은 인생 초기에 형성되는 것으로서 젠더 정체성 또는 민족집단 정체성 같은 것이 있으며, 2차적 정체성은 1차적 정체성의 기초 위에 구축되는 것으로서 사회적 역할, 직업위치, 지위 등을 포함한다. 이런 점에서 볼 때, 정체성은 복합적이고 유동적이며 새로운 역할을 취득하거나 예전 역할을 벗어남에 따라 변화하는 것이 분명하다. 또한 정체성은 거의 고정돼 있지 않으며 끊임없는 변화의 과정 속에 있다. 중요한 결과는 정체성이 유사성과 차이를 나타낸다는 점이다. 개인적 정체성personal identity은 독특한 것이며 다른 사람들의 정체성과는 다른 것으로 느껴지는 경우가 빈번하다. 예를 들어, 이름은 개인적 차이의 표시다. 오늘날 많은 부모들은 자녀의 이름을 지을 때 통상적으로 쓰이는 '가족'명'family' names을 선택하는 대신 자녀를 특별한 사람으로 드러내 보이는 독특한 이름을 적극적으로 찾아내려 한다. 그와 대조적으로, 집합적 정체성collective identity은 타인들과의 유사성을 보여 준다. 이를테면, 당신 스스로를 노동계급, 환경론자, 또는 전문적 사회학자로 확인하고 타인에게 인정받는 것은 자부심과 집단적 연대의 원천, 또는 심지어 수치심의 원천까지도 될 수 있다.

우리가 스스로의 정체성을 어떻게 인지하고 있든지 간에, 개인적 정체성과 사회적 정체성은 자아 내에 체화되어 강하게 묶여 있다. 사회적 정체성과 체화 간의 긴밀한 연결을 보여 주는 좋은 예는 '오명汚名, stigma'에 관한 고프먼Erving Goffman([1963]1990)의 연구다. 그는 어떻게 장애인들이 숨기기 용이한 비신체적 장애(잠재적으로 의심스러운 오명discrediting stigma)에 비해 눈에 보이는 신체적 장애(명시적으로 씌워진 오명discredited stigma)에 기초해 더 쉽게 오명을 쓰면서 개인 정체성을 '관리manage'하기가 더욱 어려워지게 되는지를 보여 준다. 고프먼은 연극의 비유를 채택해 사람들을 무대 위 또는 연극 속에서 배역을 연기하는 배우와 같은 것으로 보면서 상호작용을 분석할 수 있다고 말한다. 이는 문자 그대로의 의미라기보다 사회적 연기자들이 사람들의 행위를 형성하는 기대들에 따른 수많은 역할을 실제로 수행함을 파악하는 방식을 제공하는 것이다. 인상관리impression management 기술은 개인으로 하여금 타인들이 자신을 보는 방식과 자신에게 행동하는 방식을 관리하는 데 도움을 준다.

젠더 정체성에 대한 사회적 영향은 여러 방식을 통해 나타난다. 예를 들어, 부모-자녀 관계에 대한 연구들을 보면 부모가 남자아이와 여자아이를 대하는 것에 뚜렷한 차이가 있으며, 이는 심지어 부모가 남자아이와 여자아이를 똑같이 대한다고 철석같이 믿고 있는 경우에도 그렇다고 한다. 어린아이들이 보는 장난감, 그림책, 텔레비전 프로그램은 하나같이 남녀 간의 특성의 차이를 강조하는 경향이 있다. 상황이 달라지고는 있지만, 여전히 남성의 특성은 보다 적극적이고 모험적인 반면 여성의 특성은 수동적이고 무언가를 기대하며 가정 지향적인 것으로 그려진다. 페미니스트 연구자들은 문화와 미디어의 산물이 어떻게 어린아이들로 하여금 젠더, 그리고 여성과 남성의 목표와 야망의 종류에 관한 전통적 태도를 체화하도록 하는지를 보여 주었다.

비판적 쟁점

최근 몇몇 이론들은 상대적으로 고정돼 있거나 사회화기관에 의해 사람들에게 부여된 것으로서의 '정체성' 개념 자체에 도전한다. 미셸 푸코Michel Foucault에 따르면, 이 이론들은 젠더와 섹슈얼리티가 이로부터 비롯된 다른 모든 용어들과 더불어 객관적으로 실재적인 것을 지칭하는 것이 아닌 특정 섹슈얼리티 담론을 구성한다고 주장한다. 예를 들어, 푸코는 오늘날 남성 동성애자와 관련된 정체성은 19세기 및 그 이전에는 지배적 섹슈얼리티 담론의 일부가 아니었다고 논의한다. 따라서 이러한 정체성 유형은 의학 및 정신의학 담론의 일부가 되거나 그러한 담론 내부에서 생성되기 전까지는 존재하지 않았다. 정체성은 다원적이고 상당히 불안정하며 일생 동안 급격히 변화할 수 있는 것으로 여겨진다.

현대적 의의

정체성은 많은 세부 분야에서 그 중요성이 증대한 개념이다. 예를 들어, 현재 사회운동 연구에서는 집합적 정체성이 어떻게 구축되는지를 탐구하고, 계급 연구에서는 사회계급 집단 정체성의 변화를 탐구하며, 보건사회학자들은 만성질환의 발병 및 진행이 어떻게 개인 정체성에 악영향을 미치는지를 보여 준다. 정체성 개념은 이제 사회학에서 확실히 정립돼 있으며 노동환경의 변화 같은 많은 새로운 주제의 연구에 활용되고 있다. 대부분의 사람들의 경우는 직장에 있을 때 수행하는 정체성과 사생활 및 가정에서 적용되는 정체성이 확연히 분리돼 있다. 그러나 일부 직장에서는 다양한 '오락' 활동의 기회와 설비 도입을 통한 업무 환경의 '인간화'를 시도해 왔다(특히 사무실, 콜센터 및 기타 서비스 부문 사업장의 경우). 볼드리Chris Baldry와 핼리어Jerry Hallier(2010)는 이 주제와 관련된 문헌 분석을 통해 이러한 시도가 매력적인 측면도 있지만 역효과를 낼 수도 있다고 논의한다. 노동자들은 경영진이 자신들의 사생활을 침해하고 자신들의 가치를 바꾸려 시도한다는 생각에 분개할 수 있다. 직장에서의 오락은 생산성에 '윤활유 역할을 하기'는커녕 소외를 증대시킬 수도 있다.

또한 정체성 개념은 우파 포퓰리즘 지지의 원천을 분석하는 최근 연구에서도 중요한 위치를 차지한다. 예를 들어, 자르디나Ashley Jardina(2019)는 도널드 트럼프Donald Trump 전직 미국 대통령(백인의 인종적 연대를 조장하는 '백인 정체성 정치'의 대두로 인해 크게 득을 본)의 핵심 지지기반을 연구했다. 그 요체는 이민과 정부 외주outsourcing에 대한 반대, 보호무역과 백인 공동체를 타깃으로 한 복지지출에 대한 지지라 할 수 있다. 1970년부터 2000년경에 이르는 기간 동안 많은 연구가 백인들의 인종적 의식은 보이지 않거나 정치적 결과로 이어지지 않았다고 결론지어 왔지만, 최근 수십 년간 백인 인구수의 상대적 규모가 감소하고 미국 내 민족집단의 다양성이 증가함에 따라 상황이 바뀌었다. 오늘날 백인들의 인종적 태도는 순전히 편견에 기초한 것이라기보다는 내집단in-group 인종 정체성, 그리고 백인의 집합적 이해관계 보호를 위한 열망과 관련돼 있다. 자르디나(Jardina, 2019: 7)의 연구의 결론은 "백인성whiteness이 현재 미국 정치의 뚜렷하며 핵심적인 요소"라는 것이다.

참고문헌 및 더 읽을거리

Baldry, C., and Hallier, J. (2010) 'Welcome to the House of Fun: Work Space and Social Identity', *Economic and Industrial Democracy*, 31(1): 150-72.

Cooley, C. H. (1902) *Human Nature and the Social Order* (New York: Scribner's).

Goffman, E. ([1963]1990) *Stigma: Notes on the Management of Spoiled Identity* (London: Penguin). [국역본, 《스티그마: 장애의 세계와 사회적응》, 한신대학교출판부, 2009]

Elias, N. (2000) 'Homo clausus and the Civilizing Process', in P. du Gay, J. Evans and P. Redman (eds), *Identity: A Reader* (London: Sage), pp. 284-96.

Jardina, A. (2019) *White Identity Politics* (Cambridge: Cambridge University Press).

Jenkins, R. (2014) *Social Identity* (4th edn, London: Routledge).

Mead, G. H. (1934) *Mind, Self and Society*, ed. C. W. Morris (Chicago: University of Chicago Press). [국역본, 《정신, 자아, 사회: 사회적 행동주의자가 분석하는 개인과 사회》, 한길사, 2010]

Scott, S. (2015) *Negotiating Identity: Symbolic Interactionist Approaches to Social Identity* (Cambridge: Polity).

주제8

건강, 질병, 신체

(Health, Illness and the Body)

사회적 자아 (social self)

생의학 (生醫學, biomedicine)

의료화 (medicalization)

장애의 사회적 모델 (social model of disability)

환자 역할 (sick role)

사회적 자아

social self

기본적 정의

인간 유기체 개인이 그에 대한 다른 사람들의 다양한 반응에 대응하면서 생성되는 자아 인식의 형성.

개념의 기원

인간은 자신의 존재, 그리고 자신이 죽을 수밖에 없다는 점을 알고 있는 유일한 피조물이라고 한다. 이는 사회학적으로 보면 인간 개인이 자아에 대한 인식을 가지고 있음을 의미한다. 자아가 어떻게 형성되는지에 대한 조지 허버트 미드George Herbert Mead(1934)의 아이디어는 자아 형성에 관한 영향력 있으며 진정으로 사회학적인 이론 중 하나다. 미드는 자아가 어떻게 출현하고 발달하는지를 이해하려면 사회학적 관점이 필요하다고 주장했고, 이러한 생각은 사회학에서 상징적 상호작용론 전통의 주요한 기초를 형성했다. 미드에 따르면 자아가 한 번 생성되면 '그것을 통해 사물에 대해 사고하는' 능력에 이르게 되지만, 현실의 인간 개인 내에 자리 잡은 것은 체화된embodied 자아이며, 이는 유사한 개념인 '영혼'과 달리 현실의 인간 개인을 빼놓고는 생각할 수 없는 것이다.

의미와 해석

미드의 이론은 유아가 모방과 놀이를 통해 어떻게 사회적 존재로서의 자신에 대한 감각을 발달시키기 시작하는지 이해하는 것을 목표로 한다. 어린아이가 부모와 다른 아이들의 행위를 모방하는 것은 흔히 볼 수 있는 일이다. 아이들은 어른들이 하는 것을 본 그대로 다과회를 여는 척하고 화분의 흙을 파며, 장난감 청소기로 카펫 청소 흉내를 낸다. 이는 자아 형성 과정의 출발점이다. 아이들이 4세나 5세쯤 돼서 놀이를 하게 되면 다음 단계가 시작된다. 놀이에 참여한다는 것은 아동이 자신이 본 것을 단순히 모방하는 것을 넘어 사회적 역할의 측면들을 담당하기 시작해야 함을 의미한다. 미드는 이를 '타인의 역할 습득하기taking the role of the other'로 지칭하는데, 이는 아동이 자신의 놀이를 다른 사람들의 관점에서 바라볼 것을 요하는 것이며, 바로 이 지점에서 사회적 자아가 출현하기 시작한다. 말하자면, 아동은 다른 사람들의 역할을 습득하고 자신을 효과적으로 '외부에서' 바라봄으로써 자신이 타인과 구별되는 존재라는 점 또한 인식하기 시작한다.

미드의 이론은 자아에는 'I'와 'me'라는 두 부분이 있다는 생각에 기초해 있다. 'I'는 인간 유기체, 즉 자아의 사회화되지 않은 부분을 나타낸다. 'me'는 앞서 언급한 모방과 놀이로부터 시작되는 사회적 상호작용을 통해 발달한다. 사회적 'me'는 많은 인원이 참가하는 보다 조직화된 게임으로 놀이가 이행하는 8세나 9세쯤 형성되기 시작한다. 아동은 조직화된 게임을 배우기 위해 게임의 규칙은 물론 게임 내에서 자신의 위치, 아울러 다른 사람의 역할도 이해해야 한다. 아동은 스스로를 외부에서 바라보게 되며, 한 가지 역할만을 채택하는 것이 아니라 '일반화된 타자generalized other'의 역할을 습득한다. 따라서 개인은 개별적이고 유기체적인 'I'와 사회적으로 생성된 'me' 사이의 '내적 대화'를 통해 자아에 대한 의식을 발달시킬 수 있게 된다. 그리고 이러한 내적 대화, 즉 '스스로에게 이야기하는 방식'이 통상적으로 '사고thinking'로 지칭되는 것이다. 자아에 대한 감각의 발달은 상당히 복잡한 개인적 및 사회적 정체성이 구성되는 기반이다.

비판적 쟁점

미드의 명제에 대한 비판은 자아 형성 과정이 상대적으로 문제가 없는 것처럼 보인다는 점이다. 일각에서는 이러한 과정이 갈등과 감정적 혼란으로 가득 차 있으며 일생 동안 지속되는 상처를 남길 수도 있다고 말한다. 특히 초기 사회화 시기에 아동들이 자신의 젠더 정체성을 획득할 때가 그러한 경우다. 지그문트 프로이트Sigmund Freud와 이후의 프로이트주의자들은 자아 형성 및 젠더 정체성에서 무의식적 사고와 감정이 미드의 이론에서 말하는 것보다 훨씬 중요한 역할을 한다고 주장한다. 소년과 소녀가 부모와의 친밀한 유대를 단절하는 과정은 많은 경우 트라우마가 될 수 있다. 심지어 이 과정이 무난하게 일어날지라도 성장하면서 대인관계 형성에 어려움을 겪게 될 수 있다. 자아 형성은 어려운 과정이며 무의식적 욕망의 억압을 수반하는데, 이러한 측면이 미드의 명제에서는 결여돼 있는 것이다. 또 다른 이들은 미드가 아동의 사회화에 부모의 불균형한 권력관계가 작용하여 자아의 원활한 기능을 저해하고 내적 긴장과 모순으로 분열되도록 하는 것에 대해서는 거의 언급하지 않았다고 지적한다.

현대적 의의

미드의 이론은 사회학의 발전에서 매우 중요한 것이었다. 이는 자아 형성에 관한 진정한 최초의 사회학 이론으로서 우리 자신을 제대로 이해하려면 인간의 상호작용이라는 사회적 과정에서 출발해야 한다고 주장한 것이었다. 미드는 이러한 방식으로 자아가 생물학적으로 타고난 요소가 아니며 인간 두뇌의 발달과 더불어서만 발현되는 것도 아님을 보여 주었다. 미드가 말하고자 했던 바는 개인 자아에 관한 연구는 사회에 관한 연구와 떼려야 뗄 수 없으며, 따라서 사회학적 관점을 요한다는 것이다.

우리는 스스로를 개인으로 인식할 수 있지만, 친밀한 관계 내에서 개인의 자아에 무슨 일이 일어나며 친밀한 관계의 와해는 자아에 어떤 영향을 미치는가? 애정 관계의 파국과 그것이 사람들의 자아 개념 또는 'me'에 대한 감각에 미치는 영향을 탐구한 논문에서 이 문제가 논의된 바 있다(Slotter et al., 2009). 강한 헌신을 바탕으로 한 애정 관계에서는 사람들의 자아가 뒤섞이고 불명확하게 정의되는데, 이는 '우리we, our, us'라는 말을 일상적으로 사용하는 데서 드러난다. 애정

관계의 파국은 심적 고통과 슬픔을 초래할 뿐만 아니라 개인이 자신의 삶을 재조직화하고 재형성하면서 자아의 내용과 구조에 변화를 초래하도록 만들기도 한다. 이 연구는 많은 사람이 이별 후에 자아의 혼란을 주관적으로 인식하며 자아가 더 작아진 느낌을 갖게 됨을 보여 준다. 미드와 노르베르트 엘리아스Norbert Elias가 공통적으로 주장하듯이, 개별성individuality의 경험은 자아가 불가피하게 상호작용 및 관계 속에서 형성되는 사회적 자아라는 사실을 알아차리지 못하도록 한다.

사회학자들은 최근 수십 년간의 급격한 사회변동, 몇 가지 예를 들면 지구화, 정보기술의 확산, 대규모 이주, 여행, 시공간의 압축compression of time and space, 젠더 관계의 재구조화, 젠더 유동성의 증가 등에 관해 논의해 왔다. 이러한 변동은 사람들의 자아 감각에 영향을 미칠 것으로 예상됐으며, 애덤스Matthew Adams(2007)는 거시적 사회변동에 대한 설명과 자아 정체성의 변화 유형에 관한 이론을 결합한다. 예를 들면, 일부 이론가들은 계급 정체성이 감소함에 따라 사람들의 개인 정체성은 사실상 표류하면서 불확실성과 아노미에 더욱 취약하게 됐다고 주장한다. 그러나 다른 이론가들은 이러한 변화가 새로운 가용한 자유를 누릴 수 있는 보다 성찰적인 사회적 자아 유형의 가능성을 제공하는 것으로 본다. 또한 럽턴Deborah Lupton(2020)은 디지털혁명이 개인 데이터 산출과 수집의 엄청난 확산과 더불어 자아 형성과 발달 과정에 상당한 영향을 미친다고 주장한다. 오늘날 디지털 기술 및 데이터는 자아의 체화 및 생성 과정에서 중요한 측면으로 간주되며, 럽턴의 말을 빌자면 "사람들과 그들의 데이터는 서로를 형성한다"(Lupton, 2020: 121).

참고문헌 및 더 읽을거리

Adams, M. (2007) *Self and Social Change* (London: Sage).

Burkitt, I. (2008) *Social Selves: Theories of Self and Society* (2nd edn, London: Sage).

Lupton, D. (2020) *Data Selves: More-than-Human Perspectives* (Cambridge: Polity).

Mead, G. H. (1934) *Mind, Self and Society*, ed. C. W. Morris (Chicago: University of Chicago Press). [국역본, 《정신, 자아, 사회: 사회적 행동주의자가 분석하는 개인과 사회》, 한길사, 2010]

Slotter, E. B., Gardner, W. L., and Finkel, E. J. (2009) 'Who am I without You? The Influence of Romantic Break-Up on the Self Concept', *Personality and Social Psychology Bulletin*, 36(2): 147-60.

생의학

生醫學, biomedicine

기본적 정의

질병은 인지된 신체적 증상의 존재에 따라 객관적으로 정의되며 신체를 건강한 상태로 회복하기 위해서는 과학적으로 도출된 의학적 치료를 해야 한다는 서구적 의료 모델.

개념의 기원

산업사회 이전, 그리고 질병에 대한 과학적 이해가 출현하기 이전에는 사람들이 가족을 비롯하여 공동체 내에서 특별한 지위를 가진 다양한 치료자들을 통해 전승된 전통적 치료법에 의존했다. 이러한 옛날 방식의 치료 유형들은 오늘날 선진국에서도 '보조요법complementary therapies' 또는 '대체의학alternative medicine'이라는 이름으로 존재한다. 이 요법들이 '대체적'인 것은 생의학적 건강 모델로 대변되는 서구적 의학 관념이 200년 이상에 걸쳐 지배적이었기 때문이다. 생의학은 그것이 기초한 근대의 과학적 방법과 더불어 지배적 위치로 부상했으며, 생의학과 과학 모두 전 세계를 통틀어 대부분의 국가 보건 체계의 기초를 형성한다. 과학이 질병에 적용됨에 따라, 질병은 환자가 경험하는 증상이 아니라 신체 내의 판별 가능한 명확한 '징후'의 측면에서 객관적으로 규정되기 시작했다. 그리고 훈련된 '전문가'에 의한 공식적인 의학적 치료가 신체 질환 및 정신질환 모두를 처치하는 방식으로 공인됐다. 또한 의학은 범죄부터 동성애와 정신질환에 이르기까지 '일탈'로 인식된 행동이나 조건을 고치는 도구가 됐다.

의미와 해석

생의학적 건강 모델에는 몇 가지 핵심 요소가 있다. 질병은 신체의 '정상적' 상태 또는 '건강'을 저해하는 체내의 이상으로 간주된다. 신체의 건강을 회복하려면 질병의 원인을 격리, 처치, 제거해야만 한다. 생의학은 정신과 신체를 분리해 다루며, 따라서 전문 의료인이 환자를 진단할 때는 환자를 본질적으로 통합적 개인이 아닌 '병든 신체'로 본다. 초점은 환자의 질병 치료에 맞춰지며, 질병은 다른 모든 개인적 요인과는 별개로 탐구 및 치료될 수 있다.

전문의는 환자를 진찰 및 치료할 때 '의학적 시선', 즉 거리를 두는 접근법을 채택한다. 치료는 중립적이고 몰가치적 value-free인 방식으로 이루어지며, 관련 정보는 의학 용어로 환자 기록 파일에 수집 및 정리된다. 잘 훈련된 전문의는 질병 치료의 유일한 전문가로 여겨지며 전문 의료인은 명시된 행동강령을 따른다. 자가요법 또는 '비과학적' 의료 행위는 용납되지 않는다. 병원은 중병을 치료하기 위한 최적의 환경으로 여겨졌는데, 이는 중병 치료가 기술technology, 투약 또는 수술의 결합에 의존하는 경우가 많기 때문이다.

비판적 쟁점

지난 30여 년 동안 생의학적 모델은 계속해서 비판의 대상이 되어 왔으며, 이 분야에 관한 사회학 저작의 상당수도 비판적 어조를 드러낸다. 몇몇 학자들은 과학적 의료의 효율성이 과대평가되고 있다고 주장한다. 특히 일부 의학사가醫學史家들은 근대 의학이 특권적 위치를 획득하기는 했지만 공중보건의 전반적 향상은 질병에 대한 생의학적 모델의 도입과는 별로 관련이 없다고 논의한다(McKeown, 1976). 19세기 초 이후 공중보건의 가장 극적인 향상은 실제로는 공중위생 체계, 보다 효과적인 식량생산 방법과 개선된 영양보급, 위생적 생활 습관 정착을 위한 공공보건 캠페인 같은 사회적 및 환경적 변화 때문이다. 매코운Thomas McKeown의 논의는 이러한 사회적 및 환경적 진전이 사망률과 질병률을 낮추는 데 과학적 의료보다 더 크게 기여했다는 것이다. 제약회사, 백신, 병원 치료의 명백한 영향은 20세기 중반이 돼서야 전면에 나타나기 시작했다.

심지어 일리치Ivan Illich(1975)는 근대 의학이 이로운 점보다 해로운 점이 더 많았으며 이는 의원성醫原性, iatrogenesis 질환[의료 행위로 인해 발생하는 장애나 질병] 또는 '의사에 의해 초래된' 질병 때문이라고 주장한다. 그에 따르면 임상적, 사회적, 문화적 의원성이라는 세 가지 유형이 있다. 임상적 의원성은 의학적 처치가 환자의 증세를 악화시키는 것이다. 사회적 의원성은 의학이 더 많은 영역으로 확장되면서 의료 서비스에 대한 허위 수요를 만들어 내는 것이다. 일리치는 사회적 의원성이 문화적 의원성으로 이어져 일상생활의 도전에 대한 대응력이 의학적 설명 및 대안에 의해 계속 감소돼 왔다고 논의한다. 일리치 같은 비판론자들이 보기에는 근대 의학의 영향력은 상당히 축소돼야만 한다.

한발 더 나아간 비판은 생의학이 치료 대상인 환자의 의견과 경험을 무시하는 경우가 많다는 것이다. 의학은 객관적이고 과학적인 이해에 기초하고 있기 때문에 환자가 제시하는 개인적 해석을 들을 필요가 없다. 비판자들은 효과적 치료는 환자가 그 자신의 타당한 이해를 바탕으로 사고하는 역량 있는 존재로 취급될 때만 가능하다고 주장한다. 의사와 환자의 분리는 진단과 치료를 저해할 수 있는 사회적 요인인 오해와 신뢰 결여로 이어질 가능성이 있다.

마지막으로, 과학적 의료는 어떤 대안적 유형보다도 우월하다고 자처한다. 그러나 지난 10여 년 동안 대체요법이 뚜렷하게 부각됐다(일부는 오래된 것이고 또 일부는 최근에 고안된 것이지만). 오늘날에는 많은 사람들이 침술, 동종요법同種療法[환자의 질병과 동일한 또는 유사한 질병을 인위적으로 만들어 치료하는 방법], 반사요법反射療法[손과 발의 특정 부위에 대한 지압], 카이로프랙틱[척추 지압] 등을 사용하는 것으로 보인다. 이러한 현상의 원인은 복합적이지만, 사회학자들은 사람들이 모든 생의학적 치료가 실패해서 과학적 의료에 대한 믿음을 상실했을 때, 또는 질환이 만성적이어서 쉽게 '치유되지' 않을 때 대체의학에 기대게 된다고 논의한다. 특히 마지막 이유는 매우 중요하다.

의료사회학자들은 20세기 전반에 걸쳐 사람들이 접하는 질병의 유형이 급성질환에서 만성질환으로, 특히 당뇨병, 고

혈압, 관절염 같은 평생 질환 쪽으로 바뀌고 있음을 파악했다. 만성질환이 더욱 보편화될수록, 의학은 무기력하고 생의학적 모델은 부적절한 것처럼 보인다. 이러한 질환은 치유보다는 관리해야 할 필요가 있다는 점에서 환자는 스스로 자신의 건강을 가장 잘 돌볼 수 있는 방법에 관한 전문가가 될 수 있고, 이는 의사-환자 관계를 환자의 의견과 경험이 치료의 핵심이 되는 방향으로 변화시키는 경향이 있다. 환자는 능동적인 존재가 됐으며, 환자의 웰빙(신체적 건강뿐만이 아닌)이 중요해졌다.

현대적 의의

생의학은 최근 10여 년간 맹공에 가까운 여러 비판에 직면했으며, 이 비판들은 수그러들 기미가 보이지 않는다. 그러나 생의학은 여전히 세계 각지에서 보건 체계의 지배적 모델이며, 소아마비나 결핵 같은 치명적 질환에 대한 예방백신 접종은 영아 사망률을 낮추고 많은 생명을 구해 냈다는 점을 기억해야 한다. 코로나19 팬데믹 또는 1980년대 HIV/AIDS의 출현 및 확산 같은 보건 위기 상황에서 사람들은 조언과 효과적 치료를 위해 여전히 의학을 찾으며, 이는 생의학이 우월한 것이라는 가정이 기저에 깔려 있음을 분명하게 보여 주는 것이다.

대체의학의 등장은 주류 보건 체계에 대한 끊임없는 도전이다. 대체요법을 배제해야 하는가, 아니면 허용해야 하는가? 미즈라히Nissim Mizrachi 등(2005)은 이 두 체계의 관계에 대한 탐구에서 이스라엘 병원의 생의학 전문가들과 대체의학 전문가들(주로 침술사) 간의 관계를 살펴본다. 대체의학 전문가들은 '생의학 영역을 공략하는' 전략을 사용했지만 두 체계의 경계를 넘어서는 데는 확실히 실패했다. 생의학 전문가들은 잠재적 경쟁자들을 포섭하고 그들과의 긴장이 증대하는 것을 피하기 위해 공식적인 하향식 정책 대신 '업무 영역 경계 유지' 전략을 채택했다. 이들은 여러 가지 은밀한 방법을 동원해 대체의학 전문가들을 통제할 수 있었으며, 또한 그들에게 정당성의 근거를 제공했다.

생의학이 보건 체계에서 우월한 위치를 유지하는 주된 방법은 연구개발인데, 문제는 새로운 지식과 처방이 사회가 받아들일 수 있는 한계점을 건드리는 경우가 빈번하다는 점이다. 예를 들어, 최근 유전공학의 발전은 그것이 초래할 결과에 대한 우려를 불러일으켰다. 옴Heidrun Åm(2019)은 노르웨이 유전공학자들과의 반半구조화된 인터뷰를 통해 이들이 자신들의 연구가 불러일으킨 윤리적 우려에 어떻게 대응하는지를 확인하고자 했다. 그는 사회적으로 우려가 제기되는 사례를 '탈구dislocation의 순간'으로 지칭하는데, 이는 유전공학자들이 자신의 연구가 '통상적인 것'에 도전하는 불협화음을 산출했음을 인식하는 것이기 때문이다. 이 연구의 결론은, 비록 과학자들이 윤리적 우려를 이해하고 있고 이를 자기 작업의 측면에서 논의할 수 있다 하더라도, 그들의 윤리 원칙 사용은 형식적이고 의식적儀式的, ritual인 특성을 지니며 광범위한 사회적 및 정치적 우려를 논의 대상에서 배제하도록 한다는 것이다. 이러한 방식으로 과학자들의 잠재적인 불편함은 처리 가능해지고 곤란한 이슈는 효과적으로 완화된다. 따라서 직관적인 생각과는 달리, 윤리적 문제를 제기하는 것은 생의학의 현재 상태를 변화시키기보다는 영속시키는 경향이 있다.

참고문헌 및 더 읽을거리

Åm, H. (2019) 'Ethics as Ritual: Smoothing Over Moments of Dislocation in Biomedicine', *Sociology of Health & Illness*, 41(3): 455-69.

Illich, I. (1975) *Medical Nemesis: The Expropriation of Health* (London: Calder & Boyars).

McKeown, T. (1976) *The Role of Medicine: Dream, Mirage or Nemesis?* (Oxford: Blackwell). [국역본, 《의학의 한계와 새로운 가능성》, 한울, 1994]

Mizrachi, N., Shuval, J. T., and Gross, S. (2005) 'Boundary at Work: Alternative Medicine in Biomedical Settings', *Sociology of Health and Illness*, 27(1): 20-43.

Nettleton, S. (2021) *The Sociology of Health and Illness* (4th edn, Cambridge: Polity), esp. chapter 1. [국역본, 《건강과 질병의 사회학》, 한울, 2018]

의료화
medicalization

기본적 정의

라이프스타일과 관련된 문제들, 이를테면 체중, 흡연, 또는 성생활 등이 의학 전문가가 치료해야 하는 의학적 이슈로 전환되는 과정.

개념의 기원

의료화 개념은 1960년대와 1970년대에 의료 전문직의 확산에 따른 위험에 대한 비판의 일부로서 고안되었다(당시 일각에서는 의료 전문직의 힘이 너무 커지고 있다고 보았다). 이반 일리치Ivan Illich, 어빙 졸라Irving Zola, 로널드 랭Ronald D. Laing, 토머스 사스Thomas Szasz, 미셸 푸코Michel Foucault 등의 비판론자들은 의학을 환자를 전문 의료인의 감시하에 두는 사회통제 유형으로 간주했다. 예를 들어 사스는 정신의학 전문 지식의 확산을 비판하면서, 많은 경우 단지 '삶의 문제'인 것이 '정신질환'으로 낙인찍힌다고 지적했다. 어려운 상황에 대한 적응이라 할 만한 몇몇 행동은 의료화됐고, 사람들은 자신을 구금할 수 있는 권력을 가진 전문가들의 통제와 감시하에 놓이게 됐다. 1970년대 이후로 의료화 개념은 건강과 질병에 대한 사회학적 연구의 주류로 자리 잡았다.

의미와 해석

생의학적 모델에 비판적인 사회학자들이 보기에는, 의료 전문직 전체가 부적절하고 위험해 보이기까지 하는 권력적 위치를 점하고 있다. 이러한 사회적 권력의 한 측면은 의료 전문가들이 무엇이 질병과 건강을 구성하고 무엇이 그렇지 않은지를 정확히 규정할 수 있는 능력을 가지고 있다는 데서 유래한다. 그로 인해 의사들은 '의학적 진리'의 결정권자가 되며, 정부와 대중은 이들의 관점을 진지하게 받아들인다. 그러나 근대 의학에 대한 더욱 엄중한 비판은 예전에는 사적이거나 일상의 라이프스타일로 여겨졌던 삶의 영역들에 시간이 지날수록 의학이 더 많이 침투해 들어오는 방식에 대한 것이다. 의료화는 이러한 장기적 과정을 묘사하는 것이다 (Conrad, 2007).

페미니스트 사회학자들은 여성의 삶의 많은 측면, 이를테면 임신과 출산 등이 어떻게 의료화되고 근대 의학에 의해 전유專有돼 왔는지를 보여 주었다. 선진사회에서는 출산이 대개 남성인 전문가들의 지시하에 병원에서 이루어지는 것이 일상적이다. 통상적이고 자연스러운 현상인 임신도 위험이 수반된 '질병'과 같은 것으로 여겨져 초음파검사 및 기타 검사법 등의 최신 기술을 사용해 지속적으로 모니터링된다. 이는 의학이 아동 사망률을 낮추고 대다수의 유아와 어머니가 생존하게 만든다는 점에서 '좋은 일'처럼 보이기는 하지만,

페미니스트들은 그것이 전부가 아니라고 본다. 여성은 자신의 삶의 주요한 부분인 임신과 출산 과정에서 통제력을 상실했고, 여성의 의견과 지식은 전문가들에 의해 부적절한 것으로 치부돼 버렸다.

겉보기에 '정상적인' 과정인 의료화에 대한 앞서와 유사한 우려가 아동의 과잉행동, 불행감 또는 경미한 우울증(통상 프로작Prozac[플루옥세틴 성분의 항우울제] 투여를 통해 증상을 조절하는), 지속적 피로감(만성피로증후군으로 재정의된)과 관련해서 제기됐다. 이러한 의료화와 관련된 이슈는, 일단 의학 용어로 진단되면 부작용을 수반하는 의료와 약물 투여를 통한 '치료법'을 찾는 경향이 있다는 것이다.

일리치(Illich, 〔1976〕2010)는 근대 의학의 확산이 의원성醫原性, iatrogenesis 또는 '의사에 의해 초래된' 질병 때문에 이로운 점보다 해로운 점이 더 많다고 강력하게 주장했다. 그에 따르면, 의원성의 한 유형인 사회적 의원성 또는 의료화는 의료 서비스에 대한 허위 수요를 창출한다. 의료화 과정이 진척될수록 사람들은 자신의 건강 문제를 다룰 수 없게 되고 보건 전문가에게 더욱 의존하게 된다. 이러한 의존성은 보건 서비스와 의료 서비스에 대한 수요를 더욱 증대시키며, 다른 예산을 희생해 가면서 보건 관련 예산을 증액하도록 압박하는 악순환으로 이어진다. 일리치가 보기에, 이러한 상황을 변화시키기 위해서는 의사의 권력에 도전하는 것이 중요하다.

비판적 쟁점

의료화 개념을 비판하는 이들은 이 명제가 지나치게 중시된다고 본다. 의학이 새로운 영역으로 침투하는 것은 어느 정도 문제가 있지만, 의료화가 초래하는 이득 또한 있다. 출산이 병원으로 이전되면서 일부 지역 '전문가들'이 뒷전으로 밀려나기는 했지만, 그로 인한 주요 혜택은 압도적 다수의 유아가 안전하게 태어나고 미숙아의 생존 가능성도 높아졌다는 것이다. 근대 의학이 나타나기 이전의 출산에 관한 역사학적 설명은 지금 보면 공포소설 같은데, 이 시기에는 유아 그리고/또는 어머니가 그 과정에서 사망하는 일이 흔했다. 단언컨대 어느 누구도 병원에서의 출산이 몇몇 결점에도 불구하고 진정한 진전임을 부정하지는 못할 것이다. 마찬가지로, 의료화는 질병의 증상을 가진 사람들이 이를 심각하게 받아들이고 도움을 청하도록 만들 수 있다. 만성피로에 시달리는 사람들은 꾀병 부리는 자로 보이기 십상이었고, ME[만성피로증후군myalgic encephalomyelitis]를 겪는 사람들은 다른 사람들이 이 증후군의 실체를 믿도록 하기 위해 분투했으며, ADHD[주의력 결핍 과잉행동 장애attention deficit hyperactivity disorder] 아동들은 이 증세가 진짜 의학적 문제로 판명되기 전까지는 그저 버릇없는 아이로 여겨졌다. 의료화는 일부 사회 이론가들이 믿는 것처럼 충격을 주거나 위험한 것은 아닐 수도 있다.

현대적 의의

의료화 명제는 많은 사회학 연구에서 중요한 비판의 줄기였으며, 생의학의 지배에 대한 최근의 도전은 호의적인 청중을 찾아낸 것으로 보인다. 그러나 근대 보건 체계가 덜 외과적인 보조요법을 주류로 도입하는 등 변화를 이끌어 내는 역량을 가지고 있음을 감안한다면, 그에 대한 비판을 누그러뜨릴 필요가 있다. 생의학 및 건강에 대한 급진적인, 실은 기이하고 주변적인 접근법이었던 것들이 21세기 들어서는 건강 및 질병에 대한 설명의 일부로 상당히 빠르게 자리 잡았다.

그와 유사하게, '우울감' 또는 '슬픔'이라는 일상적 현상에 대한 설명 중 일부는 이 현상이 '임상적 우울증'이라는 생의학적 명칭하에 포괄되는 경우가 매우 많으며, 따라서 효과적으로 의료화된다고 주장한다. 그러나 브뢰르Christian Bröer와 베셀링Broos Besseling(2017)이 네덜란드에서 우울감에 관한 316개 자가 보고 사례를 다룬 연구를 보면, 이러한 명칭 부여가 지배적인 것은 아니었다고 한다. 의료화는 갈등이 연관 요인인 경우에 대한 진단일 가능성이 크며, 임상적 우울증이라는 명칭은 사회에서 여전히 폭넓게 받아들여지고 있다. 그러나 이 연구의 핵심적 발견은 사람들이 우울감이라는 현상을 탈脫의료화할de-medicalize 역량이 있으며, 그런 점에서 우울감은 '비非의료화될un-medicalized' 여지가 있다는 것이다.

의료화에 숨은 함의는 무엇인가? 불면증과 코골이 문제 관련 신문 보도에 대한 연구는 수면이 의료화의 여지가 있는 또 다른 삶의 측면임을 시사한다(Williams et al., 2008). 이 연구는 유사하면서 연관된 두 가지 문제(수면과 코골이)가 수면 문제에 관한 미디어 보도에서 매우 다르게 취급됨을 보여 준다. 불면증의 경우는 질병보다는 징후이며 개인의 습관과 관련된 것으로 보도된다. 이런 식으로 신문에서는 (불면증에 대해 상당히 동정적인 듯하긴 하지만) 생활 습관의 변화를 권고하며 약물과 치료는 '최후의 수단'이라고 말한다. 그와 대조적으로 코골이는 간접흡연과 같은 것이며(타인에게 피해를 준다는 점에서), 수면무호흡증 같은 심각한 상태에 이를 수도 있는 명백한 건강상의 문제로 간주된다. 의료 전문가뿐 아니라 언론인들도 의료화로 귀결되는 사회적 과정에 한몫을 하고 있는 것이다.

참고문헌 및 더 읽을거리

Bröer, C. and Bressling, B. (2017) 'Sadness or Depression: Making Sense of Low Mood and the Medicalization of Everyday Life', *Social Science & Medicine*, 183, June: 28-36.

Conrad, P. (2007) *The Medicalization of Society: On the Transformation of Human Conditions into Treatable Disorders* (Baltimore, Mary: The Johns Hopkins University Press). [국역본, 《어쩌다 우리는 환자가 되었나: 탈모, ADHD, 갱년기의 사회학》, 후마니타스, 2018]

Illich, I. ([1976]2010) Limits to Medicine – Medical Nemesis: The Expropriation of Health (London: Marion Boyars Publishers). [국역본, 《병원이 병을 만든다》, 미토, 2004]

Nye, R. A. (2003) 'The Evolution of the Concept of Medicalization in the Late Twentieth Century', *Journal of the History of the Behavioral Sciences*, 39(2): 115-29.

Williams, S. J., Seale, C., Boden, S., Lowe, P. K., and Steinberg, D. L. (2008) 'Medicalization and Beyond: The Social Construction of Insomnia and Snoring in the News', *Health*, 12(2): 251-68.

장애의 사회적 모델

social model of disability

기본적 정의

장애와 관련된 불이익의 '원인'이 개인이 아닌 사회와 사회의 조직화에 있다고 보는 접근법.

개념의 기원

서구 사회에서는 아주 최근까지도 장애의 개인적 모델individual model of disability이 지배적이었다. 이 모델은 개인적 한계 또는 '장애'가 장애인들이 취업, 이동, 온전한 시민 되기와 관련해 경험하는 문제들의 주된 원인이라고 본다. 장애의 개인적 모델에서 신체적 '비정상성'은 '장애' 또는 기능적 제약을 초래하는 것으로 여겨진다. 의료 전문가는 개인적 모델에서 중요한 역할을 담당하는데, 이는 그들이 장애인에 대한 치유 및 재활 진단을 내리는 직책을 수행하기 때문이다. 이런 이유로 개인적 모델은 '의학적 모델'로 불리기도 한다. 이러한 장애 모델은 1970년대부터 일어난 장애인운동 활동가들에 의해 도전받았다.

1960년대 말 미국과 영국에서는 지배적 모델[개인적 모델]을 거부하면서 장애를 의학적 이슈가 아닌 정치적 이슈로 보는 대안적 관점이 발전했다. 이 새로운 장애의 '사회적 모델'은 손상impairment(이를테면 팔을 잃었다든가 하는 개인적 문제)과 장애disability(손상을 가진 사람을 위한 대책을 마련하지 않는 조직들로 인해 초래된 불이익)를 구분했다. 사회적 모델은 이후 많은 연구 개발의 주제가 됐고, 조직체들에 장애인을 위한 '합당한 대책'을 마련하도록 강제하고자 하는 최근의 평등권 입법에 상당한 영향을 미쳤다. 그러나 보다 최근에는 사회적 모델이 장애의 실제 경험을 반영하는 방향으로 수정돼야 한다는 비판도 제기된 바 있다.

의미와 해석

1976년 영국의 신체손상자 차별철폐 연합Union of Physically Impaired against Segregation, UPIAS은 손상과 장애의 구분에 기초한 급진적 정의를 담은 선언문을 채택했다. UPIAS는 신체적 '손상'을 개인의 생의학적 특성으로 보는 정의를 수용하면서, 이를 비신체적, 감각기관 및 지적 손상 유형을 포함하는 것으로 확대했다. 반면 장애는 더 이상 개인의 문제가 아니라 손상을 당한 사람이 사회에 온전히 참여하는 데 장벽이 되는 것으로 정의됐다. 따라서 장애는 온전한 시민권의 부정이며 차별의 유형인 것이다.

마이크 올리버Mike Oliver(1983)는 장애의 개인적 모델과 사회적 모델의 차이를 명확히 한 최초의 이론가이며, 장애의 사회적 모델은 금세 장애인운동가 및 학계 연구자들의 관심사로 부상했다. 장애의 사회적 모델은 장애인에 대한 사회적, 문화적, 또는 역사적 장벽이 왜 형성됐는지에 대한 일관된 설명을 제공했다. 역사적으로 장애인의 온전한 사회참여를 가로막는 장벽이 많았으며, 특히 산업혁명 기간에 자본주의 공장들이 개별 임금노동에 기초한 고용을 하기 시작하면서 장애인들은 노동시장에서 사실상 배제됐다. 많은 장애인들이 일자리를 유지할 수 없게 됐으며, 이에 대한 국가의 대응은 가혹한 제재와 제도화였다. 심지어 현재도 노동 현장의 장애인 비율은 극히 낮다.

장애의 사회적 모델은 오늘날 장애에 대한 사고방식을 형성하는 데 큰 영향을 미쳤다. 이 모델은 영국에서 비롯됐지만 전 지구적 영향력을 획득했다. 이로써 장애인들은 온전한 참여를 위한 사회적 장벽 제거에 중점을 둔 정치적 전략에 초점을 맞출 수 있게 됐다. 일각에서는 장애인들이 사회적 모델을 수용하면서 '새로운 사회운동'을 형성했다고 논의한 바 있다. 장애의 원인을 개인의 '거동 불능'으로 보는 개인적 모델이 사회적 모델, 즉 장애가 억압의 결과라는 모델로 대체되면서 이는 많은 장애인에게 '해방적'인 것으로 받아들여졌다.

비판적 쟁점

1980년대 말 이래로 장애의 사회적 모델에 대한 일련의 비판이 제기됐다. 일부에서는 이 모델이 다수 장애인의 삶에 핵심적 측면인 손상의 고통스러운 또는 불편한 경험에 주목하지 않는다고 본다. 셰익스피어Tom Shakespeare와 왓슨Nicholas Watson(2002)은 "우리는 장애인이기만 한 것이 아니라 손상을 입은 사람들이기도 하며, 그렇지 않은 체한다면 우리의 전기傳記의 주요한 부분을 간과하는 것"이라고 말한다. 사회적 모델을 지지하는 쪽에서는 그에 대해 이 모델이 손상의 일상적 경험을 부정하는 것이 아니라 온전한 사회참여를 가로막는 사회적 장벽에 주목하는 것뿐이라고 주장한다. 그러나 올리버(Oliver, 2013: 1025)는 사회적 모델이 장애 관련 논쟁의 지향점을 새로이 하는 좋은 작업이기는 하지만, 이는 삶을 변화시키려는 실천적 도구로 의도된 것이지 끊임없는 개념적 또는 이론적 논의를 위한 것은 아니라고 지적했다. 그는 "사회적 모델을 재활성화하거나 다른 것으로 대체해야 할 때"인 것 같다고 말한다.

의료사회학자들 가운데는 사회적 모델을 거부하면서 이 모델이 기초해 있는 손상과 장애의 구분이 잘못됐다고 논의하는 경우가 종종 있다. 이러한 비판은 사회적 모델이 생의학적으로 정의된 손상과 사회적으로 정의된 장애를 분리한다고 주장한다. 의료사회학자들은 장애와 손상 모두 사회적으로 구성된 것이며 긴밀히 연관된 것으로 본다. 예를 들어, 어느 지점에서 하나가 종료되고 다른 것이 시작되는지를 정의하기란 쉽지 않다. 휠체어가 건물에 접근할 수 있는 적절한 설계를 하지 못한 것은 명백히 휠체어 사용자들에게 사회적으로 구성된 장벽을 형성하는 것이지만, 장애의 모든 원천을 제거하는 것이 불가능한 경우는 이것 말고도 많다. 일각에서는 만성통증 또는 중증 지적장애에 의한 손상이 개인의 온전한 사회참여를 가로막으며, 이는 사회변동으로도 어찌할

도리가 없다고 주장한다. 따라서 장애에 대한 충분한 설명은 사회에 의해 초래된 장애뿐 아니라 손상에 의해 초래된 장애 또한 감안해야 한다.

현대적 의의

장애의 사회적 모델은 장애에 대한 학문적 연구와 장애인의 동등한 정치적 참여 모두의 측면에서 급진적인 움직임이었다. 그리고 앞서 언급한 비판들에도 불구하고 이 모델에 도전할 만한 대안이 있어 보이지도 않는다. 장애 개념 자체는 사회적 모델로 전환됐고, 장애의 사회학은 이 모델이 도입되고 나서야 가능해졌다. 무엇보다도, 장애의 사회적 모델은 장애가 의료 전문직에서만 다룰 수 있는 문제가 아님을 보여 주었다. 장애는 사회과학의 전 분야를 통틀어서도 연구돼야 할 필요가 있다.

궈오Baorong Guo 등(2005)은 장애의 사회적 모델을 채택하여 중국 내 인터넷 사용에서의 일부 사회적 장벽을 연구했다. 이 연구는 25개 성省에 걸친 122명의 표본을 대상으로 한 설문조사 방법을 사용했다. 설문조사 결과를 보면, 장애인 중 소수만이 인터넷 사용자이지만 인터넷은 이들의 사회적 상호작용의 빈도와 질을 높였으며 사회적 장벽의 감소에도 기여했다고 한다. 또한 인터넷을 사용하는 장애인들은 '현실 세계'에서는 불가능했을 보다 큰 집단과의 상호작용도 할 수 있었다. 그러나 이 연구 결과는 중국 내 장애인들 사이에 명백한 디지털격차digital divide가 나타나고 있으며, 현재 장애인 중

대다수는 인터넷에 접근하지 못하고 있음을 보여 준다. 장애의 사회적 모델은 이러한 문제에 대한 해법은 기존의 사회적 삶의 재조직화와 사회정책의 재편에 있음을 시사한다.

끝으로, 레빗Jonathan M. Levitt(2017)은 올리버의 문제제기를 계승하여 사회적 모델을 새로운 시대에 맞게 재활성화하고자 한다(비록 장애의 모델을 둘러싼 논쟁을 멈춰야 한다는 올리버의 주장에 동의하지는 않지만). 그는 사회적 모델이 시간과 공간의 산물이라는 점에서 출발하지만, 오늘날 영국에서 장애에 대한 태도는 상당히 변화됐다고 본다. 또한 사회적 모델은 그것이 적용되는 사회적 맥락을 더욱 고려해야 한다. 레빗은 이러한 논쟁이 던질 수 있는 다섯 가지 질문을 제시한다. 첫째, 장애에 대한 사회의 부정적 영향에 초점을 맞출 가치가 있는가? 둘째, 사회적 모델을 사용하는 가장 유망한 방식은 무엇이며(올리버가 말한 실천적 사용 말고), 그러한 방식은 어떻게 실행될 수 있는가? 셋째, 사회적 모델은 어느 집단에 전파돼야 하는가? 넷째, 사회적 모델은 다른 모델들보다 우월한가, 다른 모델들과 상충하는가 아니면 상호 보완적인가? 다섯째, 사회적 모델의 주요 목표는 무엇이며 어떻게 달성 가능한가? 레빗(Levitt, 2017: 590)은 왜 사회적 모델이 지켜질 가치가 있는지를 상기시키는 중요한 언급을 하면서 논의를 마친다. "나는 장애인으로서 사회적 모델로 인한 영국 사회의 변화로부터 많은 득을 본 사람이며, 사회적 모델이 앞으로도 장애인의 안녕과 장애의 이해에 실질적으로 기여할 수 있다고 믿는다."

참고문헌 및 더 읽을거리

Barnes, C., and Mercer, G. (2008) *Disability* (Cambridge: Polity), esp. chapters 1 and 2.

Gabel, S., and Peters, S. (2004) 'Presage of a Paradigm Shift? Beyond the Social Model of Disability toward Resistance Theories of Disability', *Disability and Society*, 19(6): 585-600.

Guo, B., Bricout, J., and Huang, J. (2005) 'A Common Open Space or a Digital Divide? A Social Model Perspective on the Online Disability Community in China', *Disability and Society*, 20(1): 49-66.

Levitt, J. M. (2017) 'Exploring How the Social Model of Disability Can Be Reinvigorated: In Response to Mike Oliver', *Disability and Society*, 32(4): 589-94.

Oliver, M. (1983) *Social Work with Disabled People* (Basingstoke: Macmillan).

________ (2013) 'The Social Model of Disability: Thirty Years On', *Disability and Society*, 28(7): 1024-26.

Sapey, B. (2004) 'Disability and Social Exclusion in the Information Society', in J. Swain et al. (eds), *Disabling Barriers-Enabling Environments* (London: Sage), pp. 273-9.

Shakespeare, T., and Watson, N. (2002) 'The Social Model of Disability: An Outdated Ideology?', *Research in Social Science and Disability*, 2: 9-28.

환자 역할

sick role

기본적 정의

탈코트 파슨스Talcott Parsons가 질병과 아픈 사람의 행동에 부과된 사회적 기대를 설명하기 위해 고안한 개념으로서, 이러한 기대로부터의 일탈은 제재 및 사회적 오명으로 귀결된다.

개념의 기원

사람들은 병에 걸리면 질병을 연구하며 건강을 회복하기 위한 진단과 치료 절차를 제공하는 의료 전문가의 조언을 구한다. 이는 일견 간단하며 자명한 과정처럼 보이지만, 미국 사회학자 탈코트 파슨스에 따르면 그렇지가 않다. 파슨스(Parsons, 1952)는 건강과 질병이 사회학의 영역 밖에 있는 간단한 문제로 보일지라도 실제로는 사회적 현상이라고 믿을 이유가 충분하다면서, 표준적인 사회학 개념들을 사용해 접근해야 한다고 말한다. 파슨스는 사람들이 병에 걸리면 사회적으로 승인된 특정 방식으로 행동하며, 이러한 방식에서 벗어나 행동하면 '아픈' 것으로 전혀 인정받지 못할 수 있다고 논의한다. 또한 그는 질병은 물론 건강 회복을 인증하는 핵심적인 게이트키퍼gatekeeper들이 있다고 본다. '환자 역할' 개념은 1970년대와 1980년대에는 사회학에서 밀려나 있었으나, 질병에 관한 사회 간 비교연구에 사용할 목적으로 이 개념을 부활시키려는 관심이 일어났다.

의미와 해석

사회학자들이 보기에, 사람이 아플 때는 개인적으로 아프기만 한 것이 아니라 사회가 아픈 사람에게 무엇을 기대하는지를 배워야만 한다. 파슨스는 환자 역할, 즉 '질병을 앓는' 방식이 있으며, 이는 사회가 개인에게 부과하는 것이라고 논의했다. 이는 질병이 사회제도의 원활한 작동에 지장을 초래하는 것을 최소화하기 위해 필요하다. 우리가 아플 때는 업무참여, 일상적 가사 수행, 또는 가족 내에서의 일상적 역할수행이 불가능해지곤 한다. 결과적으로, 우리의 질병은 직장동료, 가족구성원, 친구들에게 영향을 미치며, 우리가 사회에 온전히 참여할 능력을 결여한다는 것은 질병으로 인한 부담을 다른 사람들에게 확산시키는 것이다. 따라서 환자 역할은 우리가 아픈 사람에게 무엇을 기대해야 하며 아픈 사람은 어떻게 행동해야 하는지를 설정하는 방식이다. 파슨스가 말하기를, 사람은 **어떻게** 아파야 하는지를 배워야 한다. 즉 아플 때 자신에게 기대되는 바가 무엇인지 이해하고 그러한 지식을 행위에 적용해야 한다는 것이다.

첫째, 아픈 것은 그 사람의 개인적 책임이 아니며, 따라서 비난받지 않을 수 있다. 과학적 의료의 관점에서 보면 대부분의 질병은 환자 개인의 잘못이 아니며, 질병의 시작은 개인의 행동 또는 행위와는 관련이 없다. 둘째, 환자 역할은 업무 및 가사의 면제를 포함한 몇몇 권리와 특권을 부여하며, 정상적 상황에서라면 받아들여지지 않을 행동이 허용되기도 한다. 셋째, 아픈 사람은 의료 전문가와 상의하고 자신이 '환자'임을 인정하면서 건강 회복을 위해 노력해야 한다. 이는 중요한 일이다. 환자 역할은 엄격히 일시적이고 '조건부'이며, 아픈 사람의 적극적인 회복 노력 여부에 따른다. 개인이 환자 역할을 부여받으려면 아프다는 주장을 정당화할 의료 전문가의 인가를 받아야 한다. 환자는 '의사의 지시'를 따라 회복을 위해 노력할 것이 기대되며, 이를 준수하지 않으면 자신의 특수한 지위를 박탈당할 수 있다.

프리드슨Eliot Freidson(1970)은 환자 역할을 세 가지로 나눈 유용한 구분법을 제시했다. 조건부로 정당한conditional legitimate 환자 역할은 아프기는 하지만 곧 회복할 것으로 기대되는 사람들에 의해 수행되는 단기적 역할이다. 그와 대조적으로, 무조건적으로 정당한unconditional legitimate 환자 역할은 관리가 필요하고 완치 가능성이 높지 않은 만성질환을 앓는 개인에게 적용된다. 결과적으로, 이 환자 역할은 항구적인 것으로 간주되며 환자가 회복되지 않더라도 오명이나 제재가 부여되지 않을 공산이 크다. 정당하지 못한illegitimate 환자 역할은 최소한 부분적으로라도 스스로에게 책임이 있다고 여겨지는 조건으로 인해 고통받는 경우에 발생한다. 현재는 알코올 중독, 비만, 또는 흡연이 그러한 사례이며, 여기에 해당하는 사람들은 자신의 질병에 대한 의혹 또는 오명을 받을 수 있다.

프리드슨의 유형학은 사람들이 아플 때 상이한 방식으로 대우받는 이유를 이해하는 데 유용하다.

비판적 쟁점

파슨스의 환자 역할 명제는 개인의 질병을 사회의 제도적 구조와 연결시킴으로써 상당한 영향력을 행사했다. 그러나 파슨스식의 기능주의가 토대를 상실함에 따라 환자 역할 명제도 같은 길을 걸었다. [이 명제에서] 누락된 요소는 '아픈 것'의 실제적 경험이다. 사람들은 어떻게 급성 또는 만성 질병을 경험하며, 그러한 경험은 자신의 자아 정체성에 어떤 영향을 미치는가? 이 간단한 질문은 파슨스의 아이디어에 별로 주의를 기울이지 않았던 의료사회학계에서 다수의 새로운 경험연구가 나오는 결과로 이어졌다. 파슨스의 아이디어가 합의를 강조한다는 점 또한 환자와 의료 전문가 사이의 여러 형태의 조우遭遇, encounter를 정확히 기술하는 데 실패한 요인으로 간주됐다. 파슨스 이후의 경험연구는 환자가 의사의 능력과 진단에 도전하면서 발생하는 다양한 갈등 사례를 구체적으로 탐구했다. 이러한 도전은 20세기 후반 이래 '전문가'에 대한 존중이 약화되면서 더욱 확산됐다. 대체요법 및 보조요법 이용자의 증가는 많은 사람이 주류 생의학 모델을 넘어선 무언가를 찾을 준비를 하고 있음을 보여 준다.

환자 역할 그 자체는 파슨스의 모델이 제시하는 것보다 훨씬 복잡하며 불명확하다. 증상을 느낌에도 불구하고 심지어 몇 해 동안이나 병원을 찾지 않으며, 명백히 아픈 상태임에도 진단을 받지 않거나 환자 역할도 수행하지 않는 사람이 있을 수 있다. 또한 환자 역할 모델은 오진 및 의료과실의 경우를 고려하지 않는다. 더 심각한 문제는 급성질환에서 만성질환으로 이행한 경우(이를테면 당뇨나 관절염), 이러한 질환을 앓는 사람을 위한 보편적 역할기대가 없으며 그 질환의 영향이 매우 다양하다는 점이다. 따라서 오늘날 환자 역할 개념은 예전만큼 유용하지 않을 수 있다.

현대적 의의

파슨스의 환자 역할 개념은 1950년대의 공손한 수용자들보다 훨씬 아는 것도 많고 성찰적이기도 한 의료 소비자들의 시대인 오늘날에는 그리 유용하지 않은 것으로 여겨지곤 한다. 그러나 터너Bryan S. Turner(2009)는 대부분의 사회가 내용상 차이는 있지만 환자 역할을 실제로 발달시켜 왔다고 주장한다. 예를 들어, 다수의 서구 사회에는 개인화된 환자 역할이 존재하는데, 생명에 지장이 없는 증상으로 인해 병원에 입원하는 기간은 상당히 짧고 면회시간은 제한돼 있으며 문병객 수는 철저히 통제된다. 하지만 일본에는 보다 공동체적인 환자 역할이 규범으로 자리 잡고 있다. 환자는 의학적 치료를 다 받은 후에도 병원에 오랫동안 입원하는 경향이 있으며, 평균 입원 기간은 서구 사회보다 길다. 또한 문병은 가족과 친구들이 같이 식사를 하며 긴 시간 머무는 등 보다 비공식적인 모습을 띤다. 터너는 이러한 환자 역할 비교연구를 통해 건강의 사회적 기초에 관해 더 많은 것을 배울 여지가 있다고 말한다.

또한 환자 역할 개념은 노동자가 병중에 있는 기간의 작업장 관계를 이해하는 데도 유용하다. 제이Chrystal Jaye 등(2020)은 질적 연구 방법에 기초하여 뉴질랜드의 한 대학에서의 '병가sick leave' 사용 및 관리에 대해 탐구했다. 병가 관리는, 예를 들면 병가의 적절한 사용과 기록을 통해, '좋은 피고용인'을 구성하는 데 유용한 정상화 담론normalizing discourse을 산출함으로써 노동자의 태도에 영향을 미친다. 그리고 불만의 이상형을 창출하는 과정에서 공손하며 생산적인 노동자와 그 반대인 까다로운 노동자 또한 구성된다. 한편, 온정적인 관리자가 노동자에게 너무 많은 유연성을 부여하는 경우에도 '일탈자'라는 낙인을 쓰게 될 위험성이 있다. 이 연구는 환자 역할 기대가 광범위한 사회적 여파와 결과를 초래함을 보여준다.

참고문헌 및 더 읽을거리

Freidson, E. (1970) *Profession of Medicine: A Study of the Sociology of Applied Knowledge* (New York: Dodd, Mead).

Jaye, C. Noller, G., Richard, L. and Amos, C. (2020) 'There is No Sick Leave at the University: How Sick Leave Constructs the Good Employee', *Anthropology and Medicine*, September: 1-16.

Parsons, T. (1952) *The Social System* (London: Tavistock).

Shilling, C. (2002) 'Culture, the "Sick Role" and the Consumption of Health', *British Journal of Sociology*, 53(4): 621-38.

Turner, B. S. (2009) *Medical Power and Social Knowledge* (2nd edn, Thousand Oaks Calif: Sage), esp. chapter 3.

White, K. (2009) *An Introduction to the Sociology of Health and Illness* (London: Sage), esp. chapter 6.

주제9

범죄와 사회통제

(Crime and Social Control)

낙인 (烙印, labelling)

도덕적 공황 (moral panic)

사회통제 (social control)

아노미 (anomie)

오명 (汚名, stigma)

일탈 (deviance)

낙인

烙印, labelling

기본적 정의

일부 개인 및 사회집단이 권력을 가진 타자들에 의해 특정한 속성을 가진 것으로 규정되는 과정이며, 권력을 가진 자들은 그러한 낙인이 지속되도록 영향력을 행사한다.

개념의 기원

낙인 개념은 1950년대 및 1960년대에 상징적 상호작용론의 전통에 속한 사회학자들에 의해 발전됐다. 낙인이론적 관점은 사회적 상호작용 과정에서 일탈이 규정되고 창출되는 방식에 주목함으로써 특히 범죄 및 일탈 연구에 영향력을 발휘했다. 에드윈 레머트Edwin Lemert는 1차적 일탈과 2차적 일탈을 구분했는데, 낙인 관련 논의는 2차적 일탈에 집중되는 경향을 보였다. 예를 들어, 베커Howard Becker(1963)는 일탈은 일부 행위가 일탈로 정의 및 범주화되고 그에 따라 처우되는 과정이라고 주장했다. 베커의 초점의 핵심은 이러한 과정이 '일탈자' 자신의 정체성에 미치는 영향에 있었다. 일탈자는 사회의 주류로부터 오명이 씌워지고 주변화된, 즉 실질적으로 '아웃사이더'로 밀려나 버린 사람이다.

의미와 해석

범죄 및 일탈 연구는 상호작용론, 특히 낙인이론labelling theory 또는 낙인 관점labelling perspective에 크게 빚지고 있다. 낙인이론의 출발점은 일탈행동은 낙인을 찍을 수 있는 사람들과 낙인이 찍히는 사람들 사이의 상호작용과 관련된 사회적 과정이라는 것이다. 예를 들어 경찰관, 판사, 법원, 매스미디어는 무엇이 일탈을 구성하는지를 규정할 수 있는 권력을 가지고 있는 반면, 다른 사람들은 그러한 규정에 종속돼 있다. 일각에서는 규칙을 만드는 사람들이 주로 백인, 기성세대, 중간계급, 남성이라는 점에서 낙인 과정이 사회 내의 권력분배를 반영한 것이라고 본다. 그러나 낙인을 하찮은 것으로 치부하는 것은 경계해야 한다. 낙인은 '한번 나빠진 평판은 바꾸기 어렵다giving a dog a bad name'는 말의 사회학적 버전에 불과한 것이 아니다. 성공적인 낙인은 다수의 행위자가 개입된 장기적인 사회적 과정의 최종적 산물이며, 특정 상황에서는 낙인에 대한 저항이 성공할 수도 있다.

베커의 저작은 일탈적 정체성이 어떻게 일탈적 동기 또는 행동이 아닌 낙인 과정을 통해 형성되는지를 보여 주었다. 베커는 다음과 같이 주장한다. "일탈은 개인이 행한 행위의 내용이 아니라 다른 사람들에 의한 규칙과 제재가 '위반자offender'에게 적용된 결과다. 일탈자는 그러한 낙인이 성공적으로 작용된 사람이며 (……) 일탈행동은 사람들이 그렇게 낙인찍은 행동이다." 이러한 정의는 많은 연구를 촉진했음은 물론 또한 많은 논박의 대상이 되기도 했다. 베커는 '정상'과

'일탈'을 명확히 구분하는 범죄학적 접근법에 대해 매우 비판적이었다. 그가 보기에 일탈자의 행동은 '일탈자'가 되는 결정적 요인이 아니다. 오히려 행동 그 자체와는 무관한 과정이 누군가가 일탈자로 낙인찍히느냐 아니냐를 결정하는 데 훨씬 영향력이 크다. 그 사람의 옷차림, 말투, 또는 국적 등이 이러한 낙인이 적용되느냐 아니냐를 결정하는 주된 요인일 수 있다.

낙인이론이 지적하는 형사 사법 체계의 특이한 역설은 범죄 감소의 책무를 담당한 경찰, 법원, 교도소 등의 기관이 일탈자 및 범죄자 정체성을 창출하고 유지하는 데 중요한 역할을 하는 경우가 꽤 자주 있다는 점이다. 낙인이론가들은 이것이 일탈을 증대시키는 결과를 낳는 '사회통제의 역설'을 보여 주는 극명한 사례라고 말한다. 윌킨스Leslie T. Wilkins(1964)는 일탈적 정체성이 어떻게 '관리되고' 일상생활에 통합되는지에 관심을 가졌다. 일탈의 증대는 특정 행동을 일탈로 낙인찍는 과정의 의도하지 않은 결과, 즉 통제 기관이 실제로는 동일한 일탈행동을 더욱 촉진하는 것을 말한다. 낙인찍힌 사람은 계속되는 2차적 일탈을 통해 그러한 낙인을 자신의 정체성으로 통합한다. 낙인이론적 관점은 어떠한 행위 또는 개인도 본래부터 범죄적이거나 일탈적이라고 가정할 수 없음을 가르쳐 준다는 점에서 중요하다. 그러한 가정은 불합리한 본질주의일 뿐이다. 그보다는 일탈과 범죄를 항상 변화 가능한 사회적 구성물로 탐구할 필요가 있다.

비판적 쟁점

낙인 개념은 1차적 일탈이 널리 퍼져 있다는 점에서 그것을 상대적으로 중요치 않다고 본다. 그러나 낙인이론가들은 2차적 일탈에만 너무 초점을 맞춘 나머지, 사람들이 1차적 일탈을 저지르게 되는 과정을 간과하고 그에 대해 설명하지 않는다. 균형 잡힌 일탈 이론이라면 1차적 일탈과 2차적 일탈 모두를 다루어야 할 필요가 분명히 있다. 낙인이 정말로 일탈을 증가시키는 효과가 있는지도 분명치 않다. 청소년범죄는 유죄판결과 궤를 같이하며 증가하는 경향이 있지만, 다른 범죄자들과의 상호작용 증가 또는 새로운 범죄 기회의 학습 같은 다른 요인들도 그와 관련돼 있다. 또한 낙인은 구조적 권력관계라는 이슈를 제기하지만 이에 대해 깊이 다루지는 않는다. 일부 힘 있는 집단은 어떻게 그러한 위치를 획득했는가? 이 질문에 답하려면 사회에 관한 사회학 이론, 이를테면 마르크스주의 또는 기타 갈등이론이 필요하다. 낙인이론은 사회에 관한 일반이론을 제시하지 못한다.

현대적 의의

모든 사회는 개인들 및 집단들에게 주류적 규범에 동조하지 않는 행위의 여지를 허용해야 한다. 정통적 방식을 따르는 사람들은 정치, 과학, 예술, 또는 기타 분야들에서 새로운 아이디어를 발전시키는 이들을 의심의 눈초리로 보거나 적대시하는 경우가 많다. 그런 점에서, 낙인이론과 일탈사회학 양자 모두는 범죄와 범죄 감소에만 초점을 맞추는 범죄학에 대한 유용한 균형추임이 분명하다. 그리고 낙인이론은 비록 스스로 제기한 모든 문제를 전부 다루지는 않는다 하더라도 일탈과 일탈적 정체성의 형성을 보다 철저히 탐구할 수 있는 가능성을 열어 놓았으며, 이후의 사회학자들이 새로운 관심사를 추구할 수 있도록 했다.

낙인이론적 관점은 차별을 경험하는 집단에 관한 연구에도 유용하다. 몽크리프Joy Moncrieffe(2009)는 낙인 개념을 이용하여 아이티의 '거리의 아이들'과 '레스타벡Restavec'[•]의 위치를 탐구한다. '레스타벡'은 농촌 가구에서 도시 가정으로 보내져 기숙하며 일하는 아동들에 부여된 낙인이며, 몽크리프는 이 아동들 중 대다수가 열악한 처우를 받으며 이들이 겪는 구타, 장시간 노동, 성폭행의 명백한 증거가 있다고 주장한다. 그러나 정부 관료들은 레스타벡에 대해 엇갈린 견해를 보이는데, 일부는 이런 시스템이 아이티에 대한 평판에서 '뼈아픈' 부분이라 믿는 반면, 다른 이들은 유용한 경제적 기능을 수행하는 것으로 본다. 다른 한편으로, '거리의 아이들'이라는 낙인은 '아이티 내에서 가장 매도당한 집단'이라는 부정적 반응을 불러일으켰다. 이러한 낙인은 모든 집단과 조직에서 재생산되는 경향이 있으며, 이는 빈곤 완화를 목표로 하는 사람들, 이를테면 선교사들 사이에서도 그러하다. 몽크리프는 전통적 낙인 과정이 어떻게 오명과 긴밀하게 연결되는지를 보여 준다.

• 형편이 넉넉지 못한 농촌 가구에서 도시 가구로 보내져 기숙하며 일하는 아동.

일탈 개념은 사회적 규칙에 대한 동조와 대비되는 것이다. 그러나 일탈 개념을 규범의 정상화가 미처 확립되지 못한 맥락에도 적용할 수 있는가? 상대적으로 '무법 상태인' 사이버 공간을 감안하면 일탈과 정상성의 규정이 다분히 제멋대로라고 생각할 수 있겠지만, 사람들은 여전히 '오프라인'의 관행과 규범을 '온라인' 환경에 이식하려는 경향을 보인다. 드네그리-노트Janice Denegri-Knott와 테일러Jacqui Taylor(2005)는 이 문제와 관련하여 흥미로운 논의를 제공한다. 이들은 현재도 사회적 규범이 계속 형성 중에 있는 온라인상의 MP3 음악파일 공유와 가상공간에서의 '플레이밍flaming'(무례한 언어 사용)을 연구하면서, 자신들이 관찰한 몇몇 행동들의 경우에 '일탈' 개념을 적용하는 것이 과연 적절한지를 탐구한다.

참고문헌 및 더 읽을거리

Becker, H. S. (1963) *Outsiders: Studies in the Sociology of Deviance* (New York: Free Press).

Denegri-Knott, J., and Taylor, J. (2005) 'The Labeling Game: A Conceptual Exploration of Deviance on the Internet', *Social Science Computer Review*, 23(1): 93-107.

Hopkins Burke, R. (2013) *An Introduction to Criminological Theory* (4th edn, Abingdon and New York: Routledge), esp. chapter 9.

Moncrieffe, J. (2013) 'When Labels Stigmatize: Encounters with "Street Children" and "Restavecs" in Haiti', in R. Eyben and J. Moncrieffe (eds), *The Power of Labelling: How We Categorize and Why it Matters* (London: Earthscan), pp. 80-96.

Wilkins, L. T. (1964) *Social Deviance: Social Policy Action and Research* (London: Tavistock).

도덕적 공황

moral panic

기본적 정의

특정 집단이나 행동 유형이 사회적 및 도덕적 불안의 징후로 여겨질 때 나타나는 사회의 과잉 반응.

개념의 기원

일탈의 증대 과정은 1972년 《사회악社會惡과 도덕적 공황Folk Devils and Moral Panics》이라는 제목으로 출간된 스탠리 코언Stanley Cohen의 상당히 영향력 있는 연구를 통해 탐구됐다. 코언은 이 고전적 저작에서 영국 청년문화의 출현 및 그에 대한 통제와 관련한 낙인 과정을 연구했다. 그는 1964년 해안 도시 클랙튼Clacton에서 벌어진 이른바 모드족Mods와 로커족Rockers• 사이의 작은 충돌을 몇 차례 관찰했는데, 문제는 자신이 관찰한 것과 다음 날 신문에 실린 기사 내용이 너무 다르다는 점이었다. 그는 이 사건에 대한 과장과 그 후로 이어진 낙인 과

• 모드족과 로커족은 1960년대 영국의 대표적 하위문화 집단이다. 로커족은 모터사이클, 검은 가죽옷, 앞머리를 올린 헤어스타일을 특징으로 하는데, 이는 1950년대 로큰롤과의 연관성을 보여 주는 것이다. 반면 모드족은 스쿠터, 정장 또는 깔끔한 옷차림을 특징으로 하며, 음악적으로는 소울, 리듬 앤 블루스, 스카, 비트 등을 선호한다.

정이 '청년층'을 광범위한 사회문제들과 관련된 희생양으로 만드는 도덕적 공황의 사례라고 보았으며, 다른 낙인 연구와 마찬가지로 미디어의 관심이 일탈의 증대로 이어졌다고 논의한다. 이후의 연구들은 도덕적 공황 개념을 맹견, 마약 복용, 소란스러운 '라데츠ladettes'[남자 같은 여자들], 이민, 기타 등등 당시 부각되고 있던 사회적 관심사들을 연구하는 데 사용했다. 일부 이론가들은 도덕적 공황이 사회통제 메커니즘으로 상당히 확산되어 오늘날 사회의 사회적 재생산의 한 측면이 됐다고 주장하기도 한다. 아마도 단발적單發的인 도덕적 공황의 시대는 저문 것 같다.

의미와 해석

1964년 영국의 한 해변에서 사람들이 모여든 사건 다음 날, 각종 신문은 "오토바이 폭주족이 테러한 날", "폭도들이 해변을 습격하다", "청년들이 마을을 공격하다" 같은 자극적 헤드라인을 실었다. 코언은 이러한 반응에 흥미를 느끼고 목격자의 진술, 법원 기록, 기타 문서 기록 등을 바탕으로 실제 사건의 재구성에 착수했다. 그는 이를 통해 신문 기사들이 실제와 한참 동떨어져 있음을 발견했다. 실제로는 어떤 심각한 폭력 사태도 일어나지 않았고, 병원에 후송된 사람도 없었으며, 기물 파손도 예전 휴가철에 비해 심하지 않았다. 그러나 코언은 이러한 반응들이 이후 기사들에서 청년들의 행동을 선정적으로 보도하도록 논조를 형성했으며, 결국 언론이 사회의 도덕적 규범이 위협받고 있다는 공포 분위기와 공황 상태 조성에 기여했다고 주장했다. 이러한 방식으로 언론은 사건 보도에 그치지 않고 청년 정체성의 새로운 유형을 구성하는 데 우발적으로 기여한 것이다. 1964년 이전까지는 '모드'와 '로커'가 뚜렷한 청년문화로서 존재하지 않았으며, 이른바 이들 상호 간의 반감은 미디어 보도가 부채질한 것이다. 그 후 몇 해 동안, 이 모든 사건은 저항적 청년문화, 모드족과 로커족 사이의, 그리고 주류사회에 대한 폭력적 성향이라는 주요 프레임 속에서 묘사됐다.

코언에 따르면, 이렇게 특정 집단을 아웃사이더 혹은 '사회악folk devils'으로 낙인찍는 사회적 과정은 전체 사회의 향방에 관한 사람들의 우려에 초점을 맞추도록 하는 데 기여한다. 관용적 태도의 증대, 1958년 병역의무 폐지에 따른 기강 해이, 가족해체, 전례 없이 많은 현금을 보유한 물질주의 세대, 이 모든 것에 대한 책임이 청년 하위문화라는 희생양에게 전가됐다. 많은 도덕적 공황은 1960년대 통제 불능의 청년들에 대한 우려를 완화시키려는 입법 및 형사적 피해에 관한 새로운 법률 통과로 인해 잦아들었다. 그러나 그 이후로 펑크punk에서 레이브 컬처rave culture에 이르기까지 거의 모든 청년문화를 둘러싸고 그와 유사한 공황 상태가 벌어졌다.

도덕적 공황은 전형적 패턴을 따른다. 이는 무언가 또는 어떤 집단이 공통의 도덕적 가치에 대한 위협으로 여겨지면서부터 시작된다. 이러한 위협은 매스미디어를 통해 과장되고 단순화되어, 대중으로 하여금 그러한 이슈에 대해 예민하게 반응하고 우려하도록 만든다. 결국 이는 '모종의 조치'에 대한 요구로 이어지고, 정부 당국이 이를 행동에 옮기도록 하는(통상적으로 새로운 입법을 통해) 압력 또한 증대한다. 경우에 따라서는 공황 상태가 미디어의 관심 주기attention cycle가 끝날 때까지 지속되기도 한다. 코언의 저작 이후로 도덕적 공황에 관한 더 많은 연구가 이루어졌으며, 역사학자들은 19세기 및 그보다 이전으로 거슬러 올라가 그러한 사례를 찾아내기도 했다.

제프리 피어슨Geoffrey Pearson은 1860년대 런던에서 강도 폭력이 통제 불능의 상태로 여겨졌던 당시의 특수한 사례를 연구했다. '교수형'에 관한 언론보도들은 부잣집에 침입한 강도들이 칼을 들고 있었고 팀워크를 구사했다는 것에 초점을 맞추면서, 이는 매우 '비非영국적인' 범죄이며 최근 유입된 이탈리아계 이민의 소행일 것이라고 언급했다. 피어슨은 당시의 공황 상태는 정부가 유배, 태형, 기타 신체형을 폐지하는 등 '범죄에 관대해지는' 것에 대한 사회적 공포의 결과라고 논의했다. 공황이 시작되면서 태형이 부활됐고, 그러면서 공황도 가라앉았다. 도덕적 공황 이론은 상호작용론적 사회학의 좋은 사례로서 도덕 기업가moral entrepreneurs,• 여론 주도층, 경찰, 사법부, 입법부, 일반 대중, 그리고 물론 '일탈자'까지도 상호작용 과정 속에서 연결시킨다.

• 사회(질서)를 유지하는 역할을 담당하는 집단을 일컫는 용어다. 미국 사회학자 하워드 베커Howard S. Becker에 따르면, 규칙 창안자rule creators, 도덕 십자군moral crusaders, 규칙 집행자rule enforcers가 그러한 사람들이다.

비판적 쟁점

비판론자들은 이 이론의 주된 문제점으로 과장된 도덕적 공황과 심각한 사회문제를 어떻게 구분할 것인지를 지적한다. 예를 들어, 이슬람의 이름으로 자행된 최근의 테러 공격에 대한 사회적 반응은 도덕적 공황의 일부인가, 아니면 대대적인 미디어 보도와 새로운 입법이 적절할 만큼의 심각한 문제인가? 필요 이상의 공황과 합법적 대응의 경계는 어디에 놓여 있으며, 누가 그것을 결정하는가? 한발 더 나아간 비판은 최근 들어 도덕적 공황이 청년 범죄와 마약 복용, 그리고 '가짜' 망명 신청자 같은 문제에 대해 일어났다는 것이다. 이에 따라 일부 사회학자들은 도덕적 공황이 더 이상 단발적 현상 또는 극렬한 행동의 단기적 분출이 아니라 근대사회 일상생활의 만성적 특성이 됐다고, 흔히 말하는 식으로는 일반화됐다고 주장한다. 그렇다면 일탈 개념을 정상성 개념과 분리하는 것은 더욱 어렵게 된다.

현대적 의의

코언의 초기 연구는 일탈자에 대한 낙인이론을 사회통제 및 일탈자 정체성의 형성에 관한 아이디어와 성공적으로 결합했다는 점에서 특히 중요하다. 이는 그럼으로써 일탈사회학에서 오늘날까지 이어지고 있는 매우 생산적인 연구 주제를 위한 프레임을 만들어 냈다. 예를 들어, 럼스든Karen Lumsden(2009)은 스코틀랜드 애버딘Aberdeen의 '불리 배셔Bouley Basher'로 알려진 차량 애호가 또는 소년 레이서 하위문화를 연구하면서 지역 수준의 도덕적 공황에 초점을 맞추었다. 현대의 '사회악'은 낙인에 더 잘 저항할 수 있다고 하는데, 이는 오늘날 주류가 찍는 부정적 낙인에 대응할 수 있도록 자신의 블로그를 만들고 소셜미디어에 자신을 표현함으로써 가능하다. 그러나 이러한 경우는 고전적 의미의 도덕적 공황 과정에 이어서 뒤따라 나오는 것이다. 소년 레이서들은 미디어, 기타 집단, 정부(의 반사회적 행동 금지법)에 의해 주변화되고 낙인찍히며 오명을 쓰게 된다. 그리고 이러한 낙인은 이들이 상황을 재정의하려 시도하더라도 결국에는 고착화된다.

온라인뉴스의 등장, 그리고 '가짜 뉴스'의 범람에 관한 끊임없는 이야기들은 도덕적 공황 이론과 가짜 뉴스 관련 담론의 연결로 이어질 수 있다. 가짜 뉴스가 도덕적 공황을 유발하는가, 아니면 온라인상의 가짜 뉴스에 대한 광범위한 우려 그 자체가 도덕적 공황으로 이어지는 것인가? 칼슨Matt Carlson(2018)은 이 문제를 2016년 미국 대통령선거 기간 중의 뉴스와 저널리즘의 측면에서 탐구한다. 대선 기간 도널드 트럼프Donald Trump는 가짜 뉴스를 주요 이슈로 전환했고, 소셜미디어를 폭넓게 사용해 유권자들과 직접 소통했으며, 결국 선거에서 승리했다. 칼슨은 가짜 뉴스 관련 이슈가 '정보와 관련된 도덕적 공황'에서의 상징적 측면이며, 이는 언론인들이 이 이슈를 뉴스 취재, 제작, 배포에서의 주요 변화를 둘러싼 광범위한 우려의 신호탄으로 간주하기 때문이라고 논의한다. 특히 비판론자들은 일부 뉴스 공급원을 일탈적인 것으로, 다른 공급원들은 정당한 것으로 표현한다. 그러나 이 경우 도덕적 공황은 소셜미디어의 영향력 증대 및 전통적 언론 수단의 쇠퇴에 대한 우려를 핵심으로 한다.

참고문헌 및 더 읽을거리

Carlson, M. (2018) 'Fake News as an Informational Moral Panic: The Symbolic Deviancy of Social Media During the 2016 US Presidential Election', *Information, Communication and Society*, 23(3): 374-88.

Cohen, S. (1972) *Folk Devils and Moral Panics: The Creation of the Mods and Rockers* (Oxford: Martin Robertson).

Goode, E., and Ben-Yehuda, N. (2009) *Moral Panics: The Social Construction of Deviance* (Oxford Wiley-Blackwell), esp. chapter 10 on the 'witch craze'.

Lumsden, K. (2009) '"Do We Look Like Boy Racers?" The Role of the Folk Devil in Contemporary Moral Panics', *Sociological Research Online*, 14(1): 1-12.

Thompson, K. (1998) *Moral Panics* (London: Routledge).

사회통제

social control

기본적 정의

동조를 형성하기 위해 작동하는 공식적 및 비공식적 메커니즘과 내적 및 외적 통제.

개념의 기원

통제 이론은 17세기 철학자 토머스 홉스Thomas Hobbes로 거슬러 올라가는데, 그는 이기적 개인들의 사회에서는 거대한 권력, 즉 국가가 "만인의 만인에 대한 투쟁"을 예방하기 위해 필수적이라고 주장했다. 국가와 개인 간의 계약은 시민의 국가에 대한 충성과 국가의 시민 보호를 교환하는 것을 내용으로 한다. 사회통제 연구가 사회과학에 도입되면서 보다 복합적인 사회학적 관점이 발달했다.

19세기 말, 에드워드 로스Edward Ross는 사회통제가 사람들을 사회적 규칙에 동조하도록 하는 모든 종류의 압력이라고 말했는데, 이는 매우 일반적인 접근법이었다. 탈코트 파슨스Talcott Parsons(1937)는 사회화 개념에 기초한 대안을 제시했다. 그는 동조가 두려움과 외부 기관을 통해서뿐만 아니라 사람들이 사회화 과정에서 받아들이는 규범과 가치를 통해 내면화되는 것이기도 하다고 주장했다. 트래비스 허시Travis Hirschi(1969)는 보다 구체적인 답변을 내놓았는데, 청소년 비행은 개인의 사회에 대한 유대가 약화 또는 붕괴됐을 때 일어난다는 것이다. 이 이론은 사람들이 가족, 또래집단, 사회기관 등에 대해 갖고 있는 애착attachment에 초점을 맞춘다. 그러나 마르크스주의 이론가들은 국가가 사회통제를 생산하는 주요 행위자로서 자본주의사회에서 노동계급을 실제로 통제한다고 본다.

의미와 해석

사회통제는 일탈의 이면이다. 일탈과 범죄를 다루는 사회학자들이 왜 사람들이 사회규범과 법률을 위반하는지에 주목하는 반면, 사회통제 이론가들은 그와 상반된 질문을 던진다. 왜 사람들은 동조하는가? 다양한 사회통제 이론을 살펴보는 한 가지 방법은 이 이론들을 '동조 형성conformity-producing' 접근법과 '일탈 억제deviance pressing' 접근법으로 크게 구분하는 것이다(Hudson, 1997). 동조 형성 이론은 사회적 역할의 학습과 사회규범의 내면화에 초점을 맞추는 반면, 일탈 억제 이론은 일탈행동과 그것을 감소시키기 위해 발동되는 조치 간의 연결고리에 주목하는 경향이 있다. 단언컨대 이 두 접근법을 결합할 수 있다면 더 좋은 이론이 될 것이다.

파슨스는 자신이 '사회질서의 문제'라고 부른 것, 즉 사회는 어떻게 세대를 이어 충분한 동조를 생성하는지를 다루고자 했다. 그는 동조가 강제되거나 암묵적으로 주어진다기보다는 사람들이 적극적으로 동조하는 것이라고 주장한다. 이는 사회규범이 '저 바깥에' 있는 법령집에 존재할 뿐만 아니라 우리의 자아 속에도 존재하기 때문이다. 사회화는 우리의 자아에 대한 감각을 규칙에 대한 동조와 밀접한 관련을 갖도록 보장하며, '좋은 사람'으로서의 자아상을 형성하도록 돕는다. 우리는 실질적으로 스스로에 대한 검열관이며 자신의 행동을 '감시'한다. 예를 들어, 마차David Matza(1964)의 청소년 비행 연구를 보면 위법 소년조차도 주류 사회의 일반적 가치를 공유하며, 이들은 범죄를 저지르면서도 그와 동시에 자아상을 유지하기 위해 그가 '중화 기법techniques of neutralization'이라고 지칭한 것(왜 자신이 법을 위반했는지에 대한 자기 서사self-narrative)을 갖춘다고 한다.

허시의 사회통제 이론은 동조를 애착과 사회적 유대에 기초한 것으로 본다. 동조는 친구·가족·또래집단에 대한 애착, 통상적 라이프스타일에 대한 헌신, 도덕적 및 합법적 행위에의 관여, 법률과 권위에 대한 존중 같은 신념을 통해 형성된다. 이러한 애착과 유대는 개인을 주류적 행위에 묶어 두면서 일탈행동의 기회를 차단한다. 따라서 일탈의 원인은 개인적 병리 또는 이기적 개인주의에 있을 뿐만 아니라 사회 및 사회의 핵심 기관과 제도에 대한 애착의 결여(그럼으로써 일탈의 유혹에 흔들리게 되는)에도 있다. 저지를 기회가 있어서 일어난 일탈은 굳이 설명할 필요가 없다.

젠더화된 범죄 패턴은 그 한 사례인데, 이는 아마도 공식 범죄 통계에서 가장 놀라운 측면일 것이다. 왜 여성은 그렇게 적은 범죄를 저지르며 왜 남성은 그렇게 많은 범죄를 저지르는가? 허시의 이론에 따르면 부모와 사회조직의 소녀와 소년에 대한 차별적 통제에 그 답이 있다. 남자아이들은 어릴 때부터 바깥으로 나가 이들에게 기대되는 성인 남성으로서의 역할에 적응할 수 있도록 성장하기 위한 위험을 감수하도록 장려된다. 남자아이들이 집 밖에서 더 많은 시간을 보낼수록 일탈행동에 휘말릴 기회도 더 많아진다. 반면 여자아이들은 집에서 부모의 보호를 받으며 바깥에 나가지 못하게 하는 경우가 많고(해가 진 뒤에는 더더욱), 따라서 사회규범을 어길 기회가 그만큼 줄어든다.

비판적 쟁점

파슨스의 사회통제에 대한 사회학적 접근법은 외적 통제에서 내적 자기통제로 관심을 돌리면서 새로운 이해의 차원을 열었다. 그러나 비판론자들은 그의 이론이 동조의 형성을 설명하면서 사회화에 지나치게 의존하고 있다고 주장한다(즉 사회화에 감당할 수 없을 정도로 많은 짐을 지운다는 말이기도 하다). 이는 많은 이들이 사회화와 자아 형성을 여러 감정적 갈등이 뒤섞인, 본질적으로 원활하기보다 갈등적인 것으로 보기 때문이다. 모두가 동일한 사회규범과 가치를 내면화하리라는 보장은 없다. 동조의 형성에는 파슨스가 이야기하는 것 이상의 무언가가 작용함이 분명하다.

이후의 사회통제 이론들은 사회통제와 일탈을 긴밀하게 관련된 것으로 보는 낙인이론의 관점을 끌어들인다. 그러나 더 많은 사회통제 기관들이 일탈을 예방하기 위해 애쓸수록 더 많은 일탈이 발생하는 것 같다는 점에서 일탈과 사회통제의 관계는 상당히 역설적이다. 1960년대 이후 이루어진 일련의 상호작용론적 일탈 연구는 사회통제가 어떤 식으로 더 많은 행동을 일탈로 낙인찍으면서 '일탈적 행동'의 확대를 초래하는지를 보여 주었다.

현대적 의의

사회통제 개념과 사회질서의 산출이라는 문제는 사회학 이론의 오랜 주제였다. 사회학자들은 사회질서 산출의 문제를 다루면서 구조와 행위의 문제, 미시적 및 거시적 수준의 현상, 그리고 그와 관련된 이슈로서 사회화와 동조를 탐구하게 됐다. 그러나 사회화와 동조 모두 범죄 및 일탈 연구와 떼려야 뗄 수 없으며, 그런 점에서 이들은 본질적으로 동전의 양면이다. 범죄 및 일탈 연구가 존재하는 한, 사회통제의 이해에서 범죄와 일탈이 갖는 함의에 대한 관심 또한 계속될 것이다.

콜러-하우스만Issa Kohler-Hausmann(2018)의 최근 연구는 이 문제를 뉴욕시 형사 법정과 처벌을 대상으로 탐구한다. 1970년대부터 미국의 처벌 정책이 대규모 투옥 위주로 바뀌었는데, 이는 형사 사범과 교도소 수감자 증가에만 초점을 맞추다 보니 미국 형사 사법과 사회통제에 대한 편협한 이해를 초래하여 미국의 형사 사법 범위를 왜곡하고 과소평가하게 했다. 콜러-하우스만은 범죄 예방에 관한 '깨진 유리창broken windows' 명제•에서 일반적으로 말하는 다량의 경범죄에 주목한다. [대규모 투옥 위주의 정책하에서는] 통상적으로 징역형 선고를 받지 않는 경범죄 행위, 이를테면 노상 방뇨 또는 주차 위반 같은 경우도 사람들을 사법 체계에 연루되게 할 수 있다. 이러한 사건들이 처리되는 물리적, 법적 공간인 법정 체계 내에서는 다량의 경범죄를 비공식적으로 '경범죄 랜드 misdemeanorland'로 지칭한다. 사회학적으로 보면, 이러한 경범죄의 대부분은 기본적인 도덕적 기준(뒤르켐)에 도전하는 것도 아니고, 계급 갈등(마르크스)을 중화할 요량으로 그에 대한 처벌(이를테면 벌금 같은)이 이루어지는 것도 아니다. 대신 이 연구는 사회통제가 개인이 형사 사법 체계, 그리고 그것이 행위자에게 부여하는 책무와 끊임없이 관료제적으로 얽히는 과정 속에서 존재한다는 점을 보여 준다.

허시의 통제 이론은 강한 애착이 사람들에게 일탈에 대한 면역력을 준다고 주장했지만, 부스Jeb A. Booth 등(2008)은 사회통제, 젠더, 비행에 관한 학교 대상 설문조사를 통해 젠더 차이라는 관점에서 이 명제를 재검토한다. 이 연구는 부모와의 애착이 여학생에게 강한 영향을 미친다는 기존 연구들과 달리, 남학생이든 여학생이든 부모와의 애착이 위험한 행동이나 심각한 비행에 그다지 영향을 미치지 않는다고 한다. 대조적으로 스포츠, 교회, 교내 활동 같은 친親사회적 활동에

• 깨진 유리창의 비유를 사용해 사소한 무질서를 방치하면 그것을 기점으로 범죄가 확산된다는 명제. 범죄 및 사회통제에 관한 보수적 관점의 대표적 사례로 거론되기도 한다.

참여하는 것의 영향이 더 크다는 것이다. 교회와 비非스포츠 활동은 남학생의 경우 심각한 비행을 감소시키지만 여학생의 경우는 그렇지 않다. 반면 스포츠활동 참여는 여학생의 경우 비행을 감소시키지만 남학생의 경우는 그렇지 않다. 이는 스포츠가 남학생의 범죄를 예방하고 교회 활동과 비스포츠 활동이 여학생에게 동일한 효과를 산출한다는 기존의 생각 이 유효하지 않음을 보여 주는 것이다. 부스 등은 일탈에 대한 일반적 분석보다는 젠더별로 특화된 분석을 요하는 사회적 유대의 결정적 차이가 존재한다고 결론지었다.

참고문헌 및 더 읽을거리

Booth, J. A., Farrell, A., and Varano, S. P. (2008) 'Social Control, Serious Delinquency, and Risky Behavior', *Crime and Delinquency*, 54(3): 423-56.

Chriss, J. J. (2013) *Social Control: An Introduction* (Cambridge: Polity).

Hirschi, T. (1969) *Causes of Delinquency* (Berkeley: University of California Press).

Hudson, B. (1997) 'Social Control', in M. Maguire, R. Morgan and R. Reiner (eds), *The Oxford Handbook of Criminology* (2nd edn, Oxford: Oxford University Press), pp. 451-72.

Kohler-Hausmann, I. (2018) *Misdemeanorland: Criminal Courts and Social Control in an Age of Broken Windows Policing* (Princeton, NJ: Princeton University Press).

Matza, D. (1964) *Delinquency and Drift* (New York: John Wiley).

Parsons, T. (1937) *The Structure of Social Action* (New York: McGraw-Hill).

아노미

anomie

기본적 정의

급격한 사회변동의 시기에 빈번히 일어나는, 효과적 사회규범의 결여의 경험에서 유래하는 극심한 불안감.

개념의 기원

근대성의 시대에는 사회변동이 매우 급격하며, 전통적 라이프스타일, 도덕, 종교 신앙, 일상적 생활의 틀이 저해되면서 때에 따라서는 다른 것으로 대체되지도 않음에 따라 큰 사회문제를 야기한다. 에밀 뒤르켐Émile Durkheim은 이러한 불안정한 상태를 아노미, 즉 사람들이 더 이상 '어떻게 해야 할지'를 모르는 상황에서의 목표 상실감, 두려움, 좌절감과 연결시켰다. 예를 들어, 초기 산업자본주의 발전은 조직화된 종교가 제공했던 전통적 도덕률과 기준을 침식했다. 사람들의 삶과 일상에 지침을 제공하는 도덕규범과 행동 규범이 부재한 상태에서, 많은 이들은 강한 불안감, 방향 상실감, 그리고 불확실성을 느꼈다. 이는 뒤르켐이 아노미로 묘사한 바로 그 상황이다. 뷔그네스Susanne Bygnes(2017)는 이 개념을 활용해 2008년 금융위기 이후 스페인을 떠난 숙련 기술자들의 동기motivation

를 탐구했다. 급속히 변하는 스페인에서 경제적, 사회적 탈구의 경험(뷔그네스가 아노미로 간주한)으로 인해 많은 이들이 위기의 여파를 덜 겪은 노르웨이로 이주, 재정착했다. 숙련 기술자들은 상대적으로 높은 학력과 기술 수준을 보유하고 있었으므로 실업 상태를 면할 수 있었다.

미국에서 로버트 머튼Robert K. Merton 또한 이 일반적 개념을 사용했는데, 그는 범죄 및 일탈에 관한 경험연구에 활용하기 위해 그 의미를 수정했다. 머튼이 말하는 아노미는 사람들이 사회의 문화적 목표와 개인이 그러한 목표를 달성할 수 있는 역량 간의 사회적 긴장을 경험하는 곳에서 발생한다. 21세기 들어서는 메스너Steven Messner와 로즌펠드Richard Rosenfeld(2001)가 아노미 이론의 변형판인 제도적 아노미institutional anomie를 고안해 냈는데, 이는 시장 윤리에 대한 강조가 너무 지나쳐서 사람들의 행동을 규제하는 사회규범을 무력화시키고 침식하는 경향이 나타나는 상황을 지칭한다.

의미와 해석

범죄를 저지르거나 일탈행동을 하는 개인들을 자신이 무엇을 하고 있는지를 정확히 알고 있는 합리적 존재로 가정하는 것은 나름대로 타당성이 있다. 그러나 사회학자들은 범죄 및 일탈의 유형이 젠더, 계급, 민족집단에 따라 다양함을 발견했으며, 이는 인과관계에 대한 새로운 질문거리를 제시한다. 예를 들면, 왜 특정 사회계급 집단이 다른 계급보다 더 많이 범죄를 저지르는가? 비교적 부유한 사회에서는 빈곤층도 부모 및 조부모 세대에 비해 더 많이 물질적으로 소유하고 있고 더 나은 라이프스타일을 향유하지만, 그럼에도 이들의 범죄율은 여전히 상대적으로 높다. 머튼은 뒤르켐의 아노미 개념을 그에 대한 설명을 제시하기 위해 수정했으며, 이를 통해 미국 사회의 구조 자체가 원인의 일부라고 주장했다.

머튼(Merton, 1938)은 다수 선진사회의 공식 통계를 바탕으로 '재산'범죄(즉각적인 금전적 이득을 보기 위해 저지른 범죄)의 상당수는 '하층 노동계급' 사람들(당시는 이들을 비숙련 육체노동의 배경을 가진 것으로 묘사하는 것이 일반적이었다)에 의해 자행된다는 익히 알려진 사실에서 출발한다. 머튼은 미국 사회가 일반적으로 물질적 성공의 추구를 정당한 목표로 내세우는 문화적 가치를 견지하면서 이를 달성하기 위한 수단으로 자기 절제와 근면한 노동을 장려한다고 논의했다. 어떤 배경을 가진 사람이든 열심히 일하기만 하면 인생의 출발점이 어디든 간에 성공할 수 있다는 이러한 생각은 이른바 '아메리칸 드림'으로 알려진 것이다. 이는 미국에 정착한 많은 이민 집단에게 매력적인 것임에 틀림없었다. 머튼의 설명에 따르면, 하층 노동계급 집단에게 이러한 '꿈'은 성공을 위한 합법적 기회가 누구에게나 열려 있지 않다는 것을 은폐하는 이데올로기였다. 아무리 열심히 일해도 높은 수준의 물질적 라이프스타일을 달성하지 못하는 사람들은 자신의 명백한 무능 때문에 저주받았다고 생각한다. 더 심각한 것은 이들이 열심히 일하지 않았다고 비난받는다는 점이다. 이는 남들보다 한발 앞서 불법적 방법이라도 시도해야 한다는 상당한 압력으로

작용하며, 그 결과, 깊이 뿌리박은 문화적 가치와 자신의 사회적 위치 사이의 사회적 긴장을 경험하는 이 집단의 사람들이 높은 재산범죄율을 기록하게 되는 것이다.

간단히 말해서, 머튼은 미국 사회가 매우 불평등하고 분열된 사회라고 주장했다. 소수의 사람만이 현실적으로 달성할 수 있는 희망을 목표로 삼을 수 있는 사회이기 때문이다. 많은 노동계급 사람들, 특히 청년들은 물질적 성공이라는 문화적 목표를 흡수하고 그 모든 상징들, 이를테면 첨단기술 장치, 자동차, 의복을 추구하지만, 결국 이를 손에 넣기 위해 강도, 상점 털이, 절도, 소매치기 등의 재산범죄를 저지르게 된다. 머튼은 이들이 자신의 목표를 달성하기 위해 가용한 수단을 '혁신하며innovate', 이는 왜 공식 범죄 통계 및 수감 통계에서 노동계급 젊은이들의 비율이 과도하게 높은지를 설명하는 데 유용하다고 말한다. 일부 사람들이 특정 유형의 범죄를 저지르도록 만드는 긴장을 창출하는 것은 개인 특성상의 결함이 아니라 오랫동안 뿌리박힌 사회불평등이다.

비판적 쟁점

비판론자들은 머튼이 개인의 대응에 초점을 맞추는 바람에 일탈행동을 지속시키는 하위문화의 중요성을 제대로 평가하지 못했다고 지적한다. 모든 하층 노동계급 사람들이 사회적 긴장 또는 아노미를 경험하는 위치에 있다면, 왜 모두가 재산범죄를 저지르지 않는가? 범죄 집단과 일탈적 하위문화의 형성은 이를 설명하는 데 도움이 된다. 이 계급에 속한 사람들

대부분은 범죄를 저지르지 않지만, 범죄를 저지르는 사람들은 자신의 일탈행동을 정당화하기 위해 한데 뭉칠 것이다. 머튼이 [정부나 공공기관에서 발표하는] 공식 통계에 기초한 것 또한 공식 통계가 결함이 있고 신뢰하기 어렵다는 점에서 문제로 지적되는데, 일부 사회학자들은 공식 통계가 정보 제공원으로 사용돼서는 결코 안 된다고 주장할 정도다. 머튼의 명제가 하층 노동계급 범죄 총량을 과대 추정하는 것이라면, 공식 통계는 그와 반대로 중간계급 범죄를 과소 추정하는 것이다. 이후의 화이트칼라 범죄 및 기업 범죄 연구들은 사기, 횡령, 보건 및 안전 수칙 위반 등의 범죄 건수가 놀랄 정도로 많음을 보여 준 바 있다. 물질적 성공을 이미 달성한 사회집단이 저지르는 이런 재산범죄는 머튼의 도식으로는 설명할 수가 없다.

현대적 의의

머튼이 뒤르켐의 아노미 개념을 창의적으로 변용한 것은 이 개념을 다른 연구 영역들의 경험연구에 사용 가능한 것으로 재창조했다는 점에서 중요하다. 그의 연구 질문, 즉 '경제가 성장하고 부가 증대하는 시기에 범죄율을 높이는 요인은 무엇이냐' 하는 것은 미국의 중요한 사회문제를 정면으로 건드린 것이었다. 그리고 그의 대답은 뒤처져 있다는 느낌과 더불어 혹독한 사회적 긴장을 겪는 사람들 사이에서의 **상대적 박탈감**relative deprivation에 대한 인식을 고양시켰다. 이러한 결론은 상대적으로 '계급 없는' 개방적 사회라는 미국의 자기 이미지에도 불구하고, 미국 내 사회계급 분화의 지속적 중요성에 대한 주의를 환기시켰다.

머튼의 원래 논의가 1940년대와 1950년대에는 적절했지만, 21세기에도 여전히 적절할 것인가? 바우머Eric P. Baumer와 구스타프슨Regan Gustafson(2007)이 〈범죄 총계 보고서Uniform Crime Reports〉, 〈종합 사회조사General Social Survey〉 같은 미국의 공식 자료들을 분석한 결과, '금전적 성공에 대한 강한 헌신'과 '합법적 수단에 대한 미약한 헌신'이 동반된 영역에서는 [금전 등의 목적을 위한] 도구적 범죄의 비율이 높은 것으로 나타났다. 이는 근대적 아노미 이론의 핵심 명제이며, 이 연구는 머튼의 긴장 이론을 지지하는 통계적 근거를 제공한다. 테Yit Koon Teh(2009) 또한 메스너와 로즌펠드와 마찬가지로 머튼의 이론을 동원해 말레이시아 경제 고도성장기의 범죄율 상승에 관한 흥미로운 연구를 내놓았다. 다시 말하건대, 머튼의 명제는 선진국의 경우를 설명하고자 고안된 것이지만 그 밖의 경우에도 적절성이 있으며, 범죄에 관한 사회학적 일반이론이 가능함을 보여 준다.

참고문헌 및 더 읽을거리

Baumer, E. P., and Gustafson, R. (2007) 'Social Organization and Instrumental Crime: Assessing the Empirical Validity of Classic and Contemporary Anomie Theories', *Criminology*, 45(3): 617-63.

Bygnes, S. (2017) 'Are They Leaving Because of the Crisis? The Sociological Significance of Anomie As a Motivation for Migration', *Sociology*, 51(2): 203-8.

Merton, R. H. (1938) 'Social Structure and Anomie', *American Sociological Review*, 3(5): 672-82.

Messner, S. F., and Rosenfeld, R. (2001) *Crime and the American Dream* (Belmont, CA: Wadsworth).

Teh, Yik Koon (2009) 'The Best Police Force in the World Will Not Bring Down a High Crime Rate in a Materialistic Society', *International Journal of Police Science and Management*, 11(1): 1-7.

Waring, E., Wesiburd, D., and Chayet, E. (2000) 'White Collar Crime and Anomie', in W. S. Laufer (ed.), *The Legacy of Anomie Theory* (New Brunswick, NJ: Transaction), pp. 207-77.

오명

汚名, stigma

기본적 정의

위신을 저하시키거나 사회적으로 탐탁지 않은 것으로 여겨져 비난, 사회적 거리social distance, 혹은 차별을 받게 되는 신체적 또는 사회적 특성.

개념의 기원

오명 및 오명 씌우기stigmatization 과정에 관한 사회학적 연구는 1960년대 이후로 주로 상징적 상호작용론 전통 내에서 수행되었다. 초창기 연구, 이를테면 어빙 고프먼Erving Goffman([1963] 1990)의 연구는 오명 씌우기 과정이 어떻게 차별을 낳는지를 이론화했으며, 아울러 오명을 당한 개인이 어떻게 반응하는지에 대해서도 탐구했다. 고프먼에 따르면, 오명의 유형에 따라 사람들이 자신의 자아 정체성을 관리하고 자아에 대한 감각을 유지할 수 있는 정도에 중요한 차이가 있다고 한다. 오명에 관한 연구의 또 다른 원천은 장애인운동으로부터 나왔다. 폴 헌트Paul Hunt의 《오명: 장애의 경험Stigma: The Experience of Disability》(1966)은 장애의 개인적 모델에 대한 도전의 중요한 시초였다. 헌트는 장애인이 겪는 문제는 그들이 입은 손상에 기인하는 것이 아니라 장애인과 비장애인 간의 상호작용이 장애인에게 오명을 씌우는 것이라고 주장했다. 보다 최근에는 오명 개념이 HIV/AIDS 및 기타 건강 관련 문제를 겪고 있는 사람들의 상황을 탐구하는 데 성공적으로 사용됐다.

의미와 해석

오명의 생성에 관한 가장 성공적이고 체계적인 설명은 고프먼에게서 나왔다. 고프먼의 저작은 개인의 몸의 일부 신체적 측면이 일단 다른 사람들에 의해 오명의 원천으로 범주화되면 어떻게 문제로 드러나는지를 보여 준다는 점에서, 사회적 정체성과 그것의 체화 간의 긴밀한 연관을 논의하는 탁월한 사례다. 예를 들어, 그는 어떻게 장애인이 쉽게 관찰되는 신체적 손상에 기초해 오명을 쓰게 되는지를 보여 준다. 그렇지만 신체적인 것만이 오명의 모든 원천은 아니다. 오명은 전기적傳記的 특성, 성격적 '결함', 또는 대인관계에서도 비롯될 수 있다.

오명은 다양한 형태로 나타난다. 신체적 오명, 이를테면 눈에 보이는 신체 손상은 다른 사람의 눈을 피해 숨기기가 어렵거나 불가능한 경우가 많은데, 고프먼은 이로 인해 정체성을 관리하기가 더 어려워진다고 논의한다. 이 경우는 상호작용 과정에서 명확히 인지될 수밖에 없는 '**명시적으로 씌워진 오명**discredited stigma'으로 지칭된다. 전기적 오명, 이를테면 전과 경력 같은 것은 다른 사람의 눈을 피해 숨기기가 용이한데, 이런 경우는 주변에 알려지게 되면 오명 씌우기로 귀결될 가능성이 있는 '**잠재적으로 의심스러운 오명**discrediting stigma'으로 지칭된다. 이러한 유형은 관리하기가 다소 쉬울 수는 있겠지만, 지속적으로 통제를 해야 하는 문제가 있다. 특성에 의한 오명, 이를테면 약물중독과 관련된 오명 또한 잠재적으로 의심스러운 오명이지만, 당사자가 나쁜 친구들과 어울려 있는 광경이 목격되면 명시적으로 씌워진 오명으로 전환될 수 있다. 명심해야 할 것은 고프먼이 사람들이 오명을 숨겨야 **한다**고 말하는 것은 아니라는 점이다. 그는 단지 오명을 씌우는 과정이 현실 세계에서 어떻게 작동하며 사람들이 오명을 뒤집어쓰는 일을 피하기 위해 어떤 전략을 사용하는지를 이해하고자 하는 것이다.

고프먼은 오명은 개인이 타인들에 의해 온전히 사회에 수용될 자격을 박탈당하는 평가절하의 사회적 관계라고 논의한다. 오명 씌우기는 사람이 병에 걸려 정체성이 변화할 때 의학적 맥락에서 일어나는 경우가 많은데, 일시적일 수도 있지만 만성질환의 경우는 영구적일 수도 있다. 고프먼은 사회통제에 오명을 씌우는 과정이 내재해 있다고 주장했다. 특정 집단에 오명을 씌우는 것은 일반적으로 사회가 그 집단의 행동을 통제하는 방식이다. 경우에 따라서는 오명이 결코 벗겨지지 않으며 오명을 쓴 개인은 결코 사회에 받아들여지지 않는다. 초기 에이즈 환자들의 경우가 이에 딱 들어맞으며, 일부 국가에서는 지금도 그러하다.

동성애는 세계 많은 나라에서 오랫동안 오명의 대상이었으며, 1960년대 이래 동성애 남성과 여성에 대한 증오는 **호모**

포비아homophobia로 묘사돼 왔다. 이는 경멸적 언어와 욕설뿐 아니라 노골적인 폭력의 형태를 띠기도 한다. 2016년 미국 플로리다주 올랜도의 한 나이트클럽에서 동성애 남성들을 대상으로 한 총기 난사로 49명이 사망하고 53명이 부상당하는 사건이 발생했는데, 이는 미국 역사상 최악의 총기 난사 사건 중 하나였다. '푸프poof', '시시sissy', '퀴어queer'● 등 여러 단어가 예전부터 쓰였고 지금도 흔히 쓰이고 있다는 점에서 학교는 오랫동안 동성애 혐오 행위의 중요한 배경 중 하나였다. 아동기가 사회적 자아의 형성에 중요하다는 점에서 볼 때, 학교 내에서의 동성애 혐오 행위는 사회 내에서 '동성애 차별주의homosexism'를 재생산하는 주요한 측면이었다. 네틀턴Sarah Nettleton(2021)은 에이즈가 미국 내 남성 동성애자들 사이에서 처음 발견됐기 때문에 애초에는 동성애 관련 면역결핍증Gay Related Immune Deficiency, GRID으로 불렸으며, 이는 미디어에서 종종 '게이 전염병'으로 지칭하는 데서도 드러나듯이, '무모한' 동성애 라이프스타일이 실제로 이 병을 **일으키는** 것이라는 함의를 담고 있다고 지적한다. 비록 이런 생각이 잘못된 것이라 해도, 동성애 남성을 '고위험군'으로 보는 전염병학적 해석은 동성애자 집단과 '이성애적 대중'의 구분을 강화시키는 경향이 있다.

● 'poof'은 남성 동성애자를 경멸적으로 지칭하는 단어이며, 'sissy'는 여자 같은 남자 또는 남성 동성애자를 비하하는 단어다. 'queer'는 본래 '기묘한' 또는 '괴상한'이라는 뜻을 가지고 있지만, 성소수자를 지칭하는 단어로도 사용된다.

비판적 쟁점

오명에 관한 연구가 가진 약점 중 하나는 정치적 및 구조적 이슈에 대한 관심이 상대적으로 부족하다는 것이다(Tyler and Slater, 2018). 예를 들어, 오명을 생산하는 이들은 어떤 목적으로 그러는 것인가? 사회불평등의 재생산에 오명이 함의돼 있는가? 오명이 일단 시작되면 그에 저항하는 것은 가능한가? 근래 들어 이러한 질문들에 대한 관심이 증대했고, 사회적 삶에서 오명의 기능에 관한 연구들이 오명화 과정에 대한 포괄적 설명을 제공하려는 시도를 해 왔다.

예를 들면, 사람들은 개인적 수준에서 오명으로 씌워진 낙인을 받아들이기를 거부할 수 있다(거부가 성공적이지 못할 수도 있지만 그 점은 차치하고). 그러나 집합적 형태의 저항은 오명에 도전하는 데 상당히 중요하다. 장애인운동 및 게이/레즈비언 운동은 저항 및 직접적인 캠페인을 통해 자신들에게 씌워진 명시적 및 잠재적 오명에 관한 주류적 해석에 도전해 왔다. 매우 가시적인 상징적 저항, 그리고 차별적 언어 및 낙인에 대한 문제제기는 변화와 동등한 권리를 보장하는 입법을 위한 압력을 생성했으며 사회적 태도 변화에도 일조했다. 오명을 씌우는 과정은 아마도 초기 이론들에서 제시된 것보다 더 많이 변화할 것으로 보인다.

현대적 의의

오명 개념은 여전히 유용하다. 예를 들어, 자해自害 행동에 관한 연구는 자해를 하는 사람들이 어떻게 자신의 행동에 씌워질 법한 오명을 예민하게 인지하여 잠재적으로 의심스러운 오명이 명시적으로 씌워진 오명으로 바뀌는 것을 피하기 위해 공공장소에서 보다 쉽게 감출 수 있는 신체 부위를 선택하는지를 보여 준다. 마찬가지로, 거식증 같은 섭식장애 관련 연구도 사람들이 타인 앞에서 통제력을 잃고 사회적으로 오명을 쓰게 되는 상황을 피할 요량으로 자아표현과 정체성을 관리하기 위해 어떻게 자신의 행동을 숨기려 최선을 다하는지를 보여 준다.

오명 개념의 현대적 의의는 태국에서 성적 문란에 대한 낙인과 에이즈에 관한 찬Kit Yee Chan 등(2009)의 연구에서 분명히 드러난다. 이 연구는 방콕의 간호사들을 대상으로 혼합적 방법을 사용해 직무 활동 중 우연히 HIV에 감염될 위험에 대한 인식을 조사한 것이다. 저자들은 HIV에 대한 간호사들의 두려움은 감염이라는 의학적 결과보다 HIV 양성반응과 관련된 사회적 배척에 주로 기인하고 있음을 밝혀냈다. 간호사들은 직무 중 실제로 감염될 확률이 매우 낮음을 잘 알지만, 그럼에도 HIV의 사회적 결과로 자신들이 인식하는 것에 대한 두려움을 여전히 가지고 있었다. 이러한 사회적 두려움은 자신의 환자들에게 씌워진 오명을 가까이서 지켜봄으로써 강화된다.

참고문헌 및 더 읽을거리

Chan, K. Y., Rungpueng, A., and Reidpath, D. (2009) 'AIDS and the Stigma of Sexual Promiscuity: Thai Nurses' Risk Perceptions of Occupational Exposure to HIV', *Culture, Health and Sexuality*, 11(4): 353-68.

Goffman, E. ([1963]1990) *Stigma: Notes on the Management of Spoiled Identity* (London: Penguin), esp. chapters 1 and 2. [국역본, 《스티그마: 장애의 세계와 사회적응》, 한신대학교출판부, 2009]

Green, G. (2009) *The End of Stigma?: Changes in the Experience of Long-Term Illness* (London: Routledge), esp. chapters 1 and 2.

Hunt, P. (1966) *Stigma: The Experience of Disability* (London: Chapman).

Nettleton, S. (2021) *The Sociology of Health and Illness* (4th edn, Cambridge: Polity). [국역본, 《건강과 질병의 사회학》, 한울, 2018]

Tyler I. and Slater, T. (2018) 'Rethinking the Sociology of Stigma', *The Sociological Review*, 66(4): 721-43.

일탈

deviance

기본적 정의

사회에서 널리 받아들여진 규범 또는 가치에 동조하지 않는 행위를 하는 것.

개념의 기원

19세기의 생물학적, 심리학적 범죄성 연구에서는 일탈을 개인이 뭔가 '잘못됐다'는 신호로 가정했다. 과학적 범죄학이 일탈 및 범죄 행동의 원인을 밝혀낼 수 있다면 그러한 행동에 대한 개입과 예방이 가능하다는 것이었다. 이러한 점에서, 범죄에 대한 생물학적 및 심리학적 이론 모두 본질적으로 자연과학적 방법을 사회세계의 연구에 적용하려는 실증주의적인 것이었다.

일탈 연구에 대한 사회학적 접근법은 19세기 후반에 에밀 뒤르켐Émile Durkheim으로부터 시작됐다. 그는 일탈을 여러 가지 측면에서 '정상적인' 것이자 사회질서 유지를 위한 유용한 기능을 수행하는 것으로 보았으며, 물론 너무 지나치면 역기능적일 수 있다는 점 또한 인식하고 있었다. 1950년대부터는 일탈 개념이 청년 하위문화와 그것의 주류사회와의 관계를 연구하기 위해 사용됐으며, 1960년대부터 일탈에 대한 급진적 상호작용론이 발전됐다. 이 이론은 일탈을 사회 내의 힘 있는 게이트키퍼gatekeeper들에 의해 낙인찍힌 행동 유형으로 간결하게 정의했다. 낙인이론적 관점에서는 일탈의 사회학을 초기의 실증주의적 개념화에서 가급적 멀리 떨어뜨려, 일탈은 일탈로 규정된 행위에 낙인을 찍은 사회적 과정의 결과라고 주장한다.

의미와 해석

일탈은 사회 내에서 수용 가능한 또는 '정상적인' 것으로 간주되는 규칙이나 규범으로부터 '벗어나는' 행동이다. 우리들 대부분은 아동기 사회화의 결과로 사회규범을 일반적으로 따르지만, 가끔씩은 일반적으로 수용되는 행동 규칙을 벗어날 때도 있다. 일탈과 범죄는 많은 경우 중첩되기는 하지만 동의어가 아니다. 일탈은 범죄보다 훨씬 광범위한 개념으로서 규칙을 어기는 비동조적 행위를 지칭하는 것이다. 일탈 개념은 개인의 행동과 집단의 행동 모두에 적용할 수 있다. 또한 일탈에 관한 연구는 권력이라는 이슈에 관심을 기울이도록 해주며, 일탈을 탐구할 때는 **누구의** 규칙이 위반되는지의 문제를 염두에 두어야 한다. 일탈의 사회학에서는 어떤 이론도 지배적이었던 적이 없으며, 몇몇 이론적 관점은 여전히 적절하며 유용하다.

뒤르켐은 범죄와 일탈을 사회적 사실로 간주하면서 양자 모두 일부 측면에서 모든 사회에 불가피하며 '정상적인' 특성이라고 논의했다. 선진사회에서는 개인주의가 고도화돼 있고 개인적 선택의 여지가 많으며, 엄격하게 준수되는 경직된 규칙과 행동에 대한 제약이 적고, 미약한 정도의 일탈행동에 대한 관용도가 높다. 또한 뒤르켐은 일탈이 두 가지 중요한 기능을 수행한다고 보았다. 첫째, 일탈은 새로운 가치와 아이디어를 사회에 도입하고 관례적 전통에 도전한다는 점에서 혁신적일 수 있다. 그렇게 함으로써 일탈은 중요한 사회변동을 일으키는 데 기여할 수 있다. 둘째, 일탈행동이 부정적 반응을 유발할 때, 이러한 반응은 모든 사람들에게 현재의 규칙과 규범이 무엇인지를 상기시키는 유용한 기능을 실제로 수행한다. 사회학적으로 말하자면, 일탈에 대한 반응은 사회에서 수용 가능한 행동과 수용 불가능한 행동 간의 경계를 유지하는 데 기여한다. 다른 한편으로, 일탈의 정도가 너무 심해지면 사회의 원활한 작동을 저해할 수 있으며, 이 경우는 이에 개입하는 법질서의 집행이 필요하다.

아마도 가장 널리 사용된 일탈 이론은 일탈을 개인 또는 집단의 특성이 아니라 일탈자와 비일탈자 간의 상호작용 과정으로 해석하는 낙인이론의 관점일 것이다. 우리는 이 이론을 통해 왜 어떤 사람에게 '일탈자'라는 낙인이 찍히는지를 알아낼 수 있다. 낙인은 다른 사람들이 한 개인을 어떻게 보느냐에 영향을 미침은 물론 개인 자아에 대한 감각에도 영향을 미친다. 레머트Edwin Lemert(1972)는 이 모델을 진전시켜 일탈이 어떻게 개인의 정체성과 공존하는지 또는 어떻게 개인 정체성의 핵심이 되는지를 이해하고자 했다. 그는 일부의 생각과는 대조적으로 일탈행동은 실제로는 매우 통상적이며, 사람들은 늘 일탈을 저지른다고 주장했다. 예를 들어, 많은 교통법규 위반은 적발되지 않은 채 넘어가며 직장에서의 소규모 절도를 눈감아 주는 일도 빈번하다. 레머트는 이러한 최초의 위반 행위를 **1차적 일탈**primary deviance로 지칭한다. 1차적 일탈은 대부분의 경우 개인의 자아 정체성에 주변적이며, 그러한 행위는 '정상화'된다. 그러나 일부 경우에는 정상화 과정이 일어나지 않고 그 행위를 한 개인이 범죄자 또는 비행자로 낙인찍힌다. 레머트는 사람들이 자신에게 씌워진 낙인을 받아들이고 자신의 정체성의 일부로 삼으며 그에 따라 행위할 수 있다고 논의했다. 낙인을 받아들이고 그것이 더 많은 범죄와 일탈행동으로 이어지는 경우를 **2차적 일탈**secondary deviance로 지칭할 수 있다. 낙인은 일부 개인에게는 매우 강력한 과정일 수 있으며, 범죄자라는 낙인은 개인 정체성의 다른 측면들을 제치고 '주요 지위master status'가 되면서 상습 범죄로 이어질 수 있다.

비판적 쟁점

기능주의 일탈 이론은 기회의 결여가 범죄에 발을 담그는 사람과 그렇지 않은 사람을 차별화하는 요인이 될 수 있음을 보여 줌으로써 범죄 및 일탈을 일상적 동조 행동과 연결시킨다는 확실한 강점을 갖는다. 그렇지만 모든 사회계급의 대다수 사람들은 결코 상습 범죄자가 되지 않으며 일상적으로 범죄를 저지르지도 않는다는 점 또한 기억해야 한다. 낙인이론은 사회의 소수자, 별종別種, 극단적 측면에 초점을 맞춰 '일탈자를 인간화하면서', 규칙을 어기지 않는 대다수의 사람들을 이해하려는 노력은 하지 않는다는 논박을 종종 받았다. 또한 일각에서는 일탈의 정도가 높을 때 정부가 이를 수용 가능한 수준으로 낮추기 위해 개입하기보다 이전에는 허용되지 않았던 행동을 주류로 편입시키는 방향으로 일탈 및 범죄를 재정의하는 것이 훨씬 유용하다는 제안을 내놓기도 했다. 처음에 일탈로 여겨졌던 것을 재정의한다는 것은 무엇이 수용 가능한 것과 그렇지 않은 것을 구성하는지 알 수 있다는 뒤르켐의 낙관적 아이디어를 무색하게 만든다.

낙인이론의 구성주의적 관점 또한 비판받아 왔다. 전시戰時 상황을 예외로 하면, 일부 일탈행동은 힘 있는 게이트키퍼들에 의해 규정되는 것이 아니라 사회 전반에 걸쳐 보편적이고 일관적으로 금지된다. 예를 들어 살인, 강간, 강도는 통상적으로 당국의 관점과 상관없이 수용 불가능한 것으로 간주된다. 게다가 낙인은 정책 입안자들에게 시사하는 바가 별로 없다. 모든 일탈이 상대적이라면 어떤 행위가 통제 및 금지되고 또 어떤 행위가 허용될지를 무슨 수로 결정하겠는가? 그러한 결정이 특정 행위가 초래한 피해에 기초해 이루어진다면, 일탈은 낙인이론에서 말하는 것과 달리 사실상 행위 내용의 문제이며 사회적 규정 및 낙인과는 무관한 것으로 보이게 된다.

현대적 의의

일탈 개념은 사회학에서 오랜 이력을 가지고 있으며, 규칙 위반 및 그에 대한 통제와 관련된 흥미롭고 통찰력 있는 연구들을 산출해 왔다. 범죄사회학과 범죄학이 이 개념 없이 연구를 할 수 있을 것이라고 상상하기란 어렵다. 일탈 개념은 일탈자 및 범죄자, 여론 주도층, 도덕 기업가moral entrepreneurs, 경찰관, 법원, 정치인 등 수많은 사회적 행위자의 역할을 고려하도록 하며, '나쁜' 행동을 그것이 일어난 사회적 맥락과 연결 짓게 한다는 점에서 중요성을 갖는다. 일탈의 긍정적 유형, 즉 사회규범으로부터의 일탈이 긍정적 결과 또는 의도를 갖는 경우에 관한 연구 또한 사회학에서 수많은 연구논문의 주제가 되어 왔다(Herington and van de Fliert, 2017).

그 결과, 일탈 연구는 숨겨진 세계를 파고들어 왔으며, 골드슈미트Jona Goldschmidt(2008)는 이러한 전통을 계승한다. 그는 10명의 경찰관을 대상으로 한 소규모 연구를 통해 직무 수행 과정에서 일탈행동, 이를테면 불법 검문검색, 증거 조작, 허위 보고서 작성, 위증 등을 하는 방식을 살펴봤다. 이 연구가 탐구하는 것은 그러한 행위를 정당화하는 이유다. 이 경찰관들은 1차적으로 자신이 일탈을 행한 것은 '중대한 이유', 즉 범죄자 검거와 공동체 보호 때문이며, 그 희생자들도 자신들의 방법을 수긍할 것이라 믿고 있었다. 그러나 이들은 자신의 직무수행을 통한 이익 또한 얻고 있었으며, 도덕적 죄책감을 효과적으로 중화하는neutralizing 기술을 발달시키고 있었다.

브리스틀Alycia A. Bristol 등(2018)은 전자보건기록체계electronic health records system, EHR 도입에 따른 간호사들의 긍정적 일탈행동을 탐구했다. 간호사들은 EHR로 인한 시스템 장벽에 직면했을 때 '회피work-arounds' 전략을 채택했는데, 이는 환자들을 안전하게 보호하고 자신의 간호 업무를 완수하기 위한 긍정적 일탈로 규정됐다. 상당수의 사회학 연구는 부정적 행동 및 법률 위반이라고 사회적으로 규정된, 그러나 긍정적일 수도 있고 부정적일 수도 있는 행동들에 초점을 맞추는데, 일탈에 대한 연구는 언제나 '정상성normality'에 대한 현재의 사회적 기준을 세심하게 재고하도록 한다.

참고문헌 및 더 읽을거리

Adler, P. A., and Adler, P. (2007) 'The Demedicalization of Self-Injury', *Journal of Contemporary Ethnography*, 36(5): 537-70.

Bristol, A. A., Nibbelink, C. W., Gephart, S. M. and Carrington, J. M. (2018) 'Nurses' Use of Positive Deviance When Encountering Electronic Health Records-Related Unintended Consequences', *Nursing Administration Quarterly*, 42(1): E1-E11.

Goldschmidt, J. (2008) 'The Necessity of Dishonesty: Police Deviance, "Making the Case" and the Public Good', *Policing and Society*, 18(2): 113-35.

Henry, S. (2009) *Social Deviance* (Cambridge: Polity).

Herrington, M. J. and van de Fliert, E. (2017) 'Positive Deviance in Theory and Practice: A Conceptual Review', *Deviant Behavior*, 39(5): 664-78.

Lemert, E. (1972) *Human Deviance, Social Problems and Social Control* (Englewood Cliffs, NJ: Prentice Hall).

주제10

정치사회학

(Political Sociology)

갈등 (conflict)

국민국가 (nation state)

권력 (power)

권위 (authority)

민주주의 (democracy)

사회운동 (social movement)

시민권 (citizenship)

시민사회 (civil society)

갈등

conflict

기본적 정의

사회집단 간에 우위를 놓고 벌이는 투쟁으로서 긴장, 분열, 이해관계의 경쟁을 포함한다.

개념의 기원

갈등은 인간 사회만큼이나 오래됐으며 오늘날 수용 불가능하고 예방돼야 할 것으로 인식되지만, 광범위한 역사적 맥락에서 보면 갈등과 정복은 인간 세계를 형성해 왔고 지구 전체에 걸친 인간성의 확산으로 이어졌다. 서구의 식민 지배 확산은 식민지 사람들과 자연 자원에 대한 노골적 착취에 기초했지만, 또한 식민주의는 여러 지역으로 확산된 새로운 갈등 관계를 생성함으로써 더 많은 전 지구적 상호 연결을 촉진했다. 게오르그 짐멜Georg Simmel이 보기에, 갈등은 사람들을 서로 접촉하게 하고 단합을 달성할 수 있게 하는 인간 유대의 유형이다. 이는 갈등이 관계 및 상호작용의 파국이라는 생각을 피할 수 있게 해 준다는 점에서 중요한 출발점이다. 짐멜의 요점은, 비록 관계 자체는 적대적일지라도 갈등은 당사자들이 서로를 인식하게 한다는 것이다.

갈등에 대한 사회학적 연구는 '갈등이론적 전통'을 형성한 것으로 여겨지지만, 대규모 사회집단 간의 이해관계의 충돌에 대한 일반적 초점을 제외하고는 공통의 이론적 근거는 거의 없어 보인다. 대부분의 연구는 갈등에 대한 마르크스주의 또는 베버주의 접근법 중 하나를 채택했으며, 그 대다수는 사회계급, 젠더, 민족집단 등 주요 불평등에 초점을 맞춘 사회 내 갈등의 탐구다. 갈등사회학은 1960년대에 인기를 끌었는데, 이는 한편으로는 당시 지배적이었던 구조기능주의 패러다임에 대한 반응이었으며, 다른 한편으로는 당시 사회 내 및 사회 간 갈등의 증대에 대한 반응이었다. 기능주의는 갈등보다는 합의와 동조를 설명하는 데 용이해 보였으며, 많은 사회학자들은 탈코트 파슨스Talcott Parsons와 에밀 뒤르켐Émile Durkheim에게서 등을 돌리고 칼 마르크스Karl Marx와 막스 베버Max Weber에게서 영감을 얻고자 했다. 오늘날 갈등이론은 잘 정립돼 있으며, 사회학은 사회운동, 테러리즘, 전쟁 같은 현상을 이해하고 설명할 수 있는 좋은 장치를 갖추게 됐다.

의미와 해석

갈등은 두 개인 간의 분쟁은 물론 다수 국가 간의 전쟁까지 포함하며 이 두 극단 사이의 모든 것을 포괄하는 매우 일반적인 용어다. 사실 사회학은 사회 내에 배태된 구조화된 사회갈등에 주목했으며, 국민국가 간의 전쟁에 대해서는 최근까지 상대적으로 소홀했다. 권력과 부의 추구, 사회불평등, 지위 획득을 위한 시도는 이해관계를 공유하고 그 이해관계를 다른 사람들에 대항해 추구하는 정체성을 공유한 뚜렷한 사회집단의 형성으로 이어진다. 따라서 갈등이론은 갈등의 잠재성이 항상 존재한다고 본다.

갈등이론적 관점은 사회학적 탐구의 주요 전통 중 하나이며, 여러 이론적 접근법을 포함한다. 마르크스주의, 페미니즘, 다양한 베버주의적 관점 등이 갈등이론의 일부를 사용한다. 갈등이론은 간혹 폭력으로 번질 수 있는 만성적 긴장을 산출하는 사회 내 구조의 중요성을 탐구한다. 일부 이론은, 이를테면 마르크스주의의 경우는 구조화된 계급 갈등을 사회변동을 추동하는 역학으로서 사회의 핵심에 위치시킨다. 여기서 짐멜의 요점을 다시 언급할 가치가 있는데, 즉 사회계급들은 갈등 관계에 있다 하더라도 상호의존적 관계 내에 배태돼 있기도 하다는 것이다. 자본주의하에서 노동자들은 생존에 필요한 일자리와 소득을 제공하는 자본가에게 의존하지만, 자본가들도 이윤 창출을 위한 상품과 서비스를 생산하기 위해서 노동자를 필요로 한다.

모든 갈등이론가가 마르크스주의자인 것은 아니다. 갈등이론가 다수는 베버의 아이디어에서 더 많은 영향을 받았다. 갈등은 정치적 차이, 지위 경쟁, 젠더 분리, 또는 민족 혐오에 기초할 수 있으며, 이 모두는 계급과 상대적으로 관련이 없거나 독립적일 수 있다. 가부장적 권력은 남녀가 계급구조 내에서 어느 위치에 있든 남성이 이익을 취하고 여성이 불이익을 받는 식으로 작동한다(계급위치상 노동계급 여성이 처한 문제들이 더 악화될 수는 있겠지만). 마찬가지로, 르완다에서 후투족에 의해 자행된 투치족 대량 학살(1994년)과 세르비아군이 스레브레니차에서 자행한 보스니아인 대량 학살(1995년), 그리고 제2차세계대전 중 독일 나치 정권이 자행한 유럽 내 유대인 대량 학살(1939~1945년)은 1차적으로 계급 갈등이 아니라 전통적인 민족 간 경쟁 및 인종차별적 증오로 인해 발생한 것으로 인식됐다. 이들 중 어떤 것도 계급이 중요하지 않다고 한 것은 아니다. 단지 계급, 젠더, 인종, 민족집단 등의 실제 중요성은 현실 세계에 대한 경험연구를 통해서만 평가될 수 있다는 것이다.

비판적 쟁점

갈등이론에는 갈등과 경쟁competition의 차이가 빠져 있다. 사회집단들은 자원 획득을 놓고 경쟁 관계에 있을 수 있지만, 경쟁이 항상 갈등적 행위로 이어지는 것은 아니다. 경쟁 관계가 적수에게 우위를 점하기 위한 행위로 이어지지 않으면 경쟁이 더 이상 진척되지 않을 수 있다. 마찬가지로, 계급 관계를 계급 갈등으로 기술하는 것은 어디까지 정확한가? 사회계급 집단들이 상이한 이해관계를 맺고 있다고 말하는 것은 가능할 수 있지만, 이것이 '적대적' 계급에 대해 우위를 점하기 위한 시도로 이어지지 않는다면 계급을 갈등의 측면에서 이론화할 실제적 근거가 있다 하겠는가?

또한 최근 수십 년 동안 갈등 상황보다는 평화 유지 과정에 대한 분석으로 이행하는 경향이 있었다. 사회학자들은 분쟁 해결, 조정 과정, 평화 유지 노력에 대한 연구를 시작했으며, 이러한 연구의 증가는 갈등이론을 다른 방향으로 이끌 수 있다.

현대적 의의

사회학에서 갈등이론 및 갈등 연구가 이토록 많았던 적은 없었다. 지난 30년간 '문명' 충돌, 반자본주의 저항운동, '새로운 테러리즘', '새로운 전쟁', 대량 학살, 증오범죄, 그 밖의 많은 사건들이 확산됐고, 사회학자들은 자신의 개념적 및 이론적 도구를 이러한 새롭고 심각한 갈등을 분석하는 데 사용했다. 냉전 종식 이후 지구화 과정이 진척됨에 따라 새로운 갈등현상들이 나타났다.

갈등 및 갈등해결 분야의 유용한 학술적 논의는 버르코비치Jacob Bercovitch, 크레메뉴크Victor Kremenyuk, 자트만I. William Zartman(2009)의 편저에서 찾아볼 수 있다. 이들은 역사적 증거들을 보면 갈등이 "정상적이고 편재적遍在的, ubiquitous이며 불가피한 (……) 인간존재의 내재적 특성"임을 상기할 수 있다고 말한다(Bercovitch, Kremenyuk and Zartman, 2009: 3). 이러한 사실과 관련해 현실을 직시하는 것이 중요하다. 그러나 갈등이 폭력적으로 표출되는 것에 대한 관리 그리고/또는 통제가 가능해야 하며, 이는 최근 학술 연구의 초점이 됐다. 인간 갈등에 정치적 이슈, 개인적 동기, 국제정세 변화 등의 여러 측면이 있음을 감안하면, 갈등해결 분석이 학제적 작업이며 이 책에 그와 관련한 많은 사례가 제시되고 있다는 것은 놀랄 일이 아니다.

하지만 평화 유지 과정과 그 성공 가능성(예전에는 간과된 이슈였던)에 대한 브루어John Brewer(2010)의 이론적 관점은 철저히 사회학적이다. 브루어는 폭력적 갈등이 가라앉은 이후 평화 유지 과정의 기본 유형을 정복conquest, 지도 제작cartography, 타협compromise의 세 가지로 대별한다. **정복** 상황은 국민국가 간 전쟁 또는 내전 및 식민지 전쟁 이후에 존재한다. **지도 제작** 상황은 평화가 주로 지리적 분리에 의해 달성되는 것이다. 그리고 **타협**은 전투를 치렀던 이들이 폭력을 끝내고 합리적인 합의에 도달하기 위해 협상하는 과정을 말한다. 그러나 이들 과정 중 어떤 것이 가능한지는 국적, 가치, 규범이 공유된 정도, 그리고 어떤 참여자가 역사적 및 문화적 자본을 어느 정도로 유지하거나 상실하느냐에 달려 있다. 브루어의 도식은 특정 갈등이 종식된 이후의 상황에서 어떤 것이 현실적이며 달성 가능한지를 더 잘 파악하는 것을 목표로 한다.

참고문헌 및 더 읽을거리

Bercovitch, J., Kremenyuk, V., and Zartman, I. W. (2009) 'Introduction: The Nature of Conflict and Conflict Resolution', in J. Bercovitch, V. Kremenyuk and I. W. Zartman (eds), *The Sage Handbook of Conflict Resolution* (London: Sage).

Brewer, J. (2010) *Peace Processes: A Sociological Approach* (Cambridge: Polity).

Collins, R. (Abridged and updated by Sanderson, S. K.) (2016) *Conflict Sociology: A Sociological Classic, Updated* (Abingdon: Routledge)

Joseph, J. (2003) *Social Theory: Conflict, Cohesion and Consent* (Edinburgh: Edinburgh University Press).

국민국가

nation state

기본적 정의

대규모 공동체(국민)와 영토적, 정치적 형태(국가)의 결합으로 창출된 문화-정치적 독립체로서, 현재 전 세계적으로 가장 널리 확산된 '생존 단위survival unit'다.

개념의 기원

국민국가는 근대 세계에서 정상적이고, 심지어 자연스러운 정치-문화적 독립체로 보인다. 그러나 국민국가도 다른 모든 사회현상과 마찬가지로 그 역사를 추적할 수 있다. 대부분의 학자들은 근대 국민국가가 17세기 후반 및 18세기부터 시작된 비교적 최근의 것이라는 데 동의한다. 15세기부터 18세기 사이에, 유럽은 많은 소규모 정치 단위를 흡수하여 권력 경쟁 속에서 공존하는, 소수이지만 강력한 국가들을 창출한 절대주의 및 입헌군주제에 의해 지배되었다. 이러한 주권국가 체계는 베스트팔렌 국제조약(1648)을 낳았으며, 이는 국가의 자치정부권과 국가 간 분쟁의 무력에 의한 합법적 중재에 기초한다.

베스트팔렌 체제는 근대 국민국가로 이행하는 초석을 놓

았으며 1640~1688년에 일어난 영국혁명과 1789년 프랑스혁명으로 이어졌는데, 이는 봉건적인 사회적 관계의 종언을 상징적으로 보여 주는 것이었다. 그러나 보다 효율적인 정부 및 행정체계의 필요성을 창출한 것은 산업화의 요구였으며, 더 이상 지역 촌락이 아닌 대규모 단위가 사회의 기초가 되면서 '공용어'에 기초한 대중 교육과 계획적 교육체계가 대규모 사회를 조직화하고 통합하는 주요한 수단이 됐다. 국민국가는 합법적 조세 수단 및 무력의 독점으로 인해 지배적 위치를 차지했으며, 이는 국민국가에 막대한 군사적 권력과 대규모 인구의 충성심을 부여했다.

의미와 해석

민족nation, 국민국가, 민족주의nationalism, 민족정체성national identity을 포함한 개념군은 사회학 전체를 통틀어 가장 논란의 여지가 많고 한마디로 정의하기 어려운 것이라 할 수 있다. 하지만 이는 매우 간단해 보이기도 한다. 민족은 대규모 공동체이고, 국가는 그 공동체의 안전을 보장하는 정치 유형이다. 그러나 민족이 반드시 언어, 역사, 전통을 공유한 동질적 문화를 갖는 것은 아니다. 예를 들어, 영국은 잉글랜드, 스코틀랜드, 웨일스, 북아일랜드로 구성된 국민국가이며 몇 개의 언어와 상이한 역사적 전통을 가지고 있다. 또한 상당히 많은 문화와 전통을 가진 다문화사회이기도 하므로, 영국 시민들은 다양한 언어와 종교를 가진 매우 다양한 집단이다.

앤더슨Benedict Anderson(2006)은 민족이 구체적 '실체'가 아니라 '상상된 공동체imagined communities', 즉 자신들이 속해 있다고 느끼는 문화적 독립체를 구성하는 것에 대한 인식 또는 상상에 의해 결속된 다양한 집단이라고 주장한다. 그러나 이것이 단지 '상상된' 것이기 때문에 실체를 갖고 있지 않다는 것은 아니다. 많은 사람들이 민족 공동체의 인식에 기초해 행위하면, 상상된 공동체는 이들을 결속시키는 공유된 민족정체성을 불러일으킨다.

민족주의는 어떤 점에서는 매우 근대적이지만, 이 또한 한참 과거로 거슬러 올라가는 정서와 상징 유형에 기초한다. 스미스Anthony Smith(1986)는 민족과 역사적 민족 공동체(그가 '에스니ethnie'라 지칭하는) 간에 연관성이 있다고 논의한 바 있다. 서유럽 국가 및 지역들에서는 시간이 지남에 따라 하나의 에스니가 점차 다른 에스니들을 지배하는 양상이 나타났다. 예를 들어, 프랑스에서는 19세기까지 몇몇 언어공동체가 경합했지만 국가가 프랑스어를 공용어로 채택하고 학교에서 사용하는 유일한 언어로 지정하면서 경쟁 관계에 있던 다른 에스니들은 급속히 입지를 상실했다. 영국도 영어가 영연방 전역에서 지배적 언어로 자리 잡는 데 유사한 과정을 거쳤다. 그렇다고 이 과정에서 다른 언어들이 완전히 소멸한 것은 아니었다. 웨일스어, 스코틀랜드 게일어, 아일랜드 게일어는 아직도 영국 일부 지역에서 사용되고 있고, 바스크어는 스페인과 프랑스 일부 지역(바스크 지역)에서 사용되고 있다. 이 언어들의 존속은 각 언어를 사용하는 에스니들의 과거와 현재의 연속성이 여전히 살아 있도록 하는 중요한 측면이다.

비판적 쟁점

사회학자들은 민족보다 국가에 대해 논의하기를 좋아하는데, 이는 민족 개념을 한마디로 정의하기 어렵기 때문이다. 그러나 국민국가 개념 또한 '국가 없는 민족'의 몇몇 유형이 존재한다는 점에서 불분명하기는 마찬가지다. 국민국가는 내부 소수자집단들의 문화적 차이를 인정하고 그들에게 어느 정도의 자치권을 허용할 수 있는데, 영국 내 스코틀랜드, 웨일스, 북아일랜드가 그 예다. 1999년에는 스코틀랜드와 웨일스가 각각의 의회를 설립함으로써 더 많은 자치권을 확보했다. 그러나 스코틀랜드와 웨일스는 독립된 국민국가가 아니다. 2014년 실시된 스코틀랜드 분리독립 국민투표에서는 유권자 다수가 영국에 남는 것을 선호하여 분리독립에 반대표를 던졌다. 퀘벡(캐나다 내 프랑스어 사용 지역) 의회와 플랑드르(벨기에 북부의 네덜란드어 사용 지역) 의회는 온전한 독립국가가 아닌 민족에 정치체가 이양된 또 다른 사례다. 그 밖의 다른 여러 국가 내 민족들은 법적 지위 또는 인정을 받지 못하고 있는데, 중국 내 티베트족, 그리고 아르메니아·터키·시리아·이란·이라크 일부 지역의 쿠르드족이 그러한 경우다.

개발도상 세계의 민족 형성과 국민국가의 궤적은 대개 선진국의 경우를 따르지 않았다. 이는 다수의 개발도상국이 서구 국가들의 식민지배를 받다가 20세기 후반에 와서야 독립했다는 점에 상당 부분 기인한다. 개발도상 세계에서 형성된 국민국가들은 역사적으로 진척된 민족적, 문화적 분할을 적절히 고려하지 않은 채 자의적으로 국경이 설정된 경우가 많았다. 이런 나라들에서는 독립 이후 에스니와 기타 집단들이 뒤섞이면서 뚜렷한 민족정체성 촉진이 더욱 어려워졌고 정치적으로도 논쟁거리가 됐다. 식민지배로 인한 고통을 크게 겪지 않았던 지역, 이를테면 일본, 중국, 한국에서는 그와 같은 이슈와 문제가 크게 발생하지 않았다. 이들 각각은 이미 문화적으로 상당히 단일화돼 있었다.

현대적 의의

오늘날 지구화는 민족정체성을 변화시키는 확실히 주된 요인 중 하나이며, 이는 중심화와 탈중심화 간의 갈등을 일으키는 압력으로 작용한다. 한편으로는 기업조직과 정치체(이를테면 초국적기업과 조직체)의 권력이 더욱 집중화되지만, 다른 한편으로는 탈집중화의 압력이 존재한다. 그 결과, 지구화는 민족정체성에 이중의 위협이 된다. 중심화는 위로부터의 압력으로, 탈중심화는 아래로부터의 압력으로 작용한다. 심지어 일부 학자들은 지구화가 '국경 없는 세계'를 형성하고 국가권력이 시장의 힘에 비해 감소하면서 국제정치의 주요 행위자로서의 국민국가가 종언을 고할 것이라고까지 예측했다. 오마에Kenichi Ohmae(2007)는 유럽연합EU 같은 지역경제regional economy의 등장, 그리고 그와 관련하여 국가가 행동하는 방식을 탐구한다. 지역화가 전적으로 지구화된 체계에는 미치지 못하지만, 국민국가가 현재 등장하고 있는 '지역국가region state'•에 대해 주요 경제적 기능과 관련된 통제력을 상실하고 있다고 할 수는 있다.

지구화, 세계주의, 국민국가에 관한 또 다른 논쟁 방식은 문화라는 렌즈를 통해 보는 것이다. 예를 들어, 너거스Keith Negus(2019)는 이 문제가 글로벌 대중음악 경제와 디지털 미디어 차원에서 나타나는 양상을 탐구한다. 그는 대중음악이 국경 통제를 놓고 국민국가 사이에서 일어나는 일련의 긴장, 국경을 초월하고자 하는 기업들, 국경에 도전하는 세계주의적인 문화적 실천에 의해 형성된다고 논의한다. 디지털화와 지구화의 잠재력에 관한 초기의 낙관론은 대중음악이 전 지구적 영향력을 가지고 문화적 다원주의를 번성하게 하는 온화한 세계를 만들 것이라 생각했지만, 1990년대 들어 발칸 지역의 분파주의적 갈등, 아시아 지역의 저항운동에 대한 탄압, 전 지구적 테러리즘이 현실주의적 사고를 일깨움에 따라 이러한 생각은 수그러들었다. 너거스는 이 분야에 속한 학자들이 권력의 문제, 즉 대중음악 유형의 창출 과정에서 권력이 어디서 어떻게 배치되고 경험되며 경합하는지에 더 관심을 기울여야 한다고 주장한다.

● 유럽연합 같은 지역 연합체를 지칭하는 용어다. 권력이 국내 각 지역에 분산된 국가를 일컫는 '지역분권국가regional state'와 구별된다.

참고문헌 및 더 읽을거리

Anderson, B. (2006) *Imagined Communities* (London: Verso). [국역본, 《상상된 공동체: 민족주의의 기원과 보급에 대한 고찰》, 길, 2018]

Eriksen, T. H. (2007) 'Nationalism and the Internet', *Nations and Nationalism*, 13(1): 1-17.

Held, D. (1989) *Political Theory and the Modern State* (Cambridge: Polity), esp. chapter 1.

Negus, K. (2019) 'Nation-States, Transnational Corporations and Cosmopolitans in the Global Popular Music Economy', *Global Media and China*, 4(4): 403-18.

Ohmae, K. (2007) *The End of the Nation State: The Rise of Regional Economies* (London: Harper Collins). [국역본, 《국가의 종말》, 한언, 1999]

Smith, A. D. (1986) *The Ethnic Origins of Nations* (Oxford: Blackwell). [국역본, 《민족의 인종적 기원》, 그린비, 2018]

권력

power

기본적 정의

반대하는 이들의 도전과 저항에도 불구하고 일부 개인, 집단, 공동체가 자신이 원하는 바를 행하거나 자신의 목표를 달성할 수 있는 역량.

개념의 기원

권력은 정치사회학의 중심 개념인 것으로 보이지만 그 정확한 의미와 본질은 논쟁거리이며, 권력이 정확히 무엇인지에 대한 합의는 아직도 이루어져 있지 않다. 사회학에서 권력에 관한 연구는 막스 베버Max Weber의 아이디어를 고려해야만 한다. 베버에 따르면, 권력은 "한 개인 또는 여러 명의 개인이 통솔 행위를 할 때 타인의 저항이 있더라도 자신의 의지를 실현할 수 있는 기회"로 정의될 수 있다. 많은 사회학자들은 베버를 따라 권력의 유형을 강제적인 것과 정당성에 기초한 권위를 가진 것으로 구분한다. 예를 들어, 베버의 관점에서 2003년 이라크 침공은 국제연합UN에 의한 명시적 권위를 갖지 못했고 그에 따라 국제적 정당성을 결여한 것으로 이해된다는 점에서 강제적 권력의 유형이다.

베버 이후 권력 개념에 대한 가장 체계적인 연구는 스티븐 루크스Steven Lukes([1974]2021)의 것인데, 그는 베버의 정의로부터 출발하여 이를 더 많은 사례를 포함할 수 있도록 확장했다. 루크스는 베버의 권력 개념이 1차원적이라 평하면서, 2차원적 및 3차원적 권력 개념을 발전시키는 것이 가능하다고 주장했다. 미셸 푸코Michel Foucault의 저작 또한 상당한 영향을 미쳤다. 푸코는 권력을 사람들이 보유하고 행사하거나 타인으로부터 빼앗을 수 있는 것이 아니라, 사회적 관계의 산물이고 사회를 통해 전파되며 지식과 밀접하게 관련된 것으로 인식한다. 권력은 우리가 세계를 이해하는 프레임워크framework를 제공하는 담론을 통해 작동한다.

의미와 해석

베버의 관점은 여전히 정치사회학자들에게 가치 있는 출발점이며 명백히 옳은 것처럼 보인다. 갈등 상황에서 누가 권력을 잡고 있느냐를 판정하는 것은 간단한 문제다. 가장 많은 권력을 지닌 개인, 집단, 또는 군대는 상대편을 이길 것이다. 당신의 뜻대로 할 수 있는 역량은 당신이 얼마나 많은 권력을 가지고 있는지를 결정한다. 또한 권력은 의사결정 과정에서도 행사될 수 있다. 특정 집단은 누군가에게 이익이 되고 다른 누군가에게는 불이익이 되는 의사결정을 내릴 수 있다. 그러나 이는 매우 제한적인 관점이다.

루크스(Lukes, [1974]2021)는 권력에 대한 2차원적 관점이 진전될 수 있다고 논의했다. 일부 집단은 대중의 관심을 끄는 의사결정 의제를 통제함으로써 권력을 행사한다. 권력은 일부 이슈를 정치에서 전적으로 배제함으로써 행사되며, 이로써 특정 사회집단이 자신의 이해관계를 추구하는 것을 효과적으로 차단한다. 예를 들어, 정부가 권력을 행사하는 한 가지 방식은 미디어가 보도할 수 있는 사안에 제한을 두는 것이다. 이렇게 함으로써 정부는 불만과 논쟁적 문제가 방송을 타고 폭넓은 지지를 받는 것을 막을 수 있다. 권력의 작동을 이해하려면 눈에 보이는 의사결정뿐만 아니라 의사결정 과정 자체가 어떻게 형성되는지도 탐구할 필요가 있다.

루크스는 또한 3차원적 또는 '급진적' 권력 개념을 제시했는데, 이는 사람들의 욕망을 조작하는 것으로 요약할 수 있다. 욕망의 형성은 은밀한 방식으로 일어날 수 있다. 프랑크푸르트학파는 자본가들이 미디어, 광고, 기타 사회화 수단을 통해 노동자들의 욕구를 형성하고 이들로 하여금 '소비자'라는 지위를 받아들이게 함으로써 노동자들에 대해 권력을 행사한다고 주장했다. 이러한 유혹적이고 이데올로기적인 권력 행사는 보이지 않거나 심지어 측정 불가능하며, 사람들이 자기 자신의 이해관계에 반하는 방식으로 행동할 때만 추론할 수 있다. 최근에 개발도상국에서 개인 채무 수준에 대한 관심이 높아졌지만, 개인들은 아직 소비재에 더 많은 돈을 쓰고자 하는 욕구에 저항할 능력이 없다. 사람들을 자신의 이해관계에 반하여 행동하도록 밀어붙이는 욕망의 조작은 소비자본주의의 권력을 보여 주는 것이다. 루크스는 3차원적 권력 개념은 이러한 방식으로 베버의 관점보다 광범위한 상황을 고려한다.

푸코의 아이디어 또한 사회학에 영향을 미쳤다. 푸코는 권력은 국가 등의 기구에 집중된 것도 아니고 사회집단 또는 개인이 보유한 것도 아니라고 주장한다. 루크스를 포함한 구식 권력 모델은 모두 의도적 행위 개념에 의존하고 있다. 푸코는 오히려 권력이 모든 수준의 사회적 상호작용과 모든 사회 기구 내에서 모든 사람에 의해 작동한다고 논의한다. 권력은 사회를 통해 전파되고 우리의 상호작용에서 윤활제 역할을 하며, 권력의 '미시물리학micro-physics'은 바로 그 수준에서 분석돼야 하는 종류의 것이다. 또한 푸코는 권력과 지식이 긴밀하게 연결돼 있으며 서로가 서로를 강화한다고 주장했다. 예를 들어, 과학적 지식의 주장은 다양한 사회적 맥락에서 실행된다는 점에서 권력에 대한 주장이기도 하다.

비판적 쟁점

루크스와 푸코의 권력 개념은 베버의 원래 개념을 결정적으로 넘어선 것처럼 보이지만, 베버의 모델에 더 잘 부합하는 현상도 일부 있다. 푸코의 아이디어는 인기가 있었으며, 그의 권력 개념은 권력이 지배집단에 의해서만 행사되는 것이 아니라 모든 사회적 관계에서 발견되는 것이라는 개념으로 대체함으로써 권위적 유형과 강제적 유형이라는 단순한 구분을 혁파한다. 비판론자들은 푸코가 일상적 상호작용에서 권력이 작동되는 방식에 대한 보다 예리한 설명을 제공하기는 했지만, 군대 또는 특정 사회계급 내에서 권력이 실제로 축적

되어 베버의 강제적 권력 개념에 가까운 방식으로 타인에게 자신의 의지를 강제할 수 있게 되는 방식을 과소평가한다고 주장한다.

권력에 대한 루크스의 급진적 관점 또한 사회학자들이 다른 사람들의 이해관계가 무엇인지를 실제로 알 수 없다는 점에서 비판받는다. 우리는 어떻게 결정하는가? 급진적 관점의 정확성은 이 문제에 어떻게 답하느냐에 달려 있지만, 이는 매우 어렵다는 것이 입증됐다. 3차원적 관점은 사람들에게 자신의 이해관계에 대해 질문한다 해도 자신의 욕구가 더 이상 자신의 것이 아니라 조작된 것이기 때문에 '허위' 응답을 할 수 있다고 본다. 이와 연관된 두 번째 문제는 3차원적 관점이 '비결정non-decision'의 문제와 이데올로기가 사람들의 욕망에 미치는 눈에 보이지 않는 영향을 연구할 것을 요한다는 점이다. 하지만 어떻게 실제로 일어나지 않는 일을 연구할 수 있는가? 일각에서는 이 개념이 실제로는 권력이론이 전혀 아니며 사회구조가 개인의 삶에 영향을 미친다는 것을 인정하는 것에 불과하다고 지적한다.

현대적 의의

권력 개념은 어떻게 정의되든 정치사회학에서 근본적인 것이며, 학생들이 자신의 관점을 정립하기 위해서는 권력이란 무엇이며 그것은 어떻게 작동하는지에 관한 논쟁을 평가해야만 한다. 루크스는 2004년 자신의 저서 제2판에 두 편의 에세이를 추가하여 아이디어를 개정했는데, 여기서 푸코의 일반적 권력 개념에 맞서 자신의 3차원적 관점을 방어한다. 사회에서의 담론 권력에 관한 푸코의 아이디어는 현실세계의 상황에 대한 적용을 통해 가장 잘 이해되는데, 헨더슨Amanda Henderson(1994)은 집중치료intensive care 상황의 간호 수행의 측면에서 이러한 작업을 수행한다. 그는 집중치료 모니터링의 초점은 환자의 감정 상태가 아닌 생리학적 상태에 맞춰져 있으며 이러한 지식이 간호사-환자 상호작용의 내용에 명확한 결과를 초래한다고 논의한다. 간호사는 이러한 정보를 해석할 수 있는 능력의 결과로 의학적 권력을 획득하지만, 간호사의 전통적 '치료' 역할과 관련된 권력은 감소한다. 이러한 분석은 병원 및 요양 시설에서 최근 일어난 보건 관련 스캔들을 이해하는 데 함의를 줄 수 있다.

우리 시대의 가장 중요한 사회학자 중 한 명인 마누엘 카스텔Manuel Castells은 자신이 50년 동안(1965~2015년) 권력 개념을 어떻게 발전시켜 왔는지를 돌아보는 저작을 2016년에 내놓았다. 카스텔(Castells, 2016: 1)은 자신이 수행한 다양한 범위의 연구를 이끌었던 것은 '권력에 대한 근거 이론grounded theory of power'의 추구였다고 말한다. 그에 따르면, "권력관계는 사회의 모든 영역에서 근본적인 관계다". 그러나 상이한 사회들은 각각 그 자신의 권력 및 '대항권력counterpower' 유형을 가지고 있으며, 카스텔의 가장 최근 저작은 권력이 다차원적 연결망들에 의해, 그리고 그것을 통해 행사되는 오늘날의 네트워크 사회network society와 상당 부분 관련돼 있다. 카스텔은 [2016년의 글에서] 오늘날 사회학자들이 권력관계를 탐구하는 데 필요한 분석적 프레임워크에 관해 상세히 논의한다. 비록 권력이란 무엇이며 그것이 어떻게 기능하는지에 대한 일반적 합의가 달성될 것 같지는 않지만, 확실히 사회학은 권력 개념을 필요로 한다. 그러나 카스텔은 권력 개념이 아마도 추상적, 보편적 용어가 아니라 특정 사회의 맥락에서 가장 잘 정의된다는 것을 보여 준다.

참고문헌 및 더 읽을거리

Castells, M. (2016) 'A sociology of Power: My Intellectual Journey', *Annual Review of Sociology*, 42: 1-19.

Henderson, A. (1994) 'Power and Knowledge in Nursing Practice: The Contribution of Foucault', *Journal of Advanced Nursing*, 20(5): 935-9.

Lukes, S. ([1974]2021) *Power: A Radical View* (3rd edn, London: Red Globe Press).

Nash, K. (2010) *Contemporary Political Sociology: Globalization, Politics and Power* (Oxford: Wiley-Blackwell), esp. chapter 1.

Sen, A. (1999) Development as Freedom (Oxford: Oxford University Press). [국역본, 《자유로서의 발전》, 갈라파고스, 2013]

권위

authority

기본적 정의

개인 또는 집단이 타인 또는 다른 집단에 대해 보유한 정당한 권력.

개념의 기원

막스 베버Max Weber([1925]1979)의 정치사회학은 대부분의 권력, 정치, 권위 연구의 출발점이다. 베버는 권력을 개인 또는 집단이 저항에도 불구하고 자신의 뜻대로 할 수 있는 역량으로 봤지만, 누군가가 권위가 있다는 것은 명령을 내릴 수 있고 그 명령이 수행되리라는 타당한 기대를 가진 경우에만 그렇다. 따라서 권위는 명령을 받는 사람들 사이에 존재하는, 그 사람이 정당하게 명령을 내린다는 믿음에 근거한다. 즉 그의 위치가 권위 있는 것으로 인정받는다는 말이다. 권위는 부모-자녀 관계, 가족 내에서 가장이 의사결정을 하는 경우, 조직 내에서 관리자가 명령권을 갖는 경우, 군대 내의 철저한 위계질서, 정치 영역에서 정부가 지켜질 것을 기대하고 법률을 시행하는 경우 등을 통해 작동한다.

의미와 해석

베버는 권위 체계가 사회에 따라, 그리고 시점에 따라 다르다고 논의했다. 그는 역사적으로 세 가지 권위 유형을 구분했다. 전통적, 카리스마적, 법적-합리적 권위가 그것이다. 그러나 이 세 가지는 이념형, 즉 연구자가 실재세계의 현상을 탐구할 때 도움을 주는 발견적heuristic 도구다. 그리고 베버의 도식이 얼핏 연대기적으로 보이기는 하지만(전통적 권위에서 카리스마적 권위를 거쳐 합리적-법적 권위로 이어지는), 세 유형 중 어떤 것도 지배적일 수 있으며, 두 가지 또는 세 가지가 동시에 존재하는 경우도 흔했다.

전통적 권위traditional authority는 세대를 이어 전승된 오랜 문화적 패턴에 대한 존중을 통해 정당화된 권력이다. 이러한 체계에서 사람들은 지배자의 전통적 지위에 근거한 명령에 복종한다. 전통적 권위의 정당성은 과거부터 조직화되어 온 방식에 대한 인식과 수용으로부터 나온다. 베버는 중세 유럽 귀족의 가족 세습 지배(귀족 및 왕족 가문에서 여전히 그 잔재를 찾아 볼 수 있는)를 예로 든다. 이는 귀족 및 왕족 가문을 통해 면면히 이어지고 있다. 전통적 권위에서 사람들의 충성은 특정 개인들에 대한 것이지 그들이 담당한 역할에 대한 것이 아니다. 이것이 실제로 의미하는 바는 사람들이 지배자에게 복종하는 것이지 지배에 복종하는 것이 아니며, 지배자들이 자신들에게 충성심을 빚지고 있다고 느낀다는 점이다.

카리스마적 권위charismatic authority는 전통적 권위를 교란하는 경향이 있으며, 역사적으로 혁신과 변화의 원천이 되어 왔다. 카리스마적 권위는 지도자의 비범한 능력에 대한 피지배자들의 헌신에 기초한다. 하지만 카리스마 개념은 지도자의 특별한 능력이 그의 인성에 본래 내재한 것인지 아니면 그가 그런 능력을 가졌다는 다른 사람들의 인식에 기초한 것인지 불분명하기 때문에 명확히 정의하기가 어렵다. 역사적 사례로는 예수 그리스도Jesus Christ, 아돌프 히틀러Adolf Hitler, 마하트마 간디Mahatma Ghandi가 있으며, 그 밖에도 영웅적 군인들, '성자와도 같은' 개인들 및 정치지도자들도 '카리스마적'인 것으로 묘사돼 왔다. 모든 카리스마적 지도자는 반드시 자신의 특별한 능력을 때때로 '증명'해야 하며, 그런 증명이 있을 것 같지 않다 싶으면 카리스마적 개인은 도전에 직면할 수 있다. 베버는 이것이 카리스마적 권위를 본질적으로 불안정한 것으로 만들며, 바로 그 점 때문에 지도자가 사망하면 믿음과 정당성의 위기가 뒤따른다고 본다. 카리스마적 체계가 보다 일상화된 유형을 취하기 시작하면 전통적 또는 법적-합리적 체계로 전환되는 경향이 있다.

베버는 자본주의의 출현과 더불어 전통적 권위가 **법적-합리적 권위rational-legal authority**라는 새로운 유형에 자리를 내줬다고 본다. 이는 법적으로 제정된 규칙과 규정을 통해 정당화된 권력이며, 법에 대한 믿음을 의사결정의 공식적 합리성과 결합시킨다. 이러한 권위 유형은 근대적 조직과 관료제, 그리고 사회의 정치과정을 이끄는 민주주의 정부 체계에서 찾아볼 수 있다. 법적-합리적 권위는 의사결정과 명령이 '적절한' 절차를 통해 이루어질 때만 행사되는 것이지, 전통 또는 개인의 변덕에 의해 행사되는 것이 아니다. 관료제는 법적-합리적 권위의 전형적 유형이다.

비판적 쟁점

베버의 유형학에 대한 오랜 비판은 그가 사회적 행위의 네 가지 유형을 구분했으면서 권위에 대해서는 세 가지 체계만 제시했다는 점이다. '누락된' 범주는 **가치합리적 권위**value-rational authority인 것으로 보이는데, 이는 일련의 규범에 부여된 절대적 가치에 근거해 정당성이 발생하는 것이다. 이것은 지도자가 자신이 추구하는 특정 목표에 기초해 정당성을 부여한 것이라는 점에서 본질적으로 권위의 이데올로기적 유형이다. 이 네 번째 논리적 유형은 개인이 아닌 이데올로기적 목표에 대한 복종에 기초하며, 내려진 명령은 그것이 궁극적 목표와 부합하는 정도에 따라 정당화된다. 종교 조직이나 초기 소련 공산주의 체제 같은 매우 '이데올로기적인' 체계들이 그 사례다.

최근 들어 사회학자들은 성과가 아닌 미디어 노출에 기초해 개인을 미화하는 유명인 문화celebrity culture의 출현에 대해 논의해 왔다. 이러한 문화는 정계에도 영향을 미쳐서, 현재는 정치인들이 매스미디어에 비쳐진 모습에 기초해 평가받는 경향이 강하다. 일부 사회학자들은 이러한 현상이 법적-합리적 민주주의 과정을 침해하며 민주적 가치를 위협한다고 주장했다. 예를 들어, 포스트먼Neil Postman(1986)은 정치가 쇼 비즈니스의 부속물로 전락할 위험에 처해 있다고 경고한 바 있다.

현대적 의의

베버의 분류는 세 가지 권위 유형이 공존하는 혼합형을 인정한다(설령 그중 하나가 지배적이라 할지라도). 예를 들어 근대 영국은 법적-합리적 권위 체계를 가지고 있지만, 정치과정상 상원이 정부 내에서 일정 역할을 하며 군주가 여전히 헌법적 지위를 유지하고 있다. 이러한 이념형의 혼합은 베버의 도식에 유연성을 부여하며, 정치사회학자들에게 여전히 유용하다. 그러나 유명인 문화가 정계로 확산되는 현상은 정치지도자의 권위의 기초에 관한 몇 가지 의문을 낳았다.

오늘날 정치인들이 자신의 공적 이미지에 초점을 맞추고 정당이 팝 스타, 배우, 스포츠 스타 같은 유명인을 영입하는 것은 흔한 일이다. 미국도 마찬가지로, 전직 영화배우였던 로널드 레이건Ronald Reagan과 사업가이자 '리얼리티' TV쇼 진행자였던 도널드 트럼프Donald Trump가 대통령에 당선된 바 있다. 이렇게 유명인이 정계를 잠식하는 상황은 예전에는 명백히 해악적인 것으로 간주됐다. 그러나 스트리트John Street(2004)는 유명인 정치의 기원은 최소한 18세기로 거슬러 올라갈 수 있으며, 또한 유명인 정치인celebrity politician의 등장은 대의민주주의의 권위와 양립 불가능한 것이 아니라고 주장한다. 사실 유명인 정치는 민주적 대표의 원리와 상충하는 것이 아니라 오히려 그것의 확장이라 할 수 있다. '대표성'은 정당의 성명서와 공약에 한정된 것이 아니라 정치인의 스타일, 미적 감각, 매력까지도 포함한 개념이다. 이 모든 요소는 정치인들과 그들이 대변하는 사람들 간의 동일시를 형성하는 데 일조한다. 정치인들이 유권자들과 소통하고 자신들의 미래 계획을 복잡한 정치적 논쟁을 줄이면서 시민들이 쉽게 파악할 수 있는 형태로 알리는 것은 바로 정치적 스타일과 외모를 통해서다.

정치학자들은 군소정당들이 주요 정당들과의 자원 격차를 좁히기 위해 카리스마적 지도자에 점점 더 의존하게 된다고 본다. 그러나 카리스마적 지도자가 과연 군소정당의 선거 승리에 기여할 만한 권위를 정말로 발휘할 수 있을 것인가? 판데르뷔르흐Wouter van der Brug와 머건Anthony Mughan(2007)은 네덜란드에서의 선거와 관련된 경험적 증거를 동원해 이 문제를 연구했다. 이들은 세 번의 선거를 분석하면서 우파 포퓰리즘 정당들의 결과에 주목했는데, 결론은 이 정당 지도자들이 본질적으로 기존 거대 정당 지도자들보다 딱히 나을 것도 없었다는 것이다. 또한 이 연구는 우파 정당에 투표한 유권자들이 이 정당 지도자들이 내세운 정책을 실제로 지지해서가 아니라 막연한 불만감에 의해 1차적으로 동기부여가 된 것이라는 생각도 거부한다. 이들은 우파 정당에 투표한 유권자들도 다른 유권자들과 마찬가지로 같은 고민을 하며, 이들의 선택이 '합리적'이 아니라거나 카리스마적 권위에 휘둘린 것이라 할 수는 없다고 주장한다.

참고문헌 및 더 읽을거리

Morrison, K. (2006) *Marx, Durkheim, Weber: Formations of Modern Social Thought* (2nd edn, London: Sage), esp. pp. 361-73.

Postman, N. (1986) *Amusing Ourselves to Death: Public Discourse in the Age of Show Business* (London: Heinemann). [국역본, 《죽도록 즐기기》, 굿인포메이션, 2020]

Street, J. (2004) 'In Defence of Celebrity Politics: Popular Culture and Political Representation', *British Journal of Politics and International Relations*, 6: 435-52.

Van der Brug, W., and Mughan, A. (2007) 'Charisma, Leader Effects and Support for Right-Wing Populist Parties', *Party Politics*, 13(1): 29-51.

Weber, M. ([1925]1979) *Economy and Society: An Outline of Interpretive Sociology* (Berkeley: University of California Press). [국역본, 《경제와 사회 1》, 문학과지성사, 2003]

민주주의

democracy

기본적 정의

정치적 의사결정에 시민의 참여 기회를 제공하는 정치체계로서, 직접적 방식 또는 정치적 대표 선출이라는 방식을 통한다.

개념의 기원

민주주의 개념은 그리스어로 '인민people'을 뜻하는 데모스demos와 '지배rule' 또는 '권력power'을 뜻하는 크라토스kratos의 합성어인 데모크라티아demokratia에서 비롯된 것이다. 이 개념은 사회가 황제, 군주, 또는 선출되지 않은 독재자가 아닌 '인민' 스스로에 의해 통치돼야 한다고 주장한다는 점에서 본질적으로 급진적임에 분명하다. 그러나 고대 그리스에서 대중의 민주적 참여의 직접적 형태가 시행됐다고는 하지만, 거버넌스상의 중요한 결정은 나머지 인구에게는 허용되지 않는 특수한 권리를 가진 소수의 '시민'에 의해 이루어졌다. 또한 민주적 지배의 유형은 시대별 및 사회별로 다양했는데, 이는 특히 '인민'이 의미하는 바가 시대와 장소에 따라 달라졌기 때문이다. '인민'은 시대에 따라 성인 남성으로 제한되기도 했고, 재산 소유자들로 제한되기도 했으며, (일정 연령 이상의) 성인 남성과 여성을 의미하기도 했다. 인민이 자신의 대표를 선출하는 대의민주주의는 '인민에 의한 지배'를 달성하는 통상적 방법이 됐다. 1990년대 동유럽 공산주의의 종언과 더불어, '자유'민주주의의 대의적 형태가 전 세계적으로 지배적인 모델이 된 것으로 보인다.

의미와 해석

일반적으로 민주주의는 정치적 평등의 보장, 자유의 보호, 공통의 이해관계 수호, 시민의 요구 충족, 도덕적 자아 발달의 촉진, 모두의 이해관계를 감안한 효과적인 의사결정을 가장 잘할 수 있는 정치체계로 인식된다(Held, 2006). 대의민주주의는 공동체에 영향을 미치는 의사결정을 공동체 구성원들이 직접 하는 것이 아니라 선출된 대표들이 한다. 국가 정부에서 대의민주주의는 의회 또는 그와 유사한 기구 구성원을 뽑는 선거의 형태를 띤다. 또한 대의민주주의는 국가 공동체 내의 도道나 주州를 비롯하여, 시市, 자치주county/borough, 기타 지역 등의 수준에서도 존재한다. 둘 또는 셋 이상의 정당 가운데서 유권자가 선택할 수 있으며 성인 대중이 투표권을 갖는 국가들을 통상적으로 '자유'민주주의 국가라고 하며, 영국, 미국, 일본, 호주 등이 이에 포함된다.

1980년대 초 이후로 몇몇 라틴아메리카 국가들, 이를테면 칠레, 볼리비아, 아르헨티나 등이 권위주의 군사정권에서 민주주의로 이행하는 과정을 겪었다. 마찬가지로, 1989년 공산주의권의 붕괴와 더불어 다수 동유럽 국가들(예를 들어 러시아, 폴란드, 체코슬로바키아 등)이 민주주의로 전환했다. 그리고 아프리카에서도 예전에 민주주의국가가 아니었던 곳들이 민주주의 이념을 도입했다(베냉, 가나, 모잠비크, 남아프리카공화국 등). 민주주의는 더 이상 서구 국가들에만 집중돼 있는 것이 아니라 세계 각 지역에서 바람직한 정부 형태로 여겨져 최소한 원칙적으로라도 채택되고 있다.

이러한 현상의 한 가지 원인은 다른 정치체계들이 실패했다는 사실이다. 그런 점에서, 아마도 민주주의는 다른 정치체계들보다 대중의 요구를 더 잘 충족시킨다는 것을 보여줬다. 그러나 일각에서는 지구화 과정이 민주주의의 전 세계적 확산에 중요한 역할을 한 것으로 봐야 한다고 주장했다. 국가 간 접촉이 증대하면서 많은 나라에서 민주주의 운동이 다시 활성화됐고, 글로벌 미디어와 정보통신 기술 발달로 인해 비민주주의국가의 사람들이 민주주의 이념을 접하게 되면서 정치 엘리트에 대한 내부적 압력이 증대했다.

더 중요한 것은 글로벌 미디어와 즉각적 커뮤니케이션instant communication이 민주혁명 및 동원 소식을 전파한다는 점이다. 1989년 폴란드 혁명 소식은 빠르게 헝가리로 전파되어 헝가리 민주주의 운동가들의 저항운동에 유용하고 지역적으로 적합한 모델을 제공했으며, 2011년 이른바 아랍의 봄은 튀니지, 이집트, 리비아, 예멘의 정치지도자 퇴진 시위 및 운동은 물론 시리아 내전으로도 이어졌다. 국제연합UN, 유럽연합EU 같은 국제적 조직들은 글로벌 정치에서 점점 더 중요한 역할을 담당하고 있으며, 비민주국가들이 변화하도록 외부적 압력을 가해 왔다.

비판적 쟁점

대의민주주의의 우세가 절대적인 것은 아니다. 직접민주주의의 측면들은 오늘날 민주주의에서도 작동되고 있다. 예를 들어, 미국 뉴잉글랜드 주의 소규모 커뮤니티들은 여전히 연례 '마을회의town meeting'를 열고 있으며, 많은 국가에서 국민투표 제도가 인기를 얻고 있는 것으로 보인다. 이는 하나 또는 두 개 정도의 질문으로 구성된 특정 이슈에 관한 직접적 협의가 이루어질 수 있는 곳에서 가능하다. 국민투표 제도는 통상적으로 국가 수준에서 사용되는데, 이를테면 일부 유럽 국가에서 신新유럽헌법 비준 여부 같은 중요한 의사결정을 내리는 경우가 그렇다. 또한 국민투표 제도는 민족주의가 강한 지역의 분리독립 같은 논쟁적 이슈에 관한 의사결정에도 사용됐는데, 캐나다에서 프랑스어가 주로 사용되는 지역인 퀘벡, 그리고 유럽연합 탈퇴 여부를 놓고 2016년 영국에서 시행된 국민투표가 그러한 경우다.

민주주의를 지향하는 일반적 경향이 꼭 필연적인 것은 아니다. 폴란드, 체코, 헝가리의 경우는 자유민주주의가 확고히 자리를 잡은 것으로 보이지만, 다른 국가들, 예를 들어 구舊소련에 속해 있던 중앙아시아 지역의 공화국들이나 유고슬라비아의 경우는 민주주의가 여전히 취약하며, 심지어 러시아 자체도 그렇다. 민주주의가 '승리했다'고 가정할 수 없는 또 다른 이유는 거의 모든 곳에서 민주주의가 내적 문제에 봉착해 있다는 점이다. 크릭Bernard Crick(2002)은 오늘날 영국과 미국의 정치는 정치인들이 일관적인 정책 플랫폼에 초점을 맞추기보다 여론에 호소함에 따라 훨씬 더 '포퓰리즘적'이 됐다고 지적한다. 영국에서는 1990년대 초 이후로 투표율이 상당히 떨어졌으며, 특히 2020년 브렉시트 이전에 시행된 유럽의회 선거의 경우가 그러했다. 정치 엘리트들이 인민의 이해관계를 적절히 대표하지 못한다는 인식(특히 2009년 영국 국회의원 세비 남용 사건•에서 뚜렷이 드러난)은 정치인 및 공식적 민주정치에 대한 신뢰 상실로 이어졌다. 또한 사람들이 비공식적 방식을 통한 '정치 수행doing politics', 이를테면 특정 이슈를 다루는 캠페인을 위해 사회운동 또는 자발적 집단을 형성하는 쪽으로 선회하는 양상도 나타나고 있다.

현대적 의의

예전에 후쿠야마Francis Fukuyama([1992]2006)는 초기의 이데올로기 전쟁은 끝났으며 우리는 '역사의 종언the end of history'을 맞고 있다고 주장했다. 그가 말하는 바는 어느 누구도 더 이상 군주제, 파시즘, 공산주의를 옹호하지 않고, 자본주의가 사회주의와의 역사적 투쟁에서 승리했으며, 자유민주주의는 도

• 2009년 5월 영국 일간지 〈데일리 텔레그래프The Daily Telegraph〉의 보도로 알려진 영국 국회의원들의 공금 부당 청구 스캔들이다. 국회의원들이 공금을 반려견 사료부터 집수리 비용까지 다양한 용도로 유용했다는 사실이 알려지면서 파문이 커졌고, 결국 수십 명의 의원이 의원직을 사퇴하기에 이르렀다.

전을 허락하지 않는 승자라는 것이다. 최근의 증거들은 이런 주장을 어느 정도 지지한다. 그러나 세계주의 사상가들은 국가민주주의가 전 지구적인 사회적, 경제적, 정치적 과정이 요구하는 바를 다룰 역량이 더 이상 없다고 논박한다. 반면 민주주의사회 내부에서 포퓰리즘 정치운동의 등장 및 확산은 사회학자들과 정치학자들에게 영향을 미쳤다(이 책에서 이미 인용한 몇몇 저작이 예증하듯이).

세계주의적 민주주의cosmopolitan democracy를 탈국가적 정치의 야심찬 프로젝트라며 옹호하는 사람이 많지만, 캘훈Craig Calhoun(2007)은 이 프로젝트가 선부를 뿐만 아니라 명백히 위험할 수도 있다고 주장한다. 선부르다는 것은 1990년대 초 이후로 나타난 일련의 폭력적 갈등, 대량 학살극(유럽 내에서 일어난 것을 포함하여), 테러리즘과 그에 대한 대응, 국제적 경기침체가 세계주의는 여전히 환상과도 같은 꿈이라는 점을 보여 주었기 때문이다. 또한 세계주의는 근대성의 시작과 더불어 동반된 꿈이며, 민족주의와 상당히 관련될 수 있다(민족주의와의 연관성이 없어지는 것이 아니라). 더 나아가, 민족주의는 많은 사람과 해방운동의 정체성의 주요 원천이며, 그 자체로는 위험한 것이 아니다. 확실히 민족정체성은 민주주의, 사회통합, 시민권을 위한 투쟁의 활력소로 여전히 남아 있지만, 세계주의 사상가들은 이를 너무 쉽게 저평가한다. 캘훈의 논의는 세계주의적 민주주의에 대해 현재 가용한, 보다 활발하며 건설적인 비판 중 하나다.

'민주주의의 위기'는 최근 수년간 제기된 주제다. 그러나 이러한 위기는 무엇을 수반하고 있으며, 향후 어떻게 될 것으로 보이는가? 쉐보르스키Adam Przeworski(2019)는 다른 여러 학자들이 민주주의를 위기로 이끌 수 있는 위협으로 제시한 것들을 요약하는데, 여기에는 기존의 것에 반대하는 포퓰리즘, 전통적 정당에 대한 지지 하락, 기존 민주주의 체계에서 정치참여 감소, 정치인에 대한 지속적 신뢰 하락, 미디어·교회·기업 등의 사회제도에 대한 신뢰 상실, 상이한 정치적 견해를 가진 사람들 간에 문명화된 방식을 통한 관용의 부재 등이 포함된다. 그러나 쉐보르스키는 이러한 요인들의 조합이 민주주의가 진정으로 위기에 처했음을 뜻하는지 합리적으로 토의할 것을 호소한다. 그는 민주주의를 국민이 자신의 정부를 선출할 수 있고 자신이 선호하지 않는 정부를 제거할 기회가 있는 정치체계라는 최소한의 용법으로 정의한다. 그리고 자신의 논제를 늘 과장하면서 불안을 조장하는 종말론적인 '○○의 종언' 이론을 회의적으로 대할 것을 권고함과 아울러, "모든 것은 변화하며 현시점에서 예외는 없다"(Przeworski, 2019: 2)는 귀무가설歸無假說, null hypothesis로부터 시작할 것을 제안한다. 쉐보르스키의 책은 '민주주의의 위기' 명제에 대한 간결한 해답을 제시하지는 않지만, 그 명제에 관한 생각의 출발점은 무엇이며 그 명제를 지지 또는 반박할 경험적 증거는 무엇인지를 확실히 재고하게 한다.

참고문헌 및 더 읽을거리

Calhoun, C. (2007) *Nations Matter: Culture, History and the Cosmopolitan Dream* (London: Routledge).

Crick, B. (2002) *Democracy: A Very Short Introduction* (Oxford: Oxford University Press). [국역본, 《민주주의를 위한 아주 짧은 안내서》, 스윙밴드, 2018]

Fukuyama, F. ([1992]2006) *The End of History and the Last Man* (London: Hamish Hamilton). [국역본, 《역사의 종말》, 한마음사, 1992]

Held, D. (2006) *Models of Democracy* (3rd edn, Cambridge: Polity). [국역본, 《민주주의의 모델들》, 후마니타스, 2010]

Przeworski, A. (2019) *Crises of Democracy* (Cambridge: Cambridge University Press).

사회운동

social movement

기본적 정의

느슨하게 조직된 연결망을 통한 집합적 시도로서, 기존 정치 체계 내부에서 또는 이를 통해서가 아니라 시민사회 내에서의 캠페인과 행동을 통해 공통의 이해관계를 추구하는 것.

개념의 기원

20세기 대부분에 걸쳐 사회학자들은 사회운동을 통상적이지 않은, 심지어 비합리적 현상으로 인식했다. 사회운동은 폭동, 군중, 혁명과 더불어 집합행동의 한 유형으로서 주류 사회학의 관점에서 주변적인 것으로 간주됐다. 시카고학파는 1920년대부터 이러한 집합행동 사례들에 관한 연구를 전문적 탐구 분야로 전환시켰다. 허버트 블루머Herbert Blumer(1969)는 사회운동을 단지 사회변동의 산물만이 아닌 요인이기도 하다면서, 공식적인 정당정치 바깥에서 일어나는 사회운동을 설명하기 위한 사회 불안정 이론theory of social unrest을 고안했다. 닐 스멜서Neil J. Smelser(1962)는 1950년대 기능주의 이론을 재현했다. 그의 '부가가치' 모델'value-added' model은 사회운동의 발전 단계를 제시하면서 각 단계에 '가치가 부가된다'고 본다.

1960년대와 1970년대에는 전과 다른 사회운동의 새로운 물결이 일어났으며 이는 새로운 방식으로 조직화되고 수행되며 새로운 분석 유형을 요하는 '신사회운동'으로 이론화됐다. 사회학에서 사회운동 연구는 주변화된 아웃사이더에서 확고히 정립된 주류 전문 분야로의 궤적을 밟았다.

의미와 해석

사회운동은 사회를 변화시키려는 집합적 시도다. 그 사례는 노동운동 및 노동조합운동, 여성운동, 환경운동, 인공유산 반대 운동, 레즈비언 및 게이 운동, 그 밖에도 많은 것이 있다. 사회운동은 명백히 집합행동의 가장 강력한 유형이며, 잘 조직화되고 지속적인 캠페인은 극적인 결과를 달성할 수 있다. 예를 들어, 1960년대 미국 시민권운동은 학교 및 공공 영역에서 인종차별을 금지하는 입법 추진에 성공했다. 페미니스트 운동은 공식적인 경제적, 정치적 평등의 측면에서 중요한 성과를 거두었으며, 최근에는 환경운동이 지속가능한 발전을 촉진하고 환경에 대한 공중의 태도를 변화시키기 위해 상당히 비관습적인 방식의 캠페인을 벌였다.

사회운동은 몇 단계의 '생애주기life cycle'를 갖는 경향이 있다(Goodwin and Jasper, 2014). 첫 번째는 '사회적 동요social ferment'로서, 사람들이 특정 이슈와 관련해 불안해 하지만 활동은 초점이 없고 조직화되지 않은 상태다. 이는 '대중 흥분popular excitement' 단계로 발전하는데, 이 단계에서는 불만족의 원천이 보다 명확히 규정 및 이해된다. 세 번째 단계에서는 운동의 시작을 조직화하는 공식조직이 형성되어 보다 효과적인 캠페인을 가능케 한다. 최종 단계에서는 운동이 제도화되고 사회의 정치과정의 일부로 인정받는다. 물론 어떤 운동은 부분적으로만 성공하고 또 어떤 운동은 완전히 실패한다. 어떤 운동은 상당히 긴 기간 지속되지만, 다른 운동은 자금 또는 열정의 부족으로 인해 생애주기를 마감한다.

사회학자들은 사회운동을 이해하기 위해 여러 이론을 사용했다. 스멜서(Smelser, 1962)의 기능주의 이론은 사회운동이 **구조적 긴장structural strain**의 결과로 일어난다고 보았다. 이 이론은 사회운동이 일어나려면 여섯 가지 요소가 필수적이라고 논의했다. 첫째, 사회적 맥락이 운동 형성에 유리해야 한다. 둘째, 활동가들이 자신들의 기대와 현실 간의 구조적 긴장을 느끼면서 이것이 좌절과 변화에 대한 욕구로 이어져야 한다. 셋째, 긴장의 원인에 대한 믿음이 폭넓게 확산돼야 한다. 넷째, 운동을 촉발하는 요인(이를테면 경찰의 시위대 과잉 진압 같은 것) 또는 운동의 메시지를 납득시키는 상징적 사건이 있어야 한다. 이 네 가지 요소가 현존하면 동원mobilization이 일어난다. 마지막 중요한 단계들은 저항세력 및 운동가들의 사회적 연결망 구축과 당국의 대응인데, 이 두 가지는 운동이 도약할 것인지 실패할 것인지를 결정하는 요인이 되는 경우가 많다.

스멜서 이후의 사회운동 연구자들은 점차 합리적 선택 이론rational choice theory으로 선회했는데, 특히 자원동원 이론resource mobilization theory, RMT은 1960년대 말과 1970년대에 사회운동을 '비합리적' 현상으로 보는 이론들에 대한 대응으로 나타났다. 자원동원 이론은 사회운동 참여자들이 합리적으로 행동하며 운동 그 자체도 무질서한 것이 아니라 목적의식이 있는 것이라고 주장했다. 이 이론은 운동이 효과적인 캠페인을 조직하기 위해 필요한 자원을 획득하는 능력을 탐구한다. 자원은 재정, 캠페인 전문가, 구성원 및 지지자, 또는 영향력 있는 사회적 연결망 등을 포함한다. 따라서 자원동원 이론은 어떤 종류의 자원이 유용한지, 활동가들은 어떻게 자원을 획득하는지, 그리고 공통의 이해관계 추구를 위해 자원이 어떻게 배분되는지를 탐구한다.

1960년대 말부터 1980년대 중반 사이에 세계 여러 나라에서 학생운동, 시민권운동, 장애인운동, 여성운동, 반핵 및 생태 운동, 동성애자 권리 운동 등 사회운동의 물결이 일어났다. 이 운동 집단들은 신사회운동new social movements, NSMs으로 이론화됐으며, 환경이나 장애 같은 새로운 이슈들을 정치권으로 끌어들였다. 신사회운동은 느슨한 조직유형을 채택하고, 비폭력 직접행동 같은 새로운 운동 방식을 사용하며, 복지국가 관료제, 창조 및 예술 분야, 교육 분야 등에서 일하는 '신新'중간계급'new' middle class을 포함한다. 이러한 특성은 사회운동을 근대사회에서 오랫동안 눈에 띄지 않았던 이슈들과 관련된 상징적 메시지를 사회에 전달하는 것(Melluci, 1989)으로 보는 새로운 이론으로 이어졌으며, 많은 국가에서 쇠퇴하고 있던 민주적 문화를 다시 활성화하는 데 기여했다.

비판적 쟁점

사회운동에 관한 사회학 이론들은 많은 비판을 받는다. 자원동원 이론은 널리 사용되기는 했지만, 가용 자원이 극히 제한된 상태에서 성공한 사회운동을 설명하지는 못한다. 미국의 '가난한 사람들의 운동'과 영국의 실업자운동, 그리고 1950년대 미국의 흑인민권운동은 법률 개정 및 태도 변화에서 큰 성공을 거두었지만, 이들이 가진 자원은 극히 적었다. 이들은 다른 자원은 부족했지만 순수한 열정과 행동으로 이를 만회했다. 물론 이들이 더욱 조직화되면서 초기의 열정은 사라졌다.

신사회운동 이론 또한 날카로운 비판을 받았다. 앞서 언급한 '새로운' 특징으로 추정되는 모든 것은 '예전의' 사회운동에서도 찾아볼 수 있다. 탈물질적 가치post-material value는 19세기 소규모 공동체에서 뚜렷이 나타나며, 많은 예전의 사회운동도 공식조직이 되는 과정을 밟기 전에는 느슨한 연결망으로 시작했다. 일부 신사회운동 조직은 유사한 경로를 따랐으며 이 이론이 제시하는 것보다 훨씬 관료제적으로 변화했다. 그린피스Greenpeace는 가장 주목할 만한 사례로서, 최초에는 뜻을 같이하는 개인들이 다양한 직접적 활동을 하는 느슨한 연결망이었지만, 시간이 지나면서 엄청난 수의 회원과 막대한 재원을 보유한 상당히 큰 기업과도 같은 조직이 됐다.

현대적 의의

사회운동은 사회의 정치과정에서 더욱 중요해졌다. 지구화와 디지털화는 국경을 넘어선 체계적이고 더욱 즉각적인 연결을 제공했으며, 이로써 진정한 국제적 또는 전 지구적 사회운동의 가능성이 생겼다. 우리는 '사회운동의 사회'로 이행 중이며, 과거의 국내적 사회운동은 국경 없는 운동에 자리를 내주고 있다고 한다(Meyer and Tarrow, 1997). 사람들이 급속한 사회경제적 변동의 와중에서 자신의 삶에 대한 통제력을 상실하고 있다는 느낌이 강해짐에 따라 사회운동 활동에 유리한 조건이 형성됐다. 사회운동 지지자 또는 활동가가 되는 것은 사람들에게 자신이 사회의 향방에 영향을 미칠 수 있다는 느낌을 강하게 준다.

벡위드Karen Beckwith(2016)는 1984~1985년 영국 광업 노동자 파업 기간 동안 한 광업 지역 공동체에서의 여성운동에 관한 연구에서 운동은 목표 달성에 성공하기도 하지만 실패하는 경우도 많다는 점을 상기시킨다. 성공과 실패 모두 운동에 참가한 개인들, 운동의 향후 방향, 운동 반대 세력, 운동이 수행되는 환경에 영향을 미친다. 예를 들어, 실패는 반대자들을 고무시키고 운동가들을 낙담케 하며 운동의 집합적 정체성을 침식하지만, 운동가들이 변화를 일으키기 위한 노력을 배가하도록 북돋우기도 한다. 결과에 관한 연구는 명백히 구체적인 경험연구를 위한 것이다. 이 사례의 경우, 벡위드는 여성운동이 광업 노동자들의 일자리뿐만 아니라 공동체 보호에도 초점을 맞추었으며, 운동가들은 정부의 갱도 폐쇄 계획을 막지 못해 파업이 쓰라린 실패로 끝난 후에도 지지자들의 격려를 받았다고 논의한다. 이 사례는 운동의 패배에도 불구하고 '정치적 학습' 과정이 향후의 캠페인에서 사용할 수 있는 자원이 될 수 있음을 보여 준다. 벡위드(Beckwith, 2016: 63)의 말을 빌자면 "사회운동이 패배하더라도 전부를 잃는 것은 아니다".

참고문헌 및 더 읽을거리

Beckwith, K. (2016) 'All is Not Lost: The 1984-85 British Miners' Strike and Mobilization After Defeat', in L. Bosi, M. Giungni and Uba, K. (eds) *The Consequences of Social Movements* (Cambridge: Cambridge University Press): 1-65.

Blumer, H. (1969) 'Collective Behavior', in A. McClung-Lee (ed.), *Principles of Sociology* (New York: Barnes & Noble).

Crossley, N. (2002) *Making Sense of Social Movements* (Buckingham: Open University Press).

Goodwin, J., and Jasper, J. (eds) (2014) *The Social Movements Reader: Cases and Concepts* (3rd edn, Oxford: Wiley-Blackwell).

Melucci, A. (1989) *Nomads of the Present: Social Movements and Individual Needs in Contemporary Society* (London: Hutchinson Radius).

Meyer, D. S., and Tarrow, S. (1997) *The Social Movement Society: Contentious Politics for a New Century* (Oxford: Rowman & Littlefield).

Smelser, N. J. (1962) *Theory of Collective Behavior* (New York: Free Press).

시민권

citizenship

기본적 정의

특정 국가 또는 정치공동체 내의 개인에게 부여된 지위로서, 특정 권리와 의무를 수반한다.

개념의 기원

시민권 개념은 고대 그리스 도시국가에 그 기원을 두고 있는데, 당시는 도시 경계 내에 사는 사람들 중 일부에게 '시민'의 지위가 부여됐다. 그런 점에서, 시민권은 사회적 지위의 상징이었다. 근대 시기 이전의 많은 사회에서는 군주 또는 황제가 통치 체계의 일부가 될 수 있는 적절한 수단을 갖지 못한 다수의 사람들을 지배했다. 실제로 많은 사회에서는 문자 해득률이 낮다 보니 인구의 상당수가 정부와 정치에 대한 지식이 전혀 없었다. 보통 사람들이 개별적 권리를 가진다거나 정치적 의사결정에 참여할 수 있다는 생각은, 그러한 권리와 참여가 지위가 높은 사회 구성원들에게만 주어지는 상황에서는 너무도 낯선 것이었다. 오늘날 사람들은 국가 공동체의 일부이자 그러한 지위에 수반된 권리와 의무를 가진 시민으로 간주되며, 스스로도 시민이라 여긴다. 토머스 마셜Thomas H.

Marshall([1950]1973)은 시민권을 산업화와 더불어 출현한 것으로 보았으며, 영국(특히 잉글랜드)에서 시민권은 18세기의 시민적 권리부터 19세기의 정치적 권리를 거쳐 20세기의 사회적 권리로 진화해 왔다고 논의했다.

의미와 해석

근대 세계에서 시민권은 국민국가 구성원들에게 거주에 기초해 부여된 사회적 지위다. 따라서 시민권은 특정 특권을 부여하지만, 이는 시민이 수용할 것으로 기대되는 의무에 의해 균형이 맞춰진다. 예를 들어 시민은 국가의 보호를 받을 권리를 갖지만, 국가 또한 시민이 합당하게 행동하며 다른 시민 또는 정부에 대항하는 무장을 갖추지 않을 것을 기대한다. 시민권 개념은 상이한 유형들로 나뉘며, 새로운 유형 각각은 이전의 유형 위에 성립된다.

시민적 시민권civil citizenship은 근대적 재산소유권과 더불어 출현한 것으로서, 특정한 상호 의무를 사람들에게 부과함으로써 서로의 재산권을 존중하도록 하며, 이는 사회질서 유지를 위한 상호 간의 책임성으로 이어졌다. 정치적 권리는 재산 소유자에게만 부여됐으며, 다수의 사람들은 공식 정치 영역 바깥으로 밀려났다. 두 번째 단계인 **정치적 시민권**political citizenship은 투표권이 노동계급과 여성에게까지 점진적으로 확대되는 과정을 포함하며, 자유로운 결사association의 권리가 도입되어 노동조합 등의 결성이 가능해졌고 표현의 자유 또한 인정됐다. 세 번째 단계인 **사회적 시민권**social citizenship은 시민권을 사회복지, 그리고 복지 및 기타 혜택의 집합적 제공과 관련된 책임성의 공유로 확대된 것으로 본다. 사람들은 취약계층 지원을 위한 사회기금에 기여할 것으로 기대됐으며, 그 결과, 필요할 때 사회안전망을 공유할 권리를 향유하게 됐다.

최근 들어 일각에서는 **환경적 시민권environmental citizenship**이라는 네 번째 단계로 이행 중이라는 주장이 제기됐다. 이 단계에서 시민들은 깨끗하고 안전한 환경에서 살 새로운 권리를 가짐은 물론, 인간 또는 자연환경을 오염시키지 말아야 할 새로운 의무도 진다. 더욱 급진적인 '생태적 시민권ecological citizenship'은 인간 시민권에 내포된 보호 개념을 동물에게도 확대시킨다. 생태적 시민권은 동물, 미래 세대의 인간, 그리고 온전한 자연환경 보존에 대한 새로운 의무를 포함한다. 또한 미래 세대의 인간에 대한 새로운 의무는 장기간에 걸친 지속가능성을 위한 활동을 의미하기도 한다. 생태학적 시민권 또는 환경적 시민권은 본질적으로 사람들에게 인간의 '생태발자국ecological footprint', 즉 인간 활동이 자연환경 및 자연적 과정에 미치는 영향을 감안하라는 새로운 요구를 부과하는 것이다.

비판적 쟁점

마셜의 시민권 개념은 영국이라는 국민국가의 경험에만 기초한다는 점에서 문제가 있다. 프랑스, 독일, 그리고 기타 국가들에서는 시민권이 그가 말한 방식대로 '진화하지' 않았다. 또한 일부에서는 그의 접근법을 진정한 설명이 아닌 사후적 기술description에 불과한 것으로 보았다. 왜 정치적 권리가 특정 역사적 시점에 노동계급과 여성에게 주어졌는가? 이는 정말로 자연적 '진화'의 일부였는가? 예를 들어, 노동조합은 투표권 확대를 위해 강력히 투쟁해야 했으며, 다른 집단들도 그에 반대하여 마찬가지로 강력히 투쟁했다. 마찬가지로, 심지어 영국에서도 남성과 여성의 투표 연령은 20세기로 들어서고도 어느 정도 지난 시점인 1928년에서야 동등해졌는데, 이는 마셜의 도식에서 제시된 것보다 한참 후의 일이었다. 간단히 말해서, 정확히 왜 시민적 권리가 정치적 권리로, 그리고 사회적 권리로 이어져야만 했는지가 불분명하며, 이 과정에 대한 적절한 설명이 필요하다는 것이다.

1980년대 미국과 영국에서의 정부지출 삭감 및 '국가 역할 축소' 시도는 시민권이 결코 불가역적으로 확립된 것이 아님을 보여 준다. 2008년 금융위기에 수반된 긴축정책 또한 많은 나라의 정부들이 공공지출을 삭감하고 복지 수급 요건을 강화하도록 했으며, 그에 따라 사회적 시민권의 내용도 바뀌었다. 최근의 지구화 이론은 국민국가에 기초한 시민권 모델에 도전했다. 예를 들어, 유럽연합EU은 지역적 시민권을 통해 여행권 및 노동권을 부여하며, 국민국가는 이를 존중해야 한다. 또한 유럽 시민European citizen은 유럽 지역 수준에서 국민국가 수준의 의사결정에 이의를 제기할 수 있다. 세계주의 사상가들은 시민권이 전 지구적 수준으로 확대되어 개인이 지구시민global citizen의 지위를 갖게 될 수 있을 것으로 본다. 비록 현시점에서는 이 비전의 달성을 위해 갈 길이 꽤 멀지만 말이다.

국민국가 시민권 모델에 대한 논쟁과 도전에도 불구하고, 권리와 의무를 포함한 시민권의 기본 개념은 여전히 타당하다. 실제로 최근의 정치적 논쟁은 정치와 공동체적 삶을 재활성화하기 위한 수단으로서 어떻게 시민들을 보다 적극적으로 움직이게 할 것인지를 재고해 왔다. 시민의 권리 확대, 그리고 권리와 의무의 균형을 향한 지속적 압력은 시민권이란 무엇이며 또 어떠해야 하는지를 이해하는 데 계속해서 영향을 미치고 있다.

레들리Marcus Redley와 와인버그Darin Weinberg(2007)는 자유민주주의 시민권 모델이 학습장애인들을 포용할 수 있는지의 문제를 탐구한다. 이러한 민주주의 모델은 지적 능력과 독립성을 필수 요건으로 하는데, 지적장애가 있는 사람들에게 정치적 자율성을 부여할 수 있을까? 이들은 민속지적 연구를 통해 영국의 학습장애인의회Parliament for People with Learning Disabilities, PPLD의 계획에서 무엇을 배울 수 있는지를 탐구했다. 학습장애인의회는 명백히 학습장애인의 '자기주장self-advocacy'을 지지하는 자유민주주의적 입장을 채택했다. 그러나 이 연구에서 밝혀진 바는 자기주장에 대한 자유민주주의적 지지를 달성하기에는 현실적으로 상호작용의 몇 가지 방해물이 있다는 것이었다. 일부 참여자는 들을 수가 없었고, 일부는 '부적절하게' 발화했으며(즉 토론을 진전시킬 수가 없었으며), 또 다른 참여자들은 토론에 참여하자는 제안을 받아도 그렇게 할 수가 없었다. 레들리와 와인버그는 자기주장의 기본 원칙을 지지하면서도 학습장애인의 온전한 시민권이 실현되려면 이 원칙이 보살핌, 안전, 안녕well-being의 차원에서 개선돼야 할 필요가 있다고 주장한다.

디지털혁명이 삶의 많은 측면을 계속 재형성함에 따라, 일부 학자들은 디지털 시민권이 등장하고 있다고 주장했다. 이러한 논의 중 일부는 디지털 기술이 능동적 시민권을 확대하고 국가와 시민 개인 간의 관계를 민주화할 수 있는 방식에 주목한다. 예를 들어, 시민 저널리즘과 블로그/브이로그는 뉴스 제작자와 수동적 청중의 위계구조에 도전하며, 온라인 운동은 사람들의 정치참여를 변화시킨다. 그러나 디지털화에 대해 덜 낙관적인 견해에서는 데이터수집, 인공지능, 감시의 증대에 초점을 맞추는데, 힌츠Arne Hintz 등(2019)은 이를 사회의 '데이터화datafication'로 이론화한다. 데이터화된 사회에서는 데이터가 상품화되고 광범위해지며, 기업 및 정부 영역에서 집중적 감시가 일상화되고, 디지털 장치가 새로운 도구로 사용되는 정도가 아니라 우리가 사는 환경 자체를 형성하는 데까지 이르게 된다. 이러한 맥락 속에서, 거버넌스는 필연적으로 데이터가 풍부한 사회세계를 이용하는 방향으로 이행하면서 시민이 아닌 국가 및 기업 행위자 쪽으로 권력의 추를 기울게 한다. 힌츠 등에 따르면 사람들은 '데이터 정의data justice'를 위한 캠페인을 벌이고 암호화된 통신 같은 사생활 보호 기술을 촉진할 수 있는 방안을 제시하는 쪽으로 나아간다.

참고문헌 및 더 읽을거리

Bellamy, R. (2008) *Citizenship: A Very Short Introduction* (Oxford: Oxford University Press).

Dobson, A., and Bell, D. (eds) (2006) *Environmental Citizenship* (Cambridge, MA: MIT Press).

Hintz, A., Denick, L. and Wahl-Jorgensen, K. (2019) Digital Citizenship in a Datafied Society (Cambridge: Polity).

Marshall, T. H. ([1950]1973) *Class, Citizenship and Social Development* (Westport, CT: Greenwood Press). [국역본, 《시민권과 복지국가》, 이학사, 2013]

Redley, M., and Weinberg, D. (2007) 'Learning Disability and the Limits of Liberal Citizenship: Interactional Impediments to Political Empowerment', *Sociology of Health and Illness*, 29(5): 767-86.

시민사회
civil society

기본적 정의

정부와 독립적으로 시민들에 의해 형성된 연결망, 자발적 결사체voluntary association, 기업, 사교 단체, 조직, 가족 등으로 구성된 사회 영역.

개념의 기원

시민사회 개념은 고대까지 거슬러 올라갈 수 있는데, 당시는 이것이 정중함civility 및 사람들 상호 간의 존중과 관련돼 있었다. 그러나 근대적 시민사회 개념은 19세기 알렉시스 드 토크빌Alexis de Tocqueville의 '시민적 결사체civic association'에서 비롯됐다. 이는 그가 미국의 풍요 속에서 발견해 낸 집회, 자선단체, 종교 집단 등을 말한다. 토크빌은 미국에 이러한 결사체가 수천 개 존재하며, 이들이 유용한 기능을 수행함은 물론 미국의 민주적 문화를 유지하는 데도 중요하게 작용하는 것으로 보았다(Eberly, 2000). 사회학자 및 정치 이론가들은 20세기 대부분 동안 시민사회에 관해 그리 많이 언급하지 않았지만, 1980년대 이후로 이에 대한 관심이 되살아났다. 최근에는 지구적 시민사회에 관한 세계주의 이론으로 관심이 옮겨 갔는

데, 이는 최초로 효과적인 전 지구적 시민권 유형의 가능성을 제시한 것이다.

의미와 해석

시민사회 개념은 공론장 개념과 밀접하게 연관돼 있다. 그러나 공론장은 일반적으로 사회에 관한 토론과 논쟁, 그리고 정치적 의사결정이 일어나는 모든 공적 공간으로 인식된다. 그와 대조적으로 시민사회는 자발적 집단, 사교 단체, 그 밖의 기타 시민적 결사체의 조직화된 유형들로 구성된다. 하지만 시민사회에 무엇이 수반되는지에 관해서는 많은 견해차가 존재한다. 어떤 이들은 기업을 제외하고, 다른 이들은 가족을 제외하며, 반면 또 다른 이들은 국가, 시장, 시민사회의 세 영역이 구별되는 것으로 본다.

시민사회의 본질에 대해서도 근본적인 견해차가 있다. 어떤 이들은 시민사회가 적극적 시민권, 그리고 권위주의에 대항하는 민주적 방어막의 표출 공간이라고 본다. 이러한 관점은 조직체나 자발적 결사체가 어느 정도 (자원과 구성원을 놓고) 서로 경쟁 관계에 있으며, 이들 간의 관계가 일부의 긍정적 평가에 비해 그리 협동적이지는 않다는 점을 간과해 버린다. 마르크스주의 전통에서 볼 때 시민사회는 자발성과 창조성의 진보적 영역이 아니다. 칼 마르크스Karl Marx는 시민사회를 여타의 문화적 상부구조와 마찬가지로 자본주의의 이데올로기적 및 문화적 지배와 자본주의적 가치를 확산시키는 것으로 보았다. 그러나 이후의 신마르크스주의자들, 특히 안토니오 그람시Antonio Gramsci 같은 경우는 그러한 이데올로기적 지배가 결코 완전치 않으며 시민사회는 반反문화적 도전을 위한 최소한의 기회를 제공한다는 점을 인식했다(Edwards, 2014).

1980년대 후반 시민사회 개념의 부활은 동유럽에서 소련식 공산주의의 몰락에 의해 자극받았다. 시민사회의 강화는 국가의 힘에 대응해 균형을 맞추는 유용한 방법으로 인식됐으며, 최근에는 북아일랜드, 코소보, 아프가니스탄 등지에서 평화 유지의 효과적인 수단으로 거론돼 왔다(Harris, 2003: 2). 포괄적인 자발적 결사체와 연결망의 구성은 정부 활동을 넘어선 강력한 사회적 기초의 구축에 기여할 수 있다.

시민사회 개념은 최근 들어 세계주의 사상가들이 사회과학에서 자신들의 연구 의제를 확립하면서 더욱 확장됐다. 벡Ulrich Beck(2006)은 보편적 시민권과 전 지구적 시민사회 개념이 역사적으로 스스로를 **자발적**으로 '유럽인' 또는 '세계시민'으로 여기는 잘 결속된 사회 엘리트들의 전유물이었다고 논의한다. 그러나 이러한 관점은 지구화 과정으로 인해 현실에 더욱 단단히 뿌리내리고 잠재적으로 더욱 효과적인 것이 됐다. 전 지구적 커뮤니케이션과 상호작용이 더욱 일반화됨에 따라 전 지구적 시민사회가 진화하는 중이다. 예를 들어, 지뢰 반대운동, 다국적기업 조세회피 반대운동, 근본주의 테러집단 반대운동 등은 전 지구적 시민사회 구성에 기여하는 글로벌 연결망을 통해 전 세계에서 동조자들을 연결할 수 있다(Kaldor, 2003).

비판적 쟁점

일부 연구는 강력한 시민사회가 필연적으로 민주주의를 강화할 것이며 이러한 발전은 동시에 이루어진다고 가정한다. 그러나 반드시 그렇지만은 않다. 많은 자발적 조직과 사교 단체는 민주적인 것과 거리가 멀며, 이들이 꼭 민주적이어야 한다고 가정할 이유도 없다. 공식 정치에서 민주주의의 결핍에 대한 만병통치약, 또는 권위주의적 리더십의 균형추로서 시민사회를 촉진하는 것은 잘못된 판단일 수 있다. 일부 자발적 집단은 높은 수준의 사회자본을 향유하며 정부와 연결되어 다른 집단에 비해 보다 많은 권력을 가짐으로써 선거판에 뛰어들지 않고도 정책에 영향을 미칠 수 있다. 미국의 전미총기협회National Rifle Association가 그런 예다.

시민사회가 굳건한 상태에 있다는 말에 누구나 동의하는 것은 아니다. 퍼트넘Robert Putnam(2000)의 미국 내 시민적 결사체 연구는 자발적 집단의 시민적 유대와 성원의식이 실제로 감소하고 있다는 많은 증거를 제시했다. 그는 학부모-교사 단체, 전미여성단체연합National Federation of Women's Clubs, 여성유권자연맹League of Women Voters, 적십자의 회원 수가 1960년대 이후 거의 절반 정도 줄었다고 논의한다. 소수의 응답자만이 이웃을 통해 사회화됐거나 이웃을 신뢰한다고 응답했다. 마찬가지로, 정도가 덜하기는 하지만 영국과 호주에서도 유사한 결과가 나왔다. 그러나 스웨덴, 네덜란드, 일본에서는 사회자본(사회적 연결망)이 안정적이거나 수준이 높아졌다(Halpern, 2005). 상황이 이렇게 복잡하다면, 전 지구적 시민사회의 좋은 전조라고 할 수는 없다.

세계주의 이론들이 시민사회의 전 지구적 유형을 이야기하고는 있으나, 이를 지지하는 증거는 빈약해 보인다. 현재까지는 세계주의적 사고방식과 실천이 그에 대한 규범적 헌신을 강하게 가진 서구 운동가들과 학계, 또는 국제적 이동의 기회를 충분히 누릴 수 있는 부유한 전 지구적 여행자들로 한정돼 있는 것 같다. 대부분의 사람들에게는 여전히 국가 또는 지역 공동체에 대한 헌신이 정체성의 원천이다.

현대적 의의

전 지구적 시민사회의 향후 전망에 대한 일부 낙관적 관점들과 대조적으로, 2008년 글로벌 금융위기 이후 훨씬 덜 낙관적인 분석들이 나오게 됐다. 시민사회 내부로부터의 협력적 반응의 전망에 관한 피안타Mario Pianta(2013)의 논문은 그러한 예다. 피안타는 유럽연합EU에서 '민주주의의 결핍'을 거론하면서, 유로존Eurozone[유로화를 통화로 사용하는 유럽 국가들]의 위기가 이에 대한 인식을 높였다고 주장한다. 의사결정이 시민들의 충분한 관여가 없는 상태에서 이루어지고 부과되기 때문이다. 다른 한편으로는 시민사회 행위자들로부터 유럽 전체에 걸친 강한 반응이 나왔는데, 이는 시민집단의 잠재적인 힘을 보여 주는 것이다. 그러나 현재까지 이 집단들은 통일된 접근법을 취하고 있지 않으며, 민주적 참여를 증대시킬 최선의 방식을 놓고 여전히 갈라져 있다.

아라토Andrew Arato와 코헨Jean L. Cohen(2019)은 포퓰리즘 정당,

종교 결사체, 시민사회 간에 역설적 관계가 있다고 본다. 포퓰리즘 운동과 종교집단은 시민사회 내에서 번성 중이며, '정치'는 공식적 정치 부문보다 훨씬 광범위하며 저항과 운동, 자기조직화self-organization와 온라인 의사소통 행위로 확장된다고 강력히 주장한다. 포퓰리스트들은 특히 기존 민주주의 정치집단 내부의 부패와 문화적 및 사회적 엘리트 이외의 사람들에 대한 개방성의 결여를 지적하는 데 중점을 둔다. 그러나 아라토와 코헨은 포퓰리즘과 정치적 종교가 실제로는 시민사회와 민주주의 체계를 뒷받침하는 원칙, 이를테면 "표현의 자유, 언론의 자유, 결사의 자유, 집회의 자유, 운동의 자유, 개인 양심의 자유, 개인의 사생활과 신체적 완결성"에 반하는 것이라고 역설한다(Arato and Cohen, 2019: 100). 예를 들면, 포퓰리스트들은 (분화되지 않은) 사람들의 단일한 본래적 목소리를 표방하며, 기존의 것에 반대하는 그들의 담론은 중요하고 필수적인 공공의 비판을 격앙되고 파괴적인 힘으로 변질시키고, 리더십의 사유화는 궁극적으로 민주적 규범을 침식한다. 아라토와 코헨은 트럼프식의 포퓰리즘에 반대하는 미국의 풀뿌리 운동 및 지역 운동에서 일부 긍정적 신호를 감지한다. 실제로 이러한 시민사회의 재활성화 없이는 포퓰리즘 운동을 저지할 '민주주의의 민주화'는 달성 불가능하다.

참고문헌 및 더 읽을거리

Arato, A. and Cohen, J. L. (2019) 'Civil Society, Populism, and Religion' in C. de la Torre (ed.) *Routledge Handbook of Global Populism* (Abingdon: Routledge), Chapter 6: 98-111.

Beck, U. (2006) *Cosmopolitan Vision* (Cambridge: Polity).

Eberly, D. E. (ed.) (2000) *The Essential Civil Society Reader* (Lanham, MD: Rowman & Littlefield).

Edwards, M. (2014) *Civil Society* (3rd edn, Cambridge: Polity). [국역본, 《시민 사회》, 명인문화사, 2018]

Halpern, D. (2005) *Social Capital* (Cambridge: Polity).

Harris, J. (ed.) (2003) *Civil Society in British History: Ideas, Identities, Institutions* (Oxford: Oxford University Press).

Kaldor, M. (2003) *Global Civil Society: An Answer to War* (Cambridge: Polity).

Pianta, M. (2013) 'Democracy Lost: The Financial Crisis in Europe and the Role of Civil Society', *Journal of Civil Society*, 9(2): 148-61.

Putnam, R. (2000) *Bowling Alone: The Collapse and Revival of American Community* (New York: Simon & Schuster). [국역본, 《나 홀로 볼링: 사회적 커뮤니티의 붕괴와 소생》, 페이퍼로드, 2016]

옮긴이의 말

앤서니 기든스는 사회 이론 분야에서 널리 알려진 영국의 대표적인 사회학자이며, 그가 저술한 사회학 입문서《현대사회학Sociology》또한 매우 유명한 저작이다(2009년 제6판부터 필립 W. 서튼과 공저, 2021년 원서 제9판 발간).《사회학의 핵심 개념들》은 바로 이《현대사회학》과 짝을 이루는 책으로서 기든스와 서튼이 선별한 사회학의 핵심 개념 68개에 대한 명료한 설명을 담고 있다.

책 제목 때문에 '사회학 개념 사전' 같은 인상을 줄 수도 있지만, 이 책의 목표는 저자 서문에도 명시돼 있듯이 사회학적 개념의 전체 일람표를 만드는 것이라기보다는(즉, '사회학 사전' 같은 책을 만드는 것이라기보다는) 시간의 검증을 통과한 핵심 개념들(권력, 계급, 이데올로기 등), 그리고 최근 형성 중인 개념으로서 현재의 사회를 이해하는 데 유용한 것들(제3판에는 '디지털혁명'과 '탈식민주의'가 추가됐다)을 선별하여 해설하는 것이다. 이는 기본에 충실하면서도 현재의 급격한 사회변동을 이해하는 데 도움이 되도록 하자는 저자들의 의도를 반영하면서 궁극적으로는 이 책을《현대사회학》의 보조 텍스트로 활용하도록 하기 위한 취지까지 담고 있는 것이 아닐까 한다.

저자들은 자신들의 취지에 따라 선별된 개념들을 수록했다고 하지만, 옮긴이가 보기에는 역시 저명한 사회학자들답게 가장 중요한 개념들을 잘 추려 낸 것 같다.

이 책의 구성을 보면 저자들은 선별된 개념 각각에 대한 설명을 '기본적 정의, 개념의 기원, 의미와 해석, 비판적 쟁점, 현대적 의의'의 순서에 따라 진행하고 있다. 즉 개념의 정의에만 머물지 않고 그 개념이 어디서 비롯됐고 구체적으로 어떠한 의미를 지니며 어떻게 적용되는지, 그리고 더 나아가 그에 대한 비판에는 어떤 것이 있으며 그럼에도 그 개념이 오늘날 어떤 점에서 유용성이 있는지를 면밀히 설명하고 있다는 말이다. 이는 앞서 언급했듯이 이 책이 단순히 '사전'의 성격에 머무는 것이 아니라 사회학적 개념에 대한 심도 있는 이해를 제공해 사회학적 사고와 논의를 위한 소양을 갖추는 데 많은 도움이 되는 '입문서' 역할을 할 수 있음을 보여 주는 것이라 하겠다.

제3판에서 '크게' 달라진 점은 다음 세 가지다. 첫째, 앞서 언급했듯이 주제1('사회학적으로 생각하기')에 '디지털혁명'과 '탈식민주의' 개념을 추가했으며, 그 대신 주제9('범죄와 사회통제')에서 '회복적 사법' 개념을 제외했다. "디지털 기술이 (……) 매스미디어에 다시 한번 혁신을 일으켰는데, 사회학은 아직 이러한 기술의 영향에 대해 충분히 이해 및 평가하지 못하고 있다"(본문 335쪽)고 말하는 저자들이 '디지털혁명' 개념을 추가한 것은 그들 자신이 최근의 사회변동을 면밀하게 인식하고 이를 반영하기 위해 부단히 노력하고 있음을 보여 준다. 둘째, 모든 개념의 '현대적 의의' 부분을 개정했으며(이 부분만 놓고 보면 사실상 전면 개정이나 다름없다), '참고문헌 및 더 읽을거리' 부분도 그에 맞춰 수정했다. 이 또한 사회학의 최근 연구 동향을 반영하려는 저자들의 노력이다. 셋째, 일부 표제어의 위치를 이동하거나 명칭을 변경했다. 주제1('사회학적으로 생각하기')에 있던 '구조/행위' 개념을 주제2('사회학 연구하기')로, '담론' 개념을 주제7('상호작용과 의사소통')로 이동했으며, 주제8('건강, 질병, 신체')에 있던 '오명' 개념을 주제9('범죄와 사회통제')로 이동했다. 그리고 주제7의 표제어 중 '매스미디어'의 명칭을 '미디어'로 변경했다.

《사회학의 핵심 개념들》은 《현대사회학》의 구성과도 충분히 호환되는 압축적이면서도 포괄적인 주요 개념 해설서이므로 두 책을 같이 읽으면 훨씬 효과적일 것이다. 아울러 관심 있는 독자는 기든스와 서튼이 《사회학의 핵심 개념들》과 동일한 목차로 각 주제의 주요 문헌들을 발췌 편집한 또 다른 편저 《사회학: 입문자를 위한 독본Sociology: Introductory Readings》(2021년 원서 제4판 발간)을 아울러 보기를 바란다(저자들도 이 책이 《사회학의 핵심 개념들》과 대응 구조를 취하고 있으므로 병용할 수 있다고 밝히고 있다).

상투적인 말일지 모르지만, 다른 언어를 우리말로 옮기는(궁극적으로는 우리말이 되게끔 재서술re-writing하는) 과정은 역시 결코 쉽지 않다는 것을 이번에도 절감했다. 원고를 다듬고 또 다듬어 처음보다 훨씬 유려하게 만드는 데 기여하신 도서출판 동녘 관계자 여러분에게 감사를 전한다. 그럼에도 여전히 번역상의 오류나 부자연스러운 문장이 있다면 그것은 전적으로 옮긴이의 책임이다.

2022년 10월

김봉석

찾아보기

(굵은 글씨로 된 쪽수는 해당 개념을 주로 다룬 부분이다.)

ㄱ

가부장제 **214-221**, 260, 322, 442
가족 137-138, **272-277**
  가부장제 215, 218
  가족구조의 다양화 273-274
  가족생활의 어두운 측면 275
  건강 370, 391
  교육과 가족 172-173
  문화자본 328
  문화적 다양성 273
  부모 되기 276, 359
  사회통제와 가족 412
  사회화 75, 259, 286-287, 289
  상호작용 75, 342
  성적 다양성 274
  이름 358
  친족 연결망 305, 309
  핵가족 216, 274, 276
'가족자본주의' 193
가짜 뉴스 409
가치합리적 권위 463
갈등 33, **440-445**, 472
  계급갈등 125, 139, 193, 222, 442-443
  권력 454
  분업과 갈등 179, 180
  의료 서비스 393
  이주와 갈등 144, 145
  자아 형성과 갈등 366
  조직 199
  종교갈등 208, 210
  탈근대성 46
  전쟁, 테러리즘, 폭력 또한 참조할 것
감시
  감시 자본주의 26, 196
  디지털 감시 문화 332
  조직 201
감정노동 127
개별성 117, 120, 185, 368
개인주의 117, 120, 127, 172, 179, 180, 413, 434
개인화 16, 90, 268, 357
거대서사 46
거리의 아이들 402
거울 자아 이론 356
건강과 질병
  미디어 보도 381-382
  사회적 개입 및 환경적 개입 372

생의학적 모델 370-376, 378-379
소외 및 건강과 질병 134-135
오명 141, 426, 427, 430
위험 및 건강과 질병 140-142, 235
의료화 377-382
의사-환자 관계 374, 393
정신질환 321, 371, 377, 381
환자 역할 390-395
장애/장애인 또한 참조할 것
건축 44
결혼/혼인 90, 138, 199, 224, 253, 261, 272, 273-274, 276, 299
동성결혼 274
가족 또한 참조할 것
경영자본주의 193
경쟁 443
갈등 또한 참조할 것
경제발전/경제성장 19, 124, 237
경제자본 227, 265, 328
경제적 지구화 39, 40
계급 20, **222-228**
갈등 125, 139, 193, 265, 442
공론장 315
관계적 계급 모형 224
교육과 계급 173, 176, 224, 293
구조/행위와 계급 75, 79
권력과 계급 456
범죄와 계급 419, 421, 435
사회운동과 계급 479
사회이동 224, 225-226, 237-243, 267
사회통제와 계급 412
산업화와 계급 125, 139
상호교차성 244-249
생애과정과 계급 293
생활기회와 계급 48, 75, 90, 173, 223, 224, 226, 228, 240, 247
소외와 계급 131
아노미와 계급 419-421
자본주의와 계급 191-193, 222, 223, 350, 442
정체성과 계급 358, 360, 368
종교와 계급 207
지위와 계급 78-79, 223, 225, 242, 265, 268
직업과 계급 223, 224, 225, 357
계몽주의 16
고급문화 327, 330
고프먼, 어빙 358-359, 425-427
공공 부문 275
공동사회 및 이익사회 117, 278, 281
공동체 **278-284**
공동체로서의 국민국가 446
도시성과 공동체 117, 118, 120
사회와 공동체 30-31, 278
사회화 286
산업화와 공동체 127
'상상된 공동체' 448
선택에 의한 공동체 120
영토에 기초한 공동체 280
온라인 공동체 282-283
위험과 공동체 137-138
이해관계 공동체 279-280
전 지구적 공동체 37, 279, 282
정체성과 공동체 264-265, 280

공론장 **312-318**, 490
공산주의 45, 133, 144, 192, 195, 207, 211, 354, 463, 468-469
공적 영역 216
과정사회학 33
과학 **66-72**
과학으로서의 사회학 66-72
근대성과 과학 16, 17
비판적 실재론 94-100
생의학 370-376
양적/질적 연구 104
이념형과 과학 70, 108
자연과학 6-7, 67-69, 71, 97-98, 108, 159
탈근대성과 과학 45, 62
과학적 인종차별주의 250-251, 255
과학지식사회학 80, 82, 97
관광/여행 38, 154-155
관념론 94
관료제 **164-170**, 463
관료제의 지속 169-170, 308
권력 61, 164, 166
디지털 관료제 28
법적-합리적 권위 462-463
연결망과 관료제 168-169, 307-308
이념형 60-61, 164-165, 165-166
자본주의와 관료제 165, 167, 167-168
합리화와 관료제 59, 62, 62-63
홀로코스트와 관료제 62-63, 167-168
광고 313
교육 **171-177**
계급과 교육 173, 175, 224, 295
마르크스주의적 비판 172, 174
문화자본 329
문화적 재생산 172, 329
사회이동과 교육 242-243
사회화와 교육 28, 172, 174, 287
'숨겨진 교과과정' 172, 174
연결망 307
젠더 문제 175-176
구글 197
구술문화 334
구조적 긴장 이론 477
구조/행위 **73-79**, 175
국민국가 38, 47, 146, 441, **446-452**
권력 18, 411, 447, 455
민족 형성 449
사회와 국민국가 31, 33, 34
'상상된 공동체' 448
시민권 482-488
위험과 국민국가 139, 141
지구화와 국민국가 31, 34, 38, 40-41, 139, 450
사회통제 또한 참조할 것
국민투표 449, 470
국제연합 39, 83, 295, 469
권력 **453-459**
가부장적 권력 214-221, 322
강제적 권력 453, 456-457
관료제적 권력 61, 164, 166
국민국가 18, 411, 447, 450
낙인과 권력 398-403
다국적기업 38
담론 및 담론적 실천 319, 320,

454, 458
도시권력 116
미디어 336
비언어적 의사소통 344-345
사회와 권력 32, 34
사회적 구성주의와 권력 84, 86
상징권력 352
소비주의와 권력 187, 455
시민사회와 권력 492
의료권력 377, 378, 379, 458
이데올로기와 권력 350, 352
일탈과 권력 433, 436
젠더 관계 214-221, 260, 273, 322, 344-345
조직과 권력 198, 199, 202-203
지위와 권력 265
권위 또한 참조할 것
권위 17, 109, 260, 453, **460-466**
관료제 166
이념형 109, 461, 464
조직 201
종교적 권위 193
규칙 199, 201-202, 204-205, 411, 413, 433
규칙 위반(→**일탈**)
사회통제 또한 참조할 것
그린피스 338, 479
근거 이론 103
근대성 **16-22**, 44, 47, 58, 62-63, 137, 192
관료제와 근대성 165-166, 167-168, 170
다중적 근대성 21
민주주의와 근대성 16, 17, 19, 20
산업화와 근대성 17-18, 21
성찰적 근대성 20, 89, 90, 92
소비주의와 근대성 184, 186-187, 188
아노미 418, 423
인종차별주의와 근대성 256-257
탈근대성 또한 참조할 것
근대화 이론 17-18, 51
생태적 근대화 129
글래스고미디어그룹 352
글로컬라이제이션 39, 42
금욕주의 112-113
기능주의
교육 172-173
구조/행위 74
미디어 335
사회운동 475, 477
사회화 285, 288
일탈 435
젠더 258
조직 200
환자 역할 390, 393
기독교 130, 207, 208-209
기든스, 앤서니 7, 77, 88, 92, 137
기후변화 97, 139, 160
긱 경제 25-26, 227
긴축정책 485

ㄴ

낙인 **398-403**, 406, 408, 429, 430,

433, 434-435, 436

노동

가사노동 215, 275

계급 분화 223

관료제 166, 203

노동력의 여성화 147

뉴스 보도 353-354

병가 395

분업 37, 39, 125, 178-183, 225, 260, 275

산업화와 노동 124-125, 127, 179

소외 131-134, 181, 361

아동노동 293, 294-295

이주 143, 145, 146, 182-183

일/삶 경계 이동 91-92

임금노동 192-193

자본주의와 노동 192-193, 196

저신뢰체계 181

전문화 179, 180, 203

젠더와 노동 147, 202-203, 217, 260, 276-277

직장 정체성 360

탈산업화 128, 181, 227

직업 또한 참조할 것

노동계급 173, 193, 227-228, 242, 245, 269-270, 293, 358, 412, 420, 421-422, 442, 483

노동조합 75, 194, 204, 352, 476, 483

노숙인 103

노예제 148, 192, 218, 222, 252

노화 과정 293

녹색 담론 317

녹색당 139

놀이 365

뉴스 보도 353-354, 404-406, 469

미디어 또한 참조할 것

ㄷ

다국적기업/초국적기업 33, 38, 129

다문화사회 47, 210, 254, 449

다크웹 283

담론 **319-325**, 350, 354

가부장적 담론 219

권력 319, 322, 454, 456-457

범죄 320-321, 323

위험 137-138

이주 323

인권 211

전쟁 324

정체성 360

지속가능한 발전 153

대중문화(mass culture) 327-331, 351-352

대중문화(popular culture) 164, 330-331

대체의학 370, 373

도덕적 공황 **404-410**

도시(→도시성, 도시화)

도시계획 78-79, 121

도시생태학 116-117, 118-119, 121

도시성 17, **116-123**, 156

도시재생 119, 121

도시화 17, 19, 116, 127, 180, 281

동물권 보호 정치 354-355, 484

동성애 245, 261, 274, 299-300, 360, 371
　오명 261, 427-428
동성애 혐오/호모포비아 428
동조(→사회통제)
뒤르켐, 에밀
　교육 172
　구조/행위 73
　국가에 기초한 사회 개념 30-31, 32, 35
　범죄 및 일탈 416, 432, 433-434, 436
　분업 37, 178, 179-180
　아노미 418, 420, 422
　양적 연구 101
　종교 206, 208, 210
디지털 기술
　가짜 뉴스 409-410
　감시 문화 331-332
　교육 자원 174
　디지털 시민권 487
　분업과 디지털 기술 182
　사회화 287
　산업화와 디지털 기술 126
　상호작용 48, 353
　연결망 305
　온라인 반문화 283-284
　온라인에서의 일탈 403
　온라인 연결망 283-284, 305, 308
　장애인의 디지털 기술 사용 387-388
　조직과 디지털 기술 200
　지구화와 디지털 기술 38, 40
　탈근대성과 디지털 기술 46, 48, 49-50
디지털 미디어 283, 336-337
디지털혁명 8, **23-29**, 49-50, 196-197, 282-283, 487

ㄹ

라이프스타일
　도시적 라이프스타일 118
　라이프스타일 이주 147-148
　빈곤 229, 232
　의료화 377-382
레머트, 에드윈 398, 434-435
레이건, 로널드 464
로봇공학 24, 25
로스토, 월터 17-18, 19
루크스, 스티븐 454, 454-455, 457
리오타르, 장 프랑수아 45

ㅁ

마르크스, 칼/마르크스주의
　갈등 442
　계급 222, 265, 416
　교육 172, 174
　구조/행위 77
　근대성 19-20
　문화 327
　사회 35
　사회통제 412

소외 7-8, 97, 130-135
시민사회 490-491
식민주의 51
역사적 유물론 131
이데올로기론 350-352, 354
자본주의 37, 191, 192-193, 194-195, 214, 247
종교 207
지위 265
마음 챙김 189
맥도날드화 63-64
맬서스, 토머스 로버트 150
머튼, 로버트 419-423
멸종 저항운동 25
무기력감 130, 133
무역 361
공정무역 생산물 41
지역적 무역 41
초국가적 무역 38
문화 **326-333**
가족 유형 273
감시 문화 331-332
고급문화 327, 330
관료제와 문화 164
국민국가 446-448, 451
근대성 18
대중문화(mass culture) 327-331, 351-352
물질문화 322, 326
민족집단 251, 252, 254-255
소비문화 189
위험의 다양성 140
이념형과 문화 112
이데올로기와 문화 351-352
취향 문화 330-331
탈근대적 전환 44, 45, 49, 330-331
문화산업 313, 351
문화자본 106, 227, 328-329, 445
문화적 재생산 172, 289, 327-328
문화적 지구화 39, 42
물질문화 326
미드, 조지 허버트 87-88, 285, 356, 364-367
미디어 320, 323, **334-341**
가부장제와 미디어 215, 216
가짜 뉴스 409
건강 관련 보도 381-382
공론장 312, 313, 316, 317
기능주의적 설명 335
뉴스 보도 352-354, 404-406, 406-407, 469
도덕적 공황 404-407, 409-410
디지털 미디어 283, 338-339, 451
매스미디어 312, 316, 317, 335, 336, 337, 338
미디어 소유 335-336
미디어에 대한 신뢰 339-340
미디어 컨버전스 25
민주주의와 미디어 312-313, 469, 473
사회화와 미디어 286, 287, 289
소셜미디어 25, 106-107, 169, 339, 347
유명인 정치 314-315, 463
젠더 재현 215, 216, 259, 337

청중 연구 338
초실재 46
탈근대적 미디어 46-47, 48
편파/편향 338, 353-354
허위 정보 339
미혼모 323
민족주의 85, 447, 448, 472
민족집단(→인종과 민족집단)
민주주의 467-474
공론장 312, 315
관료제와 민주주의 167
국민투표 449, 470
근대성과 민주주의 16, 17, 19, 20
대의민주주의 468, 470
민주주의로의 이행 468-469
민주주의의 위기 명제 472-473
민주혁명 및 동원 469-470
사회운동과 민주주의 478
시민권 486
시민사회와 민주주의 489, 492
유명인 정치 464-465
자유민주주의 468, 470, 471
직접민주주의 467, 470
밀, 존 스튜어트 150

ㅂ

바우만, 지그문트 18, 45, 62-63, 167-168
박탈감
상대적 박탈감 233, 422
빈곤 또한 참조할 것
발화행위 319, 320
백인 정체성 정치 361
범죄
낙인 399-400, 433, 434-435
도덕적 공황 408-409
범죄 담론 320-321, 323
비판적 실재론 접근법 98-99
사회적 구성주의와 범죄 81
상호작용론과 범죄 399, 401
아노미 418-424
인신매매 148
재산범죄 421, 422
젠더화된 범죄 패턴 413-414
사회통제, 일탈 또한 참조할 것
법적-합리적 권위 462, 464
베버, 막스
갈등 442
계급 222
관료제 164-170, 198, 308
권력 453, 454-457
권위 460-463, 464
근대성 17
이념형 108-113
자본주의 108-109, 192, 194
종교 207
지위 264, 265
합리화 명제 58-62
베스트팔렌 체제 446-447
베이비붐 세대 294
베커, 하워드 398
벡, 울리히 88, 89, 92, 136, 137, 138-139, 141, 491
보드리야르, 장 45, 46-47

보존생물학 83
복음주의 211
복지 28, 61, 166, 196, 232, 296, 323, 361, 484, 485
복지자본주의 193-194
봉건제 192
부르디외, 피에르 74, 77-78, 268, 289, 328-329, 331
부족/신부족 211
분업 37, 38-39, 125, **178-183**, 225, 260, 275
　전 지구적 분업 180, 181-182, 225
불평등(→평등/불평등)
브루어, 존 445
브룬틀란 보고서 150, 151
블라우너, 로버트 133-134
비언어적 의사소통 343-344
비즈니스 엘리트 202
비판적 실재론 94-100, 158-159
빈곤 139, 152, 182-183, **229-236**, 267
　시스템에 대한 비난 232-233
　절대적 빈곤 및 상대적 빈곤 230-231, 233, 234
　피해자에 대한 비난 231-232

ㅅ

사적 영역 84, 215, 216, 275, 315
사회 **30-36**
　공동체와 사회 31, 278
　과학으로서의 사회학 66-72
　관료제와 사회 165
　구조/행위 이분법 73, 74
　사회의 합리화 58-62, 170, 192
　사회적 연대 178, 179-180
　산업사회 125, 126, 127
　성찰성 67, 87, 88, 92
　소비사회 185, 186, 268, 329
　소외와 사회 130-133
　시민사회 35, 248, 317, 475, 489-495
　위험사회 89, 139, 141
　이주의 영향 144
　자기영속화 32
　환경과 사회의 관계 156, 157-158, 160
　사회화 또한 참조할 것
사회계급(→계급)
사회계층 223, 265
　계급 또한 참조할 것
사회연결망 분석 282, 309
　연결망 또한 참조할 것
사회운동 471, **475-481**
　구조적 긴장 이론 477
　구조/행위 75
　대안적 미디어 338
　도시성과 사회운동 117
　사회적 구성주의와 사회운동 81, 84
　생애주기 476-477
　신사회운동 385, 478, 479
　자원동원 이론 477-478
　장애인 81, 385, 429, 478
　지구화와 사회운동 479-480
　집합적 정체성 360

사회의 데이터화 487
사회이동 224, 225-226, **237-243**, 267
세대 내 이동 및 세대 간 이동 239, 242, 267
사회자본 227, 328, 492
사회적 구성주의 **80-86**
낙인과 사회적 구성주의 436
맥락적 구성주의 82
비판적 실재론과 사회적 구성주의 95, 96-97, 98
생애과정과 사회적 구성주의 292, 295
성찰성과 사회적 구성주의 87, 88
엄격한 구성주의 82
젠더와 사회적 구성주의 81, 84, 218, 260
환경과 사회적 구성주의 83-84, 157, 158, 159
사회적 배제 106, 233
사회적 성찰성 67, 69, 88-92
사회적 연대(→연대)
사회적 자아 **364-369**
사회화 285-287
생애과정 이행 295-296
성찰성 67, 69, 87-93
인상관리/(자아)표현 69, 314-315, 317, 358-359
자아 정체성 259, 356-357, 365, 368
자아 형성 364-367
사회체계화 35
사회통제 **411-417**
낙인과 사회통제 398-403, 400, 414-415, 433, 434, 436
도덕적 공황과 사회통제 404-410
사회통제 유형으로서의 문화 327
사회통제 유형으로서의 의학 377
오명과 사회통제 427
사회학
과정사회학 33
'두 개의 사회학' 74, 76
디지털 사회학 28-29
사회학의 탈식민화 51, 53-54, 55-57
유럽중심적 사회학 51, 53
사회학에서 개념의 발전 5-8
논쟁 7, 9
사회학의 탈식민화 51, 53-54, 55-57
사회화 **285-291**
가족과 사회화 75, 259, 286-287, 289
교육과 사회화 28, 172, 174, 287
사회통제와 사회화 413, 414
아동기 285-286, 289, 428, 433
이성애규범주의 290
1차 사회화 및 2차 사회화 286, 287
자아 정체성과 사회화 259, 288-289, 357-358
젠더 사회화 259, 286-287, 289-290, 366-368
산업자본주의 90, 165
산업혁명 124, 125, 184, 385
산업화 **124-129**, 151
계급 갈등 125, 139
국민국가와 산업화 447
근대화 17-18, 21, 124, 143
디지털 시대 126

분업 179, 180
사회이동과 산업화 237, 239
소비주의와 산업화 184
소외와 산업화 131-135, 180-181
아노미 418
이주 패턴과 산업화 143
탈포디즘적 유연성 181, 186
환경과 산업화 128-129, 156, 158
탈산업화 또한 참조할 것
살롱 문화 315
상징자본 328
상징적 상호작용론 74, 336, 342, 399
상호교차성 8, 218, 244-249
상호문화주의 42
상호작용 33, 105, **342-348**
공동체와 상호작용 278
구조/행위 74, 75
권력과 상호작용 456
도덕적 공황과 상호작용 407
도시성과 상호작용 118
디지털 상호작용 48, 353
미디어 336
범죄와 상호작용 398, 401
사회적 구성주의 81
상징적 상호작용론 74, 336, 342, 399
성찰성과 상호작용 87-88
소셜미디어 25, 106-107, 347-348
오명과 상호작용 425-426
온라인 환경에서의 상호작용 346-347
윤리적 행동 346-347
일탈과 상호작용 434
자아 형성과 상호작용 356
지위와 상호작용 264, 268-269
초점 있는 상호작용/초점 없는 상호작용 342-343
사회화 또한 참조할 것
생물다양성 감소 83-84
생물학적 환원론 218
생애과정 138, **292-297**
가족 경험 273-274
노화 과정 293
불평등 246
사회화 285-291
소비주의와 생애과정 188-189
이주와 생애과정 147-148
초기 성인기 295
아동기 또한 참조할 것
생의학 **370-376**, 378, 381
생태적 근대화 129
생태적 시민권 484
서구화와의 결합
근대화와 서구화의 결합 21
서비스 부문 고용 127, 182
섭식장애 430
성/젠더 구분 99, 259
성찰성 67, 69, 76, **87-93**
개인적 성찰성 87-89
사회적 성찰성 89-92
세계위험사회 139, 141
'세계의 재주술화' 62
세계주의 42, 269, 451, 472, 485, 489, 491, 493
세계체제론 38
세속화 16, 17, 125, 206, 209, 211

섹슈얼리티 138, 244, 245, 260, **298-304**
담론 360
생물학적 요인 및 사회적 요인 298
성적 지향 299
오명 427-428, 430
온라인 환경에서의 성적 행동 303-304
소비사회 185, 186, 268, 329
소비자본주의 185, 455
소비자-시민 189
소셜미디어 25, 106-107, 169, 339, 347-348
소수자 집단 247, 251, 253, 254, 273, 310, 436
소외 7-8, **130-135**, 181, 197
노동 소외 132-134, 181, 361
마르크스주의적 비판 7, 97, 130-131, 131-133, 134
손님 노동자 145
수면의 의료화 381-382
수치심 220, 358
스멜서, 닐 475, 477
스미스, 애덤 178, 191
스쿨링 171, 173, 175, 296, 307, 416-417
교육 또한 참조할 것
스페인독감(1918~1920) 141
스펜서, 허버트 73
시민권 233, 234, 384, 472, **482-488**, 490
권리와 의무 486
디지털 시민권 487
소비자-시민 189
시민적 시민권 483
이주 145, 146
장애와 시민권 384
정치적 시민권 483
환경적 시민권 484
시민권운동 218, 255, 267, 476, 478, 479, 485
시민사회 35, 248, 317, 475, **489-495**
시민 저널리즘 487
시민적 시민권 483
시카고학파 116-117, 118-119, 121, 475
식민주의 19, 35, 51, 53, 145, 257, 450
갈등 관계 440, 445
식민지 이주 모형 145
신비주의 113
신사회운동 385, 478, 479
신석기혁명 125
신자유주의 182-183, 232, 354
신체
가부장적 권력 216
비만 235, 392
성/젠더 구분 99, 259
오명 425-430
장애의 모델 383-389
정체성과 신체 358, 426
건강과 질병 또한 참조할 것
실재론 **94-100**, 159
실증주의 66, 67, 71, 88, 95

ㅇ

아노미 368, **418-424**
아동기 292, 293, 294-295

거리의 아이들 402
낙인과 아동기 402
사회통제 414, 416
사회화 285, 286-287, 289, 414, 433
아동기 조건의 의료화 379, 380
아동노동 294-295
아동학대 275
자아 형성 365, 366, 367, 428
젠더 정체성 359
청소년 비행 412, 413, 416-417
아르파넷 23
아마존 63
아메리칸 드림 420
아비투스 77, 242
알카에다 33, 109
애정 관계 367-368
앤더슨, 베네딕트 447
양적/질적 연구 71, 88, 90, **101-107**, 227, 246
혼합적 방법 105
언어
국민국가 447, 448
담론 319-325
일상생활방법론 연구 344
HIV/AIDS 141, 374, 426, 428, 430
엘리아스, 노르베르트 33, 111, 343
LGBTQ+ 공동체 220
동성애 또한 참조할 것
엥겔스, 프리드리히 191, 214
여성(→젠더)
여성성 261
'역사의 종언' 471, 473
역사적 유물론 131
역할
가족 역할 276-277
젠더 역할 202-203, 258, 259, 263, 287, 337, 359, 414
지위와 역할 266
환자 역할 390-395
연결망 305-310
관료제와 연결망 168, 307-308
권력과 연결망 458
네트워크화된 조직 62, 203, 306
노동시장에서의 연결망 307
비즈니스 엘리트 202
사회운동 475, 478, 479
사회자본 328-329, 492
온라인 연결망 283-284, 305, 308
젠더와 연결망 204, 307
지구화와 연결망 282, 306, 307-308
지위와 연결망 265
친족 연결망 305, 309
연구 방법
과학으로서의 사회학 66-72
구조/행위 이분법 73-79
사회적 구성주의 80-86
성찰성 87-93
실재론 94-100
양적/질적 연구 방법 71-72, 88, 89-90, 101-107, 227, 246
온라인 환경 28-29
이념형 108-113
연대
기계적 연대 179-180
사회적 연대 127, 172, 178, 180, 208, 210

'소수자' 집단 253
인종적 연대 361
종교와 연대 208, 210
영성 58
종교 또한 참조할 것
영화 44
오리엔탈리즘 52, 53
오명 358, 390, 402, **425-431**
명시적으로 씌워진 오명 426-427, 429
오염/공해 128, 129, 139, 140, 157, 484
오프쇼어링 182
온라인 반문화 283
온라인 생활 28
디지털 기술 또한 참조할 것
온실가스 배출 153
와이파이 24
외부인 출입제한 주거지역 78-79
우울감의 의료화 381
워스, 루이스 117, 118, 120
월러스틴, 이매뉴얼 37-38
웹 2.0 25
위계 62, 164, 166, 167, 168, 174, 202, 203, 220, 308
가부장제, 관료제 또한 참조할 것
위험 90, **136-142**, 157
섹슈얼리티와 위험 303
엄청난 결과를 초래하는 위험 137
위험 관리 139
위험 평가 137, 138
의학적 위험 모델 235
제조된 위험 136, 137
젠더와 위험 414
위험사회 89, 138-139, 141
위험정치 138-139, 141
유동성/이동 31, 34, 146
빈곤과 사회이동 234
사회이동 224, 226, 237-243, 267
이주 또한 참조할 것
유럽연합 38, 39, 450, 469, 485
유로존 위기 493
유머 219
유명인 문화/셀러브리티 문화 265, 317, 337, 463, 464
유명인 정치 314, 463-464
음악
대중음악 451
펑크 283, 309
합리화된 음악 60
의사소통/커뮤니케이션
디지털 커뮤니케이션 23-28, 196-197, 346-347
발화행위 319, 320
비언어적 의사소통 343-345
담론, 디지털 기술, 미디어 또한 참조할 것
의식(儀式) 113, 202, 208
의원성(醫原性) 372, 379
의학
권력 동학 377, 378, 379
생의학적 모델 370-376, 378, 381
윤리적 문제 375
의료화 377-382
의학적 시선 371
장애의 모델 383-389
건강과 질병 또한 참조할 것

이념형 **108-113**
감응적 개념 111
과학 70, 108, 109
관료제 61, 165, 166
구성 108, 109, 110
권위 109, 461, 464
이데올로기 260, 315, 335, **349-355**, 420
마르크스주의 이론 351-352, 354
소비주의 이데올로기 186
인종 이데올로기 250, 252
종교 이데올로기 207, 208
지속가능한 발전 이데올로기 153
이성애 245, 261, 274, 299, 300
이슬람 국가 109
이입(移入) 144-145
이주 또한 참조할 것
이주 38, 41, **143-149**
고전적 모형 145
라이프스타일 이주 148
불법 이민 86, 145
사회적 불법성 86
손님 노동자 모형 145
식민지 모형 145
실향민 144
이민 공동체 282
이주노동 143, 145, 146, 182
이주 담론 323
이촌향도 143
이출-이입 요인 38, 124-125, 143-144, 145-146
인종차별주의와 이주 255, 256
자아 정체성과 이주 364
지구화와 이주 143, 144, 145, 146, 147
지역 간 이주 143
유동성/이동 또한 참조할 것
이출(移出) 144-145
이주 또한 참조할 것
이해(Verstehen) 108
인공지능 24, 25, 26, 196
인구성장 116, 126, 150-151
인권 197, 211, 484
인상관리 69
인신매매 148
인종과 민족집단 75, **250-257**
가부장제 및 인종과 민족집단 217, 218
갈등 441, 442-443
국민국가 및 인종과 민족집단 448, 449
미디어 재현 337-338
상호교차성 및 인종과 민족집단 244, 247
생물학적 개념으로서의 인종 250, 252, 253, 254, 255
이데올로기적 구성물로서의 인종 252
이주 및 인종과 민족집단 143
인종화된 조직 204
정체성 및 인종과 민족집단 250, 357
지위 및 인종과 민족집단 266-267
인종차별주의 176, 250, 253, 254, 255, 256, 257
과학적 인종차별주의 250-251
인종학 250, 254

인종화 252
인터넷 23, 24, 25, 27, 38, 50, 126, 226, 316, 339, 340
　사물인터넷 24, 28, 196
　디지털 기술 또한 참조할 것
일(→노동, 직업)
일본식 경영방식 134
일상생활방법론 74, 343, 344
일탈 **432-438**
　긍정적 기능 437, 438
　기능주의적 설명 435
　낙인 300, 398-403, 406, 408-409, 414-415, 433-436,
　도덕적 공황과 일탈 404-408
　아노미와 일탈 419
　영화에서의 일탈 44
　온라인에서의 일탈 403
　의학적 접근법 371
　1차적 일탈 및 2차적 일탈 398, 400, 401, 435
　일탈의 증대 400
　사회통제 또한 참조할 것
임금노동 192-193
임신 378

ㅈ

자기실현적/자기파괴적 예언 87, 89
자본주의 17, **191-197**
　가부장제 214
　'가족자본주의' 193
　감시 자본주의 26, 196
　경영자본주의 193
　계급과 자본주의 191-192, 222, 223, 349, 441
　관료제 165, 192, 198
　교육과 자본주의 172
　권력 214, 455
　긱 경제 25, 227
　도시성과 자본주의 119
　마르크스주의적 비판 37, 191, 192, 193, 194, 195, 196
　베버의 자본주의론 108, 192, 194
　복지자본주의 193-194
　불평등과 자본주의 131, 191, 194, 351
　사회통제 412
　산업자본주의 90, 165
　소비주의와 자본주의 185-188, 455
　소외와 자본주의 130, 131-133
　시민사회와 자본주의 490
　신자유주의적 자본주의 354
　'자본주의의 다양성' 논쟁 195
　적응력 195
　제도적 자본주의 194
　지구화와 자본주의 42, 194
　플랫폼 자본주의 26
　합리화와 자본주의 59, 60-61
자연 82, 95, 156
　환경 또한 참조할 것
자연과학 6-7, 66-70, 71, 97, 108, 157-159
자원동원 이론 477-478
자유노조 운동 207
자유시장 경제발전 183

자유의지 73
자해 429
'장식적 사회학' 98, 322, 331
장애/장애인
미디어에서의 재현 331, 337
사회운동 81, 385, 429, 478
손상 384-387
시민권 486-487
오명 358, 425-426
자기주장 486
장애의 사회적 모델 10, 383-388
지적장애 384, 386, 486
장애의 사회적 모델 10, **383-389**
전(前) 산업사회 222
전쟁
갈등이론 441, 444, 445
미디어 보도 46, 324
이주와 전쟁 144, 145
전쟁 담론 324
정보기술(→디지털 기술)
정신의학 300, 321, 360, 377
정신질환 320-321, 371, 377
정체성 8, 48, 75, 137, **356-362**
거울 자아 이론 356
계급과 정체성 358, 360, 368
노동과 정체성 358-360
담론을 통한 정체성 형성 321
민족(national) 정체성 257, 447, 448, 450
민족집단(ethnic) 정체성 250, 357
사회화와 정체성 260, 288-289, 357
상호작용과 자아 형성 356, 367-368
소비주의와 정체성 185, 186
오명과 정체성 425, 426, 427, 430
이름 358
인상관리/(자아)표현 69, 153, 314, 315, 317
1차적 정체성 및 2차적 정체성 357
일탈과 정체성 398, 399, 434
자아 정체성 31, 259, 368, 393, 425, 434
정치적 정체성 317
젠더 정체성 357, 359, 366
집합적 정체성 358, 360
체화 357, 426
사회적 자아 또한 참조할 것
정치와 문화생활을 사소한 것으로 치부 317
정치적 시민권 483
정치적 지구화 39
제도적 자본주의 194
젠더 6, **258-263**
가부장제 214-221, 260, 322, 442
갈등 441, 442, 443
계급과 젠더 226
공론장과 젠더 315
공적 영역과 젠더 216
교육과 젠더 173, 176
노동과 젠더 127, 202, 217, 260, 276
미디어에서의 재현 216, 217, 259, 337
범죄/비행 416
비언어적 의사소통 344-345
사회이동과 젠더 240

사회적 구성주의와 젠더 81, 84, 218, 260
사회화와 젠더 259, 286-287, 289-290, 366, 414
상호교차성 244, 245
성/젠더의 구분 99, 260
수행성 262
연결망 204, 307
의료화와 젠더 378
이주와 젠더 147
정체성 357, 359, 366
조직과 젠더 202, 203, 204
지위와 젠더 266
퀴어 이론 99, 262
평등/불평등 20, 84, 176, 203, 204, 214-220, 258-263
조직 198-205
공식조직 199
관료제 164-170
기계적 조직 200
네트워크화된 조직 62, 203, 306
사회운동 477-478, 479
사회적 행위 관점 200
유기적 조직 200
이해관계 갈등 199
인종화된 조직 204
조직과 제도의 대비 199
종교 206-212
근대성과 종교 17, 21
근본주의 62
뉴에이지 실천 113
사회변동과 종교 207
삶에 스며든 종교 211-212
소외와 종교 130
아노미와 종교 418
이데올로기 351
합리화와 종교 58, 62
종교적 근본주의 62, 491
주요 지위 266, 435
주창의 정치학 82, 83, 84
죽음/사망 130, 208, 272, 293, 297
지구온난화 25, 49, 96, 102, 137, 139, 157, 158, 160-161
지구화 8, 10, **37-43**, 49
가족과 지구화 275
갈등과 지구화 444
경제적 차원 38, 39
공동체와 지구화 279, 282
국민국가와 지구화 31, 33, 38, 39, 139, 450
도시성과 지구화 117
문화적 차원 38, 42
미디어와 지구화 313-314, 334, 336
민주주의와 지구화 469, 472
분업 180, 181, 225
사회와 지구화 31, 33, 34
사회운동 479
시민권과 지구화 485, 491
시민사회와 지구화 490, 491, 492
연결망 282, 307, 308
위험과 지구화 139, 140
이주와 지구화 143, 144, 145, 147
자본주의와 지구화 42, 194
자아 정체성과 지구화 368
정치적 차원 38
지역-글로벌 관계 39, 279, 282

지배적 남성성 261-262
지속가능한 발전 129, **150-155**, 160
지식사회학 349
지역화 450
지위 **264-270**
계급과 지위 79, 223, 225, 242, 265, 267, 268
구조/행위 79
국민국가 449
권위 461
귀속지위 및 성취지위 266
라이프스타일 상징 264, 268
사회이동과 지위 242
상징자본 329
소비주의와 지위 184-185, 186, 268, 455
시민권 482, 483, 485
일탈과 지위 435
정체성과 지위 328
종교적 지위 209
주요 지위 266, 435
지위 관습주의 225
지위 집합 266
포퓰리즘과 지위 269-270
지적장애 384, 386, 486-487
직업
계급과 직업 222, 224, 357
노동시장에서의 연결망 307
사회이동 238, 239, 240
질병(→건강과 질병)
짐멜, 게오르그 116, 117, 120, 121, 305, 440, 442

ㅊ

청년문화 131, 292, 294, 296, 404, 406, 432
청소년 비행 412, 413, 416
초국가주의 41, 42
초기 성인기 295
초실재 46, 337
최저임금 232
최하층계급 232
출산 378-379, 380
친구 60, 120
연결망 305, 310
친족 연결망 305, 309

ㅋ

카리스마적 권위 461, 462, 465
카스텔, 마누엘 458-459
카스트 체계 224
카텍시스 260
코로나19 팬데믹 40, 71, 141, 235, 374
코언, 스탠리 404, 405, 406, 408
콩트, 오귀스트 67, 73
쿤, 토머스 70
쿨리, 찰스 호튼 87, 88, 285, 356
퀴어 이론 99, 262
킨제이, 알프레드 298, 301

ㅌ

탈근대성 20, **44-50**, 62, 295, 330
탈봉건사회 17
탈산업화 125, 126, 225
탈식민주의 6, 19, **51-57**
테러리즘 33, 41, 109, 138, 157, 320, 408, 444, 451, 472, 491
토크빌, 알렉시스 489
통계학 101, 102, 104
통제(→사회통제)
퇴니에스, 페르디난트 116, 278
트랜스젠더 정체성 262
트럼프, 도널드 219, 361, 409, 464, 494

ㅍ

파슨스, 탈코트 31, 74, 112, 173, 285, 288, 390-392, 393, 411-412, 414, 441
파이어아벤트, 폴 70
패러다임 70, 320
패스트푸드 음식점 63
퍼트넘, 로버트 492
펑크 283, 309, 406
페미니즘
  가부장제 214-221
  가족 275
  공론장 315
  비판적 실재론 99
  사회적 구성주의와 페미니즘 81, 84
  상호교차성 245
  여성의 삶의 의료화 378
  젠더 202, 258-263, 359
  흑인 페미니즘 218, 245
평등/불평등
  가족생활 275
  계급과 평등/불평등 222-228, 244, 245, 262-263, 350, 419-421
  관료제와 평등/불평등 167, 168
  교육 평등/불평등 172, 174-176
  근대성과 평등/불평등 16, 17, 20
  디지털화와 평등/불평등 27
  범죄와 평등/불평등 419
  빈곤 229-236
  사회와 평등/불평등 32, 35
  사회이동 224, 226, 237-243, 267
  사회정책 232, 248, 263
  상호교차성 244-249
  생물학적 불평등 216
  아노미와 평등/불평등 421
  이데올로기와 평등/불평등 350, 351, 352
  인종과 민족집단 및 평등/불평등 204, 218, 244-249, 250-257
  자본주의와 평등/불평등 131, 191, 194, 350
  젠더 평등/불평등 20, 84, 176, 203, 204, 214-221, 258-263
  지구화와 평등/불평등 42
  지속가능한 발전과 평등/불평등 150-155
  지위 264-270
평화 유지 39, 324, 443, 445, 491

포디즘 181, 186
포이어바흐, 루트비히 130
포퓰리즘 161, 269, 354, 361, 465, 472, 493-494
폭력
가족 274, 275
갈등이론 442, 444, 445
국가의 무력 사용 447
노상 폭력 407
대량 학살 63, 167-168, 443, 472
도덕적 공황 406
동성애 혐오 폭력 428
여성에 대한 폭력 103, 215, 216, 275
갈등, 전쟁, 테러리즘 또한 참조할 것
표정 342-343
푸코, 미셸 354, 360, 377
감시 201
권력 454, 456-458
담론 319-322
섹슈얼리티 299
프랑크푸르트학파 313, 327, 351, 455
플랫폼 자본주의 26, 227

ㅎ

하버마스, 위르겐 20, 313, 315
하위문화 131, 173, 292, 406, 408, 421, 432
학습장애 486
합리화 16, 17, **58-64**, 170, 192
베버의 합리화 명제 59-64
실용적 합리성 59
실질적 합리성 60
이론적 합리성 59
형식적 합리성 60
핵가족 216, 274, 276
허시, 트래비스 412, 413, 416
현상학 74, 343
형사 사법 체계 400, 415-416, 420
혼종성 42
홀로코스트 63, 168, 443
홉스, 토머스 411
환경 108, **156-162**
근대성과 환경 20
'녹색' 공론장 316
도시성 116-123
비판적 실재론 158-159
사회운동 358, 476, 478
사회적 구성주의 80, 82, 157, 158, 159, 160
산업화와 환경 128, 156, 158
생물다양성 감소 83-84
소비주의와 환경 185, 187, 188
위험과 환경 137, 139
지속가능한 발전 150-155
환경 재앙 46
환경적 시민권 484
환경사회학 95, 156-162
환자 역할 **390-395**
후쿠야마, 프랜시스 471
'흑인' 지위 267